CHINA FINANCIAL POLICY REPORT

# 中国金融政策报告 2019


主　　编　吴晓灵
执行主编　何海峰
执行副主编　汪小亚




中国金融出版社

责任编辑：王效端　张菊香
责任校对：张志文
责任印制：程　颖

**图书在版编目（CIP）数据**

中国金融政策报告.2019/吴晓灵主编.—北京：中国金融出版社，2019.5
ISBN 978-7-5220-0095-4

Ⅰ.①中…　Ⅱ.①吴…　Ⅲ.①金融政策—研究报告—中国—2019
Ⅳ.①F832.0

中国版本图书馆CIP数据核字（2019）第087769号

中国金融政策报告.2019
Zhongguo Jinrong Zhengce Baogao. 2019
出版
发行　中国金融出版社
社址　北京市丰台区益泽路2号
市场开发部　(010)63266347，63805472，63439533（传真）
网上书店　http://www.chinafph.com　(010)63286832，63365686（传真）
读者服务部　(010)66070833，62568380
邮编　100071
经销　新华书店
印刷　保利达印务有限公司
尺寸　185毫米×260毫米
印张　28.75
字数　590千
版次　2019年5月第1版
印次　2019年5月第1次印刷
定价　83.00元
ISBN 978-7-5220-0095-4

编辑部邮箱：jiaocaiyibu@126.com

# 前　言

《中国金融政策报告2019》由清华大学国家金融研究院与中国社会科学院金融政策研究中心联合组织编写。作为国内第一本金融政策类大型年度报告，在2011年诞生之初，《中国金融政策报告》就确立了“立足中国、沟通世界”的使命与原则。九年来，《中国金融政策报告》始终秉承和坚持这一定位，全面、准确地反映了中国金融政策领域年度重大主题和政策动态，努力传递了中国金融发展的真实图景和中国金融政策的正向能量，获得了业界内外的肯定与认可，扩大了影响同时也增加了责任。

2018年会以“极不平凡”被人们铭记。从经济上看，中国战胜各种风险挑战，经济运行保持在合理区间，经济结构不断优化，发展新动能快速成长，改革开放取得新突破，三大攻坚战开局良好，人民生活持续改善。金融方面，面对2018年复杂严峻的国内外经济金融形势，在国务院金融稳定发展委员会领导下，各个金融管理部门真抓实干、积极配合，实施稳健中性的货币政策，支持民营企业小微企业发展，打好防范化解重大风险攻坚战，深化金融改革开放，取得了新成绩。其中，金融政策领域的几件大事值得我们重视：“一委一行两会”金融监管新框架正式确立，中国宣布扩大金融业对外开放具体措施和时间表，防范化解金融风险被放在首要位置，中国人民银行四次降准、稳健中性的货币政策取得了良好成效，全面推进金融业综合统计，银行业贯彻落实中央“六稳”及国务院金融稳定发展委员会六项要求、“稳金融”支持“稳增长”，资管新规正式发布，证监会严惩长生生物信息披露违法案，A股纳入MSCI新兴市场指数正式生效，等等。

展望2019年，经济运行稳中有变、变中有忧，外部环境复杂严峻，经济面临下行压力。中国金融业走过了70年不平凡发展历程，进入建设现代金融体系的新时期，应坚持以供给侧结构性改革为主线，实施稳健货币政策，加强市场预期引导，继续打好防范化解重大风险攻坚战，深化金融改革开放，走出健康发展、高质量发展和中国特色金融发展之路。

《中国金融政策报告2019》延续了一贯的框架结构，包括两大模块即主题报告和动态报告。

主题报告选定了“中国金融体系的功能回归”这一题目，既是对2018年5月中国人民银行牵头九部委联合制定出台的《“十三五”现代金融体系规划》的延伸理解，又是结合一段时期以来资产管理市场发展实践的总结思考，中国金融体系功能定位将会更加聚焦于服务实体经济和防控金融风险两大目标。

在“2018年度中国金融政策动态”部分，我们先后对货币政策、汇率与国际收支相关政策、银行业市场发展政策、股票市场发展政策、保险市场发展政策、债券市场发展政策、基金行业市场发展政策、货币市场发展政策、信托与财富管理市场发展政策、金融衍生品市场发展政策、商品期货市场发展政策、外汇市场发展政策、黄金市场发展政策、中国人民银行主要监管政策、中国银行业主要监管政策、中国证券业主要监管政策、中国保险业主要监管政策进行了回顾与分析，也相应给出了政策评价与展望。

此外，我们继续以“专栏”形式，反映中国金融政策的相关热点。这16个专栏既涉及金融改革发展，也涉及金融对外开放；既涉及金融行业市场，也涉及区域与地方金融；当然还涉及金融科技等金融创新。

此外，经过数月的试编，2018年末我们正式推出了“金融政策信息”月刊和周报。其中，“金融政策信息”月刊采取纸质报告形式，向限定读者发送；而面向社会公众的“金融政策信息”周报，将通过正式渠道以电子期刊形式发布。“整理政策信息　评论利弊得失”既是我们的理念追求，也是我们的责任担当。此后，实现了年月周全覆盖的“中国金融政策报告”系列将继续伴您前行。

《中国金融政策报告2019》作为集体研究的结果，作者团队主要由来自金融管理部门、金融业界机构、高校和学术机构等专业人员构成，但并不代表他们所任职单位或机构的观点。吴晓灵、何海峰、汪小亚对报告全文进行了修改和定稿。先后参加各部分撰稿的执笔人是：吴晓灵、陆磊、何海峰、吴钰、刘锋、张宸、马昀、刘碧波、何晓贝、赵庆明、郭孟暘、周昆平、赵亚蕊、许文兵、梁栋材、张玉龙、王未、荣艺华、李艳、曾梓梁、李青云、张生举、郑凌云、甘正在、储幼阳、罗江、朱小川、王庆新、宋艳伟、赵湘怀、刘学庆、高谦、张晓娇、蒋健蓉、袁宇泽、马强、郭荆璞、谈亮、武平平、张一纬、伍旭川、陈捷等。余粤对英文译稿进行了校对。我们感谢中国金融出版社王效端主任、张菊香编辑的认真和严谨工作。

我们一如既往地期盼着您的批评和建议。

**中国社会科学院金融政策研究中心主任**

**何海峰（代序）**

**2019 年 4 月 21 日**

# 目　　录

## 上篇　主题报告



## 下篇　2018年度中国金融政策动态

# 上　篇

## 主题报告

# 中国金融体系的功能回归[①]

根据相关媒体报道，2018 年 5 月，由中国人民银行牵头，国家发展改革委、科技部、工业和信息化部、财政部、农业部、商务部、银保监会和证监会等九部委共同编制的《“十三五”现代金融体系规划》印发。作为中国金融改革发展的顶层设计和纲领性文件，这一规划确定了建设中的中国现代金融体系将由八个具体体系组成——金融调控体系、现代金融监管体系、现代金融机构体系、金融市场体系、高层次开放型金融体系、金融基础设施体系、金融服务体系、金融风险防控处置体系以及规划实施的保障体系。我们认为，中国金融体系现代化建设的根本目标是实现功能回归，即立足于中国经济和社会发展的实际需要，让金融发挥其配置时间价值、融通资金、管控风险的基本功能。中共十八届三中全会以来，中国金融体制改革和金融体系完善与健全等金融工作的推进，都体现了金融正本清源、回归本质与功能的思想要求。从当前看，我们迫切需要加快直接融资体系与服务建设，弥补金融体系的长期性结构短板，为实体经济发展提供全面有力的支持；同时，还要理顺金融监管体系，提升经济金融管理能力和防控风险能力。

## 一、中国金融体系的功能和定位

金融起源于实体经济，也伴随着人类经济社会而不断发展演化，在这一过程中，金融在人类减少生存风险和跨越时间配置资源等方面的作用越发突出。自 20 世纪 70 年代以来，在逐利资本和金融创新的推动下，商业社会金融体系构架更加复杂，跨境、跨市场和跨行业之间金融业态嵌套更加紧密，金融的自我衍生和复制功能强大。但任何时代，金融都是实体经济密不可分的一部分，两者交融发展、相互制约，金融业发展的价值归属最终落脚于实体经济。提高金融发展质量，特别是积极主动开展供给侧结构性改革，进一步提升金融服务实体经济的能力和水平，成为新时代中国金融业的必然选择。

### （一）新时代中国金融业发展的功能与定位

自党的十八大以来，习近平总书记高度重视金融在治国理政中的重要地位和作用，

① 报告作者吴晓灵、陆磊、何海峰、吴钰、刘锋、张宸、马昀，何海峰负责统稿，汪小亚参与了提纲讨论。

对于金融与实体经济的关系作出系列精辟论述。习近平总书记强调，金融是国家重要的核心竞争力，金融是国家安全的重要组成部分，金融制度是经济社会发展中的基础性制度。金融活，经济活；金融稳，经济稳。经济兴，金融兴；经济强，金融强。金融是实体经济的血脉，为实体经济服务是金融的天职，是金融的宗旨，也是防范金融风险的根本举措。在2019年2月22日中共中央政治局第十三次集体学习时，习近平总书记就深化金融供给侧结构性改革、防范金融风险、深化金融改革开放等方面作出重要部署。一是要深化金融本质和规律的认识，立足中国国际，走出中国特色金融发展之路。二是防范化解金融风险特别是防止发生系统性金融风险，是金融工作的根本任务。三是要抓住完善金融服务、防范金融风险这个重点推动金融业高质量发展。四是深化金融供给侧结构性改革必须贯彻落实新发展理念，强化金融服务功能，找准金融服务重点，以服务实体经济、服务人民生活为本。五是要把金融改革开放任务落实到位。同时，根据国际经济金融发展形势变化和我国战略发展需要，研究推进新的改革开放措施。

习近平总书记关于金融工作的重要指示，立足金融本源，把握金融本质，科学辩证分析金融与实体经济的关系，并着眼大国崛起的时代背景和历史格局，解决了新时代金融业“是什么”“为什么”和“怎么干”等重大问题，为当前和今后一段时期金融工作指明了方向，提供了根本遵循和指导。一是要准确把握金融定位。金融与经济共荣共生，金融在经济中具有资源配置的核心功能。金融是现代经济的核心，而且事关国家安全。金融的重要性不言而喻。二是要深刻认识金融本质。金融并非孤立存在，其实质是经济社会发展的外延。金融不能脱离经济社会发展阶段而野蛮生长。金融的本质是服务经济社会发展和人民群众需求。因此，新时期的中国金融需要回归发挥配置时间价值、融通资金和管控风险的基本功能。金融本质是服务业，通过服务降低整个社会的交易成本，增进人民群众获得感和幸福感。三是要压实金融风险防范的底线。金融具有系统重要性并与人民群众利益密切相关。金融稳，既有利于金融业自身转型升级，也可以通过稳价格、稳预期、稳信心等多种金融手段促进实体经济平稳健康发展。四是要拓宽金融视野格局。开放经济提升金融效能。在守住风险底线的基础上，要促进国际国内金融双向交流，在学习借鉴中壮大自身，提升我国在世界金融秩序规则制定及国际金融市场中的话语权和影响力，在更大的范围、更高的层次调动金融资源服务国家战略。特别是，随着经济步入发展新阶段，经济要素配置从以往“增量投放”向“存量盘活”转变，经济高质量的发展对于金融资源配置和风险控制功能越发倚重。五是要立足实际，保持定力，着眼结构性矛盾改善金融供给质量。我国金融业存在发展不充分和不平衡的主要矛盾，决定了必须从供给端入手提高金融发展质量。但金融制度又根植于社会文化的语境中，不同国家金融治理框架和模式都有各自特点。中国金融发展道路必须符合中国实际。在“三期叠加”的宏观背景下，中国金融践行高质量发展更需保持战略定力。

实际上，从中共十八届三中全会以来，十八届政治局第40次集体学习、第五次全国金融工作会议、《“十三五”现代金融体系规划》，尤其是党的十九大和十九届政治局第13次集体学习，中国金融体制改革和现代金融体系建设等金融工作的推进，都指向了中国金融体系功能定位更加聚焦于服务实体经济和防控金融风险这两大方面。

（二）当前我国金融业发展的突出问题与不足

改革开放以来，我国金融业发展取得历史性成就。特别是党的十八大以来，我们有序推进金融改革、治理金融风险，金融业保持快速发展，金融改革开放有序推进，金融产品日益丰富，金融服务普惠性增强，金融监管得到加强和改进。2018年末，我国金融业机构总资产为293.52万亿元，同比增长6.4%，其中，银行业机构总资产为268.24万亿元。我国商业银行资产规模名列全球第一，原保险保费收入和交易所市值分列全球第二，私营部门债券市值全球第三，金融业增加值占GDP比重的7.68%。但我国金融业国际竞争力还不强，发展质量不高，国际地位、功能作用、机制动能、结构质量、风险治理和服务水平还不能适应经济高质量发展要求，诸多矛盾和问题依然突出。

1. 从国际地位看，中国是金融大国，但还不是金融强国。虽然我国金融服务贸易绝对规模逐年扩大，但与金融发达国家相比，我国金融服务贸易额相对偏小，占比较低，逆差持续，贸易伙伴相对集中。资本项下跨境流动管制较严，人民币在国际贸易和金融市场结算中所占份额不高。国内与国外金融市场还未充分贯通。我国金融市场的开放度和透明度还需提升。从我国金融服务业的国际竞争力、人民币在国际货币体系中所处的地位、我国对国际金融资源的配置能力和国际金融规则的话语权等方面综合考量，中国金融大而不强，在国际金融格局中的地位还有待提高。

2. 从功能作用看，金融服务实体经济还不紧密，脱虚向实还未定型。近年来，我国金融业增加值占GDP比例维持在8%左右，与英美等金融强国相当。但与此同时，货币进入实体经济的传导机制不畅。在创新表外业务的遮掩下，资产管理、银行理财、同业交易杠杆过高、嵌套复杂，大量资本在金融体系空转。特别是，在贸易摩擦频发、实体经济发展承压、下行压力加大的背景下，金融业一度偏离服务实体经济的基本功能，脱实向虚、高杠杆膨胀复制，金融供给失衡，民营经济、小微企业“融资难，融资贵”问题突出。随着金融治理的深化，市场风险隐患和乱象逐步消除，但是金融脱虚向实、精准滴灌实体经济的制度机制还未根本确立。

3. 从机制动能看，我国金融市场化格局已经形成，但内生机制还未完全实现市场决定。改革开放四十年来，我国金融由破而立，基本建成了与中国特色社会主义市场经济相适应、开放透明完善的金融市场与监管体系。但是，金融领域价格管制还不同程度存在。货币市场利率、债券市场利率、外币存贷款利率已先后实现市场化，但目前仍存在基准利率与市场利率的双层现象。商业车险价格、长期人身险产品预定利率还有限制。价格是金融资源供需关系的反映，价格的管制和扭曲容易导致资源错配。

4. 从结构质量看，金融发展局部失衡，结构性矛盾依然突出。社会融资以商业银行信贷为主，直接投资和间接融资结构失衡，推高了宏观经济整体杠杆率，也增加了实体经济的成本。金融市场的开放滞后于实体经济，市场的参与者还是以国有企业为主，大量资金投向房地产领域，民营经济和小微企业获得金融资源支持力度偏弱。此外，各类金融市场发展不平衡。如债券市场内的银行间市场和交易所市场存在分隔，股票市场的场内市场和场外市场发展不平衡，保险的交易所市场交易才起步。

5. 从风险治理看，金融风险隐患不容小觑，防风险的任务还很重。从宏观来看，经济下行与高杠杆风险是突出的金融风险。集中体现在：地方政府和国有企业杠杆率较高的结构性风险、经济下行可能引发的债务偿还风险以及房地产价格波动带来的资产贬值风险。从中观看，存在金融业跨行业、跨市场、跨区域的交叉传染风险。金融创新形成复杂的金融产品体系，金融机构间相互关联性增强，特别是为了突破分业经营约束、提高效率、追逐最大收益而推出的交叉性金融产品和跨市场关联交易行为，促使风险同质共振。包括游离于金融监管外的 P2P 风险。从微观看，个别金融机构和企业在金融严监管、去杠杆过程中风险显化。

## 二、发展直接融资市场服务实体经济

改革开放四十年来，中国金融体制改革不断深化，金融业在服务实体经济和社会发展中发挥了重要作用。当前，加快金融供给侧结构性改革，加快建立现代金融体系，正成为中国金融业的长期发展目标。

### （一）间接金融为主的金融体系无法充分服务支持现代化经济发展

1. 间接金融历史上为中国经济和社会发展作出了巨大贡献。新中国成立以来，中国金融业走过了两个重要的历史时期。

1949 年新中国成立至 1978 年中国改革开放之前，中国金融发展主要与高度集中统一的计划经济管理体制相适应，为服务和支持尽快奠定国家重工业基础和壮大国营经济力量的战略选择，由此建立了高度集中统一的国家银行体制。

历史地看，高度集中的金融体制，对于有效集聚社会资金、支持社会主义经济建设发挥了重要作用。同时，受限于计划经济的体制与思维，金融体系（实际上就是银行体系）的服务功能受到很大限制，整体上成为国家财政的出纳机关，而非现代意义上的金融中介机构。

改革开放之后，财政主导金融的弊端愈发明显地暴露，在 20 世纪 80 年代的高通胀和“抢购风潮”中起到了推波助澜的作用。有鉴于此，我国开始了从财政主导向货币价格主导的金融业转型之路，并最终以 1995 年《中华人民共和国中国人民银行法》的颁布为标志，确立了货币银行系统主导的金融资源供给体制，并一直延续至今。从中国金融业的发展进程不难发现，当前以银行间接金融所主导的金融资源供给模式有着深刻的历史背景。

直至今日，作为我国金融资源供给体系的关键基础，银行间接金融成为我国经济发展的重要资金来源。近年来，我国经济的高速增长推动了银行业的快速发展。根据国家统计局统计，2018 年全年社会融资规模为 19. 30 万亿元。其中，本外币各类贷款社会融资规模共计 15. 25 万亿元，占社会融资总规模的 79. 19%。截至 2018 年末，我国全部金融机构本外币各项存款和贷款余额分别为 182. 5 万亿元和 141. 8 万亿元，在 2008 年至 2018 年的年均复合增长率分别为 14. 34% 和 16. 05%。

同时，我国银行间接金融模式发展至今已经面临瓶颈，无法充分有效地支持现代化经济发展，银行向实体经济信用扩张“最后一公里”的传导渠道阻滞问题显著。2019 年 2 月中央提出深化金融供给侧结构性改革，表明金融业深化改革进入了新的历史阶段。一方面，不断推进银行间接金融供给模式转变；另一方面，更要建设现代化的多层次金融市场，大力发展以金融市场为核心的直接金融，并将其作为未来新时代中国经济及社会发展进程中的首要金融资源供给模式。

2. 建设现代化经济和追求高质量发展需要现代金融体系。目前我国处在新旧动能转换的关键期，需要一个支持新经济发展的资本市场。在传统经济增长动能日益减弱的经济环境下，既有的金融供给模式和结构无法满足市场需求。建立一个适应“新经济时代”建设现代化经济和追求高质量发展中融资需求的现代金融体系，已成当务之急。

以直接金融为主体的现代金融体系具有与传统银行间接金融完全不同的信用契约关系。间接融资的信用关系是以银行信用作为传导，而在直接融资中，资金需求者与资金供给者通过资本市场中具有高流动性的股票、债券和衍生金融工具等直接建立信用契约关系。

建设以直接金融为主体的现代金融体系，迫切需要从两方面推进：金融交易的法制保障和要素价格的市场化改革。

一方面，法制保障对于以直接金融为主体的现代金融体系建设至关重要。由于金融交易具有跨期非物理特性，在直接融资中，资金提供者的资金安全依赖于资金使用者的未来承诺和偿付能力，并通过契约和信用形成具有法律效力的制约和保障。如果金融市场信息不对称严重，远期违约风险将极大。以金融产品为标的的交易，必须用相关法律明确市场主体产权关系和交易关系，对跨期交换的具体内容形成以信用承诺为基础的契约，保障远期交割的合法性和有效性。现代金融体系的法制保障客观要求更完备的法律体系、更严谨的立法过程以及更公正的司法程序与裁决结果和执行系统。必须夯实现代金融体系所依赖的法治基础，与时俱进完善法律体系，做到有法可依和有法必依，倡导契约精神；有了条文法规后，要严格执法；要有公正的司法机制，这是金融市场秩序的最后一道防线。

另一方面，建设现代金融体系，要坚持金融要素价格的市场化改革方向，有序解决双层利率现象与定价失灵问题所导致的刚性兑付。要通过改革增强金融体系内生稳定性。逐步减少市场分割、行政干预、市场准入限制，真正建立金融市场的风险定价机制并稳步融入全球金融体系；加快金融市场化改革，促进资本的市场间和境内外的自由流动，适时推行负面清单管理制度，丰富金融市场交易主体和交易品种；充分发挥风险定价机制作用，通过维护市场有效性，让资金价格充分反映投资者风险偏好和投资标的的风险收益水平；健全金融企业的股权结构和公司治理，特别是占主体的国有金融资本管理，建立有效激励约束机制，强化风险内控，建设完善现代金融企业制度，提高金融组织效率，提高企业的国际竞争力。

### （二）推进金融供给侧结构性改革，发展多层次资本市场体系

适应经济新常态，推动结构调整和产业升级，需要深入推进供给侧结构性改革，发展以多层次金融市场直接金融为主体的现代金融体系。既要通过金融供给侧结构性改革解决无效、低效过剩的问题，又要通过结构性调整解决有效供给结构性不足的问题。

金融供给侧结构性改革就是要通过改革实现金融资源的市场化高效配置，以金融体系结构调整优化为重点，优化融资结构和现代金融市场体系、金融组合体系、金融产品体系及金融监管与调控体系，围绕建设现代化经济的产业体系、市场体系、区域发展体系、绿色发展体系等提供精准服务，增加资本市场的有效供给，构建风险投资、债券市场、股票市场等全方位、多层次金融支持服务体系。

首先，坚定决心改革金融资源供给模式，建立以法制与信用为基础的现代多层次资本市场为核心的金融资源配置体系。通过深化金融体制改革，使市场在资源配置中发挥决定性作用，建立有效的风险定价机制，从而使金融资源得以有效支持实体经济，从而令经济健康发展成为防范化解风险的根本基础。实现在稳增长的基础上防风险，在推动高质量发展中防范化解风险。

其次，金融资源的供给主体——金融机构必须市场化。金融业和金融市场有三大功能，第一，有效配置资源；第二，管理风险，通过价格发现和提供各种各样的工具来进行风险管理；第三，为百姓和企业提供金融服务。这三大功能的实现，有赖于高效优质的金融服务提供商，而金融机构的高效与优质必将在充分的市场化竞争中通过大浪淘沙的自然选择过程而产生。银行、证券、保险、信托等机构都必须经受市场化竞争的考验，无关所有制，立足竞争中性，物竞天择，适者生存。

再次，加强金融企业公司治理，建设良好营商环境。立足于这样一个充分竞争的市场外部环境，将有利于金融机构提升其内部公司治理，激励金融机构不断提升其服务的质量与效率，从而促进金融体系整体供给效率的提升。在促进金融机构充分地市场化竞争的过程中，政府监管部门要力争营造对一切主体公平的营商环境，建设有利于市场竞争的制度环境，比如在税费等方面必须做到平等无差。

最后，进一步加大金融服务业对外开放，以开放促竞争、促改革。金融市场的开放

要以有序推进资本项目可兑换，以及人民币汇率形成机制等方面市场化改革，相互配合，协调推进，在持股比例、设立形式、股东资质、业务范围、牌照、数量等方面对中外资金融机构给予同等的待遇和同样的监管标准。应按照国际标准，持续推动债券市场、股票市场、金融衍生产品市场对外开放，扩大跨境投融资的渠道，完善相关的制度安排。

### （三）建设一个规范、透明、开放、有活力、有韧性的资本市场体系

综合来看，金融供给侧结构性改革包括金融市场基础性制度安排供给、金融资本要素价格与成本供给、金融中介组织机构与产品供给等方面的结构性改革。

当前，需要以服务实体经济为本，提高直接融资比重和优化金融体系结构，进一步夯实完善资本市场基础性制度，形成与现代社会主义市场经济体制相适应的非银行金融机构体系、产品体系，为实体经济发展提供更高质量、更有效率的金融服务，包括解决我国长期资金来源、上市问题，发展独角兽、CDR、科创板、债券市场互联互通以及资本市场的交易、清算、评级等中介服务安排。

首先，从完善金融市场基础性制度安排供给方面看，发行定价制度、投资者尽职调查与适当性管理、信息充分有效的披露机制、科学的交易与价格发现机制、市场规则的维护与投资者权益保护机制等方面都是资本市场基础性制度建设的关键。这些基础制度必须体现公平、公正与公开的特征，政府作为市场的监管者、相关制度安排的组织建设者，应当坚守角色中性定位，不应缺位也不应越位，不应不作为也不宜过度揽责，应当依法维护市场基础制度安排的有效运转，同时与市场保持适当的距离，不能既当裁判员，又当运动员。在此方面可以充分发挥好科创板建设的制度改革试验田作用，为全面系统性完善中国金融市场基础性制度安排供给探索可行路径。

其次，从完善金融资本要素价格与成本供给方面，关键是尽快在全面深化改革，切实推进国企改革、产权改革基础上，落实以利率为代表的金融要素资源配置市场化，恢复业已失灵的信用风险定价机制。

最后，从完善金融中介组织机构与产品供给方面看，需要大力发展以跨期风险管理为目标的大类资产配置金融工具体系。资产管理市场应建立“基础资产—集合投资工具—大类资产配置”的生态体系，开立税延型个人养老金账户并自主投资于公募基金、保险等各类金融产品，鼓励银行、保险等代销机构通过大类资产配置对公募基金进行二次选择，为投资者提供跨生命周期、跨经济周期的资产配置解决方案，为资本市场引入稳定的长期资金，促进资本形成。

需要强调的是，随着多层次资本市场的不断发展，中介机构的作用将越来越大。比如理财保险产品的开发，需资产管理机构对客户风险、收益、期限和流动性等偏好进行分析匹配；企业在多层次资本市场融资，证券公司等投行机构要提供个性化解决方案并定价，特别是“新经济”中存在着更多像商誉、专利权、创意、特殊技能等无形资产的

合理估值和定价，衍生品市场则更需过硬的专业技能。

## 三、改革完善金融监管体系，提升防控金融风险能力：以资管市场为例

十九届中央政治局第13次集体学习强调“要以金融体系结构调整优化为重点，优化融资结构和金融机构体系、市场体系、产品体系，为实体经济发展提供更高质量、更有效率的金融服务”。这需要从中国实际出发，科学借鉴国际金融开放、发展、稳定的成熟经验，理顺政府和市场的关系，统筹金融管理资源，完善金融治理、金融监管和金融调控体系，提高开放条件下防控金融风险的能力。

### （一）厘清政府和市场的边界

我国改革开放40年的一条重要基本经验是不断调整政府和市场的关系。十八届三中全会提出了“健全多层次资本市场体系，推进股票发行注册制改革，多渠道推动股权融资，发展并规范债券市场，提高直接融资比重”的改革目标。厘清政府和市场的边界，科学界定政府在金融市场监管中的职能定位，有利于发挥市场在金融资源配置中的决定性作用，促进我国直接融资市场健康有序发展。

21世纪以来，在经济金融全球化、科技化和市场化的大背景下，我国以银行间接融资为主导的金融体系出现了新变化，以资产管理业务（以下简称资管业务）为代表的跨市场、跨机构、跨行业、跨产品的金融创新推动中国的金融体系从间接融资为主向直接融资为主转变。但这个发展不是平稳推进的，而是以前期的快速发展到近期的持续收缩方式呈现出“大起大落”的特征。这其中固然有国内经济基本面和外部经济环境的周期波动影响，但传统金融监管周期外生性影响叠加强化了金融市场体系顺周期特征，加剧了金融体系的内在不稳定性和风险溢出效应，成为了宏观经济调控和金融监管的突出问题。金融监管周期在近年来资管业务变化中影响尤其明显。

一方面，在宽货币环境下的金融微观监管空白和盲点，加速了资管业务不理性发展和直接融资市场的一系列金融乱象。有研究认为，中国的资管业务是具有中国特色的影子银行体系，它们作为银行的影子，实质上是资产创造负债的货币创造行为。资管业务法律关系上是信托，金融产品性质是证券，本质上属于直接融资范畴。但是，我国资管业务发展之初就有所偏离。我国的资管业务以银行为核心，以通道业务为主体，与证券、基金、保险、信托以及其他新型的互联网金融中介形成了紧密的“利益联合体”，其目的就是规避监管和贷款相关限制，以不规范的会计记账为手段，将贷款转移至其他会计科目下，通过创造信用货币为企业提供融资。在我国整个金融监管体系仍然沿用传统以金融机构为基础的分业监管框架下，对资产管理这种跨市场、跨机构、跨行业、跨产品的金融创新业务，没有建立与美国、日本、欧洲一样完备的会计、法律、税收、统计体系和完善的金融企业公司治理结构。同时，监管部门“父爱主义”泛滥，发展目标压倒了监管要求。分业监管框架无法有效防止市场机构趋利避害的道德风险，银行影子

可以突破市场准入、投资范围、资本约束、杠杆限制和投资者适当性等监管要求，其交易结构多层嵌套、资产负债表期限错配，隐性“刚兑”导致权责扭曲，出现了微观不审慎的各种风险隐患，并催生了监管真空和监管套利，触发了影子银行的金融加速器效应，增加了经济的宏观脆弱性。

另一方面，在紧信用环境下加强对资管业务的规范与治理，要避免层次加码和用力过猛，维持金融市场稳定和金融状况适度，支持实体经济发展和国民经济稳定运行。2015年以来我国整体宏观经济环境与国际金融危机时期发生了深刻变化。我国经济发展已由高速增长阶段转向高质量发展阶段，叠加中美贸易摩擦等外部不确定性因素影响，我国经济短期面临深层次矛盾逐渐暴露并反映在金融领域。2017年以来，党中央、国务院高度重视金融领域风险。在第五次全国金融工作会议上，习近平总书记明确指出，防止发生系统性金融风险是金融工作的永恒主题，要把强化监管、提高防范化解金融风险能力作为一项重要的原则。金融监管部门把规范资管业务作为整治金融乱象的关键一步。据相关统计，2017年以来各金融监管部门同时发力，出台了上百份监管文件解决资管业务的问题。2018年4月27日，经中央全面深化改革委员会审议通过，“一行两会一局”正式发布了《关于规范金融机构资产管理业务的指导意见》，重点解决资管业务回归本源、打破刚兑、限制“非标”、降低杠杆等问题。指导意见的出台是及时且必要的，有利于资管业务回归本源，走出草莽式生长，向更规范、更持续的本源发展道路转型。但是，在强监管的环境下，规范资管业务时存在层层加码和用力过猛现象，使得在经济下行压力加大趋势下，出现了紧货币与紧信用的叠加，在2018年出现了债券市场违约和股票质押风险等问题。国务院金融委等相关部门根据金融运行尤其是社会融资规模与增速的变化，及时调整了相关政策的执行力度和节奏，避免了金融市场波动和金融状况收紧，为经济平稳运行提供了支持保障。

如何理顺政府与市场的关系，科学界定两者边界，更好发挥政府与市场的协同作用，成为解决问题的关键。从我国过去十年对资管业务管理的经验看，核心是要建立现代金融监管体系，适应我国经济新常态阶段构建开放型经济新体制和经济高质量发展的要求，着力解决传统分业监管框架带来的监管重叠、监管真空和监管套利等问题。主要包括以下几个方面。

一是统筹宏观和微观、金融调控和金融监管职能的平衡。我国金融监管面临着转轨+周期的双重问题。转轨主要是从计划经济过渡到社会主义市场经济，要让市场在金融资源配置中发挥决定性作用。在金融业对内对外开放的背景下，金融监管要不断适应市场创新的需要，按照功能监管的理念、“实质重于形式”的原则，强化对行为监管和审慎监管，实行“穿透式”监管，监管当局把管理重心转移到建立维护有效、公平、有序的市场环境，保护金融消费者合法权益，培育公平公正、透明开放、诚信守法的金融法治环境，强化市场主体信息披露的法律责任，严格要求金融机构及时披露与消费者权益相关的产品和服务信息，严厉打击各种金融违法违规交易活动和主体。周期主要是服从国家宏观经济调控的需要，用好货币政策和金融政策，平衡好经济增长、物价稳定、充分就业和国际收支平衡等内外经济目标。金融监管和金融调控职能各有侧重，但在我国特殊国情下确实面临金融微观监管和金融宏观调控的相互“干扰”，要将金融监管聚焦于金融供给侧结构性改革的范畴，将货币政策聚焦于以市场化、逆周期方式进行总需求管理。同时，也要完善宏观和微观管理的结合，以防范化解系统性金融风险为切入点，以宏观审慎管理作为总量调控和结构优化的结合点，着力解决金融创新发展的顺周期不稳定性，实现金融宏观调控和金融微观监管的合理搭配，做到宏观审慎管理和微观行为监管两手抓、两手都硬、两手协调配合。

二是完善现代金融监管体系的法律制度和规范。现代金融监管体系是建立在法制基础上的。按照现代市场经济体系的标准，我国现有的金融法律基础还不完善，一定程度上滞后于金融创新和实践的发展，容易出现金融监管缺位、监管真空等问题。资管业务立法滞后的问题尤其突出。当前，有必要加快推动科学立法、依法立法，梳理资管市场的法律体系，推动修订完善《中国人民银行法》《商业银行法》《证券法》《信托法》《投资基金法》等基础法律，明确法律依据和授权，明确监管职责和执法标准。

### （二）完善现代金融监管体系

着眼未来，我们需要进一步理顺金融监管关系，按照从机构监管为主向机构监管和功能监管并重的思路，完善现代金融监管体系。

金融监管体系是现代金融的重要组成部分，是一个国家金融治理水平的直观体现。理顺监管机制、构建完善的现代金融监管体系，是发展实体经济和防范金融风险过程中重要且不可缺失的一环。但我国现代意义上的金融监管体系并没有真正建立，与现代金融体系发展趋势不适应性日益凸显。一方面，监管政策没有得到有效的执行落实。监管者监管与发展目标冲突、监管分工不清晰、监管者薪酬较低、问责机制缺失是重要原因。另一方面，部分监管政策违背了市场规律，导致市场主体激励混乱，服务实体经济与守住风险底线难以兼顾。

一方面，金融市场的失灵需要建立健全强有力的金融监管体系。仍以资管业务为例，资管领域通道业务野蛮发展已经成为近期金融市场失灵的典型。在券商资管、基金公司及子公司专户、私募基金产品中，超过60%为银行理财资金的“通道”和嵌套业务。这些通道和嵌套产品为规避监管部门对底层资产的核查，将资金投向资质较差、无法通过正规渠道申请到贷款的企业，或者是房地产、地方政府融资平台和“两高一剩”等限制性行业。从防止金融市场失灵出发，需要政府加强对金融市场的监管与交易制度的设定，确保市场竞争的充分性、信息披露的对称性与充分性。

另一方面，分业监管体制与金融混业经营趋势的不适应加剧了金融体系的脆弱性。有研究认为金融监管有两大目标：一是针对系统性风险的审慎监管，以维持金融机构稳健经营和金融体系稳定；二是针对金融机构机会主义行为的合规监管，以维护金融市场的公正透明，保护金融消费者的合法权益。在混业经营趋势下，如果过度强调金融机构的行业属性，就会导致不同管辖权下金融机构间的非公平竞争。当一种特定的金融业务具有跨行业、跨市场交叉性特征时，如何进行有效监管，消除监管套利，成为一个难题。以资产管理业务为例，近年来我国资管行业野蛮生长，规模快速扩大，在发展的过程中乱象丛生，主要表现为多层嵌套、表外扩张、监管套利、刚性兑付、资金空转、杠杆不清、明股实债等现象，这些具有跨市场、跨行业特征的资产管理业务往往交易结构复杂、交易链条较长、信息不透明，明显突破了市场准入、投资范围、资本约束、杠杆限制、投资者适当性等监管要求，极易引发跨行业、跨市场风险传递。某种程度上，我国出现的系统性风险隐患，基本上都与资管业务的无序扩张有关。

鉴于此，我们建议需要多措并举，尽快完善现代金融监管体系。

一是加强宏观审慎管理。建立宏观审慎政策工具，更加灵活、全面、有效地发挥逆周期调节作用。不断完善系统性金融风险监测、识别、评估、预警和处置体系。如：资管业务是横跨不同行业、市场、产品的业务，需要从整体的、宏观的、跨周期、跨行业的视角，降低影子银行风险、期限错配和流动性风险，打破刚性兑付。

二是强化功能监管。针对不同类型金融机构开发的功能相同或相似的金融产品，按照统一规则和标准进行监管，按照“实质重于形式”的原则，实行公平统一的市场准入和监管。

三是实施穿透式监管。充分发挥金融基础设施监控功能，建立一套覆盖复杂金融产品的发行、资金募集、产品投向各个环节的综合统计制度，实施全流程的穿透式监管。

四是建立行为监管体系。完善金融消费者和投资者权益保护事前、事中、事后监管机制，维护市场有效、公平、有序竞争秩序。督促金融机构全面落实金融消费者权益保护的内部规章和主体责任，完善以投资者需求为导向的信息披露制度，严厉打击损害金融消费者合法权益的行为，健全金融消费者权益保护长效工作机制。

### （三）统筹金融监管资源

中国建设现代金融体系和现代金融监管体系，既需要借鉴发达国家成熟经验，更需要立足中国国情和金融发展实际。本轮金融危机之后，主要经济体基于对危机教训的深刻反思，纷纷改革金融监管体制，主流做法是设立顶层协调机构、强化中央银行金融监管职能、加强业务线跨部门统筹协调、统筹集中使用监管资源等。这些都值得我们认真学习和借鉴。

在外部因素影响冲击下，中国国内经济运行出现下行，经济结构转型以及金融体系市场化改革的不断深入，使得金融体系内部的风险开始显性化，金融监管面临着重重挑战。以资产管理行业为例，我国机构监管理念的局限性和监管协调问题逐渐显现，具体表现在三个方面。

一是监管标准不一致诱发监管套利。目前几乎所有类型的金融机构都在开展资管业务。按照机构行业不同制定的不同监管标准，在单个行业来说是审慎的，但从整个金融体系分析，就会发现不同行业的产品标准、监管规制、监管执法各有不同，宽严程度不一。比如投资者的划分、投资范围的准入、净资本、杠杆水平的要求等。这种监管标准的不一致，一方面给机构监管套利预留了空间，另一方面容易忽视对非持牌机构从事持牌机构业务的监管，为大量非金融企业非法从事金融业务留下了空隙。

二是监管基础设施的分散化与市场分割。目前我国金融基础设施的建设和管理分散，不同金融基础设施之间互联互通不畅，信息登记系统也处于分割状态。资产管理业务统计分散在各行业监管机构，数据收集、信息统计、风险监测等方面没有统一的标准，对最终投资者和底层资产的穿透核查存在较大困难，由此降低了资管行业的监管效率。

三是多头监管导致监管协调成本巨大。一方面监管主体之间缺乏一个统一协调的监管部门，另一方面资管业务法律适用混乱。目前各大类资管产品的法律基础、法律关系并不相同——有的依据国家法律，如《信托法》《基金法》，相应的法律关系为信托关系；有的依据资管机构所在行业监管部门规章，法律关系是委托代理关系；还有的产品仅仅依据当事人的约定，法律基础、法律关系均不清晰。不同的法律基础赋予监管的权力也不尽相同，而涉及跨市场跨业态跨区域的监管协调则往往缺乏通用的依据，从而增大了协调成本。

面对以上问题，需要立足中国实际，发挥金融体制的优势，加强监管协调，统筹金融监管资源。

一是充分发挥国务院金融稳定发展委员会的作用。设立国务院金融稳定发展委员会是加强金融宏观审慎管理，增强金融监管协调性、权威性、有效性，促进金融业健康发展的重要制度性安排。要发挥金融稳定发展委员会在统筹金融监管框架改革、协调各监管机构之间的职能分工与审慎监管工作方面的作用。

二是统筹各类金融基础设施和金融信息数据。加强金融监管内部之间的信息系统整合与共享，制定明确的金融信息数据整合方案，持续推进金融业综合统计体系建设。

三是统筹协调监管机构之间、监管机构与其他部门之间的权责利，以及交叉性金融产品的监管。

四是统筹协调中央与地方的风险分担和监管职责。中央和地方在监管职能上既存在重叠冲突，也存在空白地带的问题，地方金融监管机构的风险识别能力和监管能力以及组织、人员薄弱，缺乏专业监管知识技能，要进一步加强对中央与地方的监管协调研究。

## 四、结论与建议

### （一）金融服务实体经济，实现功能回归

金融是国家重要的核心竞争力。当前我国金融体系的主要矛盾之一体现在对实体经

济的服务功能不足。在贸易摩擦频发、实体经济发展承压、下行压力背景下，金融业一度偏离服务实体经济的基本功能，脱实向虚、高杠杆膨胀复制，金融供给失衡，民营经济、小微企业“融资难，融资贵”问题突出。当前金融脱虚向实、精准滴灌实体经济的制度机制还未根本确立。

金融体系的功能应当进一步回归到服务经济、管理风险、增加人民福利的本源上。一是要准确把握金融资源配置的核心功能定位；二是要深刻认识金融本质，以造福人类福祉、服务经济社会发展和人民群众为目标，回归发挥配置时间价值、融通资金和管控风险的基本功能；三是要压实金融风险防范的底线，推动金融业转型升级，通过稳价格、稳预期、稳信心等多种手段促进实体经济平稳健康发展；四是要拓宽金融视野格局，开放经济提升金融效能，在守住风险底线的基础上促进国际国内金融交流，调动金融资源服务国家战略；五是要立足实际，保持定力，着眼结构性矛盾，从供给端入手提高金融发展质量。

### （二）进一步深化金融体制改革

改革开放以来，我国基本建成了与中国特色社会主义市场经济相适应、开放透明完善的金融市场与监管体系。但在体制建设方面仍然存在一些问题。例如，金融领域价格管制还不同程度存在；直接融资和间接融资结构失衡；金融市场资源配置对民营经济和小微企业支持力度不够；各类金融市场发展不平衡、相互隔离等。

进一步深化金融体制改革是完善中国金融市场功能机制的重要工作。金融体制改革的最终目标是建设一个规范、透明、开放、有活力、有韧性的资本市场体系。核心工作首先是发展以直接金融为主的现代金融系统，服务实体经济。在直接融资中，资金需求者与资金供给者通过资本市场工具直接建立信用契约关系，因而要求有完善的法制保障。同时，还需要坚持金融要素价格的市场化改革方向，有序实现利率双层合一与定价失灵问题所导致的刚性兑付。其次，还需要持续推进金融供给侧结构性改革，发展多层次资本市场体系。坚定决心改革金融资源供给模式，建立以法制与信用为基础的金融资源配置体系，令市场在资源配置中发挥决定性作用。金融资源供给的主体必须市场化。政府监管部门要建设有利于市场竞争的制度环境。金融业必须进一步扩大开放，以开放促竞争、促改革。

### （三）防范金融风险

当前中国金融市场的风险隐患不容小觑，防范风险任重道远。宏观的经济下行与高杠杆风险，中观的金融业跨行业、跨市场、跨区域的交叉传染风险，微观的个别金融机构和企业在严监管、去杠杆过程中风险的显化，都是当前需要解决的问题。特别地，金融创新形成了复杂的金融产品体系，金融机构间相互关联性增强，促使风险同质共振和传染。P2P 等部分游离于金融监管外的金融创新也是重要的风险点。

为了防范金融风险，第一，在监管定位方面，要理顺政府和市场的边界，更好地厘清政府在金融市场监管中的职能定位。具体工作包括统筹宏观和微观、金融调控和金融监管职能的平衡，完善现代金融监管体系的法律制度和规范。第二，在监管模式方面，要理顺监管关系，从以机构监管为主向机构监管和功能监管并重。具体工作包括加强宏观审慎管理、强化功能监管、实施穿透式监管、建立行为监管体系等。第三，在监管协调方面，要统筹金融监管资源，在国务院金融稳定发展委员会领导下提高“一行两会一局”的金融监管跨部门协调。第四，在金融创新方面，要正确看待创新与监管的关系，充分认识到金融科技对金融监管的挑战，大力发展监管科技。第五，在监管节奏方面，要统筹宏观与微观、短期与长期、治标与治本的平衡，保持宏观经济处于合理区间与金融杠杆率有序回落。

总之，当前深化金融供给侧结构性改革和深化金融改革开放，更加需要精准有效地处置重点领域风险，坚决打好防范化解包括金融风险在内的重大风险攻坚战，推动我国金融业健康发展。我们相信，中国金融体系功能定位将会更加聚焦于服务实体经济和防控金融风险两大目标。

**专栏 1**

### “一委一行两会”金融监管新框架正式确立①

我国的金融监管格局历史上经过几次重大的调整：1978 年中国人民银行从财政部独立；1986 年《中华人民共和国银行管理暂行条例》从法律上确定了中国人民银行作为中央银行和金融监管当局的职责；1992 年国务院证券委员会和证券监督管理委员会（证监会）相继成立，1995 年对证券公司的监管交由证监会行使，1998 年对保险业的监管权移交到新成立的保险监督管理委员会（保监会），2003 年对银行业的监管权交给新成立的银行业监督管理委员会（银监会）。至此“一行三会”的监管框架形成。

在“一行三会”的金融监管框架之下，金融业迎来了长期稳定的发展，但随着金融业的快速发展，分业监管模式下，部分风险问题也随之暴露。2013 年，国务院设立金融监管协调部际联席会议，成员包括“一行三会”和外汇局等金融监管机构。联席会议的主要工作职责是加强成员间监管协调、政策实施合作以及信息交流。但由于联席会议并不具有强制性，是在不改变现行金融监管体制，不替代、不削弱有关部门现行职责分工的情况下开展的，因此，联席会议在监管政策统一、监管协调方面发挥的作用有限。

2017 年 7 月全国金融工作会议强调，要增强金融监管协调的权威性、有效性，强化金融监管的专业性、统一性、穿透性，所有金融业务都要纳入监管，在此背景下，11 月国务院金融稳定发展委员会成立，标志着对金融统筹监管和监管协调建立起了顶层设计

① 作者：高谦，中银国际证券股份有限公司研究部联席总经理；张晓娇，中银国际证券股份有限公司研究部高级分析师。

机制。同时，为了进一步加强监管的协调性，防范监管空白和监管套利，强化功能监管，特别是考虑到银行和保险机构的监管理念的本质是一致的，都是以资本约束为核心的金融监管，2018 年 3 月，十三届全国人民代表大会第一次会议审议通过国务院机构改革方案，其中将银监会、保监会的职责整合，组建中国银行保险监督管理委员会（银保监会），将银监会、保监会拟定银行业、保险业重要法律法规草案和审慎监管基本制度的职责划入人民银行。2018 年 4 月中国银行保险监督管理委员会正式挂牌。至此，新的“一委一行两会”金融监管框架正式确立。

新的金融监管框架严格遵照 2017 年金融工作会议的精神，以服务实体经济、防控金融风险、深化金融改革三项任务为核心，创新和完善金融调控，健全现代金融企业制度，完善金融市场体系，推进构建现代金融监管框架，加快转变金融发展方式，健全金融法治，保障国家金融安全，促进经济和金融良性循环、健康发展。

新的金融监管框架，加大了金融服务实体经济的力度。在货币政策方面，2018 年至今，人民银行多次实施降准和下调政策利率，并在宏观审慎评估体系下鼓励和支持银行业加大对实体经济特别是小微企业的信贷支持力度；银保监会完善对银行业和保险业的资金流向监控，特别是严防金融机构资金脱实入虚；证监会继续大力发展资本市场，为实体经济拓宽直接融资渠道。

新的金融监管框架成立以来，以资管新规为代表的防控金融风险等安排深入推进落实。资管新规规定统一资管产品标准，提高合格投资者的要求，打破刚性兑付，实行净值化管理，规范资金池，禁止非标与资管产品期限错配，统一产品杠杆，消除多层嵌套和通道。此外，“一行两会”还在双支柱调控框架、规范流动性管理、加强资产负债管理、规范非传统金融机构等方面严格布置和落实各项防风险措施。

新的金融监管框架成立以来，金融业对外开放力度继续加强。首先，继续加大金融业对外资开放的力度，2018 年 11 月银保监会发布《中华人民共和国外资银行管理条例实施细则》（修订征求意见稿），加快推进外资进入国内金融行业的步伐；其次，资本市场继续加大对外开放的程度，陆港通继续扩容、MSCI 上调了 A 股的指数权重、债券通开通，进一步放开了海外资本进入国内资本市场的渠道，放宽了外资进入的上限。

# 下　篇

## 2018年度中国金融政策动态

# 宏观金融政策

## 一、货币政策[①]

2018年以来，随着国内经济下行压力增大、外部环境动荡加剧，一系列“去杠杆”的政策对市场形成一定冲击。2018年，宏观经济政策经历了从“去杠杆”“结构性去杠杆”到“稳杠杆”的渐进，货币政策也由“稳健中性”的基调转向“稳健”，但市场流动性趋于宽松。同时，人民银行扶持民营企业、通过货币政策工具来“精准滴灌”民营企业的力度明显增加。在复杂的国际局势下，人民币汇率在合理均衡水平上保持了基本稳定。展望2019年，在把握好稳增长和防风险之间关系的背景下，预计人民银行将保持稳健的货币政策基调，并逐步健全市场利率定价的自律机制，努力完善人民银行对市场利率的调控和提高货币政策传导效率。

### （一）2018年货币政策的主要内容

#### 1. 存款准备金率

2018年人民银行四次降低存款准备金率，分别为2018年1月25日普惠金融定向降准、4月25日定向降准1个百分点置换中期借贷便利（MLF）、7月5日定向降准0.5个百分点支持“债转股”和小微企业融资，以及10月15日定向降准1个百分点置换中期借贷便利；共计通过降准释放流动性约2.3万亿元，其中置换MLF共1.35万亿元，释放约1.2万亿元增量资金，有效缓解了上半年以来资金紧缩的局面，同时通过定向投放流动性避免了“大水漫灌”。2018年末，金融机构超额准备金率为2.4%，较上年同期高0.3个百分点，市场流动性充裕。

#### 2. 公开市场操作

2018年初公开市场操作利率上行，随后保持平稳。截至2018年末，公开市场逆回购操作余额为8400亿元，累计展开逆回购操作10.84万亿元，其中7天期操作累计7.1万亿元。在美联储加息的背景下，2018年3月，人民银行的逆回购利率上行5个基点，此后保持稳定，2018年末，7天逆回购利率为2.55%。

① 作者：何晓贝，清华大学国家金融研究院金融与发展研究中心研究人员。

3. 货币政策工具

（1）中期借贷便利（MLF）担保品范围扩大。2018 年，人民银行累计开展中期借贷便利操作 49510 亿元，均为 1 年期，期末余额为 49315 亿元，比年初增加 4100 亿元。2018 年 4 月中期借贷便利利率上行 5 个基点，此后保持稳定，2018 年最后一期操作 1 年期利率为 3.30%。MLF 新纳入的担保品包括：不低于 AA 级的小微企业、绿色和“三农”金融债券，AA+、AA 级公司信用类债券（优先接受涉及小微企业、绿色经济的债券），优质的小微企业贷款和绿色贷款。

（2）常备借贷便利（SLF）逐步发挥利率走廊上限的功能。2018 年，人民银行累计开展常备借贷便利操作共 4385 亿元，期末余额为 928 亿元。2018 年第一季度，随着美联储加息和央行公开市场操作利率的上调，人民银行上调 SLF 利率 5 个基点，此后保持稳定，截至 2018 年底，隔夜、7 天、1 个月利率分别为 3.40%、3.55%、3.90%。2018 年下半年以来，银行间市场存款类机构 7 天期质押回购利率（DR007）等短期市场利率基本都处于 SLF（7 天）利率下方，显示 SLF 逐步发挥利率走廊上限的功能。

（3）首次创设定向中期借贷便利（TMLF）支持小微、民营企业。2018 年 12 月 19 日，人民银行创设定向中期借贷便利（TMLF），向小微、民营企业提供长期资金来源，操作利率比中期借贷便利利率优惠 15 个基点，为 3.15%，首次投放数量为 1000 亿元。

（4）抵押补充贷款（PSL）同比有所增长。2018 年开始启动新的三年棚改攻坚计划，新开工与改造投入大幅上涨，在货币化安置的政策条件下带动了 PSL 投放量的增加。2018 年人民银行发放抵押补充贷款共 6920 亿元，同比增长 9%。截至 2018 年末，PSL 期末余额为 33795 亿元，同比增长 6919 亿元。

（5）市场基准利率下降。货币市场利率总体平稳，下半年的市场利率比上半年下降一个台阶。银行间市场存款类机构 7 天期质押回购利率（DR007）中枢从年初的 2.9% 左右下降至年末的 2.6% 左右，全年下行约 30 个基点。7 天质押式回购利率（R007）从上半年平均 4.5% 的水平下降到下半年平均 4.0% 的水平。同时，上海银行间市场同业拆放隔夜利率（Shibor）从年初的 2.6% 下降到年末的 1.5%。

4. 防范金融风险的长效机制建设

（1）宏观审慎评估（MPA）扩大考核范围及调整参数。作为“双支柱”框架的另一支柱，宏观审慎政策也在不断完善。2018 年 MPA 进行了几项重要的调整，在发挥逆周期调节作用的同时引导金融机构加大对小微等实体经济的支持作用，包括以下几个方面。

①自 2018 年第一季度评估时起，人民银行把资产规模 5000 亿元以上的金融机构发行的同业存单纳入 MPA 同业负债占比指标进行考核。同时，对资产规模 5000 亿元以下的金融机构发行的同业存单进行监测。

②适当调整 MPA 参数设置：配合《关于规范金融机构资产管理业务的指导意见》（以下简称《资管新规》）的出台，MPA 需要适当放松对银行资本充足率和广义信贷增速的考核，以协助银行将表外资产转向表内。2018 年第二季度，人民银行对宏观审慎资本充足率的计算公式中的结构性参数进行了下调。

③金融机构使用降准资金支持“债转股”和小微企业的落实情况已经纳入 MPA 考核。

④以人民银行金融机构评级为基础完善宏观审慎政策框架。2018 年第一季度，人民银行首次启动对 4327 家金融机构评级，比较全面、客观地对金融机构的经营情况和风险状态进行了评价。评级结果还是核定存款保险风险差别费率和确定宏观审慎评估体系（MPA）结果的重要依据。

（2）颁布资产管理业务监管新规并平稳过渡。为了有序化解“影子银行”风险、防止资金空转和脱实向虚，2018 年 4 月 27 日，人民银行、银保监会、证监会、外汇局联合发布《关于规范金融机构资产管理业务的指导意见》（银发〔2018〕106 号）。7 月 20 日，人民银行进一步发布《中国人民银行办公厅关于进一步明确规范金融机构资产管理业务指导意见有关事项的通知》，2018 年 9 月以来，银行理财、银行理财子公司、证券私募资管等行业细则发布实施，在《资管新规》的总体框架下，进一步明确各行业资管业务监管要求，推动资管业务回归本源，引导资管资金以合法、规范形式进入实体经济和金融市场。

5. 定向扶持实体经济

（1）支持普惠金融的政策导向

①定向降准：普惠金融定向降准于 2018 年 1 月 25 日实施，惠及全部大中型商业银行、近 80% 的城商行和 90% 的非县域农商行，释放资金约 4500 亿元。全国性商业银行从 2018 年 1 月中旬开始陆续使用期限为 30 天的临时准备金动用安排（CRA），高峰时累计释放临时性流动性近 2 万亿元。

②增加支小支农再贷款和再贴现额度，下调支小再贷款利率 0.5 个百分点。10 月人民银行就宣布再增加再贷款和再贴现额度 1500 亿元，支持金融机构扩大对小微、民营企业的信贷投放。

（2）支持民营企业的系列政策。2018 年出台了一系列对民营企业的扶持政策。人民银行推出了政策“三支箭”：“第一支箭”是增加民营企业的信贷；“第二支箭”是推出民营企业债券融资支持工具；“第三支箭”是研究设立民营企业股权融资支持工具。首先，在增加民营企业信贷方面，人民银行对商业银行的宏观审慎评估（MPA）中新增专项指标，鼓励金融机构增加民营企业信贷投放，并通过货币信贷政策工具为金融机构提供长期、成本适度的信贷资金。其次，为了支持民营企业发债，推出民营企业债券融资支持工具，将由人民银行运用再贷款提供部分初始资金，通过出售信用风险缓释工具、担保增信等多种方式，为经营正常、流动性遇到暂时困难的民营企业发展提供增信支持。民营企业债券融资支持工具不直接参与购买债券。最后，为解决部分民营上市公司控股股东由于股票质押比例较高面临风险的问题，人民银行推动发起设立民营企业股权融资支持工具，由人民银行提供初始引导资金为出现资金困难的民营企业提供阶段性的股权融资支持。证券交易商协会正在研究该方案的具体措施。

6. 人民币汇率

（1）汇率弹性增强。人民币兑美元略有贬值，兑一篮子货币保持基本稳定。2018年末，CFETS人民币汇率指数报93.28，较上年末下跌1.7%。2018年末，人民币对美元汇率中间价为6.8632元，比上年末贬值4.8%。2018年人民币对美元汇率中间价年化波动率为4.2%，较2017年明显提升。中国人民银行决定自2018年8月6日起适时调整外汇风险准备金率，将远期售汇业务的外汇风险准备金率从0调整为20%。同期，人民银行于8月重启人民币汇率中间价报价"逆周期因子"。纵观全年，尽管中美贸易摩擦等外部影响较为严重，但人民币汇率保持了基本稳定，外汇储备保持在3万亿美元以上。

（2）货币互换协议。2018年全年人民银行共与11个国家和地区的央行或货币当局签署了本币互换协议，与尼日利亚和日本首次签署本币互换协议，总金额达12480亿元。货币协议签署的时间集中在第二季度，其中最高签署金额为3500亿元，系与英格兰央行10月的续签。截至2018年末，人民币互换规模达34687亿元。人民银行2018年度与"一带一路"沿线国家签署较多，为双边贸易投资提供了便利。同时，首次与日本签署双边互换协议，在亚太地区维持了良好的合作伙伴关系，也有利于推动人民币国际化进程。

（二）2018年货币政策执行效果及评价

2018年以来经济处于周期性下行的轨道，中美间的贸易摩擦加剧了经济的下行压力。由于严格收紧的住房政策，个人住房贷款利率从2017年末的5.26%上升到2018年末的5.75%。新增居民中长期贷款同比下降1.06%，显示住房贷款增长势头趋于平缓。由于受到上半年去杠杆政策的影响，2018年全年社会融资规模同比下滑0.94%，其中人民币贷款增长13%，但新增委托贷款等影子银行活动大幅下滑。2018年广义货币供应量（M2）余额同比增长8.1%，处于历史低位。全年物价温和上涨，2018年12月居民消费价格（CPI）同比增长1.9%，不存在明显的通缩或通胀风险。

面对复杂的国际局势，人民银行在防风险和稳增长之间寻求平衡，货币政策从稳健中性转向稳健。从实际效果来看，国内市场普遍利率下行，流动性逐步充裕，符合稳健增长的政策导向。具体而言，下半年与上半年相比，R007和DR007下降了30~50个基点，不同期限的国债收益率也下跌了 70～120 个基点。货币和债券市场利率的变化也传导到信贷市场，贷款加权平均利率从 2017 年末的 5.74% 下降到 2018 年末的 5.63%。这表明货币政策向宽松方向的调整传导到了实体经济。

同时，在支持民营企业的大政方针下，人民银行一系列政策组合效果初显。易纲行长在接受媒体采访时说，2018 年以来人民银行增加了 3000 亿元人民币的再贷款、再贴现额度，基本上都是针对小微企业和民营企业。民企债券融资支持工具已经开始试点运作。2018 年 11 月，首单民企债券融资支持工具在北京落地；2018 年底三家民营企业通过民企债券融资支持工具募集资金 19 亿元，3 只债券认购倍数均超过 2 倍，远高于 2018 年以来民企发行债券 1.24 倍的平均认购倍数。

### （三）2019 年货币政策展望与相关政策建议

展望 2019 年，全球经济增长面临的下行风险有所增加。其中，美国经历了十年的经济扩张期后，经济放缓的概率在逐步加大；英国的脱欧前景仍不明朗；作为欧洲经济火车头的德国的经济增长预期也被下调。同时，美国的国内经济政策和国际政策都存在较大不确定性，可能造成国际金融市场和汇率的波动。中美经贸谈判取得阶段性进展，中美贸易摩擦有缓和的迹象，但不确定性仍然存在，中美之间在经贸、科技、金融和地缘政治领域的摩擦乃至冲突将成为常态。

面对复杂的国际局势，2019 年第一季度，人民银行宣布再次降准，延续 2018 年下半年度以来的稳健态势，并首次创设央行票据互换工具（CBS），为银行发行永续债提供流动性支持。在防风险和稳增长平衡的大背景下，2019 年的货币政策很可能维持目前稳健基调和相对宽松的操作，但具体操作的力度将在很大程度上取决于国内外经济、金融形势的变化。

在包括货币政策在内的宏观政策领域，应该以坚持稳就业、稳杠杆、防风险为基本取向，弱化对具体 GDP 增速目标的关注，充分考虑积极财政政策对宏观经济的刺激，不搞“大水漫灌”。同时，要着力进行结构性改革，通过开放市场准入、建立竞争中性政策环境、提升民营企业投资信心、激发民营企业创新活力等结构性改革，疏通货币政策传导机制，提升经济增长的中长期潜力。在与货币政策及与其他政策协调等方面的具体建议包括以下几个方面。

1. 充分考虑财政政策、货币政策和其他政策的综合效果，防范出现超预期的宏观经济后果。2019 年政府工作报告中明确的预期 GDP 增速区间为 6.0%～6.5%，城镇调查失业率预期目标为 5.5% 左右。我们估计，城镇调查失业率在 5.5% 左右时，GDP 增速约为 6.0%，因此，GDP 和就业目标对宏观政策的要求并不完全一致。另外，积极财政政策对经济的刺激力度可能被低估，原因在于 2019 年未计入财政赤字的地方专项债额度比上年大幅增加，未计入一般预算赤字的政府基金性预算赤字也大幅上升。按国际通用的财政赤字统计方法，我国 2019 年的财政赤字比 2018 年上升的幅度明显大于官方统计的0.2个百分点，因此财政刺激的力度也可能明显大于基于官方数字所作出的估算。有必要明确估算2019年财政政策对经济的拉动作用，尤其是估算财政脉搏（Fiscal Impulse），并与2018年的货币条件变化（包括利率、汇率和货币供应量变化）导致的经济影响进行综合考虑，防范出现过度刺激的可能性。此外，最近一些监管政策明显放松，如基建项目的最低资本金比率下调，一些地方也已经开始松动房地产政策。但目前似乎没有任何决策机构将财政、货币、监管和地产政策放在一个框架中进行分析，定量估算这些政策作为一个组合的宏观经济影响。要防范多部门各自出策而导致出乎意料的宏观后果。

2. 尽快明确货币政策新框架，尤其是货币政策的中介目标。我国已经事实上取消了数量型的货币政策中介目标（从2018年起政府工作报告不再提M2增速目标），但并没有明确货币政策的新的中介目标，货币政策的操作缺乏一个“锚”。多个利率都带有“政策信号”，但市场不知道哪个利率是政策利率，也不知道利率的预期走向，容易导致信号混乱。另外，在目前政策利率不明确的情况下，商业银行只能用存贷款基准利率作为定价基础，而基准利率与市场利率缺乏相关性，因此制约了货币政策的有效传导。2019年初，人民银行已经提出要稳妥推进利率“两轨并一轨”，培育市场化的利率、完善货币政策调控和传导机制，但还没有建立新货币政策框架的时间表和路线图。我们建议，应尽快明确货币政策框架改革的方向和内容，改革的核心内容应该包括：取消存贷款基准利率；同时明确宣布未来货币政策的中介目标将通过DR007目标利率来表述，并建立以DR007目标利率为基准、SLF作为利率走廊上限、超额存款准备金率作为下限的利率走廊机制；建立以货币政策委员会为决策主体的政策利率决策机制。

3. 建立符合“竞争中性”的融资环境，疏通货币政策传导。2018年，民营企业面临了严重的“融资难，融资贵”问题，这是我国面临下行的经济周期、去杠杆措施的溢出效应以及国有企业与民营企业非中性竞争体制三个问题叠加所导致的后果。2018年下半年，许多民营企业抱怨，一些银行以“如果我给民企的贷款出现违约，我就要终生负责”为理由，拒绝对民企提供贷款，或对民企贷款设置比国企更高的门槛。部分由于这种歧视民企的做法，在经济下行期间，民企相对于国企的融资难度大幅增加，即使货币政策进行宽松操作，银行间市场流动性充裕，也难以缓解民企的融资难问题。要解决这些问题，除了货币政策和监管政策要为民营企业提供必要的支持之外，更需要建立以竞争中性为原则，对各类所有制企业一视同仁的融资环境。尤其是要尽快建立对银行职员的“尽职免责”制度：只要贷款符合流程规定，无论是对民企还是对国企的贷款，银行任何部门不得要求业务员个人对贷款违约“终生负责”。

4. 建立货币政策和宏观审慎政策的统一分析框架与协调机制。货币政策的目标和工具相对简单。货币政策的核心目标应该是稳定物价和就业，同时兼顾金融稳定，工具应该主要是流动性管理和政策利率。宏观审慎政策的主要目标是维护金融稳定，其工具箱里的工具可以包括静态和动态资本充足率、各类流动性比例、各类金融风险的敞口限额、购买资产的首付比例、对金融交易的税收等。事实上，货币政策不仅影响宏观经济（就业与物价），同时会影响金融稳定。比如，如果货币政策过于宽松，虽然短期内可以刺激经济和就业，但可能导致杠杆率上升和资产泡沫，加大金融风险。另外，审慎监管政策也会影响货币政策的效果和宏观经济的表现。比如，松动各类监管政策（如降低资本充足率、降低房贷首付比例、降低基建项目资本金比例等）会扩大融资需求，改变市场预期和货币政策的传导效果。因此，货币政策和宏观审慎政策不能割裂开来进行分析和决策，而必须放在一个框架下分析其组合的效果，并在决策过程中充分协调，否则就会出现政策不协调、“几碰头”、监管叠加等问题。建议授权新组建的人民银行宏观审慎局承担如下功能：建立货币政策与宏观审慎政策的统一分析框架，模拟分析各类外部冲击与货币政策和审慎政策组合对宏观经济和金融稳定的影响；跟踪与宏观审慎管理有关的各部委政策工具的使用，负责向国务院金融稳定委员会提出协调建议；开展对宏观金融风险的预警与监测，包括分析金融风险的非线性传染机制和跨市场、跨境传染机制路径，提出宏观层面的危机防范对策。

## 附表

**2018 年中国货币政策大事记**

| 日期 | 内容 |
|---|---|
| 1月4日 | 中国人民银行与中国银行台北分行续签《关于人民币业务的清算协议》 |
| 1月5日 | 中国人民银行印发《关于进一步完善人民币跨境业务政策促进贸易投资便利化的通知》（银发〔2018〕3号），明确凡依法可使用外汇结算的跨境交易，企业都可以使用人民币结算 |
| | 中国外汇交易中心发布《关于境外银行参与银行间外汇市场区域交易有关事项的公告》，同意符合条件的境外银行参与银行间外汇市场区域交易 |
| 1月11日 | 全国性商业银行开始陆续使用期限为30天的临时准备金动用安排（CRA） |
| 1月15日 | 中国人民银行、国家海洋局、发展改革委、工业和信息化部、财政部、银监会、证监会、保监会联合印发《关于改进和加强海洋经济发展金融服务的指导意见》（银发〔2018〕7号），统筹优化金融资产，改进和加强海洋经济发展金融服务，推动海洋经济向质量效益型转变 |
| 1月25日 | 普惠金融定向降准全面实施 |
| 2月5日 | 中国人民银行印发《关于开展金融扶贫领域作风问题专项治理的通知》（银发〔2018〕30号），计划用一年左右时间，集中解决金融扶贫领域存在的各项问题，强化金融扶贫工作合力，确保金融助推脱贫攻坚取得实效 |
| | 中国人民银行印发《关于加强绿色金融债券存续期监督管理有关事宜的通知》（银发〔2018〕29号），进一步完善绿色金融债券存续期监督管理，提升信息披露透明度 |

续表

| 日期 | 内容 |
|---|---|
| 2月9日 | 中国人民银行授权美国摩根大通银行担任美国人民币业务清算行 |
| 2月27日 | 印发中国人民银行公告〔2018〕第3号，规范银行业金融机构发行资本补充债券的行为，切实提高银行业金融机构资本的损失吸收能力 |
| 3月26日 | 人民币跨境支付系统（CIPS）二期投产试运行 |
| | 以人民币计价结算的原油期货在上海国际能源交易中心挂牌交易 |
| 3月28日 | 中国人民银行牵头制定的《关于规范金融机构资产管理业务的指导意见》和《关于加强非金融企业投资金融机构监管的指导意见》经中央全面深化改革委员会第一次会议审议通过 |
| 3月30日 | 中国人民银行发布《公开市场业务公告》（〔2018〕第2号），调整完善公开市场业务一级交易商考评指标体系 |
| | 中国人民银行与澳大利亚储备银行续签规模为2000亿元人民币/400亿澳大利亚元的双边本币互换协议 |
| 4月3日 | 中国人民银行与阿尔巴尼亚中央银行续签规模为20亿元人民币/342亿阿尔巴尼亚列克的双边本币互换协议 |
| 4月11日 | 中国人民银行与南非中央银行续签规模为300亿元人民币/540亿南非兰特的双边本币互换协议 |
| 4月18日 | 中国人民银行印发《关于加强宏观信贷政策指导　推动金融更好服务实体经济的意见》（银发〔2018〕93号），着力加强宏观信贷政策指导，充分发挥宏观信贷政策的结构性调控功能，引导银行业金融机构回归本源、防范风险，增强服务实体经济的能力和水平 |
| 4月20日 | 为进一步规范人民币合格境内机构投资者境外证券投资活动，印发《中国人民银行办公厅关于进一步明确人民币合格境内机构投资者境外证券投资管理有关事项的通知》（银办发〔2018〕81号） |
| 4月25日 | 中国人民银行下调大型商业银行、股份制商业银行、城市商业银行、非县域农村商业银行和外资银行人民币存款准备金率1个百分点以置换中期借贷便利并支持小微企业融资 |
| 4月27日 | 为规范金融机构资产管理业务，统一同类资产管理产品监管标准，中国人民银行、中国银行保险监督管理委员会、中国证券监督管理委员会、国家外汇管理局联合发布《关于规范金融机构资产管理业务的指导意见》（银发〔2018〕106号） |
| | 为规范非金融企业投资金融机构行为，强化对非金融企业投资金融机构的监管，中国人民银行、中国银行保险监督管理委员会、中国证券监督管理委员会联合发布《关于加强非金融企业投资金融机构监管的指导意见》（银发〔2018〕107号） |
| | 中国人民银行与尼日利亚中央银行签署规模为150亿元人民币/7200亿奈拉的双边本币互换协议 |
| 5月2日 | 人民币跨境支付系统（二期）全面投产，符合要求的直接参与者同步上线 |
| 5月4日 | 以人民币计价的大连商品交易所铁矿石期货正式引入境外投资者 |
| 5月9日 | 人民币合格境外机构投资者（RQFII）试点地区扩大至日本，投资额度为2000亿元 |
| 5月10日 | 中国人民银行与白俄罗斯中央银行续签规模为70亿元人民币/22.2亿白俄罗斯卢布的双边本币互换协议 |
| 5月16日 | 印发《中国人民银行办公厅关于进一步完善跨境资金流动管理　支持金融市场开放有关事宜的通知》（银办发〔2018〕96号），进一步完善跨境资金流动管理，推进金融市场开放 |
| 5月23日 | 中国人民银行与巴基斯坦中央银行续签规模为200亿元人民币/3510亿巴基斯坦卢比的双边本币互换协议 |
| 5月25日 | 中国人民银行与智利中央银行续签规模为220亿元人民币/22000亿智利比索的双边本币互换协议 |

续表

| 日期 | 内容 |
|---|---|
| 5月28日 | 中国人民银行与哈萨克斯坦中央银行续签规模为70亿元人民币/3500亿哈萨克斯坦坚戈的双边本币互换协议 |
| 6月1日 | 中国人民银行决定适当扩大中期借贷便利（MLF）担保品范围，将不低于AA级的小微、绿色和“三农”金融债，AA+、AA级公司信用类债券、优质的小微企业贷款和绿色贷款纳入MLF担保品范围 |
| 6月10日 | 发布《合格境外机构投资者境内证券投资外汇管理规定》（国家外汇管理局公告2018年第1号），进一步优化QFII外汇管理，便利跨境证券投资 |
| 6月11日 | 为规范人民币合格境外机构投资者境内证券投资管理，发布《中国人民银行　国家外汇管理局关于人民币合格境外机构投资者境内证券投资管理有关问题的通知》（银发〔2018〕157号） |
| 6月25日 | 中国人民银行、中国银行保险监督管理委员会、中国证券监督管理委员会、国家发展改革委、财政部联合印发《关于进一步深化小微企业金融服务的意见》（银发〔2018〕162号），提出8个方面、23条改进优化小微金融服务、提升小微企业融资可得性和精准度的政策措施，推动实现小微企业金融服务扩投入降成本目标 |
| 6月27日 | 发布《中国人民银行办公厅关于加大再贷款再贴现支持力度　引导金融机构增加小微企业信贷投放的通知》（银办发〔2018〕110号），进一步完善信贷政策支持再贷款、再贴现管理，将不低于AA级的小微、绿色和“三农”金融债，AA+、AA级公司信用类债券纳入信贷政策支持再贷款和常备借贷便利（SLF）担保品范围。同时增加再贷款和再贴现额度1500亿元，支持金融机构扩大对小微信贷投放 |
| 6月29日 | 中国人民银行等五部门联合召开全国深化小微企业金融服务电视电话会议，提出把做好小微企业金融服务作为服务实体经济、防范化解金融风险的重要抓手，加大政策贯彻落实力度，切实改进小微企业金融服务 |
| 7月5日 | 中国人民银行下调大型商业银行、股份制商业银行、城市商业银行、非县域农村商业银行和外资银行人民币存款准备金率0.5个百分点，以支持市场化、法治化“债转股”和小微企业融资 |
| 7月20日 | 发布《关于进一步明确规范金融机构资产管理业务指导意见有关事项的通知》（银办发〔2018〕129号） |
| 8月6日 | 中国人民银行将远期售汇业务的外汇风险准备金率从0调整为20%，以加强宏观审慎管理，防范宏观金融风险 |
| 8月20日 | 中国人民银行与马来西亚国家银行续签规模为1800亿元人民币/1100亿马来西亚林吉特的双边本币互换协议 |
| 9月4日 | 印发《关于优化扶贫再贷款管理有关事项的通知》（银办发〔2018〕172号），选择河南、云南等12个省（区、市）开展优化运用扶贫再贷款发放贷款定价机制试点 |
|  | 中国人民银行、中国证券监督管理委员会联合发布〔2018〕第14号公告，加强对信用评级行业统一监管，推进债券互联互通 |
|  | 中国人民银行和全国工商联联合召开民营企业和小微企业金融服务座谈会，深入了解民营企业、小微企业金融服务情况，搭建银企之间的沟通对接平台，进一步明确充分运用“几家抬”的思路，推动各部门间形成工作合力，加大对民营、小微企业支持力度 |
| 9月8日 | 中国人民银行、财政部联合发布《全国银行间债券市场境外机构债券发行管理暂行办法》（中国人民银行　财政部公告〔2018〕第16号），进一步促进债券市场对外开放，规范境外机构债券发行，同时，废止《国际开发机构人民币债券发行管理暂行办法》（中国人民银行　财政部　国家发展和改革委员会　中国证券监督管理委员会公告〔2010〕第10号） |

续表

| 日期 | 内容 |
|---|---|
| 9月20日 | 中国人民银行和香港特别行政区金融管理局签署了《关于使用债务工具中央结算系统发行中国人民银行票据的合作备忘录》，旨在便利中国人民银行在香港发行中国人民银行票据，丰富香港高信用等级人民币金融产品，完善香港人民币债券收益率曲线 |
| 10月13日 | 中国人民银行与英格兰银行续签规模为3500亿元人民币/400亿英镑的双边本币互换协议 |
| 10月15日 | 中国人民银行下调大型商业银行、股份制商业银行、城市商业银行、非县域农村商业银行和外资银行人民币存款准备金率1个百分点，置换其所借央行的中期借贷便利（MLF）并支持小微企业、民营企业及创新型企业融资 |
| 10月22日 | 中国人民银行与日本中央银行签署了在日本建立人民币清算安排的合作备忘录；26日，授权中国银行东京分行担任日本人民币业务清算行 |
|  | 经国务院批准，按照法治化、市场化原则，中国人民银行引导设立民营企业债券融资支持工具，稳定和促进民营企业债券融资 |
| 10月26日 | 中国人民银行与日本银行签署规模为2000亿元人民币/34000亿日元的双边本币互换协议 |
| 10月26日 | 中国人民银行印发《关于加大支小再贷款再贴现支持力度　引导金融机构增加小微企业和民营企业信贷投放的通知》（银发〔2018〕259号），增加再贷款和再贴现额度1500亿元，支持金融机构扩大对小微、民营企业的信贷投放 |
| 11月7日 | 中国人民银行通过香港金融管理局债务工具中央结算系统（CMU）债券投标平台，招标发行200亿元人民币中央银行票据，其中3个月和1年期品种各100亿元，中标利率分别为3.79%和4.20% |
| 11月15日 | 中国人民银行、财政部、中国银行保险监督管理委员会联合印发《关于在全国银行间债券市场开展地方政府债券柜台业务的通知》（银发〔2018〕283号），丰富柜台业务债券品种，促进多层次债券市场建设 |
| 11月16日 | 中国人民银行与印度尼西亚中央银行续签规模为2000亿元人民币/440万亿印尼卢比的双边本币互换协议 |
| 11月20日 | 中国人民银行与菲律宾中央银行签署了在菲律宾建立人民币清算安排的合作备忘录 |
| 11月30日 | 以人民币计价的精对苯二甲酸期货正式引入境外投资者 |
| 12月10日 | 中国人民银行与乌克兰国家银行续签规模为150亿元人民币/620亿乌克兰格里夫纳的双边本币互换协议 |
| 12月11日 | 印发《中国人民银行办公厅关于印发〈金融机构互联网黄金业务管理暂行办法〉的通知》（银办发〔2018〕221号）、《中国人民银行办公厅关于印发〈黄金积存业务管理暂行办法〉的通知》（银办发〔2018〕222号），明确了互联网黄金业务、黄金积存业务的内涵和开办主体，规定了黄金积存的最小单位，限定了销售黄金产品的互联网机构应具备的条件及禁止性事项 |
| 12月14日 | 印发《中国人民银行办公厅关于黄金资产管理业务有关事项的通知》（银办发〔2018〕215号），规定只有金融机构才可以开展黄金资产管理业务并向人民银行备案，明确只有金融机构和经国务院、金融监管部门批准的黄金交易场所，才可以提供登记托管服务 |
| 12月19日 | 中国人民银行决定，从2019年1月起增设定向中期借贷便利（Targeted Medium - term Lending Facility，TMLF）工具，鼓励商业银行等金融机构将资金更多地配置到实体经济，尤其是小微企业、民营企业等重点领域 |
| 12月21日 | 印发《关于设立定向中期借贷便利　支持小微企业和民营企业融资的通知》（银发〔2018〕337号） |
| 12月25日 | 金融委办公室召开专题会议，研究多渠道支持商业银行补充资本有关问题，推动尽快启动永续债发行 |

## 专栏 2

### 防范化解金融风险被放在首要位置①

防范化解重大风险、精准脱贫、污染防治，是在党的十九大报告中首次提出的新表述。习近平总书记也多次在重要会议和公开场合，就金融风险和安全问题均作出过重要讲话。

2017 年中央金融工作会议指出，要准确判断当前我国面临的金融风险，概括而言，主要包括金融杠杆率和流动性风险、信用风险、影子银行风险、违法犯罪风险、外部冲击风险、房地产泡沫风险、地方政府隐性债务风险、部分国企债务风险等。同时金融工作会议指出，防范化解金融风险要以强化金融监管为重点，以防范系统性金融风险为底线，加快相关法律法规建设，完善金融机构法人治理结构，加强宏观审慎管理制度建设，加强功能监管，更加重视行为监管。

2019 年 2 月，习近平在主持中共中央政治局第十三次集体学习时发表讲话，将防范化解重大风险上升至“国家安全观”的层面，大大扩展了防范化解重大风险的内涵。习近平总书记指出，金融是国家重要的核心竞争力，金融安全是国家安全的重要组成部分，金融制度是经济社会发展中重要的基础性制度。改革开放以来，我国金融业发展取得了历史性成就。特别是党的十八大以来，我们有序推进金融改革发展、治理金融风险，金融业保持快速发展，金融改革开放有序推进，金融产品日益丰富，金融服务普惠性增强，金融监管得到加强和改进。同时，我国金融业的市场结构、经营理念、创新能力、服务水平还不适应经济高质量发展的要求，诸多矛盾和问题仍然突出。我们要抓住完善金融服务、防范金融风险这个重点，推动金融业高质量发展。

把防范化解金融风险放在首要位置，是在当前经济背景下，妥善处理好国内和国外、发展和稳定、中短期目标和长期目标等矛盾的重要政策选择。当前国内经济运行稳中有变、变中有忧，外部环境复杂严峻，经济面临下行压力，世界环境也面临百年未有之大变局，变局中危和机同生并存。在此背景下，防范化解重大风险，必须坚持底线思维，坚持稳中求进，处理好稳增长和防风险的关系，既要防范存量风险，也要防范各种“黑天鹅”事件。需要针对突出问题，打好重点战役，多管齐下积极应对和处置金融风险，实现稳就业、稳金融、稳外贸、稳外资、稳投资、稳预期，提振市场信心。

第一，防范和化解系统性金融风险隐患。金融作为经济的血脉，一直以来承担着资金融通、市场定价、资源配置、信息提供、结构调整等重要功能，是影响我国现代经济体系建立的关键要素，对实体经济的反哺和振兴至关重要。防范化解系统性金融风险，

---

① 作者：高谦，中银国际证券股份有限公司研究部联席总经理；张晓娇，中银国际证券股份有限公司研究部高级分析师。

要处理好实体经济、金融系统、政府监管等多方面的关系。既要坚持金融服务实体经济，又要保障金融的发展与实体经济的发展速度相适应。

第二，改进金融监管，扎牢制度的笼子。在金融监管框架新增“金融稳定发展委员会”之后，我国分业监管的联动性有所加强，一方面有力打击了金融业违法违规行为，规范了此前存在的监管套利行为，另一方面对已经发展壮大了的业务进行制度约束和规范，有利于行业长期平稳健康发展。

第三，优化金融机构公司治理体制。建立现代化的金融公司治理机制，是从微观层面上防范化解重大金融风险的重要措施。在加强金融机构现代公司治理体制建立时，需要着重落实资本发展约束和内部风控合规制度建设，作为防范金融风险的第一道屏障。

第四，进一步发展和完善金融市场，培育合格的金融市场机构参与者。金融市场是金融系统的重要组成部分，也是保障金融市场安全、防范金融风险的重要环节。发展和完善金融市场，一是要保障金融基础设施建设安全，二是不断改进和优化金融市场运行制度，三是多元化金融市场参与者，培育和壮大合格的机构投资者。

第五，防范外部金融风险输入。随着金融业的改革和对外开放，我国金融业与海外金融业联系愈加紧密，因此需要防范海外的金融波动对国内金融业的影响。具体包括对进入我国的跨国金融机构的监管、对进出我国资本市场的海外资金的监管以及关注我国资本市场与国际资本市场的共振等。

## 二、汇率与国际收支相关政策①

2018 年，中国人民银行和国家外汇管理局继续按主动性、可控性和渐进性原则，进一步完善人民币汇率市场化形成机制，保持人民币汇率在合理均衡水平上的基本稳定。在保持汇率弹性的同时，果断采取一系列有针对性、创新性的措施，包括加强与市场沟通、适时调整外汇风险准备金率、重启人民币汇率中间价报价“逆周期因子”等，创新和丰富调控工具箱，着力引导和稳定市场预期。总体上看，这些措施释放了积极信号，取得了良好效果，我国跨境资本流动、汇率预期和外汇市场运行基本平稳，人民币汇率在合理均衡水平上保持了基本稳定。2018 年末，我国外汇储备余额为 30727.12 亿美元，连续 23 个月维持在 3 万亿美元之上。

### （一）2018 年人民币汇率及我国国际收支情况概述

#### 1. 人民币对一篮子货币汇率基本稳定，不同货币篮子指数有涨有跌

2018 年末，CFETS 人民币汇率指数报 93.28，较上年末下跌 1.7%；参考 SDR 货币篮子的人民币汇率指数报 93.14，较上年末下跌 3.0%；参考 BIS 货币篮子的人民币汇率指数报 96.78，较上年末上涨 0.89%。根据国际清算银行的计算，2018 年人民币名义有

---

① 作者：赵庆明，北京金融衍生品研究院副院长、首席经济学家；郭孟暘，北京金融衍生品研究院研究员。

效汇率升值 1. 17%，实际有效汇率升值 0. 94%；2005 年人民币汇率形成机制改革以来至 2018 年末，人民币名义有效汇率升值 35. 54%，实际有效汇率升值 44. 37%。

2. 人民币对美元双边汇率弹性进一步增强，双向浮动中保持了相对稳定态势

2018 年第一季度人民币对美元汇率持续升值。3 月 27 日，银行间外汇市场即期汇率最高达到 6. 2418 元/美元。进入第二季度后，受美元走高、贸易摩擦以及海外市场因素等影响，人民币对美元汇率开始走低，并连续突破多个重要关口。面对持续贬值和贬值预期不断强化，货币当局不断推出对冲措施。10 月 31 日，人民币对美元即期汇率最低一度触及 6. 9780 元/美元。此后，人民币汇率有所回升。到年末，即期汇率收盘于 6. 8658 元/美元，贬值预期大幅减弱。2018 年全年人民币兑美元即期汇率振幅高达 7362 个基点，创下 1994 年汇率并轨以来最高纪录。2018 年人民币对美元汇率的波幅为 10. 2%，超过欧元、日元、瑞士法郎等主要货币，调节宏观经济和国际收支"自动稳定器"的作用在增强。

2018 年，人民币对美元汇率中间价最高为 6. 2764 元，最低为 6. 9670 元，243 个交易日中 104 个交易日升值、139 个交易日贬值，大体相当。其中，最大单日升值幅度为 0. 71%（492 点），最大单日贬值幅度为 0. 89%（605 点）。2018 年末，人民币对美元汇率中间价为 6. 8632 元，比上年末贬值 4. 8%，远低于同期新兴经济体超过 10% 的贬值水平。2005 年人民币汇率形成机制改革以来至 2018 年末，人民币对美元汇率中间价累计升值 20. 59%。

3. 人民币对其他国际主要货币汇率走势分化

2018 年末，人民币对欧元、英镑、日元汇率中间价分别为 1 欧元兑 7. 8473 元人民币、1 英镑兑 8. 6762 元人民币、100 日元兑 6. 1887 元人民币，分别较 2017 年末贬值 0. 57%、升值 1. 19% 和贬值 6. 47%。

2005 年人民币汇率形成机制改革以来至 2018 年末，人民币对欧元汇率累计升值 27. 61%，对日元汇率累计升值 18. 05%。

4. 国际收支呈现基本平衡，外汇市场保持总体稳定态势

2018 年，我国经常账户顺差 491 亿美元，与同期国内生产总值（GDP）的比例为 0. 4%，上年这一比例为 1. 4%；非储备性质的金融账户顺差 1306 亿美元。2018 年末，外汇储备余额为 30727 亿美元，比上年末减少 672 亿美元。

外债规模继续保持平稳增长，外债风险总体可控。2018 年 12 月末，全口径（含本外币）外债余额为 19652 亿美元，较上年末增加 2546 亿美元。其中，短期外债余额为 12716 亿美元，占外债余额的 65%。

5. 跨境人民币业务快速增长，收支基本平衡

2018 年，跨境人民币收付金额合计 15. 85 万亿元，同比增长 46%，其中实收 8 万亿元，实付 7. 85 万亿元，净流入 0. 15 万亿元，收付比为 1:0. 98，流出流入更加均衡。经

常项目下跨境人民币收付金额合计5.11万亿元，同比增长18%，其中，货物贸易收付金额3.66万亿元，服务贸易及其他经常项下收付金额1.45万亿元；资本项目下人民币收付金额合计10.74万亿元，同比增长65%。

6. 人民币直接交易市场继续发展，境外货币当局动用货币互换协议下人民币金额有所增加

2018年，银行间外汇市场人民币直接交易成交活跃，流动性明显提升，降低了微观经济主体的汇兑成本，促进了双边贸易和投资。2018年，银行间外汇即期市场人民币对外币交易对达到28个，比上年增加5个，全年交易量折合人民币为50.81万亿元，比上年增长17.7%，其中，人民币对美元交易量占比为96.81%，较上年小幅上升。

2018年末，在中国人民银行与境外货币当局签署的双边本币互换协议下，境外货币当局动用人民币余额为327.86亿元，较上年度增加106.36亿元；中国人民银行动用外币余额折合4.71亿美元，较上年度减少11.43亿美元。货币当局之间的货币互换对促进双边贸易投资发挥了积极作用。

（二）2018年主要汇率及国际收支政策分析

1. 实施逆周期对冲，稳定市场预期，人民币汇率继续保持了合理均衡水平上的基本稳定

2018年以来，面对错综复杂的外部环境，中国人民银行统筹兼顾国际国内，在多目标中把握好综合平衡。进入2018年后，人民币对美元汇率持续升值。2018年1月初，根据形势发展需要，报价模型中暂停2017年5月底引入的“逆周期因子”。进入第二季度后，随后受美元走高、贸易摩擦等因素共同影响，人民币对美元汇率开始走低，并连续突破多个重要关口。面对人民币贬值压力加大，货币当局不断推出对冲措施。7月3日易纲行长就近期外汇市场情况接受《中国证券报》记者采访时，重申“我国实行的是以市场供求为基础、参考一篮子货币进行调节、有管理的浮动汇率制度。多年来的实践证明，这一制度行之有效，必须坚持。”人民银行宣布，自2018年8月6日起，将远期售汇业务的外汇风险准备金率从0调整为20%。2018年8月24日，外汇市场自律机制秘书处宣布人民币对美元中间价报价行重启“逆周期因子”。此后，人民币汇率贬值速度有所减慢，市场的预期开始分化。整体上看，这些措施释放了积极信号，取得了积极效果，我国跨境资本流动、汇率预期和外汇市场运行基本平稳，人民币汇率在合理均衡水平上保持了基本稳定。

2. 在香港发行中央银行票据，有利于完善香港人民币收益率曲线，助推人民币国际化

2018年9月20日，中国人民银行与香港特别行政区金融管理局签署了《关于使用债务工具中央结算系统发行中国人民银行票据的合作备忘录》。11月7日，中国人民银行通过香港金融管理局债务工具中央结算系统（CMU）债券投标平台，招标发行200亿

元人民币中国人民银行票据（以下简称央行票据），其中3个月和1年期品种各100亿元。2019年2月13日，中国人民银行再次通过香港金融管理局CMU平台，招标发行200亿元人民币央行票据，其中3个月和1年期品种各100亿元。两次发行吸引了离岸市场众多投资者踊跃认购，涵盖银行、基金、证券、中央银行、国际金融组织等多类机构。香港人民币央行票据发行符合市场需求，既丰富了香港市场高信用等级人民币投资产品系列和人民币流动性管理工具，也有利于完善香港人民币债券收益率曲线，有助于推动人民币国际化。

3. 提升外汇管理服务实体经济水平

一是深化外汇管理"放管服"改革。持续开展简政放权和法规清理，提高外汇管理公共服务质量和效率。2018年初，国家外汇管理局更新了《现行有效外汇管理主要法规目录》，并在政府网站公布，以方便社会公众查询使用。2018年10月，国家外汇管理局宣布废止和失效17件规范性文件，并修改部分法规条款。二是深化外汇市场发展。2018年2月，国家外汇管理局发布《关于完善远期结售汇业务有关外汇管理问题的通知》，允许远期结售汇到期交割方式根据实际需求选择全额或差额结算，进一步支持金融机构服务实体经济防范外汇风险。目前，我国外汇市场已具有即期、远期、外汇掉期、货币掉期和期权等基础产品体系，基本满足了各类市场主体的汇率风险需求。三是推进贸易投资自由化便利化。支持贸易新业态发展，便利跨境电子商务综合试验区和市场采购贸易跨境收付。实施资本项目便利化改革，提高企业跨境投融资业务办理效率。

4. 深化重点领域改革

一是完善合格境外机构投资者（QFII/RQFII）外汇管理。2018年6月，国家外汇管理局发布《合格境外机构投资者境内证券投资外汇管理规定》、人民银行会同国家外汇管理局发布《中国人民银行　国家外汇管理局关于人民币合格境外机构投资者境内证券投资管理有关问题的通知》，完善合格境外机构投资者（QFII/RQFII）境内证券投资相关管理，进一步便利跨境证券投资，主要政策措施包括：取消QFII资金汇出20%比例要求，QFII可委托托管人办理相关资金汇出；取消QFII、RQFII本金锁定期要求，QFII、RQFII可根据投资情况汇出本金；允许QFII、RQFII开展外汇套期保值，对冲境内投资的汇率风险。至此，QFII和RQFII管理原则逐渐趋于统一，为境外机构投资者投资中国境内资本市场提供了更多便利，有助于吸引长期资本进入中国境内资本市场。二是稳步推进合格境内机构投资者QDII制度实施。2018年4月，外汇局围绕投资额度进行新一轮改革，QDII额度发放更加公开透明、公平合理。三是支持外汇市场发展产品和优化服务。自2018年9月3日起延长银行间外汇市场人民币对坚戈区域交易时间。

5. 切实维护外汇市场秩序

2018年初，国家外汇管理局与公安部联合召开打击外汇违法犯罪活动工作总结部署会议。一是完善管理，打击转口贸易、内保外贷等领域的虚假、欺骗性交易。二是保持对地下钱庄违法犯罪活动及其交易对手的高压打击态势，严厉打击网络炒汇违法犯罪活动，联合多部门合力打击外汇违法违规行为。仅2018年上半年，针对银行、第三方支付机构、企业转口贸易等重点主体和业务开展专项检查，共查处外汇违规案件1354件，罚没款3.45亿元人民币，同比分别增长19.7%和59.5%。其中，查处金融机构违规案件455件，企业违规案件340件，个人违规案件559件。全年还分5次公开通报110起外汇违规典型案件。严厉查处和公开通报典型案件，形成震慑，维护了外汇市场健康良性的秩序。

（三）下一阶段政策展望

综合来看，下一阶段中国人民银行和外汇管理局在汇率和国际收支方面的重点工作有：一是继续稳步深化汇率市场化改革。完善以市场供求为基础、参考一篮子货币进行调节、有管理的浮动汇率制度，保持人民币汇率弹性，并在必要时加强宏观审慎管理，稳定市场预期，保持人民币汇率在合理均衡水平上的基本稳定。二是加快发展外汇市场，扩大外汇市场双向开放。进一步丰富交易工具，增加交易主体，坚持金融服务实体经济的原则，为基于实需原则的进出口企业提供汇率风险管理服务。三是推进外汇领域改革开放，稳妥有序推进资本项目开放。进一步完善合格境外机构投资者制度，研究准入前国民待遇加负面清单管理制度下的外商投资企业外汇管理框架。四是深化外汇管理"放管服"改革。优化外汇管理服务，促进更高水平的贸易投资自由化便利化。五是健全跨境资本流动"宏观审慎＋微观监管"两位一体的管理框架。市场化逆周期调节外汇市场波动，保持外汇微观监管跨周期的稳定性、一致性和可预期性，严厉打击外汇违法违规活动，维护外汇市场良性秩序。六是稳步推进人民币国际化。推进人民币对其他货币直接交易市场发展，完善人民币跨境使用的政策框架和基础设施，坚持发展、改革和风险防范并重，支持人民币在跨境贸易和投资中的使用。

## 附表

**2018年主要汇率政策和国际收支政策汇总**

| 时间 | 主要政策内容 | 备注 |
| --- | --- | --- |
| 1月4日 | 中国人民银行与中国银行台北分行续签《关于人民币业务的清算协议》 | 扩大人民币国际化 |
| 1月5日 | 中国人民银行印发《关于进一步完善人民币跨境业务政策促进贸易投资便利化的通知》（银发〔2018〕3号），明确凡依法可使用外汇结算的跨境交易，企业都可以使用人民币结算 | 贸易便利化措施 |
| 1月5日 | 中国外汇交易中心发布《关于境外银行参与银行间外汇市场区域交易有关事项的公告》，同意符合条件的境外银行参与银行间外汇市场区域交易 | 扩大外汇市场开放 |
| 1月9日 | 人民币对美元中间价报价行在报价模型中暂停"逆周期因子" | 人民币汇率的逆周期调节 |
| 2月1日 | 中国保监会、国家外汇管理局关于规范保险机构开展内保外贷业务有关事项的通知 | 完善外汇业务合规性审核 |

续表

| 时间 | 主要政策内容 | 备注 |
| --- | --- | --- |
| 2月9日 | 中国人民银行授权美国摩根大通银行担任美国人民币业务清算行 | 扩大人民币国际化 |
| 2月13日 | 国家外汇管理局关于完善远期结售汇业务有关外汇管理问题的通知 | 完善远期结售汇业务 |
| 3月6日 | 国家外汇管理局印发《银行执行外汇管理规定情况考核内容及评分标准（2018年）》，依法合规办理各项外汇业务 | 完善银行外汇业务考核 |
| 3月26日 | 人民币跨境支付系统（CIPS）二期投产试运行 | 人民币跨境收付信息管理系统 |
| 3月26日 | 以人民币计价结算的原油期货在上海国际能源交易中心挂牌交易 | 扩大境内市场对外开放 |
| 3月30日 | 中国人民银行与澳大利亚储备银行续签规模为2000亿元人民币/400亿澳大利亚元的双边本币互换协议 | 货币互换 |
| 4月3日 | 中国人民银行与阿尔巴尼亚中央银行续签规模为20亿元人民币/342亿阿尔巴尼亚列克的双边本币互换协议 | 货币互换 |
| 4月11日 | 中国人民银行与南非中央银行续签规模为300亿元人民币/540亿南非兰特的双边本币互换协议 | 货币互换 |
| 4月20日 | 为进一步规范人民币合格境内机构投资者境外证券投资活动，印发《中国人民银行办公厅关于进一步明确人民币合格境内机构投资者境外证券投资管理有关事项的通知》（银办发〔2018〕81号） | 完善QDII制度 |
| 4月27日 | 中国人民银行与尼日利亚中央银行签署规模为150亿元人民币/7200亿奈拉的双边本币互换协议 | 货币互换 |
| 5月2日 | 人民币跨境支付系统（二期）全面投产，符合要求的直接参与者同步上线 | 人民币跨境收付信息管理系统 |
| 5月4日 | 以人民币计价的大连商品交易所铁矿石期货正式引入境外投资者 | 扩大境内市场对外开放 |
| 5月9日 | 人民币合格境外机构投资者（RQFII）试点地区扩大至日本，投资额度为2000亿元 | 扩大RQFII试点地区 |
| 5月10日 | 中国人民银行与白俄罗斯中央银行续签规模为70亿元人民币/22.2亿白俄罗斯卢布的双边本币互换协议 | 货币互换 |
| 5月16日 | 印发《中国人民银行办公厅关于进一步完善跨境资金流动管理　支持金融市场开放有关事宜的通知》（银办发〔2018〕96号），进一步完善跨境资金流动管理，推进金融市场开放 | 完善跨境资金流动管理 |
| 5月23日 | 中国人民银行与巴基斯坦中央银行续签规模为200亿元人民币/3510亿巴基斯坦卢比的双边本币互换协议 | 货币互换 |
| 5月25日 | 中国人民银行与智利中央银行续签规模为220亿元人民币/22000亿智利比索的双边本币互换协议 | 货币互换 |
| 5月28日 | 中国人民银行与哈萨克斯坦中央银行续签规模为70亿元人民币/3500亿哈萨克斯坦坚戈的双边本币互换协议 | 货币互换 |
| 6月10日 | 发布《合格境外机构投资者境内证券投资外汇管理规定》（国家外汇管理局公告2018年第1号），进一步优化QFII外汇管理，便利跨境证券投资 | 优化QFII外汇管理 |

续表

| 时间 | 主要政策内容 | 备注 |
|---|---|---|
| 6月11日 | 为规范人民币合格境外机构投资者境内证券投资管理，发布《中国人民银行　国家外汇管理局关于人民币合格境外机构投资者境内证券投资管理有关问题的通知》（银发〔2018〕157号） | 扩大境内市场对外开放 |
| 8月3日 | 中国人民银行决定自8月6日起，将远期售汇业务的外汇风险准备金率从0调整为20%，以加强宏观审慎管理，防范宏观金融风险 | 人民币汇率的逆周期调节 |
| 8月20日 | 中国人民银行与马来西亚国家银行续签规模为1800亿元人民币/1100亿马来西亚林吉特的双边本币互换协议 | 货币互换 |
| 8月24日 | 外汇市场自律机制秘书处发布，即日起人民币对美元中间价报价行重启“逆周期因子” | 人民币汇率的逆周期调节 |
| 9月3日 | 中国外汇交易中心正式引入中国工商银行（阿拉木图）股份公司与工银标准银行公众有限公司参与银行间外汇市场人民币对坚戈区域交易，并决定延长人民币对坚戈区域交易时间，由10：30—16：30调整为10：30—19：00 | 扩大人民币国际化 |
| 9月20日 | 中国人民银行和香港特别行政区金融管理局签署了《关于使用债务工具中央结算系统发行中国人民银行票据的合作备忘录》，旨在便利中国人民银行在香港发行央行票据，丰富香港高信用等级人民币金融产品，完善香港人民币债券收益率曲线 | 扩大人民币国际化 |
| 10月13日 | 中国人民银行与英格兰银行续签规模为3500亿元人民币/400亿英镑的双边本币互换协议 | 货币互换 |
| 10月16日 | 国家外汇管理局关于公布废止和失效部分外汇管理规范性文件及相关条款的通知 | 废止相关法规 |
| 10月22日 | 中国人民银行与日本中央银行签署了在日本建立人民币清算安排的合作备忘录；26日，授权中国银行东京分行担任日本人民币业务清算行 | 货币互换 |
| 10月26日 | 中国人民银行与日本银行签署规模为2000亿元人民币/34000亿日元的双边本币互换协议 | 货币互换 |
| 11月7日 | 中国人民银行通过香港金融管理局债务工具中央结算系统（CMU）债券投标平台，招标发行200亿元人民币中央银行票据，其中3个月和1年期品种各100亿元，中标利率分别为3.79%和4.20% | 扩大人民币国际化 |
| 11月16日 | 中国人民银行与印度尼西亚中央银行续签规模为2000亿元人民币/440万亿印尼卢比的双边本币互换协议 | 货币互换 |
| 11月20日 | 中国人民银行与菲律宾中央银行签署了在菲律宾建立人民币清算安排的合作备忘录 | 扩大人民币国际化 |
| 11月30日 | 以人民币计价的精对苯二甲酸期货正式引入境外投资者 | 扩大开放 |
| 12月10日 | 中国人民银行与乌克兰国家银行续签规模为150亿元人民币/620亿乌克兰格里夫纳的双边本币互换协议 | 货币互换 |

## 专栏3

### 进一步扩大金融业对外开放①

金融业对外开放是我国金融业改革开放的重要组成部分。党的十八大以来，我国金融业对外开放步入新阶段。2018 年 4 月，习近平总书记在博鳌亚洲论坛提出要大幅放宽包括金融业在内的市场准入。当前我国金融开放水平不断提高，外资国民待遇原则逐步得到落实，人民币处于较高可兑换水平，股票、债券和外汇市场对外开放取得积极进展。

党的十九大报告指出，“开放带来进步、封闭必然落后；中国开放的大门不会关闭，只会越开越大”。2019 年 2 月 14 日，习近平总书记在中央政治局第十三次集体学习时再次强调，把金融改革开放任务落实到位，同时根据国际经济金融发展形势变化和我国发展战略需要，研究推进新的改革开放举措。下一阶段，要按照“宜早不宜迟、宜快不宜慢”的精神，进一步扩大金融业对外开放。

一、扩大金融服务业双向开放。全面实行准入前国民待遇加负面清单的管理制度，大幅度放宽各类金融机构的市场准入，优化金融服务和营商环境。提高中资金融机构国际化水平，提升金融业全球竞争力。

二、推动金融市场高水平开放。目前，我国直接投资已实现基本可兑换，跨境证券投资渠道不断拓展、跨境融资实行宏观审慎管理，尚未可兑换的项目主要集中在交易环节的市场开放和汇兑环节的便利化。下一步要重点推进境内股票、债券市场开放，建立健全开放的、有竞争力的外汇市场，扩大境内外市场的互联互通，服务国家全面开放新格局。

三、深化汇率市场化改革。继续完善人民币汇率市场化形成机制，进一步增强人民币汇率弹性，更好地发挥市场在外汇市场资源配置中的决定性作用，保持汇率在合理均衡水平上基本稳定。

四、提高开放条件下经济金融管理能力。按照习近平总书记“在开放的环境中适应开放”的有关要求，不断提高开放条件下经济金融管理能力和防控风险能力。要运用现代科技手段和支付结算机制，适时动态监管线上线下、国际国内的资金流向流量，使所有资金流动都置于金融监管机构的监管视野之内。要完善经济金融管理能力和防控风险能力建设，坚持宏观审慎管理和微观行为监管两手抓，切实维护国家金融稳定和经济安全。

五、提高参与国际金融治理能力。积极参与全球治理体系改革和建设，推动多双边监管合作和规则互认，提高发展中国家在国际金融组织中的代表性和话语权。发挥好亚

① 作者：马昀，国家外汇管理局综合司处长。

洲基础设施投资银行、丝路基金和各类多双边投资基金作用，不断深化与“一带一路”沿线国家的金融合作。

## 专栏4

### A股纳入MSCI新兴市场指数正式生效①

A股纳入MSCI正式生效。明晟公司曾于2017年6月宣布决定将中国A股纳入MSCI新兴市场指数。2018年6月，A股纳入MSCI新兴市场指数正式生效，首批226只A股以2.5%的因子正式纳入，对应MSCI新兴市场指数市值权重约为0.4%。

A股在MSCI指数中纳入因子逐步提升。2018年8月，明晟公司实施A股纳入MSCI新兴市场指数的第二步，把纳入因子从2.5%提高至5%，对应MSCI新兴市场指数市值权重约为0.8%。同时MSCI新兴市场指数新加入10只A股股票，使得纳入MSCI中国指数的A股数增加至236只。2019年3月，明晟公司宣布将分三步将现有大盘A股在MSCI全球基准指数中的纳入因子由5%提高至20%，并于2019年11月将中盘A股加入MSCI中国指数。扩大中国A股在MSCI全球基准指数中纳入因子的具体时间表如下：一是作为2019年5月半年度指数审议的一部分，将把指数中现有的中国大盘A股纳入因子从5%增加至10%，同时以10%的纳入因子纳入中国创业板大盘A股；二是作为2019年8月季度指数审议的一部分，将把指数中的所有中国大盘A股纳入因子从10%增加至15%；三是作为2019年11月半年度指数审议的一部分，将把指数中的所有中国大盘A股纳入因子从15%增加至20%，同时将中国中盘A股（包括符合条件的创业板股票）以20%的纳入因子纳入MSCI指数。三个步骤完成后，MSCI新兴市场指数的预计成分股中有253只中国大盘A股，168只中国中盘A股，其中包括了27只创业板股票。

资本市场双向开放加速。2018年以来，我国资本市场对外开放不断加速。除了A股纳入MSCI指数以外，富时罗素和标普道琼斯指数公司也于2019年宣布将A股纳入各自指数；内地和香港股票市场融合程度提升，互通额度大幅增加，沪股通及深股通每日额度均调整为520亿元人民币，沪港通下的港股通及深港通下的港股通每日额度均调整为420亿元人民币；QFII、RQFII额度提升，进一步为吸引更多外资投资A股奠定基础。日益开放的中国资本市场，不仅有利于丰富A股投资者队伍，完善中国资本市场体系建设，同时也有利于全球资金配置中国资本市场，分享中国经济发展的成果。

① 作者：蒋健蓉，上海申银万国证券研究所有限公司（申万宏源研究所）副总经理、首席战略研究员；袁宇泽，上海申银万国证券研究所有限公司（申万宏源研究所）发展研究部研究员。

# 主要金融市场发展政策

## 一、银行业市场发展政策①

2018 年，我国发展面临的国内外形势复杂严峻，在坚持稳中求进的工作总基调基础上，经济保持平稳运行。在防范化解重大风险、稳步推进结构性去杠杆等背景下，国内商业银行整体经营保持稳中向好趋势，资产规模增速平稳增长，净息差稳步回升，风险化解能力不断增强，盈利水平和资产质量总体保持稳定。银行业金融机构转型有所加快，对实体经济尤其是民营和小微企业等薄弱环节的支持力度持续加大。

### （一）2018 年中国银行业市场发展政策主要内容

2018 年，中国银行业认真贯彻落实党的十九大精神，在各项政策的指引和推动下，逐步由高速增长向高质量发展转变。银行业在防范和化解金融风险的同时，加大了对实体经济的支持力度，尤其是小微企业和民营企业等经济薄弱领域。此外，银行业数字化转型、对外开放、公司治理等工作不断取得新突破，有效增强了金融体系的活力。

1. 增强服务实体经济能力，推动经济高质量发展

2018 年是实施“十三五”规划承上启下的关键之年，政策主旨更加强调以市场需求为导向，优化资源配置，强化金融服务实体经济功能，助力实体经济高质量发展。5 月22 日，银保监会印发《银行业金融机构联合授信管理办法（试行)》，着力抑制多头融资、过度融资行为，防控企业杠杆率上升引发的信用风险，优化金融资源配置，支持供给侧结构性改革。6 月 29 日，银保监会印发了《金融资产投资公司管理办法（试行)》，鼓励通过“收债转股”的形式开展债转股，充分发挥市场在资源配置中的决定性作用，助力推进供给侧结构性改革。8 月 17 日，银保监会发布《关于进一步做好信贷工作提升服务实体经济质效的通知》，着力疏通货币信贷传导机制，推动稳就业、稳金融、稳外贸、稳外资、稳投资、稳预期等工作，通过提升金融服务实体经济能力，实现

① 作者：周昆平，交通银行发展研究部（金融研究中心）副总经理、首席研究员；许文兵，交通银行发展研究部（金融研究中心）高级经理、首席分析师；赵亚蕊，交通银行发展研究部（金融研究中心）高级研究员；梁栋材，交通银行发展研究部（金融研究中心）高级研究员。

金融与实体经济良性循环。

2. 加大普惠金融支持力度，促进民营经济发展

推进解决金融发展不平衡，实现金融高质量发展，是实现国家现代化的重要组成部分。2018 年，《政府工作报告》再次指出，支持金融机构扩展普惠金融业务，规范发展地方性中小金融机构，着力解决小微企业"融资难，融资贵"问题。为提高小微企业、民营企业融资便利性，多项政策密集出台，普惠金融领域取得实质性进展。

1 月 9 日，银监会发布《关于开展投资管理型村镇银行和"多县一行"制村镇银行试点工作的通知》，从完善准入政策、加强定位监管、加强风险监管三个维度，提出了 21 项具体政策措施，进一步解决中西部金融服务薄弱地区银行业金融机构网点覆盖率低、金融供给不足问题，提高普惠金融服务水平。2 月 11 日，银监会印发《关于 2018 年推动银行业小微企业金融服务高质量发展的通知》，在继续监测"三个不低于"、确保小微企业信贷总量稳步扩大的基础上，提出"两增两控"的新目标，突出对小微企业贷款量质并重、可持续增长的监管导向。2 月 14 日，银监会印发《关于做好 2018 年三农和扶贫金融服务工作的通知》，进一步完善差异化监管，提出银行业深化"三农"金融服务，助力脱贫攻坚的要求。6 月 23 日，人民银行、银保监会等五部委联合印发《关于进一步深化小微企业金融服务的意见》，督促和引导金融机构加大对小微企业的金融支持力度，缓解小微企业"融资难，融资贵"，切实降低企业成本，促进经济转型升级和新旧动能转换。总体来看，在各项政策的推动下，银行业金融机构对小微企业和民营企业的金融支持力度不断扩大，小微企业和民营企业"融资难，融资贵"问题正得到持续改善，普惠金融将迈入新阶段。

3. 建立风险管控长效机制，助推商业银行稳健经营

针对银行业所面临的各类风险，监管机构及时出台了各项政策，也取得积极成效。4 月 24 日，银保监会发布《商业银行大额风险暴露管理办法》，将银行承担信用风险的所有授信业务均纳入大额风险暴露监管框架，推动商业银行提升集中度风险管理水平，防范系统性金融风险。5 月 23 日，银保监会发布《商业银行流动性风险管理办法》，借鉴国际监管改革成果，新引入净稳定资金比例、优质流动性资产充足率和流动性匹配率等量化指标，进一步完善流动性风险监测体系，稳步促进商业银行流动性风险管理水平提升。5 月 30 日，银保监会发布《商业银行银行账簿利率风险管理指引（修订）》，通过细化风险管理要求，规范风险计量和强化监督检查，推动银行账簿利率风险管理水平进一步提升。6 月 8 日，银保监会办公厅联合人民银行办公厅发布《关于完善商业银行存款偏离度管理有关事项的通知》，作为规范银行吸收存款行为、督促银行强化合规经营的重要举措，在结合近年来商业银行业务经营新特点、风险管理新情况的基础上，进一步强化绩效考评，助于银行业稳健经营。7 月 26 日，人民银行发布《关于修改〈金融机构大额交易和可疑交易报告管理办法〉的决定》，明确金融机构应当在按本机构可

疑交易报告内部操作规程确认为可疑交易后，及时以电子方式提交可疑交易报告，进一步提升义务机构可疑交易报告的有效性。11 月 27 日，人民银行等三部委联合印发《关于完善系统重要性金融机构监管的指导意见》，通过建立合理评估机制、提高附加监管要求以及建立恢复与处置机制有效完善我国系统重要性金融机构的监管，提升金融体系的稳定性和抵御系统性风险的能力。

4. 完善公司治理机制，促进银行业转型发展

1 月 5 日，银监会印发了《商业银行股权管理暂行办法》，提出了“分类管理、资质优良、关系清晰、权责明确、公开透明”的二十字原则，着重规范商业银行股东行为，通过建立健全穿透式的监管框架，促进商业银行持续健康发展。此外，为配合做好商业银行股权管理，银监会分别于 2 月 2 日和 2 月 28 日，发布《关于做好〈商业银行股权管理暂行办法〉实施相关工作的通知》和《关于规范商业银行股东报告事项的通知》两个配套文件，提出了对于不符合规范而入股商业银行的处理要求以及报告程序，进一步提高商业银行股权管理规范性。1 月 18 日，银监会等五部委联合发布《关于进一步支持商业银行资本工具创新的意见》，支持商业银行拓宽资本补充渠道，科学合理设定资本补充计划。随着银行业内外部监管趋严以及表外业务加速回表，商业银行资本补充需求进一步凸显。当前商业银行补充资本的工具体系已经初步建立，进一步支持永续债等资本工具的创新，将不断丰富资本补充工具，构建起商业银行多层次、多元化的资本补充渠道，提升商业银行服务实体经济能力。

5. 深化改革开放，国际化进程迈上新台阶

2018 年，在多项政策推动下，中国银行业继续毫不动摇地坚持对外开放。1 月 5 日，人民银行发布《关于进一步完善人民币跨境业务政策促进贸易投资便利化的通知》，通过完善和优化人民币跨境业务政策，进一步提高贸易投资便利化水平，着力提升金融机构服务实体经济、服务“一带一路”建设的能力。2 月 13 日，银监会发布《关于修改〈中国银监会外资银行行政许可事项实施办法〉的决定》，持续推进行政审批制度改革，持续扩大对外开放，为中外资银行创造公平、透明的政策环境。同时，为营造支付产业公平竞争的市场环境，提升支付机构的服务水平，3 月 19 日，人民银行印发《中国人民银行公告〔2018〕第 7 号》，作为内资、外资支付机构监管框架的一部分，放开了外商投资支付机构准入限制，在准入规则和监管要求上进一步明确，有效促进了支付服务市场健康发展。4 月 27 日，银保监会发布《关于进一步放宽外资银行市场准入相关事项的通知》，明确允许外资银行可以开展代理发行、代理兑付、承销政府债券业务，从中可以看出扩大外资机构业务范围的决心，支持更多的外资金融机构参与我国银行业对外开放进程，共同构建互利共赢的金融市场。5 月 16 日，人民银行发布《关于进一步完善跨境资金流动管理支持金融市场开放有关事宜的通知》，允许境外人民币业务清算行与参加行开展同业拆借等业务，不仅有利于给予境外人民币业务参与行人民币流动性支

持，促进人民币跨境业务有序开展，这一政策也是完善跨境资金流动管理，推进金融市场开放的重要举措。9 月 8 日，人民银行、财政部制定发布《全国银行间债券市场境外机构债券发行管理暂行办法》，推动境外机构在境内发行债券，促进相关制度规则与国际接轨，进一步提高中国债券市场的国际化水平。

扩大金融对外开放是新时代我国发展的战略需要，稳步推进对外开放新举措，推进国际化进程，形成全方位、多层次、宽领域的对外开放新格局，将有助于提升我国银行业市场竞争力，增强整体经营效率。

6. 深化金融科技运用，加速数字化转型

金融科技的快速发展为金融业的数字化转型提供了源源不断的动力，成为提升金融服务实体经济的助推器。2018 年以来，监管部门积极规划，统筹协调，不断推进信息技术在金融领域的运用，推动银行数字化转型。5 月 4 日，国务院印发《关于印发进一步深化中国（广东）自由贸易试验区改革开放方案的通知》，着重提出发展科技金融，大力发展金融科技，在依法合规的前提下，加快区块链、大数据技术的研究和运用，利用科技创新促进经济发展。5 月 21 日，银保监会发布《银行业金融机构数据治理指引》，该指引不仅明确了数据治理架构和全面实现数据价值的主要标准，还要求提高数据管理和数据质量质效，提出银行业金融机构应当将数据应用嵌入到业务经营、风险管理和内部控制的全流程，实现数据驱动银行发展。在多项政策助推下，2018 年银行业金融机构发力金融科技，先后成立 7 家科技子公司，如建设银行宣布成立建信金融科技有限责任公司，民生银行发起成立民生科技有限公司等，银行业在布局大数据、云计算等方面取得了较为明显的成效。

7. 着力规范业务经营，维护银行业有序运行

2018 年，金融管理部门和其他管理机构通力合作，通过制定多项政策，强化市场监管，规范银行业业务运行，维护行业有序发展。

1 月 5 日，银监会发布《商业银行委托贷款管理办法》，通过规范商业银行委托贷款业务经营，加强委托贷款业务管理，促进委托贷款业务健康发展。1 月 12 日，银监会印发《关于进一步深化整治银行业市场乱象的通知》，将监管重心定位于防范和处置各类金融风险，切实规范银行业经营行为，持续推动整治银行业市场乱象向纵深发展。3 月20 日，银监会发布《银行业金融机构从业人员行为管理指引》，从从业人员行为管理的治理架构、制度建设和监管等多个方面规范银行业金融机构从业人员行为，保护消费者的合法权益，促进银行业稳健运行。4 月 19 日，人民银行等三部委联合印发《关于加强非金融企业投资金融机构监管的指导意见》，规范非金融企业投资金融机构行为，强化对非金融企业投资金融机构的监管，在促进实业和金融业良性互动发展的同时，防范风险跨机构、跨业态传递。5 月 2 日，银保监会发布《关于规范银行业金融机构跨省票据业务的通知》，要求银行业金融机构通过电子商业汇票系统和中国票据交易系统等

票据市场基础设施开展跨省电子票据和纸质票据电子化交易，降低跨省票据业务的信用风险和操作风险，减少资金在金融体系内空转，更大限度发挥服务实体经济发展的功能。9 月 4 日，人民银行、证监会联合发布《2018 年第 14 号公告》，推动银行间债券市场和交易所债券市场评级业务资质的逐步统一，进一步推动中国债券市场和评级行业规范健康发展。12 月 28 日，银保监会发布《关于规范银行业金融机构异地非持牌机构的指导意见》，在坚持“坚守定位、风险为本、分类施策及新老划断”的原则下，规范银行业金融机构异地非持牌经营行为，促进银行业金融机构避免盲目扩张，专注主业，回归本源。

2018 年，监管部门出台多项资管业务相关政策，推动银行理财业务规范健康发展。4 月 27 日，人民银行等四部委联合印发《关于规范金融机构资产管理业务的指导意见》，从规范金融机构资产管理业务，统一同类资产管理产品监管标准等多方面着手，最大限度地消除监管套利空间，为资管业务健康发展创造良好的制度环境。7 月 20 日，人民银行发布《关于进一步明确规范金融机构资产管理业务指导意见有关事项的通知》，进一步明确公募资产管理产品的投资范围，明晰过渡期内相关产品的估值方法及宏观审慎政策安排，有效规范资产管理市场秩序、防范金融风险。9 月 26 日，银保监会公布《商业银行理财业务监督管理办法》，在与“资管新规”保持一致的原则下，从商业银行理财产品投资范围、分类管理、投资者适当性管理、商业银行业务运作、理财托管、信息披露等多个方面作出明确规定，推动理财业务规范转型，促进银行理财回归本源。12 月 2 日，银保监会发布《商业银行理财子公司管理办法》，与“资管新规”和“理财新规”共同构成理财子公司开展理财业务需要遵循的监管要求，通过强化银行理财业务风险隔离，有序推动打破刚性兑付，引导理财资金规范地通过金融市场服务实体经济。

8. 加强业务创新领域指引，推动新兴市场发展

近年来，我国商业银行衍生工具发展迅速，交易量和品种都有显著增长，为适应衍生工具业务的发展趋势，2018 年以来监管机构积极完善体制机制，推出各项政策，推动新兴市场平稳发展。1 月 3 日，银监会发布《关于印发〈衍生工具交易对手违约风险资产计量规则〉的通知》，明确要求商业银行将交易对手信用风险管理纳入全面风险管理框架，进一步强化商业银行衍生工具风险管理和计量能力，有效促进了衍生工具业务的稳健发展。5 月 30 日，证监会与人民银行联合发布《关于进一步规范货币市场基金互联网销售、赎回相关服务的指导意见》，规范货币市场基金互联网销售，要求严格落实“三强化、六严禁”的原则要求，努力提升合规风控水平，促进货币市场基金平稳健康发展。10 月 16 日，人民银行印发《中国人民银行公告〔2018〕第 18 号》，在银行间债券市场正式推出三方回购交易，这一举措是债券质押式三方回购交易继上海证券交易所、深圳证券交易所推出之后的又一突破，不仅有利于满足回购交易担保品精细化管理

需求，降低回购交易成本，提高交易效率，也有利于回购市场的风险防控。11 月 10 日，人民银行等三部委联合发布《关于在全国银行间债券市场开展地方政府债券柜台业务的通知》，明确经发行人认可的已发行地方政府债券和发行对象包括柜台业务投资者的新发行地方政府债券可在银行间债券市场开展柜台业务，进一步丰富了全国银行间债券市场柜台业务品种，为中小投资者提供了更多投资选择。

（二）2018 年中国银行业市场发展政策效果

2018 年，中国银行业按照党中央、国务院决策部署，坚持防范化解金融风险和服务实体经济相结合，在多项政策的影响和推动下，我国银行业呈现以下四个积极变化。

一是盈利水平总体稳定，净息差持续小幅回升。2018 年，我国商业银行整体经营情况稳中向好，实现净利润 18302 亿元，同比增长 4.72%，增速在近年来处于较高水平。在坚持“堵旁门、开正门”，保持严监管政策方向不变的环境下，商业银行进一步回归本源，资产负债结构持续优化。通过政策引导，商业银行加大了对小微和民营企业等经济薄弱环节的信贷支持，资产端向收益率较高的信贷倾斜，贷款占资产比重依旧保持较高水平。在贷款利率提高和负债端成本边际改善的双重推动下，净息差从 2017 年以来持续小幅回升至 2.18%。受益于息差改善和非息收入的增长，银行业收入端正逐步修复。

二是风险化解成效显现，资产质量进一步夯实。截至 2018 年底，商业银行不良贷款余额 20254 亿元，不良贷款率 1.83%，关注类贷款占比 3.13%，第四季度不良贷款规模和不良贷款率实现双降，质量下行压力有一定缓解。拨备水平明显提高，拨备覆盖率 186.31%，贷款损失准备余额 37734 亿元，较年初增长 6790 亿元，同比多增 59.09%，增幅明显。在银行业盈利持续增长的有利环境下，商业银行运用不良资产证券化、债转股、内部核销等方式加大了不良资产的处置力度，加速风险出清。全年累计核销不良贷款 9880 亿元，较 2017 年多核销 2590 亿元，资产质量进一步夯实。

三是表外业务优化，“脱实向虚”局面基本得到遏制。2018 年监管机构加强了对影子银行等重点领域的监管力度，金融风险有所收敛，通道嵌套、金融体系空转、套利、脱实向虚等金融乱象得到进一步遏制，表外资产有序回表。同时，同业资产占比也有所下降，在强化金融服务实体经济功能的背景下，商业银行资产配置向信贷倾斜。总体来看，2018 年，银行业金融机构总资产实现较为平稳增长，增速为 6.27%，较 2015 年、2016 年 15% 的水平有较大的放缓，资产结构进一步优化，支持实体经济能力有所增强。

四是资本压力有序缓解，补充渠道更加多元。截至 2018 年底，商业银行资本充足率 14.20%，同比增长 0.55 个百分点；一级资本充足率 11.58%，同比增长 0.23 个百分点；核心一级资本充足率 11.03%，同比增长 0.28 个百分点，都处于近年的最高水平，资本压力有所缓解。当前商业银行外源性资本补充工具以优先股、二级资本债和可转债为主，在积极支持商业银行发行新型资本补充债券等政策推动下，无固定期限资本债券、转股型二级资本债券等资本工具将成为补充资本新的方向，而备受关注的永续债也正加速启动发行。

在整体运行趋势逐步向好的背景下，银行业以深化供给侧结构性改革为主线，继续强化对小微和民营企业等领域的信贷支持，回归本源态势进一步巩固。同时，银行业不断深化改革，扩大对外开放，综合竞争能力逐步提升，各项工作取得明显成效，主要有以下四个方面。

一是服务实体经济质效得到进一步提高。随着严监管、治乱象、严问责工作的持续推进，银行业金融机构进一步回归本源，专注业务，加大对实体经济的支持力度。2018年末，银行业各项贷款余额140.6万亿元，全年新增贷款15.7万亿元，同比增长12.6%，信贷增速保持较高水平，呈现总量稳中有增、结构持续优化的良好态势。银行业金融机构各项贷款占总资产的比重升至53.9%，保持较高水平。银行体系空转资金明显减少，金融生态不断好转。同时，银行业响应政策号召，以服务实体经济和人民生活为己任，积极发展绿色金融、科技金融等助力我国消费转型升级，为实体经济发展提供了高质量、高效率的金融服务。

二是民营和小微企业"融资难，融资贵"问题有所缓解。2018年末，小微企业贷款余额为33.5万亿元。其中，单户授信总额1000万元及以下普惠型小微企业贷款余额9.4万亿元，较年初增长21.8%，远高于各项贷款增速，信贷规模持续扩大；有贷款余额的户数1723.23万户，较年初增加455.07万户，覆盖面进一步拓宽。贷款利率也明显下降，六家大型银行2018年第四季度新发放普惠型小微企业贷款平均利率为5.06%，12家全国股份制银行该项贷款平均利率为6.71%，较第一季度下降均超过1.1个百分点。在相关政策积极引导下，银行业对于民营和小微企业的信贷支持已经呈现出规模不断攀升、重心逐渐下沉的特征，"精准滴灌"的政策目标效果有所显现。

三是银行业改革持续深化，对外开放不断扩大。2018年以来，银行业改革工作持续推进。商业银行股权管理得到强化，初步建立健全穿透监管框架，公司法人治理机制进一步完善，朝着规范的方向发展。展业架构更加清晰，资产管理业务逐步规范，理财子公司正在逐步成为商业银行开展理财业务的主流模式。同时，银行业对外开放稳妥有序进行，形成双向开放新格局。"引进来"步伐加快，不仅取消了中资银行外资持股比例的限制，实施内外资一致的股权投资比例规则，在业务准入方面也进一步放开，允许外国银行在中国境内同时设有子行和分行等，给予外资银行更多国民待遇。"走出去"稳步推进，银行业积极服务中资企业"走出去"，加快打造"一带一路"金融服务网络，跨境综合金融服务能力不断提升。

四是供给侧结构性改革取得明显进展。2018年，银行业以服务供给侧结构性改革为主线，坚持防风险和企业转型升级相结合，通过完善联合授信和债权人委员会机制，引导信贷资源从“僵尸企业”等领域有序退出，破除低效的金融供给。目前已建立债委会1.9万家，近500家大中型企业开展联合授信试点，多头融资和过渡融资得到有效遏制。以坚持市场化为原则，积极推进债转股，签订债转股协议金融超2万亿元，落地金额6200多亿元，基本达到去杠杆的预期目标。同时，商业银行理财子公司陆续审批通过，中小金融机构供给增加，金融业机构体系更加健全，不断满足多层次、多元化的金融需求。

虽然2018年银行业各项工作取得较好发展，但是我国面临的国内外形势依然复杂严峻，银行业部分领域还需要后续政策加以规范引导，实现更好发展。

一是供给侧结构性改革成效显著，但金融支持实体经济仍存在提升空间。2018年监管部门以供给侧结构性改革为主线，不断提升金融服务质效，加大对小微和民营企业信贷支持，成效明显。但是鉴于小微和民营企业在我国实体经济中的重要地位，以及我国以间接融资为主的结构特征，银行业支持实体经济发展有进一步加强的空间，监管制度还需要有序跟进。例如，面对银企间信息不对称问题，还需要在如何推动部门间信息共享，打通数据壁垒、建立中小微企业征信体系上重点关注。在抵质押方面，应加强研究如何进一步扩大担保物范围，盘活小微和民营企业现有资产。此外，针对基层金融机构存在政策落实不到位情况，如何保证政策最大程度发挥效果，还需监管机构加大监管力度。

二是对外开放水平不断提高为监管带来新的压力。过去一年，监管机构与相关部门制定了银行业对外开放的具体措施和实施路径，银行业对外开放不断取得新突破。随着银行业对外开放水平的不断提高，外资银行在我国的业务不断拓展，未来银行业的业务创新将不断加快，交易结构也更趋复杂，监管部门对相关业务的监管难度进一步加大。同时，跨境资本流动更为频繁，这也将为我国金融稳定带来一定冲击，为适应新变化，监管部门在监管制度和基础建设方面还有待完善，弥补自身不足。同时，反洗钱和反融资工作将显得尤为重要，如何加强与国际机构和其他经济体的合作交流，也需要监管部门给予关注。

三是银行业务转型有序推进，政策还需同步完善。2018年，银行业在政策的引导下，业务转型有所加快，展业模式的变化对配套的政策制度提出了更高要求。例如，银行理财方面，随着资管新规、理财新规等的推出，商业银行设立理财子公司的步伐不断加快，截至2018年末已有27家银行公告拟设立理财子公司，目前虽然已有相关管理办法出台，但在理财子公司净资本、流动性管理等方面，尚需配套监管制度进一步完善。衍生品方面，我国衍生品市场在一系列改革创新后，交易量增长加快，业务品种更加多样，金融衍生品的市场风险需要引起监管部门重视，监管体系建设、法律法规完善等方面还有待增强。

### （三）2019 年中国银行业市场发展政策展望与建议

展望 2019 年，中国银行业金融机构的使命仍将是更好地服务实体经济，积极支持经济结构调整、支持经济健康高质量发展。未来一段时间，尤其是继续会重点在小微、“三农”等普惠金融以及民营经济领域加大支持力度。为进一步提高金融的有效供给，建议 2019 年银行业市场发展的相关政策重点完善以下方面。

一是继续深化银行业金融机构供给侧结构性改革。未来的监管政策应当在银行业供给侧改革领域继续发力，加快出台优化银行业体系各项政策措施，推动其全面转变经营管理理念，加大金融创新力度并提升精准服务企业的能力，来增强支持建设现代化经济体系的能力。此外，建议进一步畅通货币政策传导机制，增强财政政策效力，引导商业银行在信贷投放方面更加注重公平，更好地将金融资源引导至小微、“三农”等普惠金融领域和民营经济领域。

二是进一步扩大银行业金融体系改革开放。长期来看，进一步扩大对外开放，有利于丰富我国银行金融机构的种类，提升市场的活力，提升整体的资源配置效率。建议未来的监管政策重点强化金融改革，通过对信贷理念、服务模式、风险管理、考核评价等全链条梳理重构，深化改革完善相应体制机制，以提高自身金融服务能力，推动银行业进一步回归服务实体经济本源。同时，加快推动银行业金融机构的双向开放。在提高中资银行业金融机构全球竞争能力、提高开放条件下经济金融管理能力和防控风险能力，提高参与国际金融治理能力的同时，引入外资银行也能够激发经营活力，提升我国金融市场整体的资源配置效率。

三是不断完善相关领域的政策短板，促进银行业市场稳健发展。银行业市场相关的监管政策补短板已经取得了较为明显的成效，但在完善银行业公司治理机制、健全内部控制、资本补充、扩大对外开放等方面仍存在一定提升空间。建议未来监管机构尽快出台这些方面相关政策或者监管细则。

## 附表

**2018 年中国银行业市场主要发展政策**

| 发布日期 | 政策名称 | 发文单位 |
|---|---|---|
| 1 月 3 日 | 关于印发衍生工具交易对手违约风险资产计量规则的通知（银监发〔2018〕1 号） | 银监会 |
| 1 月 5 日 | 商业银行股权管理暂行办法［中国银监会令（2018 年第 1 号）］ | 银监会 |
| 1 月 5 日 | 商业银行委托贷款管理办法（银监发〔2018〕2 号） | 银监会 |
| 1 月 5 日 | 关于进一步完善人民币跨境业务政策促进贸易投资便利化的通知（银发〔2018〕03 号） | 人民银行 |
| 1 月 9 日 | 关于开展投资管理型村镇银行和“多县一行”制村镇银行试点工作的通知（银监发〔2018〕3 号） | 银监会 |

续表

| 发布日期 | 政策名称 | 发文单位 |
| --- | --- | --- |
| 1月12日 | 关于进一步深化整治银行业市场乱象的通知（银监发〔2018〕4号） | 银监会 |
| 1月18日 | 关于进一步支持商业银行资本工具创新的意见（银监发〔2018〕5号） | 银监会、人民银行、证监会、保监会、外汇管理局 |
| 2月2日 | 中国银监会办公厅关于做好《商业银行股权管理暂行办法》实施相关工作的通知（银监办发〔2018〕48号） | 银监会 |
| 2月11日 | 中国银监会办公厅关于2018年推动银行业小微企业金融服务高质量发展的通知（银监办发〔2018〕29号） | 银监会 |
| 2月13日 | 关于修改《中国银监会外资银行行政许可事项实施办法》的决定［中国银监会令（2018年第3号）］ | 银监会 |
| 2月14日 | 中国银监会办公厅关于做好2018年银行业三农和扶贫金融服务工作的通知（银监办发〔2018〕46号） | 银监会 |
| 2月28日 | 关于规范商业银行股东报告事项的通知（银监办发〔2018〕49号） | 银监会 |
| 3月19日 | 中国人民银行公告〔2018〕第7号 | 人民银行 |
| 3月20日 | 银行业金融机构从业人员行为管理指引（银监发〔2018〕9号） | 银监会 |
| 4月19日 | 关于加强非金融企业投资金融机构监管的指导意见（银发〔2018〕107号） | 人民银行、银保监会、证监会 |
| 4月24日 | 商业银行大额风险暴露管理办法［中国银行保险监督管理委员会令（2018年第1号）］ | 银保监会 |
| 4月27日 | 关于进一步放宽外资银行市场准入有关事项的通知（银保监办发〔2018〕16号） | 银保监会 |
| 4月27日 | 关于规范金融机构资产管理业务的指导意见（银发〔2018〕106号） | 人民银行、银保监会、证监会、外管局 |
| 5月2日 | 关于规范银行业金融机构跨省票据业务的通知（银保监办发〔2018〕21号） | 银保监会 |
| 5月4日 | 国务院关于印发进一步深化中国（广东）自由贸易试验区改革开放方案的通知（国发〔2018〕13号） | 国务院 |
| 5月16日 | 中国人民银行办公厅关于进一步完善跨境资金流动管理　支持金融市场开放有关事宜的通知（银办发〔2018〕96号） | 人民银行 |
| 5月21日 | 银行业金融机构数据治理指引（银保监发〔2018〕22号） | 银保监会 |
| 5月22日 | 银行业金融机构联合授信管理办法（试行）（银保监发〔2018〕24号） | 银保监会 |
| 5月23日 | 商业银行流动性风险管理办法［中国银行保险监督管理委员会令（2018年第3号）］ | 银保监会 |
| 5月30日 | 商业银行银行账簿利率风险管理指引（修订） | 银保监会 |
| 5月30日 | 关于进一步规范货币市场基金互联网销售、赎回相关服务的指导意见（证监会公告〔2018〕10号） | 证监会、人民银行 |

续表

| 发布日期 | 政策名称 | 发文单位 |
|---|---|---|
| 6月8日 | 关于完善商业银行存款偏离度管理有关事项的通知（银保监办发〔2018〕48号） | 银保监会、人民银行 |
| 6月23日 | 关于进一步深化小微企业金融服务的意见（银发〔2018〕162号） | 人民银行、银保监会、证监会、发改委、财政部 |
| 6月29日 | 金融资产投资公司管理办法（试行）［中国银行保险监督管理委员会令（2018年第4号）］ | 银保监会 |
| 7月20日 | 关于进一步明确规范金融机构资产管理业务指导意见有关事项的通知 | 人民银行 |
| 7月26日 | 中国人民银行关于修改《金融机构大额交易和可疑交易报告管理办法》的决定（中国人民银行银行令〔2018〕第2号） | 人民银行 |
| 8月17日 | 中国银保监会办公厅关于进一步做好信贷工作提升服务实体经济质效的通知（银保监办发〔2018〕76号） | 银保监会 |
| 9月4日 | 中国人民银行　中国证券监督管理委员会公告（2018年第14号） | 人民银行、证监会 |
| 9月8日 | 全国银行间债券市场境外机构债券发行管理暂行办法（〔2018〕第16号） | 人民银行、财政部 |
| 9月26日 | 商业银行理财业务监督管理办法［中国银行保险监督管理委员会令（2018年第6号）］ | 银保监会 |
| 10月16日 | 中国人民银行公告〔2018〕第18号 | 人民银行 |
| 11月10日 | 关于在全国银行间债券市场开展地方政府债券柜台业务的通知（银发〔2018〕283号） | 人民银行、财政部、银保监会 |
| 11月27日 | 《关于完善系统重要性金融机构监管的指导意见》（银发〔2018〕301号） | 人民银行、银保监会、证监会 |
| 12月2日 | 商业银行理财子公司管理办法［中国银行保险监督管理委员会令（2018年第7号）］ | 银保监会 |
| 12月28日 | 关于规范银行业金融机构异地非持牌机构的指导意见（银保监发〔2018〕71号） | 银保监会 |

## 专栏5

### 银行业“强监管”系列举措持续发力，有效防范金融风险①

2018年7月31日中共中央政治局会议作出“三大攻坚战”和“六稳”工作部署，防范化解重大风险居“攻坚战”首位，“稳金融”仅次于“稳就业”而居第二位。金融问题受到中央的高度重视充分表明，金融系统性风险隐患已经非常严重，供给侧结构性改革中金融如何充分发挥其正确作用需要从国家安全的高度进行谋划和布

① 作者：马强，上海银保监局原政策法规处处长。

局。这也正是2019年初以来中国银行业进一步深化治乱象、坚定推进“强监管”系列举措的应有之意。

互联网金融乱象成为2015年以来我国各类金融风险的催化剂，治理金融市场乱象从抓源头开始，从重灾区开始，原因由此。本来，金融与互联网结合是创新，但野蛮资管和非法理财却与金融科技风险相互交织，非法集资、金融诈骗、虚假宣传和非法交易等不仅演变出各类新型金融风险，而且因P2P等模式的野蛮生长和功能扭曲异化，催生了严重的交叉性金融风险和一系列金融“黑天鹅”，集聚了诸多发展问题，诱发了一系列社会矛盾。

2018年是银行业“强监管”继续补制度短板、“重穿透”管住乱交叉乱加杠杆的一年，是互联网理财平台频频暴雷导致金融市场风波不断的一年，是坚持2016年整顿方略、深化治理互联网金融风险的攻坚之年、成效之年。中国银保监会的治理策略是治理互联网金融乱象与全心全意支持实体经济发展“两手抓、两手硬”。一方面，监管部门重罚严惩，全面整治银行业市场乱象。3月9日中国银监会主席郭树清在全国两会“部长通道”上提出，互联网对普及金融服务、做好中小企业和居民群众的服务很有帮助。

银行业互联网金融风险治理的主要路径，一是行为监管，坚决制止违法违规活动。2018年5月，中国银保监会发布《关于规范民间借贷行为 维护经济金融秩序有关事项的通知》（银保监发〔2018〕10号），规范民间借贷，严打高利贷和暴力催收。二是环境监管。5月21日中国银保监会发布《银行业金融机构数据治理指引》（银保监发〔2018〕22号），引导银行业金融机构加强数据治理，为互联网金融营造清洁、安全环境。三是开展专项检查。8月13日，P2P网络借贷风险专项整治工作领导小组办公室下发《关于开展P2P网络借贷机构合规检查工作的通知》（银保监会普惠金融部代章），围绕“一个办法三个指引”的要求，在全国范围内开启了P2P十个方面的合规检查，整治监管套利。一个办法为《网络借贷信息中介机构业务活动管理暂行办法》，三个指引分别为《网络借贷信息中介机构备案登记管理指引》《网络借贷资金存管业务指引》《网络借贷信息中介机构业务活动信息披露指引》。

2018年银保监会专项整治成效显著。2018年中，在“强监管”大力推动下，互联网金融领域无序发展的势头已经被扭转，互联网金融领域的总体风险水平也大幅降低；强监管不仅有效遏制了增量风险，而且同时也完善了制度规则体系。专项整治的显著效果是，大量机构退出互联网金融活动，存量机构违法违规业务规模明显压降。截至2018年5月末，各地尚在运营的从业机构2902家，专项整治后共有5074家从业机构退出。不合规业务规模压降4265亿元。各地公安机关共立案1390起，成功破获一批重特大案件，对非法金融活动形成了有效震慑。2018年末，银行业在运用互联网金融方面成效显现。大型银行借助“互联网+”，整合机构内部数据和税收、工商、电力等信息资源，研发了全流程线上操作、系统自动识别风险、评分审批的贷款产品；工商银行、建设银行等运用大数据互联网取得较大进展，也做到了很快放款，不良贷款率保持在很低的水平，比如建设银行只有1%左右。中型银行，如江苏银行、网商银行、微众银行等民营银行以及诸多互联网小贷公司，也充分利用大数据作出贷款决策，不良贷款率较低。

解决民营与小微企业“融资难，融资贵”问题，需要持之以恒，需要不断总结创新中国特色的办法和经验。

## 专栏6

### 银行业多措并举，加大支持民营和小微企业融资力度，切实提升服务实体经济质效[①]

2018年11月1日，习近平总书记主持召开民营企业座谈会。中央要求，要以减税负、缓平仓、促公平、有区别、清政商、保安全等六大举措为民营经济发展解难纾困。会前，9月27日，习近平总书记在辽宁考察指出，党中央毫不动摇地鼓励、支持、引导、保护民营经济发展，现在的很多改革措施都是围绕进一步发展民营经济展开。9月28日，李克强总理在浙江考察时着重说明，中央将出台更多政策，以给民营企业更加良好稳定的市场预期。8月20日，在促进中小企业发展工作领导小组第一次会议上，国务院强调，“对国有和民营经济一视同仁，对大中小企业平等对待。要加大金融支持力度，缓解融资难融资贵问题。要拓宽中小企业直接融资渠道，更好满足融资需求”。8月22日，国务院常务会议部署进一步推进缓解小微企业“融资难，融资贵”政策落地见效，鼓励金融机构增加小微企业贷款，降低融资成本。9月19日，李克强总理在天津夏季达沃斯论坛开幕致辞中强调，中国将坚定不移支持“两个毫不动摇”，进一步落实和完善支持民营经济发展的政策措施，坚决消除阻碍民营经济发展的各种不合理障碍，大力推进放宽民营企业准入领域。会后，11月8日，国务院办公厅发布《关于聚焦企业关切进一步推动优化营商环境政策落实的通知》（国办发〔2018〕104号），推动缓解中小微企业“融资难，融资贵”问题。

国家金融管理部门坚决贯彻党中央决策部署，联合施策，采取一系列措施，对民营和小微企业融资加大支持力度。中国银保监会郭树清主席指出，习近平总书记一再重申“两个毫不动摇”这一基本方针，释放了正本清源、提振信心的强烈信号；回答了所谓“历史原罪”问题的解决办法；既给民营企业家吃了“定心丸”，也给金融机构和金融

---

① 作者：马强，上海银保监局原政策法规处处长。

管理部门吃了“定心丸”。他要求，金融管理部门坚决贯彻落实习近平总书记的重要讲话精神和党中央决策部署。

早于座谈会之前，1月18日，中国银监会与中国人民银行、中国证监会、中国保监会和国家外汇管理局等五部门联合发文《关于进一步支持商业银行货币工具创新的意见》(银监发〔2018〕5号)，为进一步加大对小微企业、绿色经济等领域的支持力度，进一步支持商业银行资本工具创新，允许其适当扩大中期借贷便利（MLF）担保品范围。在6月20日国务院常务会议提出“定向降准”后，6月23日，中国人民银行、中国银保监会、中国证监会、国家发展改革委和财政部等五部委联合发文《关于进一步深化小微企业金融服务的意见》(银发〔2018〕162号)，进一步降低小微企业融资成本，支持货币政策工具创新，允许商业银行适当扩大中期借贷便利（MLF）担保品范围。6月24日，中国人民银行决定定向降准0.5个百分点加大对小微企业融资支持。11月初，在中央民企座谈会之后，中国银保监会立即行动，配合财政部、人力资源和社会保障部及中国人民银行等，指导金融机构做好创业担保贷款贴息资金支持等工作。中国银保监会鼓励银行业金融机构对民营企业加大信贷支持力度，不盲目停贷、压贷、抽贷及断贷，不搞“一刀切”；同时，监管部门加快修改完善尽职免责实施办法，建立金融机构绩效考核与小微信贷投放挂钩的激励机制。

11月7日，中国银保监会主席郭树清在接受《金融时报》采访时首次提出民营企业贷款“一二五”目标。即，在新增的公司类贷款中，大型银行对民营企业的贷款不低于1/3，中小型银行不低于2/3；争取三年以后，对民营企业的贷款占新增公司类贷款的比例不低于50%。郭树清要求，银行业应建立对民营企业“敢贷、能贷、愿贷”的信贷文化，并贯彻落实到信贷工作全过程。“敢贷”，就是建立尽职免责、纠错容错机制，加快制定配套措施，修订原有不合理制度，激发服务民营企业的内生动力。“能贷”，就是“能够做、也会做”，信贷资源向民营企业倾斜，制定专门的授信政策，下放审批权限，单列信贷额度，确保对民营企业始终保有充分的信贷空间。“愿贷”就是“愿意做”，充分调动员工积极性、能动性，充分考虑民营企业的经营特点，重新审视、梳理和修订原有考核激励机制，使从事民营企业业务的员工所付出的精力、所承担的责任与所享受的考核激励相匹配。

在中国银保监会统一部署下，各地各级监管部门一致行动，按照郭树清关于“稳信心、改机制、拓渠道、腾资金、降成本”要求，全力解决好企业融资难问题。一方面，大力推动银行业建立对民营企业“敢贷、能贷、愿贷”的信贷文化，引导金融机构形成“银企命运共同体”意识和思想。另一方面，积极督促金融机构优化小微企业信贷结构，多措并举降低民营企业融资成本，包括减免服务收费、优化服务流程、差异化制定贷款利率下降目标等措施。同时，中国银行业协会加大舆论宣传，正确引导民企、市场和公众对监管政策的合理预期。

银行业金融机构认真贯彻落实国家政策和监管部门要求，深化体制机制改革，与民营企业签署合作协议，多种渠道提供融资支持，加大小微企业发展，积极构建服务民营企业和小微企业的商业可持续模式，助推民营经济高质量发展。五大国有商业银行都设立了普惠金融事业部，多家股份制银行设立了小微支行、社区支行，地方性银行坚持县乡定位。截至2018年末，全国小微企业贷款余额33.49万亿元，占各项贷款余额的23.81%。其中，普惠型小微企业贷款余额9.36万亿元，比年初增长21.79%，比各项贷款增速高9.2个百分点；贷款户数1723.23万户，比年初增加455.07万户，实现了此类贷款增速不低于各项贷款增速、贷款户数不低于上年水平的"两增"目标。通过"银税互动"信贷产品发放的小微企业贷款余额2799.89亿元，有力支持了小微企业"以税促信、以信申贷"。贷款利率明显下降，5家大型银行和邮储银行2018年第四季度新发放普惠型小微企业贷款平均利率5.06%，12家全国股份制银行该项贷款平均利率6.71%，较第一季度下降均超过1.1个百分点。银行业和保险业在小微企业融资增信方面的合作不断深化。2018年，信用保险和贷款保证保险累计帮助62.25万家小微企业获得银行贷款867.73亿元。

民营银行优化发展结构，与民营经济共同成长。自2013年6月国务院常务会议首次提出"探索设立民营银行"，2018年末，全国已有17家民营银行开业并运营。2018年没有批准新设民营银行。中商产业研究院统计，2018年1—12月全国民营银行核名总数共85家（因核名有效期为6个月而包括重复核名数据），与2017年的141家核名相比下降。浙江网商银行、前海微众银行等新型互联网银行通过智能化的风控体系和数据"画像"，批量发放小额信用贷款，有力拓宽了对小微市场主体的服务覆盖面。

## 二、股票市场发展政策①

### （一）2018年股票市场概况

2018年监管层的工作思路是金融去杠杆，以完善法制化制度的方式推进金融供给侧改革，通过制度的完善来保护中小投资者的利益和增强资本市场的活力。另外，重视资本市场特别是股票市场的作用，让股票市场为国家创新驱动发展战略服务，支持科创企业融资，助力中国经济转型升级，同时让投资者在未来可以享受到中国创新企业发展带来的红利。

2018年在金融去杠杆和中美贸易战两大核心内外部矛盾的主导下，三大指数均出现大幅下跌。上证指数从3307点跌至2494点，年跌幅24.59%；深中小板指数从7555点跌至4703点，年跌幅37.75%；创业板指数从1752点跌至1250点，年跌幅28.65%。截至2018年末，沪深两地上市公司总市值43.49万亿元，较上年缩水23.31%。

① 作者：张玉龙，中信建投证券股份有限公司研究发展部策略首席分析师。

2018年申万一级行业全部为负收益，其中休闲服务板块跌幅为10.61%、银行板块跌幅为14.67%、食品饮料板块跌幅为21.95%、农林牧渔板块跌幅为22.44%、计算机板块跌幅为24.52%，跌幅相对较低；电子板块跌幅为42.36%、有色金属板块跌幅为41.03%、传媒板块跌幅为39.58%、综合板块跌幅为39.30%、轻工板块跌幅为36.62%，跌幅较高。

从板块上看，板块估值分化有所缓和，蓝筹股票估值得到一定修复，但仍低于中小板、创业板市场估值。截至2018年末，全部AB股、沪深300、中小板和创业板滚动市盈率分别为13.14倍、10.23倍、23.27倍和41.50倍。

### （二）2018年股票市场主要发展政策分析

#### 1. 支持创新企业融资

2015年开始，中国企业的销售净利率和净资产收益率持续下行，原有主导产业增长乏力。面对经济下行压力，大力发展科技创新事业，切换经济发展的动能成为国家转型升级的必然选择。而以间接融资为主的融资结构，因为债权的风险偏好过低的原因，给风险相对较高、发展较为不确定的科创企业的融资带来融资难和融资贵的问题。另外，由于现行发行制度有盈利要求的缘故，导致主体经营在大陆的科创企业更倾向于去海外寻求上市融资，从而使得中国的投资者失去了分享科创企业成长壮大带来的价值增值的红利。

2018年股票市场的政策关注点投向了科创企业。2018年11月5日，习近平总书记在上海中国进口博览会开幕式上宣布：上海将设立科创板并实行注册制，支持上海国际金融中心建设和上海科技创新中心建设，不断完善资本市场基础制度。而在此之前，关于创新企业、红筹企业在中国大陆上市，交易的制度铺垫早已在年中展开。

2018年6月，针对创新企业与红筹企业，证监会连续出台了多个相关政策。证监会第11号公告《保荐创新企业境内发行股票或存托凭证尽职调查工作实施规定》、第12号公告《公开发行证券的公司信息披露编报规则第22号——创新试点红筹企业财务报告信息特别规定（试行）》、第13号公告《试点创新企业境内发行股票或存托凭证并上市监管工作实施办法》、《创新企业境内发行股票或存托凭证上市后持续监管实施办法（试行）》分别针对创新企业的股票和存托凭证发行的尽职调查、试点创新企业上市监管、上市后持续监管和红筹企业的信息披露作出了相关规定。

创新企业包括红筹企业和境内注册企业，红筹企业包括已在境外上市的红筹企业和尚未在境外上市的红筹企业。尽职调查时对境外上市的红筹企业可采用境外招股说明书、财报等公开披露文件以及中介机构专业意见进行。尽调内容包括红筹企业历史沿革、改制历史、实控人、主要股东、协议控制架构、三年内有无违法违规行为、同业竞争情况。

试点创新企业的条件是符合国家战略、科技创新能力突出并掌握核心技术，行业属性是高新技术产业和战略性新兴产业，具体需满足以下条件之一：(1) 已境外上市试点红筹企业，市值应不低于2000亿元人民币；(2) 尚未境外上市试点企业，或满足最近一年经审计的主营业务收入不低于30亿元人民币，且企业估值不低于200亿元人民币；(3) 拥有知识产权或专有技术，具备明显的技术优势的高新技术企业，研发人员占比超过30%，已取得与主营业务相关的发明专利100项以上，或者取得至少一项与主营业务相关的一类新药药品批件，或者拥有经有权主管部门认定具有国际领先和引领作用的核心技术，或者主要产品市场占有率排名前三，最近三年营业收入复合增长率30%以上，最近一年经审计的主营业务收入不低于10亿元人民币，且最近三年研发投入合计占主营业务收入合计的比例10%以上。除了认定标准外，还对试点企业的发行条件及审核核准程序、适用法律标准、信息披露制度等方面作出了明确规定。

根据证监会第16号公告《中国证监会科技创新咨询委员会工作规则（试行)》中的规定，证监会成立的科技创新咨询委员会将由权威专家、知名企业家和资深投资家组成，履行好政策咨询机构的职责，负责向证监会、交易所提供对于上市创新企业科技属性、成色的判断建议。

证监会对于创新企业的上市支持，体现出资本市场对于国家经济转型升级的责任承担，服务于创新驱动发展的国家战略。对于高科技的企业，更为关注的是是否具有核心竞争力的技术。重点不在于盈利，而在于与技术形成相关的研发人员占比、研发支出以及核心产品的技术和市场能力。而由于科技具有极大的不确定性，投资者应自主判断试点企业的投资价值，自主作出投资决策，自行承担投资风险。

此外，证监会第17号公告《关于试点创新企业实施员工持股计划和期权激励的指引》、第18号公告《关于试点创新企业整体变更前累计未弥补亏损、研发费用资本化和政府补助列报等会计处理事项的指引》分别针对创新企业的股权激励、整体变更前累计未弥补亏损、研发费用资本化、科研项目相关政府补助的非经常性损益列报进行了规定。

试点企业全部在有效期内的期权激励计划所对应股票数量占上市前总股本比例原则上不得超过15%。激励对象在试点企业上市后行权认购的股票，应承诺自行权日起三年内不减持，同时承诺上述期限届满后比照董事、监事及高级管理人员的相关减持规定执行。试点企业的股权激励计划既有助于把核心管理人员、核心技术人员的利益与公司绑定，稳定创始管理团队与技术团队，有利于把创新企业做大做强，又平衡了股权激励的被授予方与其他股东之间的利益关系。

2. 完善各类制度

(1) 减持制度。2017年5月27日，证监会发布了《上市公司股东、董监高减持股份的若干规定》，从减持的时间、数量等细节以及事前、事中、事后披露规定上规范了上市公司大股东、董监高的减持行为。

而2018年3月1日证监会发布《上市公司创业投资基金股东减持股份的特别规定》，3月2日上交所、深交所分别发布《上海证券交易所上市公司创业投资基金股东减持股份实施细则》和《深圳证券交易所上市公司创业投资基金股东减持股份实施细则》，则是针对创业投资基金股东减持中小企业或者高新技术企业进行了规定。

相关文件要求“投资期限不满36个月的，在3个月内减持股份的总数不得超过公司股份总数的1%；投资期限在36个月以上但不满48个月的，在2个月内减持股份的总数不得超过公司股份总数的1%；投资期限在48个月以上的，在1个月内减持股份的总数不得超过公司股份总数的1%。”

对于创业投资基金的减持规定有利于其专注于长期投资和价值投资，防止短期内清仓式减持，保证上市后公司股价稳定，保护中小投资者的利益。同时也对真正专注于公司长期投资的创业基金给予首发前股份上减持的支持，通畅创业投资基金的退出渠道，给创业投资基金正向激励，鼓励其投资未上市的中小企业与创新企业。

（2）信息披露制度。信息披露的目的在于接受公众监督和保障投资者利益。由于信息不对称，上市公司的公开披露信息是投资者决策的重要依据。信息披露要保证真实性、准确性和完整性，既要要求会计师事务所公正勤勉，同时又要要求上市公司自身严格遵守会计准则和信息披露规范。

2018年4月19日、24日，证监会分别发布第7号公告《公开发行证券的公司信息披露编报规则第14号——非标准审计意见及其涉及事项的处理》（2018年修订）与第8号公告《公开发行证券的公司信息披露编报规则第19号——财务信息的更正及相关披露》，提高上市公司信息披露质量，规范与公司财务报表非标准审计意见及涉及事项有关的信息披露行为，以保护投资的利益。两则公告对于会计师事务所的内部质量控制机制、上市公司会计准则执行及相关信息披露规范情况、董事会应对注册会计师出具非无保留意见的情况下作出何种专项说明进行了明确规定。

从会计师事务所、上市公司自身以及董事会三个维度加强对于公开上市企业信息披露的管理。会计师事务所作为第三方审计机构保证公正、严谨，上市公司按照准则披露，保证投资者的知情权，董事会对于非无保留意见作出说明是对股东特别是中小股东负责。

（3）停复牌制度。停复牌制度是股票市场交易制度的重要方面。长期以来，我国股票市场“长期停牌”“随意停牌”的现象非常严重，给交易带来了巨大的阻力，影响股票市场正常的流动性。2018年5月30日，MSCI临时公布成分股最新调整，一共7只个股被剔除，其中5只因停牌而被剔除。任意停牌对于投资者的利益存在损害，加大了外资对于中国市场的不信任程度，阻拦外资进入中国股票市场投资，不利于A股的国际化发展。

2018 年 11 月 6 日，证监会第 34 号公告《关于完善上市公司股票停复牌制度的指导意见》（以下简称《意见》）发布。《意见》对上市公司股票停复牌基本原则、申请制度和信息披露要求进行明确，以促进上市公司规范治理、提升质量，确保上市公司股票停复牌信息披露及时、公平。公告发布后，深交所也发布了配套政策，12 月 28 日，深圳证券交易所和上海证券交易所分别发布《深圳证券交易所上市公司信息披露指引第 2 号——停复牌业务》《上海证券交易所上市公司筹划重大事项停复牌业务指引》，对停复牌业务的信息披露作出规定，并对筹划重大资产重组、控制权变更、要约收购及其他重大事项的停牌申请作出规定。

《意见》要求上市公司股票坚持审慎停牌、分阶段披露、严格保密原则，保证上市公司停复牌规范化；在停复牌申请制度方面，要求交易所明确重大事项停牌的差异化安排、压缩重大事项停牌期限、严格停复牌申请程序、明细长期停牌的程序，并对破产重整、并购重组审核期间及其他特殊情况停牌规则作出解释；在信息披露方面，要求上市公司依照交易所规定，提高初始停牌时的信息披露标准、严格履行强制停复牌的信息披露义务、强化股票停牌期间的分阶段披露要求；同时对交易所的相关配套工作作出规定，交易所应做到进一步完善停复牌自律规则等配套制度，严格追究上市公司股票停复牌涉及的违法违规行为的法律责任。

（4）退市制度。与美国等发达国家的股票市场相比，中国的股票市场退市公司数量很低。在现行的股票发行制度下，“难进难出”的情况使得上市公司的上市资格成为了一种因为制度性原因产生的稀缺资源。这一方面导致壳价值炒作的层出不穷，垃圾股价格与基本面背离；另一方面，没有严格的退市制度，也对于上市公司缺乏震慑作用，没有从制度层面增加其违法犯罪的潜在成本。

2018 年 7 月 27 日，证监会第 146 号令《关于修改〈关于改革完善并严格实施上市公司退市制度的若干意见〉的决定》发布，深交所和上交所发布配套措施，2018 年 11 月 16 日，深交所和上交所分别发布《深圳证券交易所上市公司重大违法强制退市实施办法》《深圳证券交易所退市公司重新上市实施办法（2018 年修订）》《上海证券交易所上市公司重大违法强制退市实施办法》《上海证券交易所退市公司重新上市实施办法（2018 年 11 月修订）》，对重大违法强制退市和终止上市的标准进行明确，对可能触及重大违法强制退市情形的审议办法作出解释；并对申请重新上市公司的申报材料、披露信息、资产情况、经营情况、合法合规情况，以及相关证券服务机构、保荐机构职责履行作出规定；对重新上市申请审核办法及流程作出解释，并对公司重新上市安排进行明确。

严格执行上市公司重大违法退市制度有助于规范上市公司行为，维护证券市场健康有序发展。对于违法犯罪的企业，给予退市处理，提高其犯法成本，有一定的警示与震慑作用。

3. 增强股票市场活力

（1）鼓励回购。2018 年股票市场受到内外部因素的共振影响，基本呈现全年下跌的走势。为此，监管层从政策层面开始加大力度，鼓励市场增强自身的韧性，抵抗下跌的压力。股票市场下跌，大量股票价格处于历史的较低水平。政策层面希望鼓励上市公司通过股票回购，稳定二级市场股价，稳定公司股票投资者的预期，为股票市场注入信心。

2018 年 11 月 9 日，证监会第 35 号公告《关于支持上市公司回购股份的意见》发布。该意见鼓励上市公司完善股份回购机制，明确股份回购的具体安排，进一步支持了上市公司回购股份的行为。要求上市公司充分有效运用法律规定的股份回购方式，积极回报投资者。

上市公司股份回购是公司实施并购重组、优化治理结构、稳定股价的必要手段。该意见对上市公司股份回购条件、不同回购方式的相关计算、实施股份回购后申请再融资的优先支持作出规定；鼓励上市公司依法回购股份用于股权激励及员工持股计划，支持上市公司通过发行优先股、债券等多种方式为回购股份筹集资金，支持实施股份回购的上市公司依法以简便快捷的方式进行再融资；并对上市公司国有股东的表率作用提出要求。

该意见对于上市公司股份回购机制的完善，更多地支持了上市公司股份回购行为，同时有助于提高上市公司质量，将进一步提高投资者长期回报，有利于建立健全长效激励机制。

（2）完善投资者结构。机构投资者，尤其是长期的机构投资者有助于改善 A 股市场的投资者结构。机构投资者秉承长期价值投资的理性，可以减少市场过度的投机性，减少脱离基本面炒作的行为，有利于资本市场长期健康的发展，有利于股市成为反映经济发展的晴雨表，有利于保障投资者权利。

2018 年 2 月 11 日，证监会第 2 号公告《养老目标证券投资基金指引（试行)》发布，准许基金以满足养老需求为目的公开募集。养老目标证券投资基金以追求养老资产的长期稳健增值为目的，鼓励投资人长期持有，采用成熟的资产配置策略，合理控制投资组合波动风险。

养老目标基金主要以基金中的基金形式运作，采用目标日期策略、目标风险策略成熟的资产配置，合理控制组合波动风险。基金投资于股票、股票型基金、混合型基金和商品基金等品种的比例合计原则上不超过 30%、60%、80%。养老目标基金采用定期开放的运作方式或设置投资人最短持有期限（不少于 1 年），避免频繁的申购赎回对基金投资产生的影响。此外，该指引对于基金管理人、基金经理以及投资的子基金均有相应的标准。

养老目标证券投资基金服务于养老金市场化改革，在人口老龄化背景下为股票市场带来潜在的增量资金。此外，养老目标基金的业绩考核标准重点考察风格特征稳定性、风险控制和合规运作情况，并对照业绩比较基准评价中长期收益，是价值投资风格导向，有助于引导市场价值理念。

（三）政策评价与展望

股票市场发展政策在2018年的发展思路是逐步向法制化和市场化方向前进。在制度层面，通过不断完善减持、信息披露、停复牌以及退市制度等基础性制度，完善市场的法制环境，减少违法行为，让市场更加健康。另外，向市场化迈进，让市场自己主导，减少不必要的行政干预。

在与实体经济结合方面，2018年的重点在于通过资本市场的力量为中国的创新企业融资供血。在新一轮创新浪潮发端之际，在中国传统经济动能减弱之际，加大对中国科创企业的资本支持，真正实现创新驱动发展，经济结构优化升级。

展望2019年，中国股票市场的政策将保持2018年的连贯性，继续沿着法制化和市场化的方向前进，对于实践中存在的制度漏洞，在研究的基础上加以完善。在支持创新企业方面，做好科创企业在科创板上市的工作。

## 附表

**2018年中国股票市场主要发展政策一览**

| 发布日期 | 政策名称 | 发文单位 |
|---|---|---|
| 1月12日 | 关于发布《股票质押式回购交易及登记结算业务办法（2018年修订）》的通知 | 上交所 |
| 1月12日 | 关于发布《股票质押式回购交易及登记结算业务办法（2018年修订）》的通知 | 深交所 |
| 1月18日 | 【第1号公告】证券期货业场外市场交易系统接口 | 证监会公告 |
| 1月26日 | 关于发布《上海证券交易所上市公司股份协议转让业务办理指引》的通知 | 上交所 |
| 2月9日 | 关于上海证券交易所废止部分业务规则（第十一批）的公告 | 上交所 |
| 2月9日 | 关于发布《深圳证券交易所融资租赁债权资产支持证券挂牌条件确认指南》的通知 | 深交所 |
| 2月9日 | 深圳证券交易所融资租赁债权资产支持证券信息披露指南 | 深交所 |
| 2月11日 | 【第2号公告】养老目标证券投资基金指引（试行） | 证监会公告 |
| 2月12日 | 【第3号公告】区域性股权市场信息报送指引（试行） | 证监会公告 |
| 3月1日 | 【第4号公告】上市公司创业投资基金股东减持股份的特别规定 | 证监会公告 |
| 3月2日 | 关于发布《上海证券交易所上市公司创业投资基金股东减持股份实施细则》的通知 | 上交所 |
| 3月2日 | 关于开展“一带一路”债券试点的通知 | 上交所 |
| 3月2日 | 关于发布《深圳证券交易所上市公司创业投资基金股东减持股份实施细则》的通知 | 深交所 |

续表

| 发布日期 | 政策名称 | 发文单位 |
|---|---|---|
| 3月8日 | 【第138号令】关于修改《中国证券监督管理委员会行政许可实施程序规定》的决定 | 证监会令 |
| 3月14日 | 【第5号公告】证券期货投资者教育基地监管指引 | 证监会公告 |
| 3月23日 | 【第6号公告】证券公司投资银行类业务内部控制指引 | 证监会公告 |
| 3月23日 | 关于发布《上海证券交易所自律管理听证实施细则》的通知 | 上交所 |
| 3月23日 | 关于发布《上海证券交易所纪律处分和监管措施实施办法（2018年修订）》的通知 | 上交所 |
| 3月23日 | 关于发布《深圳证券交易所上市公司信息披露直通车业务指引（2018年修订）》的通知 | 深交所 |
| 3月28日 | 【第139号令】证券期货市场诚信监督管理办法 | 证监会令 |
| 4月19日 | 【第7号公告】公开发行证券的公司信息披露编报规则第14号——非标准审计意见及其涉及事项的处理（2018年修订） | 证监会公告 |
| 4月20日 | 关于发布《H股“全流通”试点业务实施细则（试行）》的通知 | 深交所 |
| 4月23日 | 关于发布《深圳证券交易所自律监管听证程序细则》的通知 | 深交所 |
| 4月23日 | 关于发布《深圳证券交易所上诉复核委员会工作细则（2018年修订）》的通知 | 深交所 |
| 4月24日 | 【第8号公告】公开发行证券的公司信息披露编报规则第19号——财务信息的更正及相关披露 | 证监会公告 |
| 4月24日 | 关于发布《上海证券交易所　中国证券登记结算有限责任公司债券质押式三方回购交易及结算暂行办法》的通知 | 上交所 |
| 4月27日 | 关于加强重点监控账户管理工作的通知 | 上交所 |
| 4月27日 | 关于加强重点监控账户管理工作的通知 | 深交所 |
| 4月28日 | 【第140号令】外商投资证券公司管理办法 | 证监会令 |
| 5月11日 | 关于发布《上海证券交易所资产支持证券定期报告内容与格式指引》的通知 | 上交所 |
| 5月11日 | 关于发布实施《上海证券交易所资产支持证券存续期信用风险管理指引（试行）》有关事项的通知 | 上交所 |
| 5月11日 | 关于发布《深圳证券交易所行业信息披露指引第11号——上市公司从事珠宝相关业务》的通知 | 深交所 |
| 5月11日 | 关于发布实施《深圳证券交易所资产支持证券存续期信用风险管理指引（试行）》有关事项的通知 | 深交所 |
| 5月11日 | 《深圳证券交易所资产支持证券定期报告内容与格式指引》 | 深交所 |
| 5月11日 | 关于发布《深圳证券交易所行业信息披露指引第12号——上市公司从事软件与信息技术服务业务》的通知 | 深交所 |
| 5月11日 | 关于发布《深圳证券交易所行业信息披露指引第10号——上市公司从事民用爆破相关业务》的通知 | 深交所 |

续表

| 发布日期 | 政策名称 | 发文单位 |
|---|---|---|
| 5月14日 | 【第9号公告】关于在一定期限内适当限制特定严重失信人乘坐火车和民用航空器实施细则 | 证监会公告 |
| 5月14日 | 关于债券质押式三方回购业务交易经手费有关事项的通知 | 上交所 |
| 5月30日 | 【第10号公告】关于进一步规范货币市场基金互联网销售、赎回相关服务的指导意见 | 证监会公告 |
| 6月1日 | 关于中国铁路建设债券上市交易有关事项的通知 | 上交所 |
| 6月6日 | 【第18号公告】关于试点创新企业整体变更前累计未弥补亏损、研发费用资本化和政府补助列报等会计处理事项的指引 | 证监会公告 |
| 6月6日 | 【第17号公告】关于试点创新企业实施员工持股计划和期权激励的指引 | 证监会公告 |
| 6月6日 | 【第16号公告】中国证监会科技创新咨询委员会工作规则（试行） | 证监会公告 |
| 6月6日 | 【第15号公告】公开发行证券的公司信息披露内容与格式准则第40号——试点红筹企业公开发行存托凭证并上市申请文件 | 证监会公告 |
| 6月6日 | 【第14号公告】公开发行证券的公司信息披露编报规则第23号——试点红筹企业公开发行存托凭证招股说明书内容与格式指引 | 证监会公告 |
| 6月6日 | 【第13号公告】试点创新企业境内发行股票或存托凭证并上市监管工作实施办法 | 证监会公告 |
| 6月6日 | 【第12号公告】公开发行证券的公司信息披露编报规则第22号——创新试点红筹企业财务报告信息特别规定（试行） | 证监会公告 |
| 6月6日 | 【第11号公告】保荐创新企业境内发行股票或存托凭证尽职调查工作实施规定 | 证监会公告 |
| 6月6日 | 【第143号令】存托凭证发行与交易管理办法（试行） | 证监会令 |
| 6月6日 | 【第142号令】关于修改《首次公开发行股票并在创业板上市管理办法》的决定 | 证监会令 |
| 6月6日 | 【第141号令】关于修改《首次公开发行股票并上市管理办法》的决定 | 证监会令 |
| 6月8日 | 关于发布《深圳证券交易所基础设施类资产支持证券挂牌条件确认指南》的通知 | 深交所 |
| 6月8日 | 深圳证券交易所基础设施类资产支持证券信息披露指南 | 深交所 |
| 6月14日 | 【第20号公告】存托凭证存托协议内容与格式指引（试行） | 证监会公告 |
| 6月14日 | 【第19号公告】创新企业境内发行股票或存托凭证上市后持续监管实施办法（试行） | 证监会公告 |
| 6月15日 | 【第21号公告】关于商业银行担任存托凭证试点存托人有关事项规定 | 证监会公告 |
| 6月15日 | 【第144号令】关于修改《证券发行与承销管理办法》的决定 | 证监会令 |
| 6月15日 | 关于发布《上海证券交易所试点创新企业股票或存托凭证上市交易实施办法》的通知 | 上交所 |
| 6月15日 | 关于修改《上海证券交易所股票上市规则》第1.1条、第1.2条的通知 | 上交所 |

续表

| 发布日期 | 政策名称 | 发文单位 |
| --- | --- | --- |
| 6月15日 | 关于发布《上海市场首次公开发行股票网上发行实施细则（2018年修订）》的通知 | 上交所 |
| 6月15日 | 关于发布《上海证券交易所证券发行上市业务指引（2018年修订）》的通知 | 上交所 |
| 6月15日 | 关于发布《上海证券交易所红筹公司存托凭证上市公告书内容与格式指引》的通知 | 上交所 |
| 6月15日 | 关于发布《试点创新企业股票或存托凭证交易风险揭示书必备条款》的通知 | 上交所 |
| 6月15日 | 关于红筹企业存托凭证上市与交易相关收费事宜的通知 | 上交所 |
| 6月15日 | 深圳市场首次公开发行股票网下发行实施细则（2018年修订） | 深交所 |
| 6月15日 | 关于发布《试点创新企业股票或存托凭证交易风险揭示书必备条款》的通知 | 深交所 |
| 6月15日 | 关于发布《深圳证券交易所试点创新企业股票或存托凭证上市交易实施办法》的通知 | 深交所 |
| 6月15日 | 深圳市场首次公开发行股票网上发行实施细则（2018年修订） | 深交所 |
| 6月15日 | 关于发布《深圳证券交易所红筹公司存托凭证上市公告书内容与格式指引》的通知 | 深交所 |
| 6月27日 | 【第23号公告】证券基金经营机构使用香港机构证券投资咨询服务暂行规定 | 证监会公告 |
| 6月27日 | 【第22号公告】关于加强证券公司在投资银行类业务中聘请第三方等廉洁从业风险防控的意见 | 证监会公告 |
| 6月27日 | 【第145号令】证券期货经营机构及其工作人员廉洁从业规定 | 证监会令 |
| 6月29日 | 关于交易型开放式指数基金网上现金认购业务有关事项的通知 | 上交所 |
| 7月3日 | 【第24号公告】关于修改《中国证券监督管理委员会上市公司并购重组审核委员会工作规程》的决定 | 证监会公告 |
| 7月10日 | 【第25号公告】《中国证券监督管理委员会行政许可实施程序规定》第十五条、第二十二条有关规定的适用意见——证券期货法律适用意见第13号 | 证监会公告 |
| 7月14日 | 关于互联互通机制港股通股票调入相关安排的通知 | 上交所 |
| 7月14日 | 关于互联互通机制港股通股票调入相关安排的通知 | 上交所 |
| 7月20日 | 关于发布实施《上海证券交易所章程（2018年修订）》的通知 | 上交所 |
| 7月20日 | 关于发布《深圳证券交易所章程》的通知 | 深交所 |
| 7月27日 | 【第146号令】关于修改《关于改革完善并严格实施上市公司退市制度的若干意见》的决定 | 证监会令 |
| 7月31日 | 关于上海证券交易所减免部分收费项目的通知 | 上交所 |
| 8月6日 | 关于修订《上海证券交易所交易规则》的通知 | 上交所 |
| 8月6日 | 关于修改《上海证券交易所风险警示板股票交易管理办法》第八条的通知 | 上交所 |

续表

| 发布日期 | 政策名称 | 发文单位 |
|---|---|---|
| 8月6日 | 关于新股上市初期交易监管有关事项的通知 | 上交所 |
| 8月6日 | 关于修改《上海证券交易所证券异常交易实时监控细则》第四条、第八条的通知 | 上交所 |
| 8月15日 | 【第148号令】关于修改《上市公司股权激励管理办法》的决定 | 证监会令 |
| 8月15日 | 【第147号令】关于修改《证券登记结算管理办法》的决定 | 证监会令 |
| 8月24日 | 【第149号令】外商投资期货公司管理办法 | 证监会令 |
| 9月7日 | 【第27号公告】关于进一步加强期货经营机构客户交易终端信息采集有关事项的公告 | 证监会公告 |
| 9月7日 | 关于修改《上海证券交易所沪港通业务实施办法》第二十三条和第一百零八条的通知 | 上交所 |
| 9月7日 | 关于修改《深圳证券交易所深港通业务实施办法》第二十四条、第一百零九条的通知 | 深交所 |
| 9月25日 | 【第150号令】证券公司和证券投资基金管理公司境外设立、收购、参股经营机构管理办法 | 证监会令 |
| 9月27日 | 【第28号公告】证券期货业数据分类分级指引、证券期货业机构内部企业服务总线实施规范、期货市场客户开户数据接口、证券发行人行为信息内容格式 | 证监会公告 |
| 9月30日 | 【第29号公告】上市公司治理准则 | 证监会公告 |
| 10月12日 | 【第30号公告】关于上海证券交易所与伦敦证券交易所互联互通存托凭证业务的监管规定（试行） | 证监会公告 |
| 10月16日 | 关于发布《上海证券交易所债券担保品处置平台服务指引》的通知 | 上交所 |
| 10月22日 | 【第31号公告】证券期货经营机构私募资产管理计划运作管理规定 | 证监会公告 |
| 10月22日 | 【第151号令】证券期货经营机构私募资产管理业务管理办法 | 证监会令 |
| 10月26日 | 【第33号公告】《非上市公众公司重大资产重组管理办法》第十八条、第十九条有关规定的适用意见——证券期货法律适用意见第14号 | 证监会公告 |
| 10月26日 | 关于发布《深圳证券交易所自律监管措施和纪律处分实施细则（2018年修订）》的通知 | 深交所 |
| 11月2日 | 关于发布《上海证券交易所与伦敦证券交易所互联互通存托凭证上市交易暂行办法》的通知 | 上交所 |
| 11月2日 | 关于发布《上海证券交易所与伦敦证券交易所互联互通中国存托凭证上市预审核业务指引》的通知 | 上交所 |
| 11月2日 | 关于发布《上海证券交易所与伦敦证券交易所互联互通存托凭证跨境转换业务指引》的通知 | 上交所 |
| 11月2日 | 关于发布《上海证券交易所与伦敦证券交易所互联互通中国存托凭证做市业务指引》的通知 | 上交所 |

续表

| 发布日期 | 政策名称 | 发文单位 |
| --- | --- | --- |
| 11月2日 | 关于发布《上海证券交易所与伦敦证券交易所互联互通中国存托凭证交易风险揭示书必备条款》的通知 | 上交所 |
| 11月2日 | 关于发布《上海证券交易所与伦敦证券交易所互联互通中国存托凭证上市公告书内容与格式指引》的通知 | 上交所 |
| 11月2日 | 关于上海证券交易所与伦敦证券交易所互联互通中国存托凭证业务信息披露时段相关事项的通知 | 上交所 |
| 11月2日 | 关于上海证券交易所与伦敦证券交易所互联互通中国存托凭证上市与交易相关收费事宜的通知 | 上交所 |
| 11月6日 | 【第34号公告】关于完善上市公司股票停复牌制度的指导意见 | 证监会公告 |
| 11月9日 | 【第35号公告】关于支持上市公司回购股份的意见 | 证监会公告 |
| 11月15日 | 【第36号公告】公开发行证券的公司信息披露内容与格式准则第26号——上市公司重大资产重组（2018年修订） | 证监会公告 |
| 11月16日 | 关于发布《上海证券交易所退市公司重新上市实施办法（2018年11月修订）》的通知 | 上交所 |
| 11月16日 | 关于发布《上海证券交易所上市公司重大违法强制退市实施办法》的通知 | 上交所 |
| 11月16日 | 关于发布《上海证券交易所股票上市规则（2018年11月修订）》的通知 | 上交所 |
| 11月16日 | 深圳证券交易所退市公司重新上市实施办法（2018年修订） | 深交所 |
| 11月16日 | 深圳证券交易所创业板股票上市规则（2018年11月修订） | 深交所 |
| 11月16日 | 深圳证券交易所上市公司重大违法强制退市实施办法 | 深交所 |
| 11月16日 | 深圳证券交易所股票上市规则（2018年11月修订） | 深交所 |
| 11月22日 | 【第38号公告】中国证监会关于落实证明事项清理工作取消相关事项的决定 | 证监会公告 |
| 11月23日 | 关于发布《上海证券交易所上市公司高送转信息披露指引》的通知 | 上交所 |
| 11月23日 | 关于发布《深圳证券交易所证券投资基金流动性服务业务指引》的通知 | 深交所 |
| 11月23日 | 深圳证券交易所上市公司信息披露指引第1号——高比例送转股份 | 深交所 |
| 11月28日 | 【第39号公告】证券公司大集合资产管理业务适用《关于规范金融机构资产管理业务的指导意见》操作指引 | 证监会公告 |
| 12月4日 | 【第40号公告】第三批证券期货投资者教育基地申报工作指引 | 证监会公告 |
| 12月7日 | 关于发布《上海证券交易所非公开发行公司债券挂牌转让规则》的通知 | 上交所 |
| 12月7日 | 关于修订《上海证券交易所公司债券上市规则》的通知 | 上交所 |
| 12月14日 | 关于发布《上海证券交易所上市基金流动性服务业务指引（2018年修订）》的通知 | 上交所 |
| 12月19日 | 【第152号令】证券基金经营机构信息技术管理办法 | 证监会令 |
| 12月20日 | 关于发布《深圳证券交易所上市委员会工作细则（2018年12月修订）》的通知 | 深交所 |

续表

| 发布日期 | 政策名称 | 发文单位 |
|---|---|---|
| 12 月 27 日 | 关于发布《中国证券期货市场衍生品交易主协议（信用保护合约专用版）》的通知 | 深交所 |
| 12 月 28 日 | 关于发布《上海证券交易所上市公司筹划重大事项停复牌业务指引》的通知 | 上交所 |
| 12 月 28 日 | 关于发布上市公司行业信息披露指引第二十一号至第二十八号及修订部分上市公司行业信息披露指引的通知 | 上交所 |
| 12 月 28 日 | 关于发布《上海证券交易所上市公司可转换公司债券发行实施细则（2018 年修订）》的通知 | 上交所 |
| 12 月 28 日 | 关于发布《深圳证券交易所上市公司信息披露指引第 2 号——停复牌业务》的通知 | 深交所 |

## 专栏 7

### 上交所将设立科创板并试点注册制资本市场迎来重大改革举措①

2019 年 3 月 1 日，中国证券监督管理委员会审议通过《科创板首次公开发行股票注册管理办法（试行）》《科创板上市公司持续监管办法（试行）》2 项部门规章，上海证券交易所亦正式发布实施相关业务规则和配套指引共 6 项，此 2 项规章和 6 项规则被简称为科创板“2 +6”制度规则。至此，科创板公司 IPO 所需的各项文件基本齐备，上交所设立科创板和试点注册制的工作即将开展。

科创板在上市公司资质、发行交易规则两方面，对现行制度的改进做了大胆尝试。

在 IPO 资格和保持上市地位的条件上，科创板强调以“预计市值”和市值、成交量、股东人数等作为核心要求，体现了市场化的原则。5 条 IPO 标准均包含不同的预计市值要求，对红筹企业或具有表决权差异安排的企业提出了更高的市值要求；交易类强制退市规则中明确，连续 20 个交易日股票市值均低于 3 亿元即由交易所决定终止股票上市，同时对成交量和股东人数也有严格要求。相对于主板市场，科创板更加强调市值，放宽了对企业收入利润的要求，部分企业可以无盈利上市，特别是在发行条件第 5 条中规定，预计市值不低于 40 亿元人民币，主要业务产品获批并已取得阶段性成果，有较大市场空间的，可以在没有收入的情况下 IPO。科创板上市公司在这些方面与目前 A 股公司的差异，将加强对科技创新型企业的吸引力。

在发行定价和交易规则方面，科创板除了对市值的强调之外，将发审权力下放至交易所，这是对 A 股发行制度的根本性变革。科创板还引入了诸如保荐机构跟投、涨跌幅

① 作者：郭荆璞，原信达证券股份有限公司研究开发中心总经理。

放宽、盘后固定价格交易等制度，全面学习以纳斯达克为代表的国外成功经验，为中国资本市场向海外投资者开放，鼓励创新型企业在国内上市，促进我国居民财富的合理配置，都起到了积极的作用。

科创板的设立是我国金融供给侧改革的组成部分，将对我国资本市场的改革产生显著的影响。科创板相关规则强调了定价市场化，同时监管宽严适度，注重充分的信息披露。科创板是主板、中小板和创业板实行注册制和一系列交易制度改革的试验田，将会吸引一大批优秀的科技创新型企业上市，缓解优秀中小企业的融资压力，对我国的科技创新提供直接的支持，同时将改善金融市场结构，强化优胜劣汰、优化配置资源的功能，还能够锻炼一批拥有国际视野、具备全球化竞争能力的投资银行和创业投资企业。

科创板将推动科技创新和产业升级，也将改善金融市场结构，提高资源配置效率。科创板将促进我国经济结构调整，获得长期良性发展动力。

## 专栏8

### 以首善标准推进金融改革和高质量发展①

2018年12月27日，北京市委书记蔡奇来到西城区、海淀区围绕金融业发展调查研究。蔡奇强调，要带头贯彻落实习近平总书记关于金融工作的重要论述，坚持以首善标准做好首都金融工作，努力在推进金融改革和高质量发展上走在全国前列。

首先，金融是国家重要的核心竞争力。北京作为首都，是“一行两会”、国家金融企业总部和重要金融基础设施所在地，也是众多国际金融机构所在地。北京要提高站位，从加强“四个中心”功能建设、提高“四个服务”水平的高度，来完善和提升国家金融管理中心的功能。积极为“一行两会”和金融机构做好服务，落实优化营商环境三年行动计划，解决金融企业关心的问题，有针对性地制定政策措施。同时，鼓励支持在京新设金融机构。

其次，首都要推动金融业高质量发展。北京鼓励引导服务实体经济的金融创新，重点在发展科技金融、文化金融、绿色金融、普惠金融上下功夫。科技金融要与“三城一区”紧密衔接，发展天使投资、创业投资、股权投资，办好中关村银行。文化金融要在文化、版权、旅游、体育等领域打造一批文化金融品牌。绿色金融要大力发展绿色信贷、绿色债券、绿色基金和绿色金融交易场所。普惠金融要在扶贫、健康、教育、养老等方面加强金融供给。深化金融供给侧结构性改革，切实解决民营企业、小微企业“融资难，融资贵”问题。北京将带头落实国家金融改革开放各项政策，支持吸引更多国际金融机构和组织来京发展、拓展业务，提升首都金融的国际竞争力。

---

① 何海峰根据2018年12月28日《北京日报》报道整理。

再次，首都要按照新版北京城市总规要求，引导金融资源优化功能布局。金融街是重中之重，要完善配套服务设施，用好周边疏解腾退空间，办好金融街论坛。城市副中心是首都金融发展的新空间，重点发展面向京津冀协同发展的金融增值业务，发展财富管理、绿色金融等业态。丽泽金融商务区要打造成为新兴金融产业集聚区、首都金融改革试验区，推进与金融街一体化发展。中关村要突出科技金融，CBD要突出国际金融。

最后，首都要促进多层次资本市场发展。发展好“新三板”，与深圳创业板和上海科创板差异化定位，发挥比较优势，提升流动性和融资能力。推动四板与三板衔接，扩大服务覆盖范围。抓好企业上市，完善企业上市联动培育机制，建设好上市公司综合服务平台。要加强金融风险防控，坚决守住不发生系统性风险的底线。落实“六稳”要求，用好纾困“资金池”、担保基金和再担保资金等工具，促进首都经济平稳健康发展。

## 三、保险市场发展政策①

2018年，国务院机构改革将中国银行业监督管理委员会和中国保险监督管理委员会的职责整合，组建了中国银行保险监督管理委员会（以下简称中国银保监会），在加强金融业交叉监管、打好防范化解金融风险攻坚战、构建现代金融监管框架方面迈出了坚实一步。保险行业以习近平新时代中国特色社会主义思想为指引，全面贯彻落实党中央、国务院关于金融工作的总体部署，立足稳中向好的宏观经济金融环境，扎实推进保险业转型与改革，加快回归保障本源，不断提升服务经济社会能力。市场整体呈现稳增长、调结构、防风险的运行态势。

### （一）2018年保险市场政策主要内容

#### 1. 规范保险资产管理机构股权投资计划设立业务，更好服务实体经济发展

为贯彻落实第五次全国金融工作会议精神，规范保险资产管理机构股权投资计划设立业务，更好发挥保险资金服务实体经济作用，中国保险监督管理委员会（以下简称中国保监会）于2017年12月27日发布《关于保险资金设立股权投资计划有关事项的通知》（以下简称《通知》）。

《通知》出台的目的是对保险资产管理机构设立股权投资计划进行规范。其主要内容包括以下内容。

第一，要求股权投资计划的投资收益应当与投资标的经营业绩或收益挂钩，严防以“名股实债”方式，变相抬高实体企业融资成本。《通知》规定，保险资产管理机构发起设立股权投资计划时，禁止设置明确的回报预期且定期向投资人支付固定投资回报，禁止约定股权计划到期强制性由被投资企业或关联第三方赎回投资本金，目的是切实体现股权投资计划业务的资本属性和权益投资特点，避免变相违规增加地方政府债务规

① 作者：中国保险行业协会课题组；统稿人：王未，中国保险行业协会人身险二部室主任。

模，避免增加实体企业融资成本。

第二，《通知》要求保险资产管理机构设立投资计划应当承担主动管理职责，不得直接或变相开展通道业务，不得投资嵌套其他资产管理产品的私募股权投资基金。

第三，为引导保险资金发挥自身特色，更好服务实体经济发展。《通知》规定，对切实服务国家重大发展战略、重大改革举措、重点领域、重大建设工程，以及投资于实体经济项目的股权投资计划，监管部门指定注册机构予以优先注册。

股权投资计划是保险资金参与实体经济建设的重要途径和方式。《通知》的出台，对更好地规范保险资管机构股权投资计划设立业务，更好地发挥险资服务实体经济的功能，具有重要的推动作用。

2. 支持保险机构更加安全高效服务实体经济，防范化解地方债务风险

为贯彻党的十九大精神，落实第五次全国金融工作会议和2017年中央经济工作会议部署，防范化解重大风险，财政部、中国保监会于2017年12月29日联合印发《关于加强保险资金运用管理支持防范化解地方债务风险的指导意见》（以下简称《指导意见》），支持保险机构更加安全高效服务实体经济，防范化解地方债务风险。

《指导意见》明确了保险资金运用涉及地方政府举债融资行为的政策边界，提出要规范保险资金投资行为，坚决制止违法违规举债担保，具体内容包括：

一是支持保险机构依法合规开展投资。在支持保险资金投资关系国计民生的各类基础设施、民生工程等政府投资项目的同时，严禁违法违规向地方政府提供融资。地方政府及其所属部门也不得向保险机构违法违规或变相举债。二是妥善配合存量债务风险处置。要求保险机构妥善处理对地方政府的存量投资业务，地方政府要积极予以支持，及时发现风险，及时处置。三是规范投资融资平台公司行为。要求保险机构充分评估地方财政可承受力，不得通过融资平台公司违规新增地方政府债务。地方政府要依规推进财政及举债信息公开，保障保险机构知情权。四是审慎合规开展创新业务。明确保险机构不得通过股权投资计划等创新方式违规形成地方债务。坚决制止地方政府以引入保险机构等社会资本名义，违法违规或变相举债上新项目、铺新摊子。五是着力强化行业风险管理。要求保险业相关行业组织发挥平台作用，加强对地方债务风险的监测。督促地方政府加快建立跨部门联合监测和防控机制，加强信息共享，支持保险机构完善风险管理体系。六是严格落实市场主体责任。强化保险机构的风险管理责任，完善问责机制，加强对保险机构及中介服务机构的责任追究。

《指导意见》的出台，有利于正面引导保险机构和地方政府尽职履责开展举债融资行为，有利于强化保险机构责任意识，防范化解地方债务风险，实现行业和实体经济发展的双赢。

3. 明确职责，理顺机制，建立政府与市场共治的保险业标准化工作机制

为贯彻落实《中华人民共和国标准化法》《全国专业标准化技术委员会管理办法》，

发挥标准化对保险业转型升级的支撑保障作用，促进保险标准化工作高效协调、规范有序开展，中国保监会于 2017 年 12 月 29 日发布《保险标准化工作管理办法》，规范保险业国家标准、行业标准、团体标准的相关工作与管理流程。

《保险标准化工作管理办法》规定，国家保险监管部门是保险业标准化工作的管理机构，主要职责是领导和组织全国金融标准化技术委员会保险分技术委员会（以下简称保标委）开展保险业标准化工作，批准、发布行业标准，开展国家标准、行业标准的实施监督检查工作；保标委具体负责保险标准化发展规划制定、保险标准体系的建立与维护，以及国家标准、行业标准制定、修订等工作；保险社会团体为团体标准的管理者，主要职责是组织开展团体标准制定、修订工作，批准、发布团体标准，对团体标准进行复审，开展团体标准宣传贯彻；保险机构作为保险业标准化工作的主体，主要职责是主动提出标准编制申请，积极参与标准化工作。

《保险标准化工作管理办法》明确，保险业国家标准、行业标准的制定程序应包括立项、起草、征求意见、审查、报批、发布实施、备案、复审等阶段，团体标准制定程序可参照执行。对于各阶段的工作内容、工作目标，以及标准备案和标准复审等，《保险标准化工作管理办法》都提出了具体要求。《保险标准化工作管理办法》强调，要做好保险标准化的推广实施。保险机构应积极贯彻执行国家标准、行业标准，定期向保标委上报执行情况。鼓励保险机构积极采用团体标准。相关从业人员应熟悉国家有关标准化的法律、法规、方针、政策，了解标准化基本知识，并熟练掌握管辖范围内的各类标准等。

制定《保险标准化工作管理办法》，是国家保险监管部门立足保险业标准化工作实际和发展任务，深入贯彻《国务院深化标准化工作改革方案》，着力落实 2017 年修订的《中华人民共和国标准化法》的具体体现。《保险标准化工作管理办法》坚持“政府引导、市场驱动，服务大局、立足长远，统筹推进、突出重点”的原则，以建立政府与市场协同发展、协调配套的新型保险标准管理体系为出发点，以建立健全统一协调、运行高效、政府与市场共治的保险业标准化工作机制为导向，细致周密地制定出涉及标准化各个环节和程序的规范与要求，划清政府与市场类标准的界限，明确标准化各参与方的工作职责与范围，为推进保险标准供给侧结构性改革、强化标准应用实施提供了制度保障。

4. 完善保险资金运用管理的基础性制度，印发《保险资金运用管理办法》

为规范保险资金运用行为，防范风险，保护保险当事人合法权益，维护保险市场秩序，《保险资金运用管理办法》经 2018 年 1 月 10 日中国保监会第 5 次主席办公会审议通过，于 2018 年 1 月 24 日印发并自 2018 年 4 月 1 日起实施。《保险资金运用管理办法》是在《保险资金运用管理暂行办法》的基础上按照规章立法程序，经征求各方意见，反复修改完善后最终形成的。

修订后的《保险资金运用管理办法》共6章78条，从总体框架看，其修订重点主要包括：一是明确保险资金运用形式，包括资金运用的范围和模式；二是规范保险资金运用决策机制和运用流程；三是强化风险管控机制，要求保险机构健全公司治理和内部控制，切实承担各项管理职责和防范相关风险；四是明确监管机构对保险机构和相关当事人的违规责任追究。

具体修订内容包括：一是切实落实党中央、国务院和国家金融稳定委员会的部署，包括明确保险资产管理产品业务的登记、托管、交易等监管事项；进一步规范投资管理人受托管理保险资金的行为；禁止受托资金转委托和提供通道服务等行为，切实加强去嵌套、去杠杆和去通道工作。二是切实强化监管和风险管控机制，包括强化境外投资监管，明确保险资金从事境外投资应符合监管部门、人民银行和国家外管局的相关规定；明确风险责任人制度，规定保险机构应当明确保险资金运用业务的风险责任人及首席投资官，将风险责任落实到人；明确保险资金运用信息披露要求。三是切实推动保险资金服务实体经济，主要是将近几年有益实践经验和相关规范性文件上升为部门规章，包括允许保险资金投资资产证券化产品，允许专业保险资产管理机构设立私募基金，允许保险资金进行风险投资，这些举措将切实加强保险资金直接投资实体经济，有助于缩短中间环节和降低实体经济成本。四是根据“放管服”等政策安排修订有关内容，包括明确保险资产管理产品实行注册制管理，债权投资计划等产品发行由备案制改为注册制；改进保险资金运用比例监管，监管部门将根据资金运用实际情况，对保险资产的分类、品种以及相关比例等进行调整；明确资产管理部门主要负责人的任职由事前核准改为事后报告。

《保险资金运用管理办法》是保险资金运用管理的基础性制度，体现了审慎监管理念，顺应了保险资金运用实践需求，为促进保险资金运用稳健发展和防范保险资金运用风险提供了坚实基础。

5. 规范经营秩序，推动保险公估行业健康有序发展

为进一步落实《中华人民共和国资产评估法》（以下简称《资产评估法》），切实规范经营保险公估业务，中国保监会结合近年来市场新情况以及监管面临的新形势，于2018年2月发布《保险公估人监管规定》（以下简称《规定》），并于2018年5月1日起施行。

《规定》包含经营条件、经营规则、市场退出、行业自律、监督检查以及法律责任等8章111条，具体内容包括：一是规定经营条件。落实《资产评估法》对于机构设立的形式要求，明确保险公估机构应当以合伙形式或公司设立，并对股东和合伙人中公估师比例、机构中公估师最低数量、营运资金、内控制度和治理结构等方面提出要求。规定保险公估人经营保险公估业务，应当在领取营业执照后在规定时间内向监管机构及其派出机构备案，保险公估人在备案公告前不得开展保险公估业务。保险公估机构划分为

全国性保险公估机构和区域性保险公估机构。二是加强事中事后监管。要求已完成备案的保险公估机构持续符合《资产评估法》及《规定》有关要求，实行保险公估机构年度报告制度。引入执业登记管理，明确保险公估人应当按照规定为其保险公估从业人员进行执业登记，且保险公估从业人员只能在一家保险公估人从事业务，只限于通过一家保险公估人进行执业登记。三是规范市场经营秩序。对保险公估人及其从业人员的从业禁止行为作出明确规定，加大对出具虚假公估报告的处罚力度。四是新增行业自律。要求保险中介行业自律组织依法制定自律规则，对保险公估人和保险公估从业人员实行自律管理，并参照《资产评估法》规定了行业自律组织的职责范围。

《规定》的发布进一步明确了保险公估机构的法律责任，规范了保险公估从业人员执业要求，并为实现保险公估由业务许可转为业务备案提供有效制度支撑。

6. 转变监管思路，推动保险经纪业务健康有序发展

近年来，保险经纪行业主体数量与业务收入呈增长趋势，社会认知度不断提高，参与保险市场的程度逐步加深，在完善保险产业链、提升保险资源配置效率、发挥社会管理作用等方面发挥了重要作用。为了规范保险经纪人的经营行为，保护投保人、被保险人和受益人的合法权益，维护市场秩序，中国保监会在《保险经纪机构监管办法》《保险经纪从业人员、保险公估从业人员监管办法》的基础上，进一步完善相关制度，于2018年2月发布《保险经纪人监管规定》（以下简称《规定》），并于2018年5月1日起施行。

《规定》包含市场准入、任职资格、经营规则、市场退出、行业自律、监督检查以及法律责任等8章109条。具体内容包括：一是完善市场准入退出。实施分类管理，强化对保险经纪公司股东的审查，并对股东出资来源、经纪机构高管人员任职、法人治理和内控、注册资本托管、信息系统等提出明确要求，保险经纪公司经营保险经纪业务，股东的出资资金必须为自有、真实、合法资金，不得用银行贷款及各种形式的非自有资金投资；注册资金必须为实缴货币资本，并且要按照有关规定托管。二是对已取消许可的事项进行有效管理。规定分支机构经营保险经纪业务的条件，加强了对法人经营合规性和稳定性的考察。明确保险经纪人应当建立完善的公司治理结构和制度；明确管控责任，构建合规体系，注重自我约束，加强内部追责，确保稳健运营。加强执业登记，明确保险经纪人应当按照规定为其保险经纪从业人员进行执业登记。三是促进专业化和规范化经营。允许经营全部保险经纪业务，也可以专门从事再保险经纪业务。明确再保险经纪业务经营规则。要求按照监管规定开展互联网保险经纪业务。明确销售非保险金融产品须具备的法定条件。进一步规范解付保费和收取佣金行为。保险中介行业自律组织依法制定保险经纪人自律规则，依据法律法规和自律规则，对保险经纪人实行自律管理。四是加强消费者权益保护。对向注册地以外派出从业人员为自然人客户提供服务的，要求在当地设立分支机构。明确保险经纪机构在信息安全、信息披露、从业禁止等

方面规定，保护消费者权益。要求保险经纪人向投保人提出保险建议的，应当根据客户的需求和风险承受能力等情况，推荐符合其利益的保险产品，并向投保人披露保险产品相关信息。

《规定》的发布巩固了简政放权改革的成果，实现了从“主要管机构”到“重点管业务”的转变，有利于提升保险中介机构信用度，并推动保险中介市场长期规范健康发展。

7. 规范保险机构开展内保外贷业务

近几年，在境外融资领域，部分企业利用内保外贷等方式开展跨境并购，一些保险机构也开始使用内保外贷融入资金进行境外投资。内保外贷业务拓展了境外投资的资金来源，支持保险机构开展资产全球化配置，但同时也带来了诸如流动性风险、高杠杆风险、再融资风险等问题。为规范保险机构开展内保外贷业务，加强境外融资业务监管，防范境外融资风险，中国保监会、国家外汇管理局于2018年2月1日联合印发《关于规范保险机构开展内保外贷业务有关事项的通知》(以下简称《通知》)。

《通知》共23条，主要内容包括：一是明确内保外贷业务开展形式。二是规定境外债务人要求。三是规范反担保主体和担保物形式。四是明确保险机构开展内保外贷的资质。五是按穿透原则实施监管。

另外，《通知》还在加强业务管理要求、健全风险管控机制等诸多方面提出了新措施：一是将内保外贷业务纳入托管。二是明确融资比例和融资用途。三是增加事前报告机制。四是细化风险管控措施。五是明确禁止行为。

《通知》发布以后，保险资金境外投资监管制度得以完善，弥补了监管短板，增强了境外投资监管的科学性和有效性，有利于提升保险机构开展内保外贷业务的安全性和规范性，同时有效落实了国家关于境外投资的政策导向，有助于防控境外投融资风险，引导保险资金服务实体经济和“一带一路”倡议。

8. 规范行政审批，维护保险监管法律体系协调统一

为贯彻落实国务院关于清理规范行政审批中介服务事项的要求，中国保监会对《中华人民共和国外资保险公司管理条例实施细则》和《外国保险机构驻华代表机构管理办法》的部分条款进行了修改，对外资保险公司和外国保险机构驻华代表机构的申请设立材料要求进行了简化。此前的要求是相关材料必须经申请人所在国家或者地区依法设立的公证机构公证或者经中国驻该国使领馆认证，而修改后的要求为申请人须保证其提交材料的真实有效性。

本次修订是维护保险监管法律制度体系的协调统一的必要举措，进一步优化了外国保险机构进入中国设立外资保险公司的准入政策，表明了保险行业积极加快保险业对外开放的态度。

9. 印发保险资产负债管理监管规则并开展行业试运行

为防范保险业资产负债错配风险，提升保险公司资产负债管理能力，中国保监会于

2018 年 2 月 28 日发布《关于印发〈保险资产负债管理监管规则（1—5 号）〉及开展试运行有关事项的通知》(以下简称《通知》)，上述五项监管规则自发布之日起试运行。

资产负债管理监管规则主要包括能力评估规则、量化评估规则和管理报告规则。能力评估规则是从目标策略、组织架构、人员职责、工作流程、系统模型、绩效考核等方面提出监管规范，促进公司资产负债管理工作形成有效的正反馈机制。量化评估规则通过构建模型和进行压力测试，从期限结构、成本收益和现金流等角度，全方位评估公司资产负债匹配状况。管理报告规则规范了资产负债管理季度报告和年度报告的内容、报送方式以及独立第三方审核要求。

资产负债管理监管规则具有三大特点：一是立足行业实际，针对我国保险市场特点和重点风险领域创新设计了量化评估指标，能够有效识别公司面临的再投资风险和现金流错配风险。二是实现公司可比，在兼顾公司类型、发展阶段和风险偏好等不同特征的基础上，通过定性与量化相结合的方式形成一套标尺，客观衡量公司资产负债匹配状况和管理能力高低。三是强调资产负债联动，将资产端与负债端的协调联动贯穿于公司决策经营全过程，引导公司建立持续、双向的沟通协调机制，鼓励公司进行组织创新和技术创新，督促提升资产负债管理能力。

资产负债管理监管规则自发文之日起试运行。在试运行期间，继续征求相关方面意见，及时评估完善，暂不针对各保险公司的评级结果采取监管措施。正式运行后，监管部门将根据管理能力和匹配状况将保险公司划分为 A、B、C、D 四大类，对于能力高、匹配好的 A 类公司，适当给予支持性的监管政策，对于能力较低或匹配较差的 C 类、D 类公司，实施针对性的监管措施，逐步构建业务监管、资金运用监管和偿付能力监管协调联动的长效机制。

资产负债管理监管规则是继“偿二代”之后监管部门制定的又一重要监管工具，也是支持提高偿付能力监管效能的重要手段，有利于引导保险资金稳健审慎配置，有利于推动行业回归本源，充分发挥长期稳健风险管理和保障功能，为实体经济发展提供有力支持。

10. 治乱象、防风险、补短板，对保险公司股东股权实施穿透监管

规范有效的公司治理是保险业健康持续发展的最重要的基础。为整治股权结构复杂、实际控制人凌驾于公司治理之上、资本不实、挪用保险资金自我注资、循环使用、虚增资本、违规代持、超比例持股、把保险公司异化为融资平台等市场乱象，切实加强股权监管，弥补监管短板，防范化解风险，2018 年 2 月 7 日中国保监会对《保险公司股权管理办法》(以下简称《办法》) 进行了全面修订完善。

《办法》主要包括三个方面的规则体系。一是投资入股保险公司之前的规则，包括对股东资质、股权取得方式、入股资金的具体要求。二是成为保险公司股东之后的规则，包括股东行为规范、保险公司股权事务管理规则。三是股权监督管理规则，包括对

股权监管的重点、措施以及违规问责机制。《办法》坚持问题导向，针对股东虚假出资、违规代持、通过增加股权层级规避监管、股权结构不透明等现象，按照实质重于形式的原则，依法对保险公司实施穿透式监管，对保险公司股东及其实际控制人、关联方、一致行动人进行实质认定，进一步明确股权管理的基本原则，丰富股权监管手段。关于股东行为，《办法》要求建立有效的风险隔离机制，不得与保险公司进行不正当的关联交易，不得利用股权质押违规代持、关联持股以及变相转移股权，不得利用控制股东地位损害保险公司利益，防止不正当利益输送、将保险公司作为提款机等各类风险行为。通过事前披露、事中追查、事后问责等一系列监管手段，建立了股权管理全链条审查问责机制，加大对违规行为的问责力度。

此次修订《办法》是加强保险公司治理监管的基础性工作，也是做实“保险业姓保”的重要举措，表示监管部门将持续加强对保险公司的股权监管，弥补监管短板，严格市场准入监管，规范保险公司股东行为，严厉打击违规行为，切实防范化解风险。

11. 规范产品开发，促进个人税收递延型商业养老保险试点健康发展

为贯彻落实党的十九大精神，促进个人税收递延型商业养老保险（以下简称税延养老保险）试点健康发展，规范保险公司税延商业养老保险产品开发设计行为，根据《财政部税务总局　人力资源社会保障部　中国银行保险监督管理委员会　证监会关于开展个人税收递延型商业养老保险试点的通知》有关规定，中国银保监会联合财政部、人力资源社会保障部、国家税务总局制定了《个人税收递延型商业养老保险产品开发指引》（以下简称《产品开发指引》）。

《产品开发指引》是保险公司开发设计税延养老保险产品的基本要求和统一规范，包括设计原则、产品要素、产品管理、名词解释四个部分，主要内容有以下几个方面。

一是要求税延养老保险产品开发应当遵循“收益稳健、长期锁定、终身领取、精算平衡”的原则。充分体现保险风险保障功能和长期资金管理优势，既要帮助参保人有效抵御工作期间养老金积累阶段的投资风险，在确保养老资金本金安全的基础上取得长期稳健的投资收益，又要帮助参保人有效应对长寿风险，实现退休后养老金的终身领取或长期领取。

二是按照积累期养老资金收益类型的不同，税延养老保险产品包括收益确定型、收益保底型、收益浮动型三类、四款产品。收益确定型产品（A 类），指在积累期提供确定收益率（年复利）的产品；收益保底型产品（B 类），指在积累期提供保底收益率（年复利），同时可根据投资情况提供额外收益的产品，可细分为每月结算收益的产品（B1 款）和每季度结算收益的产品（B2 款）；收益浮动型产品（C 类），指在积累期按照实际投资情况结算收益的产品。

三是明确税延养老保险产品可提供养老年金给付、全残保障和身故保障三项保险责任，采取账户式管理模式，账户内提供多种产品选择，每个参保人个人账户中所交保

费、费用收取、投资收益、资金总额、养老金领取情况等均清晰透明，可随时查询。

《产品开发指引》的公布和实施，有利于税延养老保险产品开发设计的规范统一和公开透明，有利于最大限度地保护广大参保人的利益。

12. 加强业务管理，明确经营要求，推动个人税收递延型商业养老保险试点开好头

为规范税延养老保险资金运用行为，实现资金的安全稳健运作和长期保值增值，切实保障参保人的合法权益，推动税延养老保险试点开好头，实现持续健康发展，服务好我国养老保险第三支柱建设，中国银保监会制定发布了《个人税收递延型商业养老保险业务管理暂行办法》（以下简称《管理办法》）。

《管理办法》包括 12 章 58 条以及 1 个附件，从经营要求、产品管理、销售管理、投资管理、财务管理、信息平台管理、服务管理、信息披露等方面对保险公司开展税延养老保险业务提出了具体要求，附件为税延养老保险产品的示范条款。

《管理办法》明确了保险公司开展税延养老保险业务的经营要求，确保经营主体须具备较强的专业能力和持续经营能力；要求税延养老保险产品以“收益稳健、长期锁定、终身领取、精算平衡”为设计原则，帮助参保人有效抵御投资风险和长寿风险。对税延养老保险产品销售管理提出了较高要求，限定了收益保底型（B 类）产品的演示利率上限，要求对购买收益浮动型（C 类）产品的参保人进行风险承受能力评估，并对参保人购买 C 类产品作出年龄限制（不超过 55 岁）和资金投入比例限制（不超过 50%）。

《管理办法》要求保险公司对税延养老保险业务进行财务独立核算，据实列支和分摊经营管理费用，切实提高费用管理水平；要求不同税延养老保险产品分别设立单独的投资账户，确保资金安全稳健运作；要求税延养老保险资金运用遵循安全审慎、长期稳健原则，根据资金性质开展长期资产负债管理和全面风险管理，定期评估资产配置比例、投资策略和风险状况，确保资金安全性、收益性和流动性，追求长期保值增值。

《管理办法》明确税延养老保险业务除接受中国银保监会及其派出机构的监管外，还应接受地方相关政府部门和社会公众的外部监督，公开透明运行；要求中国保险信息技术管理有限责任公司向社会公布开展税延养老保险业务的保险公司及产品名单、业务办理流程、咨询方式等信息；要求保险公司由总公司统一制作管理信息披露材料，并在其官方网站的显著位置，公布税延养老保险产品和服务的相关信息。

《管理办法》的公布和实施，有利于引导保险机构强化税延养老保险产品的保障功能，提供便捷高效服务，加强资金运用管理，强化信息披露，确保安全稳健、公开透明，为税延养老保险业务的健康发展提供了制度保障。

13. 规范保险资金参与长租市场，助推房地产调控长效机制建设

为贯彻落实党的十九大精神和 2017 年中央经济工作会议精神，加快建立多主体供应、多渠道保障、租购并举的住房制度，中国银保监会于 2018 年 5 月 28 日发布《关于保险资金参与长租市场有关事项的通知》（以下简称《通知》）。

《通知》着重从以下几个方面明确了保险资金参与长租市场的有关要求：一是明确参与方式与区位限制。保险公司通过直接投资，保险资产管理机构通过发起设立债权投资计划、股权投资计划、资产支持计划、保险私募基金等方式间接参与长租市场，所投长租项目应位于人口净流入的大中型试点城市，满足效益、权属、土地使用性质和审批程序等方面的要求。二是明确产品设立条件。针对投资长租项目的债权投资计划和股权投资计划分别设置了设立条件。采用债权投资计划方式的，融资主体自有现金流占其全部应还债务本息的比例为100%（含）以上，采用股权投资计划及保险私募基金方式的，项目公司股权不得为第三方提供质押。三是规范资金管理。要求保险机构督促各类主体规范项目建设管理和资金划拨，实行资金专户管理和资金进出的全流程监控，确保保险资金封闭运行、专款专用。四是明确投资的风险管理要求。保险机构应当建立专属岗位，负责投资项目的投后管理，并建立全程管理制度，做好关键结点的风险防范。五是优化产品注册机制，对于投资租赁住房项目的保险资产管理产品适用注册绿色通道。

《通知》的发布，有利于拓宽保险资金运用渠道，优化保险资产配置，服务好主业发展；有利于发挥保险资金长期、稳定的优势，助推国家房地产调控长效机制的建设，加快房地产市场供给侧结构性改革；有利于促进我国新型城镇化建设，加快全面建成小康社会住有所居的目标。

14. 防范金融风险，进一步强化负债监管

为贯彻落实党中央关于“防控金融风险”的重要工作部署，推动保险监管深化改革，全面强化监管，切实防控风险，牢牢守住不发生系统性风险的底线，2018年6月4日，中国银保监会发布了《关于印发人身保险公司〈精算报告〉编报规则的通知》（以下简称新版《精算报告》），对人身保险公司精算报告的编制规则进行了修订。本次修订是继2009年以来，监管部门对人身保险公司《精算报告》的编制规则进行的第二次修订。

新版《精算报告》包括总体说明和8项子报告，分别为责任准备金及保单相关负债报告、业务统计报告、分红型人身保险业务报告、万能型人身保险业务报告、投资连结型保险业务报告、负债与资产匹配管理报告、现金流压力测试报告、内含价值报告，从责任准备金、业务发展、资产负债管理、现金流压力测试、内含价值等方面全面分析保险公司负债端情况与主要风险因素。

新版《精算报告》的主要内容包括：一是完善责任准备金报告制度，强化负债监管力度。进一步优化责任准备金评估的报告框架，依据有关精算规定以及人身保险费率改革有关文件突出重点内容，增强实用性和可操作性，继续夯实责任准备金风险防范的基础。二是建立负债与资产匹配报告制度，推动负债与资产有效联动。通过久期匹配、成本收益匹配和流动性匹配，引导保险公司切实采取措施降低负债成本。三是强化现金流压力测试制度，严守流动性风险底线。重点强化负债端现金流压力测试制度，促进保险

公司合理规划资产流动性，防范资产负债错配风险和利差损风险。

新版《精算报告》体现了审慎监管的核心原则，能更加科学全面、客观准确地反映人身保险行业状况，推动行业着眼长远、稳健经营，防范风险隐患，回归保障本源，进一步强化人身保险负债监管。

15. 切实发挥独立董事作用，健全法人治理结构，提升公司治理有效性

近年来，党中央高度重视金融机构公司治理问题。独立董事制度是推动公司完善治理结构、提升治理能力、促进有效制衡、科学决策的重要制度。随着行业发展，独立董事制度与保险业发展不匹配的问题日益凸显，保险机构执行水平参差不齐，制度执行与监管要求之间还存在一定差距，亟需加以调整完善。因此，中国银保监会结合近年来行业发展实际，对2007年发布的《保险公司独立董事管理暂行办法》进行了全面梳理修订，于2018年6月30日发布《保险机构独立董事管理办法》（以下简称《办法》）。

《办法》主要修订了以下几个方面。一是完善了制度的适用范围，《办法》统一适用于保险集团（控股）公司、保险公司、保险资产管理公司及相互保险社，外资保险机构参照执行。二是细化独立董事设置人数与比例，新增对存在持股50%以上控股股东的保险机构，独董占比应达到1/2以上。三是优化了独立董事的提名及任免机制。四是明确了独立董事权利义务，将独立董事审查重大关联交易的公允性、提议召开临时股东（大）会、提议召开董事会等权利集中表述为特别职权。五是完善了独立董事的履职保障，规定了保证独立董事知情权的具体措施，要求保险机构应建立面向独立董事的信息报送制度，建立了独立董事向监管机构报告制度。六是建立了独立董事履职评价机制。七是建立了独立董事履职信息公开及声誉评价机制，《办法》提出中国保险行业协会负责建立保险机构独立董事人才库，保险机构所有在任独立董事应当入库管理，同时，吸引符合条件的外部专业人士入库，丰富人才资源储备。对独立董事的监管评价、公司评价以及独立董事的基本信息、奖惩情况等内容将通过独立董事人才库向社会公开，强化公众监督，通过声誉评价机制推动独立董事提高履职水平。八是健全了对独立董事及相关主体的监督问责机制。

《办法》的发布将有利于解决保险机构独立董事独立性不足、勤勉尽职不到位、专业能力欠缺，以及履职配套机制不健全等方面的问题，进一步建立健全独立董事制度运行机制，明确主体责任，规范主体行为，强化监管约束，形成更加有利于独立董事发挥作用的内外部环境，强化公司治理监管措施，切实提升行业公司治理有效性。

16. 明确内地向香港地区分出再保险业务的偿付能力评估信用风险因子，提升两地保险市场的开放与融合

2017年，中国保监会与香港保险监管部门签署了《关于开展偿付能力监管制度等效评估工作的框架协议》（以下简称《框架协议》），在偿付能力等效互认过渡期内，视同对方已经达到等效资格并给予等效条件下的监管优待政策。在此框架下，2018年中国

银保监会制定了《保险公司偿付能力监管规则——问题解答第 1 号：偿付能力监管等效框架协议过渡期内的香港地区再保险交易对手违约风险因子》（以下简称《问题解答》）。

《框架协议》过渡期内，中国内地保险机构向香港保险机构分出业务的再保险交易对手违约风险因子按以下规则确定：

一是中国内地直接保险公司向合格的香港再保险机构分出再保险业务时，适用《保险公司偿付能力监管规则第 8 号：信用风险》第二十九条，且香港再保险机构适用的再保险交易对手违约风险基础因子 RF0 赋值为 0.087。二是前款所称合格的香港再保险机构，应符合以下条件：（1）经香港保监局授权在香港营业的专业再保险机构；（2）自愿按要求每季度向香港保监局报送按香港监管标准计算的偿付能力信息；（3）国际信用评级不低于 A-；（4）偿付能力充足率达标。偿付能力充足率达标，是指：（1）对于从事非寿险业务的再保险机构，偿付能力充足率应不低于 200%；（2）对于从事寿险业务的再保险机构，偿付能力充足率应不低于 150%；（3）对于既从事非寿险业务，又从事寿险业务的综合再保险机构，非寿险业务和寿险业务的偿付能力充足率应分别不低于 200% 和 150%。三是在适用《保险公司偿付能力监管规则第 8 号：信用风险》第二十九条时，根据有无担保措施设定特征因子 $k_3$，赋值如下：

$$k_3 = \begin{cases} -0.1 & \text{有担保措施的部分} \\ 0 & \text{无担保措施的部分} \end{cases}$$

四是中国内地直接保险公司向香港直接保险机构分出保险业务时，再保险分出业务的交易对手违约风险因子根据《保险公司偿付能力监管规则第 8 号：信用风险》第二十九条确定，不适用 $k_3$。五是中国内地再保险公司向香港保险机构分出保险业务时，再保险分出业务的交易对手违约风险因子根据《保险公司偿付能力监管规则第 8 号：信用风险》第三十条确定。六是中国银保监会根据以上规则，定期向行业通报合格的香港再保险机构适用的再保险分出业务的交易对手违约风险因子。七是本问题解答自发布之日起施行，试行 1 年。中国银保监会有权根据市场情况在试行期满后调整相关规定。

《问题解答》是落实《等效协议》的具体举措之一，是保险业贯彻落实党中央进一步加大对外开放战略部署，深化金融监管领域国际合作的重要行动。随着内地和香港偿付能力监管等效评估工作框架协议的逐步推进和落实，两地保险监管互信将日益加强，监管交流与合作将日益深化，两地保险市场的开放与融合将进一步提升。

17. 加强和改进保险服务，维护消费者合法权益，促进保险业高质量发展

近年来，随着我国保险业的快速发展，保险销售行为不规范、理赔服务不到位、纠纷处理不及时等问题日益凸显，既侵害了消费者合法权益，也损害了保险业社会信誉。2017 年，中国保监会发布了《关于进一步加强人身保险公司销售管理工作的通知》《保险销售行为可回溯管理暂行办法》等一系列文件，取得了一定效果，但保险服务中存在

的突出问题尚未得到根本解决。为促进保险业进一步提升服务质量和水平，更好维护保险消费者合法权益，2018 年 7 月 18 日，中国银保监会发布了《关于切实加强和改进保险服务的通知》（以下简称《通知》）。

《通知》针对保险服务中存在的突出问题，向各保险公司、各保险中介机构提出了四项要求，主要涉及规范销售行为、改进理赔服务、加强互联网保险业务管理、化解矛盾纠纷等方面。一是要求各机构严格规范保险销售行为。保险公司、保险中介机构要强化销售宣传内容管理和销售行为管理，严格执行销售行为可回溯制度，促进保险销售行为规范化。二是要求各机构切实改进保险理赔服务。保险公司要加大理赔服务投入，畅通客服电话，充实理赔力量，简化理赔手续，建立重大突发事件绿色理赔通道，为消费者提供便捷理赔服务。三是要求各机构大力加强互联网保险业务管理。保险公司、保险中介机构要加强互联网保险业务管理，规范宣传、销售、理赔、纠纷解决等服务行为，加强对第三方网络平台的管控，提高服务质量。四是要求各机构积极化解矛盾纠纷。保险公司、保险专业中介机构要畅通投诉渠道，健全保险纠纷协商和解机制，积极参加保险纠纷调解机制，定期汇总分析投诉数据，及时发现并改进服务中存在的短板和问题，落实责任追究，妥善解决保险消费纠纷。

《通知》的发布是国家关于金融消费者保护政策在保险监管领域的具体落实，是保险业落实"以人民为中心"发展思想和服务实体经济的必然要求，主要有三方面的现实意义。一是有利于促进保险服务向高质量发展，使销售的规范性、理赔的兑现性得以提升，保险服务的质量和信誉进一步改善。二是有利于更好维护消费者权益，使消费者知情权和受益权更有保障，获得感和体验感进一步增强。三是有利于更好提升监管效能，保险服务链条长、涉及面广、创新周期短的特点，促进监管部门不断改进监管技术、丰富监管手段、提升监管效能，从而更好推动保险业的高质量发展。

18. 保险资管公司获准设立专项产品，主要用于化解优质上市公司股票质押流动性风险

为发挥保险资金长期稳健投资优势，参与化解上市公司股票质押流动性风险，加大保险资金投资优质上市公司力度，中国银保监会于 2018 年 10 月 24 日发布《关于保险资产管理公司设立专项产品有关事项的通知》（以下简称《通知》）。

《通知》对五方面内容进行了明确：一是设定产品管理人条件，要求产品管理人应具有发行组合类保险资产管理产品业务资格。二是指出专项产品的投资范围，主要包括上市公司股票、上市公司及其股东公开发行的债券和非公开发行的可交换债券等。三是强调专项产品的退出安排，一方面支持保险机构发挥机构投资者作用，维护上市公司长期稳健经营，另一方面明确了产品的退出安排和方式，确保平稳退出。四是制定专项产品风险管控措施。从专户管理、封闭期、存续期、投资集中度、事前登记、信息披露、关联交易等方面提出了具体要求。五是表明该产品不纳入保险公司权益类资产计算投资比例。

《通知》的发布是贯彻落实党中央、国务院"六稳"要求、创造良好市场预期、维护金融市场稳定的重要举措。一是有利于化解上市公司股票质押流动性风险。通过专项产品形式，保险资金可以为优质上市公司及其股东提供长期资金支持。二是有利于有效支持优质上市公司和民营企业发展。专项产品按照市场化原则，向有前景、有市场、技术有优势但暂时出现流动性困难的优质上市公司和民营企业提供融资支持，稳定市场预期。三是有利于发挥保险资金长期稳健投资优势，做实体经济的长期资金提供者，从而更好巩固市场长期投资的基础。

（二）2018 年保险市场发展政策效果

2018 年，随着新监管体系的建立，随着我国经济由高速增长向高质量发展模式的转变，保险业进入升级转型的发展阶段，一方面在稳增长中调整业务结构，加强风险防范，另一方面持续加深在服务实体经济发展和民生保障方面的作用。

1. 市场业务稳步发展

2018 年，保险业实现原保费收入 3.8 万亿元，赔款和给付支出 1.23 万亿元，同比分别增长 3.9% 和 10%。为经济社会发展提供风险保障金额 6897 万亿元，同比增长 66.2%，保持强劲增势。保险深度为 4.22%，比上年下降 0.2 个百分点；保险密度为 2729.6 元/人，比上年增加 91.1 元/人。保险资金运用余额为 16.4 万亿元，较年初增长 10%。保险业的规模和服务能力都在不断提升。

同时，保险业也在积极探索结构调整，进一步凸显保障功能。分险种来看，财产险原保费收入 1.17 万亿元，同比增长 11.5%；人身险原保费收入 2.62 万亿元，同比增长 0.85%。其中，人身险业务受中国保监会 2017 年出台的《关于规范人身保险公司产品开发设计行为的通知》的影响，逐步改变以往依靠中短期理财产品快速提升保费的粗放型增长模式，转而大力发展长期储蓄型、保障型保险产品，全年普通寿险、分红寿险业务实现原保险保费收入 2.06 万亿元，占人身险公司业务的 99.5%。行业在稳步增长中优化产品结构，持续提升新业务价值。

2. 风险防范能力持续提升

近年来，监管部门大力加强了保险业在偿付能力和资金运用等方面的风险防范能力建设，行业抵御风险的基础不断加强。

在偿付能力方面，截至 2018 年第四季度末，经监管部门审议的 178 家保险公司的平均综合偿付能力充足率为 242%，平均核心偿付能力充足率为 231%，各项指标均处于合理区间内的较高位，行业整体低偿付能力充足稳定。其中，财产险公司、人身险公司、再保险公司的平均综合偿付能力充足率分别为 274%、235% 和 282%。

在资金运用方面，2018 年银行存款及债券资产规模分别为 2.4 万亿元及 5.6 万亿元，固定收益类资产占比达 49.2%，同比上升 1.7 个百分点；股票和证券投资基金 1.9 万亿元，占比 11.7%，保持稳定；其他投资 6.4 万亿元，占比 39.1%，同比下降 1.1 个百分点。

3. 服务实体经济成果显著

2018 年，保险业发挥长期投资优势，完善金融资产配置，为“一带一路”倡议、京津冀协同发展、重大基础设施建设等国家重大项目提供了资金支持。同时，与实体经济相关的险种规模较快增长，发挥了实体经济稳定器的作用。一是服务脱贫攻坚战略，全年农业保险实现原保险保费收入同比增长 19.5%，增速比上年高 4.8 个百分点；二是服务企业生产经营，全年企业财产保险原保费收入同比增长 7.9%，增速比上年高 5.1 个百分点；三是服务社会治理能力提升，全年责任保险原保费收入同比增长 30.9%，增速比上年上升 6.4 个百分点。

4. 加强民生保障作用凸显

2018 年，保险行业继续发挥在应对人口老龄化挑战、满足人民群众健康保障需求等方面的作用。在人身险整体保费收入增速减缓的态势下，健康险业务实现较快增长，全年原保费收入 5448.1 亿元，同比增长 24.1%，占人身险业务原保险保费收入的 20%，比上年提升 3.6 个百分点。年金类产品保持平稳，全年企业年金缴费 1.4 万亿元，同比增长 26.8%。2018 年 5 月 1 日，税延型养老保险试点在上海市、福建省和苏州工业园区实施，相关的管理暂行办法、产品开发指引和资金运用暂行办法等监管规定也相继出台，为市场的良好运行提供了保障。全年共 16 家保险公司开展了个人税延养老保险业务，累计保费收入达 7000 万元。

（三）2019 年保险市场发展政策展望与建议

2019 年是我国全面建成小康社会的关键之年，也是保险业从重规模走向高质量发展的关键时期。2018 年，防范化解重大风险、精准脱贫、污染防治“三大攻坚战”初战告捷，2019 年更是要针对国家经济、社会及保险行业自身的核心问题，突出监管和发展重点，夯实防范金融风险的堤坝，加大服务实体经济的力度，大力推进保险行业改革。

一是继续从严监管。延续 2018 年的良好开端，通过完善监管制度、优化监管手段、强化执行力度等方法，进一步规范保险机构的公司治理和经营行为，提升市场的合规意识和风控水平，保护好消费者权益，加速行业回归保障本源、优化业务结构的转型步伐。

二是保险保障和资金配置双管齐下，加大服务实体经济力度。在保障层面，配合健康中国、“一带一路”倡议的实施，切实提升人民群众在医疗、健康、养老、长期护理等方面的保障水平，为供给侧改革、脱贫攻坚、绿色环保等重大项目提供坚实保障。在资金层面，拓展保险资金配置空间，为实体经济提供更多长期性资金，提升保险资金服务实体经济效能。

三是推进保险改革。通过加大对外开放力度、加快保险行业创新、规范保险市场秩序等途径，有效提升行业的全要素生产率，继续深化保险行业改革。

## 附表

**中国保险市场发展政策一览**

| 发布日期 | 政策名称 | 发文单位 | 文件号 |
|---|---|---|---|
| 2017年12月27日 | 中国保监会关于保险资金设立股权投资计划有关事项的通知 | 中国保监会 | 保监资金〔2017〕282号 |
| 2017年12月29日 | 保险标准化工作管理办法 | 中国保监会 | 保监发〔2017〕94号 |
| 2018年1月8日 | 关于加强保险资金运用管理　支持防范化解地方政府债务风险的指导意见 | 中国保监会、财政部 | 保监发〔2018〕6号 |
| 2018年1月24日 | 保险资金运用管理办法 | 中国保监会 | 保监会令〔2018〕1号 |
| 2018年2月1日 | 保险公估人监管规定 | 中国保监会 | 保监会令〔2018〕2号 |
| 2018年2月1日 | 保险经纪人监管规定 | 中国保监会 | 保监会令〔2018〕3号 |
| 2018年2月1日 | 中国保监会　国家外汇管理局关于规范保险机构开展内保外贷业务有关事项的通知 | 中国保监会、国家外汇管理局 | 保监发〔2018〕5号 |
| 2018年2月13日 | 中国保险监督管理委员会关于修改《中华人民共和国外资保险公司管理条例实施细则》等四部规章的决定 | 中国保监会 | 保监会令〔2018〕4号 |
| 2018年2月28日 | 保险资产负债管理监管规则（1~5号） | 中国保监会 | 保监发〔2018〕27号 |
| 2018年3月2日 | 保险公司股权管理办法 | 中国保监会 | 保监会令〔2018〕5号 |
| 2018年4月2日 | 《融资担保公司监督管理条例》四项配套制度 | 中国银保监会等七部委联合印发 | 银保监发〔2018〕1号 |
| 2018年4月25日 | 个人税收递延型商业养老保险产品开发指引 | 中国银保监会、财政部、人力资源和社会保障部、国家税务总局 | 银保监发〔2018〕20号 |
| 2018年5月28日 | 关于保险资金参与长租市场有关事项的通知 | 中国银保监会 | 银保监发〔2018〕26号 |
| 2018年6月4日 | 精算报告 | 中国银保监会 | 银保监办发〔2018〕45号 |
| 2018年6月22日 | 个人税收递延型商业养老保险业务管理暂行办法 | 中国银保监会 | 银保监发〔2018〕23号 |
| 2018年6月30日 | 保险机构独立董事管理办法 | 中国银保监会 | 银保监发〔2018〕35号 |
| 2018年7月2日 | 保险公司偿付能力监管规则——问题解答第1号：偿付能力监管等效框架协议过渡期内的香港地区再保险交易对手违约风险因子 | 中国银保监会 | 银保监发〔2018〕34号 |
| 2018年7月18日 | 关于切实加强和改进保险服务的通知 | 中国银保监会 | 银保监发〔2018〕40号 |
| 2018年10月24日 | 关于保险资产管理公司设立专项产品有关事项的通知 | 中国银保监会 | 银保监发〔2018〕65号 |

## 专栏 9

### 新政频出，对外开放进一步扩大[①]

2018 年博鳌亚洲论坛上，我国政府提出要大幅度放宽市场准入，尤其是在保险行业。根据相关部门公布的细则，保险业的开放主要体现在四个方面：一是人身险公司外资持股比例的上限将放宽至 51%，即外资可以实现控股，并且 3 年以后不再设限，可以设立全资公司；二是允许符合条件的外国投资者来华经营保险代理业务和保险公估业务；三是开放外资保险经纪公司经营范围，与中资机构一致；四是全面取消外资保险公司设立前需开设两年代表处的要求。

敏锐的外资保险公司闻风而动，已经开始运用这份红利：富卫人寿保险（百慕大）公司提交的筹建富卫人寿保险公司；安盛保险集团同中国工商银行共同发起筹建的工银安盛资产管理公司、全资控股安盛天平；法国教育健康相互保险公司获批在北京设立代表处；大韩再保险获批筹建分公司；英国韦莱集团控股的韦莱保险经纪公司获准将经营范围扩大到“向中国大陆境内所有公司和个人客户提供服务”等。2018 年 11 月 25 日，中国银保监会发布信息，多项外资银行、保险机构市场准入申请获批，其中批准的德国安联保险集团筹建安联（中国）保险控股公司，将成为我国首家外资保险控股公司。2019 年 3 月 27 日，银保监会宣布，近期批准 3 项外资金融机构市场准入和经营地域拓展申请，包括中英合资恒安标准人寿保险有限公司获批筹建首家外资养老保险公司——恒安标准养老保险有限责任公司。这一切无不昭示着我国保险业开放的步伐明显加快，在产寿再、资管和保险经纪行业全面开花。

同时，监管机构在相关行政审批的文件要求上进一步简化。2018 年 2 月 13 日，保监会发布《中国保险监督管理委员会关于修改〈中华人民共和国外资保险公司管理条例实施细则〉等四部规章的决定》（保监发〔2018〕4 号），针对 2004 年 5 月 13 日发布的《中华人民共和国外资保险公司管理条例实施细则》、2006 年 7 月 12 日发布的《外国保险机构驻华代表机构管理办法》（保监发〔2006〕5 号）、2014 年 1 月 23 日发布的《保险公司董事、监事和高级管理人员任职资格管理规定》（保监发〔2014〕1 号）等，做了如下修改：（1）取消了外国保险公司提供的材料，应当经所在国家或者地区依法设立的公证机构公证，或者经中国驻该国使、领馆认证的要求；（2）取消了外国保险机构董事长或者总经理签署的致中国保监会主席的申请书的材料要求；（3）取消了保险机构报送的高管任职资格审查材料和其他文件资料中，外文原件的翻译件必须经中国公证机构公证的要求。

我们认为，保险业的全面开放，体现了我国保险和保险经纪行业的自信、包容和对

---

① 作者：谈亮，德勤中国保险行业风险咨询主管合伙人。

提升专业化水平的进一步渴望，也有利于促进保险人才的引进和培养；同时，也可以为广大的保险消费者带来更好的产品与服务，很好地契合了习近平总书记提出的世界命运共同体的顶层设计理念。

## 四、债券市场发展政策①

2018 年，中国债券市场运行良好，发行规模继续增长，市场活跃度提高，对外开放进程加快、开放力度加大，产品创新、机制创新与规范管理持续加强，债券市场服务实体经济能力进一步提升。

（一）市场发展概况

一是债券收益率波动下行，价格指数震荡上行。2018 年债券市场走强，收益率震荡下行，短端收益率曲线下行幅度超过长端，收益率曲线陡峭化。分阶段来看，债券收益率第一季度缓慢下降，第二季度和第三季度总体运行平稳，期间有震荡反复，第四季度持续下降。银行间债券市场 1 年期国债收益率较上年下降 119 个基点，10 年期国债收益率较上年下降 65 个基点。交易所市场债券收益率下行幅度更大，上海证券交易所 1 年、3 年、5 年关键期限公司债收益率平均值大幅下行 140 个基点。深圳证券交易所 5 年期、1 年期国债收益率分别下行 76 个基点、99 个基点。

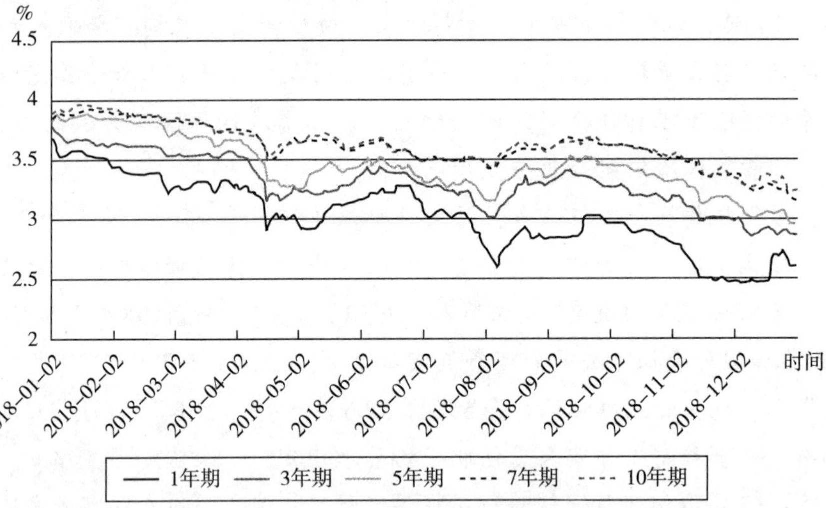


数据来源：中央国债登记结算有限责任公司。

**图 4-1 国债收益率曲线图**

债券价格指数震荡上行。中债总财富指数（总值）从年初的 167.96 上涨至年末的 183.98，涨幅达 9.5%；上海清算所信用债综合指数从年初的 102.94 上涨至年末的 110.89，涨幅达 7.8%。上证公司债指数（全价）年初为 182.04，年末升至 192.36，增

① 作者：荣艺华，中国人民银行上海总部金融市场部副主任。

幅为5.7%。

数据来源：中央国债登记结算有限责任公司、上海清算所。

**图4-2　银行间债券市场债券指数**

二是债券发行继续增长。2018年，债券市场共发行债券43.59万亿元，较上年增加2.77万亿元，同比增长6.8%。其中，银行间市场发行了37.79万亿元，同比增长2.9%，占债券市场发行总量的86.7%；交易所市场发行了5.81万亿元，占债券市场发行总量的13.3%。发行量最大的三个券种依次是同业存单、公司信用类债券、地方政府债，发行量分别为21.08万亿元、7.30万亿元和4.20万亿元。

三是交易量大幅上升。2018年，债券市场现券累计成交156.67万亿元，同比增长44.6%。其中，银行间债券市场现券累计成交150.74万亿元，同比增加46.6%，占债券市场现券成交量的96.2%；交易量排名前三位的券种依次是同业存单、政策性金融债券和国债，占比分别为37.6%、33.5%和12.5%。交易所市场现券累计成交5.93万亿元，同比增加6.6%，市场占比为3.8%。

四是债券市场违约数量和规模有所增加。2018年，共有46家企业130只债券发生违约，涉及金额1243亿元，违约金额占整个市场的比例为0.8%。其中，40家民营企业违约，涉及金额1136亿元；6家国有企业违约，涉及金额107亿元。从发行人所属行业看较为分散，包括煤炭、能源、农业、互联网、信息服务、纺织品等行业。

（二）出台的主要政策

1. 市场创新方面

（1）推出民营企业债券融资支持工具。10月22日，国务院常务会议批准设立民营企业债券融资支持工具，按照市场化、法治化原则，由中国人民银行运用再贷款，提供部分初始资金，委托专业机构向暂时遇到流动性困难的，有市场、有竞争力、有前景的民营企业，通过出售信用风险缓释工具，提供信用风险缓释、担保增信等服务，以市场化方式帮助企业融资。

（2）重启小微企业专项债券。6月，人民银行、银保监会、证监会、国家发展改革委、财政部联合印发《关于进一步深化小微企业金融服务的意见》，取消“三个不低于”等发行前置条件，放宽发行条件，鼓励银行业金融机构发行小微企业金融债券，同时加强发债后督导，确保资金用于小微企业。

（3）丰富地方政府债券品种。财政部、住房城乡建设部发布了《试点发行地方政府棚户区改造专项债券管理办法》，规定了地方政府棚户区改造专项债券额度管理、预算编制、决算和执行等。财政部发布《关于做好2018年地方政府债券发行工作的意见》，鼓励市场各方积极参与地方政府债券工作，推出了棚改专项债、首单医疗债、首只公募地方政府债ETF以及首批雄安新区政府债券。

（4）创新小微企业资产证券化产品。银行间市场交易商协会发布《微小企业贷款资产支持证券信息披露指引（2018版）》，明确微小企业贷款类型，拓宽合格资产范围，灵活信息披露指标。

（5）创新商业银行补充资本工具。3月，银监会、人民银行、证监会、保监会、外汇局联合发布了《关于进一步支持商业银行资本工具创新的意见》，支持商业银行多品种、多渠道创新发行资本补充工具。

2. 优化债券发行机制

（1）引入弹性招标发行。8月，人民银行发布《关于试点开展金融债券弹性招标发行的通知》，财政部发布《地方政府债券弹性招标发行业务规程》。

（2）地方政府债券公开承销发行。财政部印发《地方政府债券公开承销发行业务规程》，明确公开承销适用范围，便于发行人通过簿记管理人协助开展债券发行工作。

（3）出台国债预发行履约担保制度。12月，《关于银行间债券市场国债预发行履约担保有关事宜的通知》发布，明确国债预发行交易实行履约担保制度，交易双方可选择双边履约担保或选择由第三方提供履约担保集中管理服务。国债预发行有助于降低国债承销商的承销风险，改善国债市场价格发现功能。

（4）优化定向发行制度机制。银行间市场交易商协会发布《定向债务融资工具专项机构投资人遴选细则》，遴选出“2018年度定向债务融资工具专项机构投资人名单”，激发各类参与主体的主动性和积极性，提升市场运行效率。

（5）推出知名成熟发行人制度。8月，上海证券交易所推出知名成熟发行人制度，对符合“8+1”模式条件的优质发行人开辟绿色通道，将平均发行审核时长缩短至5个工作日内，提高了发行效率。

3. 提高债券交易效率

（1）推出三方回购业务。4月，人民银行发布2018年第18号公告，规范银行间市场三方回购业务有关事项。上海证券交易所、深圳证券交易所先后发布《上海证券交易所　中国证券登记结算有限责任公司债券质押式三方回购交易及结算暂行办法》《深圳证券交易所　中国证券登记结算有限责任公司债券质押式三方回购交易及结算暂行办法》，丰富和完善了交易所市场质押式回购交易机制。

（2）推出到期违约债券转让机制。外汇交易中心与北京金融资产交易所合作，推出到期违约债券转让试点，通过一对一询价、匿名拍卖、动态报价等方式提供到期违约债券转让服务。

（3）发展债券担保品业务。上海证券交易所发布了《上海证券交易所债券担保品处置平台服务指引》，推出债券担保品处置业务，完善了债券回购市场违约处置机制。深圳证券交易所发布了《债券质押式三方回购交易及结算暂行办法》，非公开发行的债券及资产支持证券纳入担保品范围。

4. 强化市场约束力

（1）规范信息披露。银行间市场交易商协会发布《微小企业贷款资产支持证券信息披露指引（2018 版）》，上海证券交易所发布《上海证券交易所资产支持证券定期报告内容与格式指引》，进一步完善债券市场信息披露机制。

（2）加强信用评级制度建设。3 月，银行间市场交易商协会发布《非金融企业债务融资工具信用评级机构自律公约》和《非金融企业债务融资工具信用评级业务调查访谈工作规程》，建立了以投资者为导向的市场化评价体系，增强了评级行业自律管理制度。同时，银行间市场交易商协会发布《银行间债券市场信用评级机构注册评价规则》，建立了以投资者为导向的市场化评价体系。

（3）夯实债券存续期管理。沪深交易所发布《公司债券上市规则》和《非公开发行公司债券业务管理暂行办法》，规范市场参与主体的上市挂牌、信息披露、交易转让等市场行为。上海证券交易所发布《资产支持证券定期报告内容与格式指引》《上海证券交易所资产支持证券存续期信用风险管理指引》，提升资产支持证券信息披露质量，强化存续期信用风险管理。外汇交易中心修订了《全国银行间同业拆借中心债券交易流通指南》，规范债券存续期间要素变更流程。

5. 加大市场对外开放力度

（1）发布《银行间债券市场境外机构债券发行管理办法》。9 月，人民银行、财政部发布《全国银行间债券市场境外机构债券发行管理暂行办法》，明确境外机构在银行间债券市场发债应具备的条件、申请注册程序，和信息披露、发行登记、托管结算以及人民币资金账户开立、资金汇兑、投资者保护等事宜。

（2）简化境外投资者备案要求。6 月，人民银行上海总部发布 2018 年第 2 号公告，简化了境外投资者进入中国银行间债券市场投资备案的信息收集和报备要求，为境外投资者入市提供了便利。

（3）对境外机构投资者实施税收优惠。财政部发布《关于境外机构投资境内债券市场企业所得税增值税政策的通知》，规定自2018年11月7日起至2021年11月6日，对境外机构投资境内债券市场取得的债券利息收入暂免征收企业所得税和增值税，暂免征收企业所得税的范围不包括境外机构在境内设立的机构、场所取得的与该机构、场所有实际联系的债券利息。

6. 债券市场监管协调

（1）加强信用评级统一管理。9月，人民银行和证监会联合发布2018年第14号公告，统一债券市场评级业务资质，加强对信用评级机构的监管和信息共享，推进信用评级机构制度完善等；并且，人民银行、证监会以及交易商协会将协同做好债券市场评级机构业务资质的审核和注册，对已在两个市场开展评级业务的机构，设绿色通道实现业务资质互认。

（2）建立统一的债券市场执法机制。12月，人民银行、证监会、国家发展改革委联合发布《关于进一步加强债券市场执法工作的意见》，明确证监会依法对债券市场违法行为开展统一的执法工作，对各类债券的信息披露违法违规、内幕交易以及其他违反《证券法》的行为，依据《证券法》有关规定进行认定和处罚。

（三）政策评估

1. 债券市场平稳增长。在优化、规范债券发行机制的政策要求下，债券市场发行量稳步增长，市场规模进一步扩大，截至2018年末，全国债券市场托管余额为86.39万亿元，同比增长15.0%，占全年中国国内生产总值的96.0%。

2. 服务实体经济能力明显增强。2018年，公司信用类债券发行量大幅增加，金额为7.55万亿元，同比增长32.7%，增速较上年同期提高65.6个百分点。公司信用类债券净融资额为2.49万亿元，占全年社会融资总量的12.9%，较上年占比提高10.9个百分点。其中，对民营企业、小微企业支持力度明显加强。截至2018年末，银行间市场创设63.20亿元信用风险缓释凭证，支持了35家民营企业，发行50只债券，融资金额229亿元；交易所市场创设2.60亿元信用风险缓释凭证，支持了6家民营企业，发行债券12.20亿元。5家银行注册小微企业贷款资产支持证券共计150亿元，累计发行108亿元，约为2017年的15.4倍。

3. 市场吸引力增加。2018年，银行间债券市场新增4172家投资主体，市场共计25674家投资者。其中，境内法人机构增加了216家，非法人类产品增加了3576只；境外机构增加了380家，共计1186家。境外机构持有债券较上年增加0.55万亿元，同比大幅增长46.7%，总量为1.73万亿元，占机构投资者持有总量的2.3%。

4. 市场开放度明显提高。2018年，债券市场新增380家境外机构投资者，境外机构在银行间债券市场的债券托管总量为1.73万亿元，同比增幅46.7%。截至2018年末，债券市场熊猫债发行成果显著，境外发债主体已包括外国政府类机构、国际开发机构、金融机构和非金融企业等，累计发行 175 只，发行金额 3215.3 亿元，托管余额为 2744.5 亿元。

（四）政策展望

2019 年，债券市场根据党的十九大精神和中央经济工作会议决策部署，继续围绕服务实体经济、防控金融风险和深化金融改革的主线，坚持市场化、法治化和国际化原则，做好金融市场创新工作，继续加大在小微、“三农”、绿色、双创、扶贫以及战略新兴产业等领域的支持力度，稳步发展资产证券化，推动永续债等创新型债券产品；交易结算机制和技术系统建设进一步完善，金融基础设施统筹监管加强；市场化、法治化的债券违约风险处置长效机制进一步推进；债券市场对外开放水平不断提高，更多的境外机构入市投资，熊猫债市场规模进一步扩大；稳步发展信用衍生品市场，进一步提高债券市场基本制度和基础设施服务水平，提升服务实体经济的能力和水平。

**专栏 10**

### 锻造上海国际金融中心软实力①

2018 年 3 月 28 日，中央全面深化改革委员会第一次会议审议通过了《关于设立上海金融法院的方案》。4 月 27 日，第十三届全国人民代表大会常务委员会第二次会议通过了《关于设立上海金融法院的决定》。8 月 20 日，全国首家金融专门法院——上海金融法院正式挂牌成立。设立上海金融法院是党中央作出的重大决策部署，是国家整体金融战略的重要内容之一，是上海司法体制改革取得的重大成果。

2018 年 8 月 10 日起施行的《最高人民法院关于上海金融法院案件管辖的规定》，明确了上海金融法院管辖案件的具体范围。一是管辖上海市辖区内应由中级人民法院受理的第一审金融民商事案件。二是管辖上海市辖区内应由中级人民法院受理的以金融监管机构为被告的第一审涉金融行政案件。三是管辖以住所地在上海市的金融市场基础设施为被告或者第三人与其履行职责相关的第一审金融民商事案件和涉金融行政案件。

上海金融法院的成立具有重大的现实意义和深远的历史意义，主要包括四个方面：一是有利于中国进一步深化金融对外开放；二是有利于中国金融司法国际影响力的提升；三是有利于防范金融风险；四是有利于推进上海国际金融中心建设。

下一步，上海金融法院将结合上海国际金融中心建设的实际，对标世界主要国际金融中心，不断优化金融审判资源配置，提升金融案件审判专业化水平，将上海金融法院打造成为我国金融司法的品牌。第一，聚焦重点金融领域司法审判创新，为金融发展提供更完备的司法保障。第二，健全诉讼与非讼机制的衔接，完善多元化纠纷解决机制。

① 何海峰根据 2018 年第 17 期《中国金融》同名文章整理，未经原作者郑杨审阅。

第三，善用现代信息工具，切实提高金融审判水平。第四，加强金融法律研究，推动金融司法智库建设。第五，强化上海金融法院和金融管理部门、金融市场以及金融机构之间的联动。

## 五、基金行业市场发展政策①

### （一）基金行业市场发展概述

2018 年是资产管理业务统一监管规定落地的第一年，也是中国证券投资基金行业发展 20 周年。中国证券投资基金业协会统计数据显示，截至 2018 年底，基金管理公司及其子公司、证券公司、期货公司与私募基金管理机构资产管理业务总规模约 50. 36 万亿元②，较 2017 年末下降 5. 99%。

公募基金继续稳健快速发展，管理的资产规模达 13. 03 万亿元，增长 12. 33%；产品数量达 5626 只，增加 16. 22%；其中，基金管理公司管理的社保基金、基本养老金、企业年金和职业年金合计产品数量 1252 只，资产规模 1. 67 万亿元，增长 14. 18%。2018 年，养老金第三支柱建设从理论研究走向政策实践，截至 2018 年末，28 家基金公司 40 只养老目标基金获批发行，其中 12 只基金已经成立，合计规模 40 亿元左右。公募基金为上亿家庭提供了普惠式投资理财服务，个人投资者有效账户数已达 6 亿个；同时，公募基金管理公司作为全国社保基金最主要的委托投资资产管理人，管理了超过 40% 的全国社保基金资产，占社保基金委托管理份额的 80%，并取得良好的投资业绩，为社保基金稳健增值作出重要贡献，2019 年公募基金有望纳入个人养老账户的投资范围。

中国证券投资基金业协会登记的私募基金管理人 2. 44 万家，增加 9. 90%；备案的私募基金 74629 只，增加 12. 36%；管理的资产规模 12. 71 万亿元，增加 14. 5%。私募基金累计投资于境内未上市未挂牌企业股权、新三板企业股权和再融资项目数量达 10. 01 万个，为实体经济形成股权资本金 5. 57 万亿元；其中，投向境内未上市未挂牌企业股权项目规模达 4. 74 万亿元。在投中小企业项目 5. 53 万个，在投本金 1. 94 万亿元；在投种子期与起步期项目 3. 96 万个，在投本金 1. 90 万亿元；互联网等计算机运用、机械制造等工业资本品、原材料、医药生物、医疗器械与服务等产业升级及新经济代表领域成为私募股权与创业投资基金布局重点，在投项目 4. 89 万个，在投本金 2. 51 万亿元。2018 年全年，私募基金投向境内未上市未挂牌企业股权本金新增 1. 22 万亿元，相当于同期新增社会融资规模的 6. 3%，为企业发展提供了宝贵的资本金，有力推动了供给侧结构性改革与创新发展。

---

① 作者：李艳，上海国泰君安证券资产管理有限公司董事会秘书。

② 总规模中剔除了私募基金顾问管理类产品与私募资管计划重复部分。

（二）基金行业政策分析

资产管理的业务本质是资产管理人接受客户委托，履行受托和尽职的责任，按合同约定对客户资产进行投资运作，客户按合同约定享受投资收益，同时承担投资风险。2018 年，行业监管政策继续围绕保护投资者利益这一核心目标，出台资产管理业务统一监管框架，在进一步规范资产管理机构的投资运作、内部控制、风险管理、销售行为和信息披露等多个环节的同时，更加注重“卖者尽责，买者自负”和金融风险防范，鼓励资产管理机构专业化、差异化经营，形成高质量、长期可持续发展生态。

1. 多元共治改善私募基金行业治理，更好地推动私募基金创新资本形成

2018 年，中国证券投资基金业协会继续健全完善“7 + 2”自律规则体系，以司法行政强制规范和行业自我约束相结合，多元共治，建设现代行业治理，促进私募基金服务高质量发展，营造私募行业可持续发展的生态环境。在登记备案方面，中国证券投资基金业协会持续更新私募基金管理人登记须知，基本形成标准明确、规则清晰、审核严格、公信透明的注册式管理。2018 年 1 月 12 日发布《私募基金备案须知》，列举了不属于私募基金范围的三类经营活动；2018 年 8 月 29 日发布《私募基金登记备案相关问题解答（十五）》，明确了私募申请资产配置类管理人的条件以及发行私募资产配置基金的相关要求；2018 年 12 月 7 日《私募基金管理人登记须知》更新版，进一步明确股东真实性、稳定性要求；厘清私募基金管理人登记边界，强化集团类机构主体资格责任；落实内控指引，加强高管及从业人员合规性、专业性要求；引入中止办理流程、新增不予登记情形。在持续信用管理方面，实行会员信用信息报告制度，为会员私募基金管理人提供信用积累和信用展示服务。2018 年 1 月发布《私募证券投资基金管理人会员信用信息报告工作规则（试行）》，规定每季度更新一次会员信用信息报告，明确“一性三度”四个考量维度，要求管理人从合规经营、稳定存续、专业运作以及信息披露透明度等四个方面展示信用信息情况，以持续、动态积累私募证券投资基金管理人会员信用档案，带动行业以信用立身，实现行业信用自治，促进私募证券投资基金管理人提升经营管理的合规性、稳定度、透明度和投资运作的专业度。在分层分类自律服务方面，明确会员发展路径，分类公示，分类执纪。私募基金管理人具有登记备案机构→观察会员→普通会员→专业委员会委员→理监事的会员发展路径预期，并按照管理规模、运作合规情况、诚信情况等分类公示。2018 年 3 月 27 日发布《关于进一步加强私募基金行业自律管理的决定》以及《关于私募基金管理人在异常经营情形下提交专项法律意见书的公告》，鼓励机构自行调解，充分发挥律师作用，要求私募基金管理人在异常经营情形下提交专项法律意见书，在法律框架下形成快速处理机制。

2. 统一监管标准推进功能监管，推动资产管理行业回归本源

在资管行业快速发展的过程中，各资管子行业之间的边界模糊，监管套利、产品多层嵌套、刚性兑付等问题的存在不仅扭曲了资产管理行业的生态，也集聚了一定的

金融风险。现行的资产管理产品和服务监管依附于机构监管的模式急需向机构与功能平行监管的方向转变。2018 年 4 月 27 日，中国人民银行、中国银行保险监督管理委员会、中国证券监督管理委员、国家外汇管理局联合发布《关于规范金融机构资产管理业务的指导意见》（以下简称《指导意见》），为资管行业统一监管进行顶层设计，推动资管业务回归本源，切实履行主动管理职责，服务实体经济，防范金融风险。《指导意见》明确资管业务为金融机构表外业务，不得承诺保本保收益；将资管产品按照募集方式不同分为公募产品和私募产品，分别统一投资范围、杠杆约束、信息披露等要求；消除多层嵌套，规定金融机构不得为其他金融机构的资管产品提供规避投资范围、杠杆约束等监管要求的“通道”服务；严格非标准化债权类资产投资要求，禁止资金池，防范影子银行风险和流动性风险；制定合格投资者标准，强化投资者适当性管理；建立统一报告制度，强化信息披露；并要求金融机构强化产品久期管理，降低期限错配风险，制定流动性风险管理规定。同时，《指导意见》坚持防范风险与有序规范相结合，合理设置过渡期，给予金融机构更为充分的调整和转型时间，以便于缓解市场的不合理波动。

为推动银行理财业务和证券期货经营机构私募资产管理业务规范健康发展，促进统一资产管理产品监管标准，有效防范金融风险，中国银行保险监督管理委员会和中国证券监督管理委员会分别发布实施针对银行理财业务和证券期货经营机构私募资产管理业务的规定和实施细则，作为落实《指导意见》的重要措施。针对银行理财产品业务运作不规范、投资者适当性管理不到位、信息披露不够充分等问题，中国银行保险监督管理委员会于 2018 年 9 月 26 日发布《商业银行理财业务监督管理办法》，2018 年 12 月 2 日发布实施《理财子公司管理办法》，推动银行理财业务规范转型，促进银行理财回归资管业务本源，打破刚性兑付。针对个别证券期货机构偏离资管业务本源、主动管理不足、风险控制薄弱等一系列问题，2018 年 10 月 22 日，中国证券监督管理委员会分别发布《证券期货经营机构私募资产管理办法》《证券期货私募资产管理计划运作管理规定》，2018 年 11 月 28 日发布《证券公司大集合资产管理业务适用〈关于规范金融机构资产管理业务的指导意见〉操作指引》，统一监管规则，促进公平竞争，加强风险防控。

（三）行业展望

《指导意见》作为资产管理行业的统一监管框架必将对资产管理行业产生长远而深刻的影响。《指导意见》的核心目标是要打破刚性兑付、消除监管套利。刚性兑付是资产管理业务核心问题所在。长期以来，资产管理业务中的刚性兑付不仅根本性地扭曲了作为资本市场良性运行基石的风险收益关系，极大地伤害了资本市场资源配置功能的有效性，而且将本应由投资者承担的投资风险转嫁给了金融机构和政府，导致金融系统性风险的不断积累。在刚性兑付和金融分业监管的背景下，金融机构之间的监管套利导致非良性、风险收益关系不对称的资产管理规模迅速膨胀，金融系统性风险快速上升。

《指导意见》的出台无疑将在很大程度上推进资产管理行业在系统性规范的基础上健康发展，防范金融风险的集中爆发。当然，要彻底消除资产管理业务的刚性兑付和监管套利，我们还须彻底打破债券的刚性兑付，打造“卖者尽责，买者自负”的资本市场文化；我们还须处理好分业监管带来的问题，解决机构监管和功能监管的矛盾；我们也须更加深入地理解市场监管和经济调控的关系，不以牺牲市场的公平、透明、有序和高效为代价调控宏观经济周期。

## 附表

**2018 年以来基金市场主要监管政策**

| 日期 | 主要政策 | 发布单位 |
|---|---|---|
| 2018 年 1 月 12 日 | 私募基金备案须知 | 中国证券投资基金业协会 |
| 2018 年 1 月 12 日 | 私募证券投资基金管理人会员信用信息报告工作规则（试行） | 中国证券投资基金业协会 |
| 2018 年 1 月 25 日 | 中国基金估值标准（2017 年版） | 中国证券投资基金业协会 |
| 2018 年 2 月 11 日 | 养老目标证券投资基金指引（试行） | 证监会公告〔2018〕2 号 |
| 2018 年 3 月 1 日 | 上市公司创业投资基金股东减持股份的特别规定 | 证监会公告〔2018〕4 号 |
| 2018 年 3 月 12 日 | 关于养老目标证券投资基金的基金经理注册登记有关事项的通知 | 中国证券投资基金业协会 |
| 2018 年 3 月 27 日 | 关于进一步加强私募基金行业自律管理的决定 | 中国证券投资基金业协会 |
| 2018 年 3 月 30 日 | 私募投资基金非上市股权投资估值指引（试行） | 中国证券投资基金业协会 |
| 2018 年 4 月 27 日 | 关于规范金融机构资产管理业务的指导意见 | 中国人民银行、中国银行保险监督管理委员会、中国证券监督管理委员会、国家外汇管理局 |
| 2018 年 5 月 30 日 | 关于进一步规范货币市场基金互联网销售、赎回相关服务的指导意见 | 证监会公告〔2018〕10 号 |
| 2018 年 6 月 27 日 | 证券基金经营机构使用香港机构证券投资咨询服务暂行规定 | 证监会公告〔2018〕23 号 |
| 2018 年 6 月 27 日 | 证券期货经营机构及其工作人员廉洁从业规定 | 证监会令【第 145 号】 |
| 2018 年 8 月 29 日 | 私募基金登记备案相关问题解答（十五）（关于私募资产配置基金管理人） | 中国证券投资基金业协会 |
| 2018 年 9 月 25 日 | 证券公司和证券投资基金管理公司境外设立、收购、参股经营机构管理办法 | 证监会令【第 150 号】 |
| 2018 年 9 月 26 日 | 商业银行理财业务监督管理办法 | 银保监会令（2018 年第 6 号） |
| 2018 年 10 月 22 日 | 证券期货经营机构私募资产管理计划运作管理规定 | 证监会公告〔2018〕31 号 |
| 2018 年 10 月 22 日 | 证券期货经营机构私募资产管理业务管理办法 | 证监会令【第 151 号】 |
| 2018 年 11 月 10 日 | 绿色投资指引（试行） | 中国证券投资基金业协会 |
| 2018 年 11 月 21 日 | 私募投资基金命名指引 | 中国证券投资基金业协会 |

续表

| 日期 | 主要政策 | 发布单位 |
|---|---|---|
| 2018年11月23日 | 深圳证券交易所证券投资基金流动性服务业务指引 | 深圳证券交易所 |
| 2018年11月28日 | 证券公司大集合资产管理业务适用《关于规范金融机构资产管理业务的指导意见》操作指引 | 证监会公告〔2018〕39号 |
| 2018年12月2日 | 商业银行理财子公司管理办法 | 银保监会令（2018年第7号） |
| 2018年12月7日 | 私募基金管理人登记须知（更新版） | 中国证券投资基金业协会 |
| 2018年12月11日 | 中国基金估值标准2018 | 中国证券投资基金业协会 |
| 2018年12月14日 | 上海证券交易所上市基金流动性服务业务指引（2018年修订） | 上海证券交易所上证发〔2018〕112号 |
| 2018年12月19日 | 证券基金经营机构信息技术管理办法 | 证监会令【第152号】 |
| 2018年12月25日 | 证券基金经营机构债券投资交易业务内控指引 | 中国证券投资基金业协会 |
| 2018年12月27日 | 中国证券期货市场衍生品交易主协议 | 中国证券业协会、中国期货业协会、中国证券投资基金业协会、上海证券交易所、深圳证券交易所 |
| 2019年1月15日 | 公开募集证券投资基金投资信用衍生品指引 | 证监会公告〔2019〕1号 |
| 2019年1月18日 | 证券投资基金投资信用衍生品估值指引（试行） | 中国证券投资基金业协会 |

## 专栏11

### 《养老目标证券投资基金指引（试行）》发布①

为支持公募基金服务个人投资者进行养老投资，在养老金市场化改革中更好发挥公募基金专业投资的作用，2018年2月中国证券监督管理委员会正式发布《养老目标证券投资基金指引（试行）》（以下简称《指引》）。

《指引》从运作形式、投资策略、运作方式、持有期限、投资品种和比例、子基金、基金管理人等多个领域对养老目标证券投资基金的运作管理作出规范。从《指引》和证监会官方披露的信息来看，养老目标基金初期主要采用基金中基金（FOF）的形式运作；资产配置方面采取成熟稳健的策略，追求长期收益和合理控制下行风险；期限方面设置定期开放的封闭运作期和投资者最短持有期限，避免短期频繁申购赎回对基金投资策略及业绩产生影响；费率方面鼓励基金管理人设置优惠的费率和差异化的费率，支持投资者进行长期养老投资。

相比其他养老体系和产品，养老目标证券基金在重点把控下行风险的基础上，给予

① 作者：武平平、张一纬，银河证券研究院，金融行业分析师。

相对灵活的资产配置，旨在提升收益，满足投资者个性化需求。产品设计时充分考虑投资者在风险偏好和流动性需求等方面的差异，将其分为目标日期型基金和目标风险型基金两类。两类基金分别根据设定的目标日期和特定的风险偏好，改变权益类与非权益类资产的配比，并采取有效措施控制基金组合风险。

Wind数据统计显示，自2018年初至2019年3月18日，已有103只养老目标基金产品申请发行。其中，仅有17只成功发行，募集规模为56.03亿元，规模有待进一步扩大。基金类型均为FOF基金。管理费率为0.50%～1%。期限方面以三年持有期产品为主。从基金回报率来看，17只养老目标基金自成立日起至2019年3月18日均实现净值正增长，部分回报率高达7%～8%。产品表现较好主要受2018年10月以来政策利好释放、中美贸易战改善驱动资本市场回暖影响。

养老目标证券投资基金的设立有利于丰富我国的养老体系，是居民个人养老的有效工具，对社保、企业年金和个人商业养老险三大支柱形成重要补充。养老目标证券投资基金采取公募基金市场化的运作方式，具备收益率、流动性和信息透明等多方面的优势。尽管目前养老目标证券投资基金处于起步阶段，规模尚小，但未来增长空间巨大。2018年4月，上海市、江苏省、福建省、厦门市财政厅（局）、地方税务局、人力资源社会保障厅（局）、银监局、证监局、保监局等多部门联合发布了《关于开展个人税收递延型商业养老保险试点的通知》，其中明确个人税收递延型商业养老保险试点一年期试点结束后，将公募基金等产品纳入个人商业养老账户投资范围。若投资范围扩容，或将促进养老目标证券投资基金规模提升。

## 附表

已成立养老目标基金基本情况汇总

| 基金 | 基金成立日期 | 管理费率（%） | 基金规模（亿元） | 自成立日起复权单位净值增长率（%） |
|---|---|---|---|---|
| 富国鑫旺稳健养老一年 | 2018年12月13日 | 1.00 | 8.83 | 1.30 |
| 工银养老2035三年 | 2018年10月31日 | 0.90 | 2.32 | 2.28 |
| 广发稳健养老目标一年 | 2018年12月25日 | 0.60 | 5.20 | 2.42 |
| 华夏养老2040三年 | 2018年9月13日 | 0.90 | 3.27 | 2.33 |
| 汇添富养老三年（FOF） | 2018年12月27日 | 0.80 | 2.52 | 1.60 |
| 嘉实养老2040五年 | 2019年3月6日 | 0.80 | 0.26 | 0.00 |
| 建信优享稳健养老一年 | 2019年1月31日 | 0.60 | 8.11 | 0.81 |
| 南方养老2035三年A | 2018年11月6日 | 0.90 | 3.48 | 4.05 |
| 南方养老2035三年C | 2018年11月6日 | 0.90 | 0.53 | 3.91 |
| 鹏华养老2035三年 | 2018年12月5日 | 0.60 | 2.61 | 0.82 |
| 泰达宏利泰和养老（FOF） | 2018年10月25日 | 1.00 | 2.30 | 3.95 |

续表

| 基金 | 基金成立日期 | 管理费率(%) | 基金规模(亿元) | 自成立日起复权单位净值增长率(%) |
|---|---|---|---|---|
| 万家稳健养老(FOF) | 2018年12月13日 | 0.90 | 2.20 | 1.14 |
| 兴全安泰平衡养老(FOF) | 2019年1月25日 | 0.50 | 6.58 | 8.37 |
| 易方达汇诚养老三年(FOF) | 2018年12月26日 | 0.90 | 2.30 | 2.15 |
| 银华养老2035三年 | 2018年12月13日 | 0.90 | 2.11 | 2.17 |
| 中欧预见养老2035三年A | 2018年10月10日 | 0.60 | 3.07 | 7.81 |
| 中欧预见养老2035三年C | 2018年10月10日 | 0.60 | 0.35 | 7.62 |

资料来源：Wind资讯，中国银河研究院整理。

## 专栏12

### 私募基金成为资本市场的中流砥柱①

一、私募基金从高速增长到规范发展，稳健运营

近年来，受益于2014年私募备案管理制的出台和高净值人群的增长，我国私募基金快速发展，管理人数量以及管理规模突飞猛进。截至2018年12月，已登记私募基金管理人达24448家。从管理数量和规模上看，已备案私募基金74629只，管理资产规模12.70万亿元，2014年以来的年化复合增长率分别为76.64%和70.76%。

随着私募基金行业快速发展，相关违法违规行为也逐渐增多，备案信息失真、违规募集资金、挪用基金财产等管理失范问题突出，甚至滋生操纵市场、利益输送、利用未公开信息交易等违法行为，扰乱市场秩序，损害投资者合法权益。为有效遏制私募基金领域违法违规多发态势，2016年前后中国证券投资基金业协会（以下简称基金业协会）先后出台了一系列办法和指引，对存在的一系列突出问题进行规范，包括引导私募基金管理人加强内部控制、规范私募投资基金的信息披露活动、业务运作和资金募集行为等。除此之外，2017年12月，中国证券监督管理委员会部署了专项执法行动，严厉打击私募基金领域违法违规行为，分别涉及违规经营、利益输送、操纵市场、老鼠仓四类违法行为。此后，私募基金监管力度持续加大，行业规模增速企稳，走上规范发展道路。

二、私募基金成为多层次资本市场重要参与主体，支持实体经济发展

私募基金的快速成长有利于推动直接融资发展，提升服务实体经济效率，已然成为我国多层次资本市场发展过程中的重要参与主体。截至2018年第三季度末，私募基金持股市值达2214.85亿元，仅次于公募基金和保险资金且远超券商持股市值。与此同时，私募基金还积极支持创新型企业的发展。Wind数据显示，2017年度，私募基金股

---

① 作者：武平平、张一纬，银河证券研究院，金融行业分析师。

权和创业投资金额排名前五的行业分别为互联网、汽车、广义 IT、生物技术/医疗健康和金融，投资金额折合人民币分别为 1762. 14 亿元、801. 31 亿元、638. 19 亿元、573. 14 亿元和 572. 93 亿元，多数属于战略新兴产业的范围。私募基金积极布局战略新兴领域，通过为创新型企业提供资金，推动新兴产业迅速发展，实现经济结构优化，促进产业升级。

三、我国当前私募基金规模远低于欧美发达国家，未来成长空间巨大

我国私募基金与欧美发达国家相比仍有较大差距。美国证券交易委员会（SEC）《2017 年第四季度私募基金行业统计报告》显示，美国 2017 年有私募基金管理人 2997 家，管理资产规模约为 12. 54 万亿美元，按照当前汇率换算后的人均管理规模约为 281. 85 亿元人民币。相比之下，我国 2018 年私募基金管理人数虽然是美国的八倍多，但总规模和人均规模仅为 12. 70 万亿元和 5. 19 亿元，无论是规模还是质态均有较大的提升空间。随着国家经济结构转型升级，经济增长动能转换，资本市场生态会发生变化，直接融资比重会扩容。同时，科创板设立会为私募股权投资提供新的退出渠道，我国私募基金未来有巨大的成长空间。

## 六、货币市场发展政策①

（一）货币市场运行概况

2018 年，货币市场总体运行平稳，同业拆借市场成交量大幅上升，债券回购市场、同业存单市场成交量保持增长，票据承兑业务稳步增长，贴现规模大幅提升。市场利率整体下行，波动小幅加大，交易期限结构有所优化。

1. 同业拆借市场

2018 年，同业拆借市场运行平稳，交易规模大幅上升，同业拆借市场累计成交 139. 30 万亿元，同比增长 76. 37%，日均成交 5527. 78 亿元。利率中枢下行，波动幅度有所增大，同业拆借全年加权平均利率为 2. 59%，较上年下降 18 个基点。市场参与主体持续增长，同业拆借市场机构成员年末达到2123 家，较上年增加165 家。市场参与成员类型逐步丰富，境外人民币清算行加入同业拆借市场继续增加，年末共 11 家境外人民币清算行成为同业拆借市场成员。同业拆借交易期限仍以短期为主，7 天期以内交易合计 135. 84 万亿元，占总交易量的 97. 52%，较上年提高 1. 25 个百分点。

2. 债券回购市场

2018 年，债券回购市场累计成交 954. 06 万亿元，同比增长 11. 69%。其中，银行间债券回购市场累计成交 722. 68 万亿元，同比增长 17. 2%；交易所债券回购市场累计成交 231. 38 万亿元，同比下降 12. 72%。银行间债券回购市场中，质押式回购累计成交 708. 67 万亿元，同比增长 20. 5%。质押式回购加权平均利率为 2. 66%，同比下降 26 个

① 作者：曾梓梁，中国人民银行上海总部金融市场管理部副处长。

基点；买断式回购累计成交 14.00 万亿元，同比减少 50.2%。买断式回购加权平均利率为 3.00%，同比下降 32 个基点。

3. 存单市场

同业存单发行金额 21.12 万亿元，同比增长 4.58%。截至 2018 年末，同业存单余额 9.23 万亿元，同比增长 23.56%。同业存单发行期限以 3 个月、6 个月、1 年为主，发行金额分别占总发行规模的 37.44%、17.32% 和 20.36%。1 个月、3 个月、6 个月期限品种占比较上年分别下降 9.46 个、3.29 个和 3.88 个百分点，9 个月、1 年期品种占比较上年分别上升 8.41 个和 8.22 个百分点。同业存单二级市场交易累计成交 149.85 万亿元，同比增长 32.76%。

4. 票据市场

票据承兑业务稳步增长，贴现规模大幅提升，利率水平整体下行。2018 年，商业汇票承兑发生额为 18.27 万亿元，较上年增加 3.63 万亿元，增长 24.84%；年末承兑余额为 11.96 万亿元，较年初增加 2.18 万亿元，增长 22.25%。2018 年，商业汇票贴现发生额为 9.94 万亿元，较上年增长 38.83%。年末，贴现余额为 6.68 万亿元，较年初增长 45.3%。2018 年票据交易量为 41.75 万亿元，比上年下降 19.98%，其中，转贴现交易量为 34.63 万亿元，下降 22.35%。

（二）出台的主要政策及效应评估

1. 推出债券质押式三方回购交易。4 月 24 日，上海证券交易所、中国证券登记结算有限责任公司发布《上海证券交易所 中国证券登记结算有限责任公司质押式三方回购交易及结算暂行办法》（上证发〔2018〕22 号），实施债券质押式三方回购。7 月 13 日，深圳证券交易所、中国证券登记结算有限责任公司正式发布《深圳证券交易所 中国证券登记结算有限责任公司债券质押式三方回购交易及结算暂行办法》（深证上〔2018〕323 号），自 2018 年 7 月 30 日起施行。10 月 19 日，中国人民银行发布公告（2018 年第 18 号），允许在银行间市场开展三方回购业务。

三方回购交易政策的推出，一是有利于市场参与者更加便利地开展回购业务，降低结算失败等风险，也有利于保证回购交易存续期间风险敞口得到有效覆盖，提升风险防控能力。二是提高质押式回购交易的操作便利性。成交要素的复杂性有所降低，操作手续得到简化。提高了交易效率，降低交易成本。三是完善了第三方抵押品管理机制，发挥清算、托管一体化优势。第三方机构提供自动计算、选取、质押、释放的抵押品管理服务，有助于进一步完善第三方抵押品管理机制。四是有利于零碎债券有效利用，提高二级市场流动性。

2. 推出同业拆借夜盘交易服务。4 月 27 日，根据中国人民银行授权，全国银行间同业拆借中心发布《关于提供同业拆借夜盘交易服务的通知》（中汇交发〔2018〕150 号），自 2018 年 5 月 1 日起提供同业拆借夜盘交易服务。开通夜盘交易，一是为了满足人民币跨境支付系统（CIPS）直接参与者的流动性管理需要，二是拓展了银行间同业拆借市场的交易时长，覆盖更多交易时区，三是进一步支持人民币国际化和金融市场对外开放。

3. 加强商业银行流动性风险管理。5 月 23 日，中国银保监会公布《商业银行流动性风险管理办法》（银保监会令〔2018〕3 号），并于 7 月 1 日起实施。该办法设置了流动性覆盖率、净稳定资金比例、流动性比例、流动性匹配率和流动性资产充足率等监管指标以及最低监管标准。

该政策的出台对货币市场的效应：一是强化商业银行流动性风险管理，维护银行体系安全稳健运行，在 2018 年稳健的货币政策背景下，银行体系的流动性保持合理充裕，货币市场利率平稳下行。二是商业银行加强同业业务流动性风险管理，提高同业负债的多元化和稳定程度。同业业务出现了线下业务转向线上的趋势，尤其是同业拆借市场的交易规模增速达到 76.37%，远高于其他货币市场工具的增速。同业拆借市场的交易规模占货币市场的比重进一步上升，货币市场交易结构持续优化。

4. 5 月 30 日，中国证监会、中国人民银行联合发布《关于进一步规范货币市场基金互联网销售、赎回相关服务的指导意见》（证监会公告〔2018〕10 号），要求货币市场基金互联网销售过程中严格落实持牌经营、严禁挪用基金销售结算资金，对“T + 0 赎回提现”业务明确限额管理、严禁违规垫支等限制性要求对相关业务加以规制。该政策对于提升合规风控水平，保护投资者利益和促进市场公平有序竞争，促进货币市场基金平稳健康和规范发展具有积极意义。

5. 完善票据市场制度。6 月 4 日，中国人民银行发布《关于修订〈电子商业汇票系统管理办法〉等四项制度的通知》（银发〔2018〕152 号），对《电子商业汇票系统管理办法》《电子商业汇票系统运行管理办法》《电子商业汇票系统数字证书管理办法》和《电子商业汇票系统危机处置预案》四项制度进行修订完善，《电子商业汇票系统管理办法》等四项制度（银发〔2009〕328 号文印发）和《中国人民银行办公厅关于简化电子商业汇票系统接入审核程序的通知》（银办发〔2015〕90 号）同时废止。8 月 12 日，上海票据交易所发布《上海票据交易所票据非交易过户业务操作规程》，为市场参与者因法院判决、赠与等非交易事由规范办理票据权属变更登记提供制度依据，进一步完善业务规则体系。

这些制度的建立与完善，进一步明确了电子商业汇票系统（ECDS）的监督管理框架，对电子商业汇票系统的运行进一步进行规范，规定了电子商业汇票的登记、流转、结算清算业务必须通过电子商业汇票系统进行。这是在 2017 年 10 月人民银行将电子商业汇票系统移交给上海票据交易所运营后，进一步明确其承担电子汇票系统建设和运营的职责和定位。这也表明统一的票据市场有效建成。

6. 加大再贴现对小微企业和民营企业的支持力度。6 月 28 日，中国人民银行发布《中国人民银行办公厅关于加大再贷款再贴现支持力度　引导金融机构增加小微企业信贷投放的通知》（银办发〔2018〕110号），进一步完善信贷政策支持再贷款、再贴现管理，增加再贷款和再贴现额度1500亿元。10月26日，中国人民银行印发《关于加大支小再贷款再贴现支持力度　引导金融机构增加小微企业和民营企业信贷投放的通知》（银发〔2018〕259号），增加再贷款和再贴现额度1500亿元，支持金融机构扩大对小微企业、民营企业的信贷投放。

再贴现政策的效应：一是进一步发挥票据支持小微和民营企业融资的优势，推动票据市场更好服务实体经济。2018年，人民银行共新增2000亿元再贴现额度，专门用于支持小微和民营企业融资。2018年12月末再贴现余额3290亿元，同比增长81.2%。2018年贴现发生额为9.94万亿元，比上年同期增加2.78万亿元，同比增长38.8%，其中小微和民营企业票据超过80%。二是有利于小微和民营企业降低融资成本。再贴现可以实现对小微和民营企业的精准支持，通过较低的资金成本引导商业银行为企业提供优惠的票据融资利率。2018年12月末未到期的再贴现票据加权平均贴现利率为3.93%，12月末已贴现未到期票据的加权平均贴现利率为4.39%，办理过再贴现的票据加权平均贴现利率相对低46个基点。

### （三）货币市场发展展望

2019年，货币市场将保持稳健增长的态势，功能作用将进一步强化。其中，同业拆借市场将立足宏观审慎管理，强化市场风险防范，保障市场平稳健康发展。市场效率和服务质量进一步提高，市场双向开放程度进一步扩大，交易主体更加丰富，不断适应人民币国际化进程。

债券回购市场将继续保持良好的发展势头，交易规模稳步增长，投资者类型继续丰富，定价机制将更加便利化、合理化。债券回购的质押券结构有望进一步优化。在服务实体经济、降低企业融资成本、管理非银行金融机构流动性等方面继续发挥重要作用。

同业存单市场将保持平稳有序发展，人民银行自2019年第一季度起将资产规模5000亿元以下金融机构发行的同业存单纳入MPA同业负债占比指标进行考核。同业存单发行利率将在稳定的区间波动，与Shibor的相关性将进一步提高，市场交易将继续保持活跃。

票据市场的创新将呈现良好的效果，在支持小微企业、民营企业和实体经济发展方面将发挥积极作用。

**专栏13**

### 天津全力打造高水平金融创新运营示范区①

近年来，天津以习近平新时代中国特色社会主义思想为指导，全面贯彻落实党中

① 何海峰根据相关资料整理。

央、国务院决策部署，深化金融供给侧结构性改革，加快现代金融体系建设，全方位服务高质量发展，有效防范化解金融风险，坚决筑牢首都政治护城河，努力打造高水平的金融创新运营示范区。截至2018年末，全市各项存款余额3.1万亿元，各项贷款余额3.4万亿元；金融业增加值1967亿元，占全市GDP的比重达到10.5%。天津高水平金融创新运营示范区在金融服务体系、改革开放体系和风险防控等三大体系建设上取得显著进展。

一、着力建设畅通高效的金融服务体系

聚焦服务实体经济、服务人民生活重点发力，强化金融服务功能，找准金融服务重点，优化金融营商环境，在2018年12月发布的“中国城市营商环境报告2018”中天津市金融服务评价居全国城市第4位。

一是主动融入和服务重大战略。天津把推进京津冀协同发展作为政治之责、发展之要，与工商银行、建设银行等10家大型金融总部签署过万亿元合作协议。服务供给侧结构性改革，大力发展科技金融、绿色金融、普惠金融，打造千亿级新一代人工智能科技产业基金和项目群、300亿元生物医药产业母基金群，在拼质量、拼效益、拼结构、拼绿色度上迈出新步伐。

二是有效缓解民营企业融资难、融资贵。深入贯彻习近平总书记在民营企业座谈会上的重要讲话精神，天津出台了《关于进一步促进民营经济发展的若干意见》《关于进一步提升优化金融信贷营商环境的意见》等一批高含金量的实用政策，实施银行机构服务实体经济考核评价体系，推动设立50亿元的融资担保发展基金、100亿元的民营企业发展基金、100亿元的民营企业纾困基金，帮助民营企业跨越“融资的高山”。截至2018年末，全市普惠口径小微企业贷款余额同比增长31.4%，贷款户数同比增长149%。

三是聚焦服务实体经济创新金融产品。天津推出服务实体经济的金融创新产品138个，涉及供应链物流、金融科技大数据、知识价值、融资增信、循环融资、“三农”服务、自贸区创新七大类，涌现出全国首创物流金融创新产品——“东疆仓单”融资试单，全国首单民营企业中长期债券融资支持工具等首创性金融产品。天津市金融局、天津海关推出《天津口岸中小企业进口税收事务被担保联合体成员互保增信协议》，推动金融机构为外贸与进出口企业提供捆绑担保金融产品；市版权局、市金融局、人民银行天津分行、天津银监局推出《天津市版权质押贷款实施指导意见》，推广版权质押融资产品；推广应用资产证券化融资产品，2018年全市资产证券化融资工具发行规模居全国第六。

四是用好产业基金助推实体经济振兴。天津海河产业基金自2017年4月设立以来，已累计核准29只母基金设立方案，其中13只母基金首期出资实缴到位，形成了投资能力强、带动作用明显的母基金群；强化资本招商、专业招商和特色招商，引导社会资金投向天津市支柱产业和新兴产业，紫光集团“紫光云”等37个项目在津落地，涉及云计算、人工智能、新能源汽车、生物医药等重点领域。

二、着力建设高水平的金融改革开放体系

深化金融改革和扩大开放，打造金融特色发展优势，形成更多更强的金融品牌，有力增强金融创新运营示范区示范引领效应。

一是优化金融机构体系。2018年底，天津市出台了《关于支持金融机构和金融人才在津发展政策措施的通知》，包括对新设立和迁入的法人金融机构给予最高5000万元的落户补助、最高1000万元的新购（建）自用办公用房补助、连续5年租赁自用办公用房补助，对金融服务实体经济创新案例团队给予最高200万元一次性研发补助等举措，进一步为各类优质金融资源在天津集聚创新发展提供沃土。

二是打造自贸区金融创新开放高地。天津自贸试验区自2015年4月挂牌以来，坚持大胆试、自主改的要求，以制度创新为核心，让账户通起来，让资金动起来，让权力少起来，最终实现“让主体活起来”。“金改30条”中11项措施在全国复制推广，累计发布金融创新案例8批62个，涉及跨境金融服务、金融服务贸易和投融资便利化、融资租赁、金融支持京津冀发展、政府与监管部门完善服务、人民币跨境使用等重点领域，形成了一批可复制可推广的重要成果。

三是融资租赁持续全国领跑。加快国家租赁创新示范区建设，在全国率先建立租赁物登记等突破性制度创新，对全国租赁业发展起到重要示范带动作用。截至2018年末，全市共有融资租赁公司2018家，其中12家金融租赁公司资产规模约占全国的四分之一，飞机、国际航运船舶、海工平台等跨境租赁业务总量全国占比均达到80%以上，涌现出工银金融租赁、民生金融租赁、兴业金融租赁、中国飞机租赁等一批龙头企业，形成了以航空、航运、海洋工程为特色，能源设施、轨道交通、高端装备、节能环保、医疗服务、基础设施等领域全面发展的格局。

三、着力建设安全有效的金融风险防控体系

抓好“稳金融”，既在改革创新上示范，又在安全运营上示范，坚决打好防范化解金融风险攻坚战，坚决守住不发生系统性金融风险的底线。

一是加强地方金融监管。推进地方金融监管立法，《天津市地方金融监管条例》已经天津市十七届人大常委会第七次会议一审通过。组建天津市地方金融监督管理局，完成融资租赁、商业保理、典当行三类机构转隶工作，建立完善七类机构监管体系，与中央金融监管部门形成互动，运用大数据、云计算、智能科技等手段，搭建金融监管和非法金融活动预警系统，坚决落实地方金融监管责任，努力做到“像警察一样的监管力度”。

二是聚焦重点领域精准拆弹。建立债务违约风险防控三道防线，积极稳妥化解债务风险，有效维护了全市良好信用环境。大力整治非法金融活动，创新实施“线索排查、会商研判、一案一策、稳妥处置、动态专报”风险化解五步工作法，稳步推进互联网金融风险专项整治，形成了非法集资风险排查和化解长效机制，守住了不发生系统性金融风险的底线。

## 七、信托与财富管理市场发展政策①

（一）2018 年主要政策内容

2018 年，若干重磅政策文件的发布与出台，为信托与财富管理市场发展构筑了更为完善的政策框架。

1.《关于规范金融机构资产管理业务的指导意见》

2018 年 4 月 27 日，中国人民银行、中国银行保险监督管理委员会、中国证券监督管理委员会和国家外汇管理局联合发布了《关于规范金融机构资产管理业务的指导意见》（以下简称《指导意见》）。《指导意见》对资产管理业务明确界定如下："资产管理业务是指银行、信托、证券、基金、期货、保险资产管理机构、金融资产投资公司等金融机构接受投资者委托，对受托的投资者财产进行投资和管理的金融服务。"《指导意见》全文共 31 条，就资产管理业务的原则、定义、分类和主要操作环节进行了明确界定。如前所述，《指导意见》涵盖多个金融子行业，在此仅就与信托业紧密度较高的内容进行相应介绍。

（1）关于通道与嵌套。事务管理类信托往往具有明显的通道特征，并且嵌套层级较多，《指导意见》针对上述情况作出明确要求："金融机构不得为其他金融机构的资产管理产品提供规避投资范围、杠杆约束等监管要求的通道服务。资产管理产品可以再投资一层资产管理产品，但所投资的资产管理产品不得再投资公募证券投资基金以外的资产管理产品。"这一规定是针对通道业务的限制性要求，并进一步将信托产品的嵌套层次限制为两层，以往信托产品中存在的多层嵌套将无法操作。

（2）关于合格投资者。信托产品是面向合格投资者的产品类型。《指导意见》此次对合格投资者标准进行了统一界定，对自然人合格投资者的要求是："具有 2 年以上投资经历，且满足以下条件之一：家庭金融净资产不低于 300 万元，家庭金融资产不低于 500 万元，或者近 3 年本人年均收入不低于 40 万元。"相比《集合资金信托计划管理办法》中的合格投资者规定，《指导意见》的认定标准有所提高。

（3）关于打破刚性兑付。打破刚性兑付是《指导意见》的一个核心思想，为市场所普遍关注。《指导意见》第十九条对刚性兑付的认定标准进行了明确，强调禁止对资产管理产品进行刚性兑付。一直以来，信托产品多少带有隐性刚兑成分，这一规定对信托产品的运行具有一定影响。

（4）关于负债比例。资产管理产品可能存在负债运行的状态，《指导意见》据此对

① 作者：李青云，上海通晟资产管理有限公司总裁。

负债比例上限进行了明确规定。针对信托业务所属的私募产品，《指导意见》规定："每只私募产品的总资产不得超过该产品净资产的200%"，并且"计算单只产品的总资产时应当按照穿透原则合并计算所投资资产管理产品的总资产"。

（5）关于份额分级。优先/劣后分级在信托产品中是一种常见情形，《指导意见》此次就份额分级作出了专门规定。《指导意见》禁止公募产品和开放式私募产品进行份额分级，对于可分级的私募产品进一步根据投资对象设定了不同比例，"固定收益类产品的分级比例不得超过3∶1，权益类产品的分级比例不得超过1∶1"。同时，《指导意见》要求将中间份额视为优先份额。

（6）关于净值化管理。《指导意见》对资产管理产品的净值化管理提出了明确要求："金融机构对资产管理产品应当实行净值化管理"。对于不易实现公允市值计量的产品，《指导意见》进一步明确可采用摊余成本法计量。信托产品中投向非标资产的规模较大，这一规定对信托产品的日常管理提出了更高要求。

2. 《信托部关于加强规范资产管理业务过渡期内信托监管工作的通知》

2018年8月17日，中国银行保险监督管理委员信托管理部发布了《信托部关于加强规范资产管理业务过渡期内信托监管工作的通知》（信托函〔2018〕37号）（以下简称《过渡期通知》）。

《过渡期通知》共分五个部分，分别就《指导意见》的统筹贯彻和严格落实等方面进行了细致规定，以下是几点针对性较强的内容。

（1）区别对待事务管理类信托。《过渡期通知》对业务规模较大的事务管理类信托进行了补充规定："对事务管理类信托业务要区别对待，严把信托目的、信托资产来源及用途的合法合规性，严控为委托人监管套利、违法违规提供便利的事务管理类信托业务，支持信托公司开展符合监管要求、资金投向实体经济的事务管理类信托业务。"

（2）明确公益（慈善）信托和家族信托不适用《指导意见》。《过渡期通知》明确指出公益（慈善）信托和家族信托不适用《指导意见》。为防止家族信托被滥用，《过渡期通知》对家族信托进行了明确定义，这也是监管层首次对家族信托进行定义。根据《过渡期通知》，家族信托是指信托公司接受单一个人或者家庭的委托，以家庭财富的保护、传承和管理为主要信托目的，提供财产规划、风险隔离、资产配置、子女教育、家族治理、公益（慈善）事业等定制化事务管理和金融服务的信托业务。《过渡期通知》还对受益人范围进行了界定："受益人应包括委托人在内的家庭成员，但委托人不得为唯一受益人。"这一规定在《信托法》受益人范围的表述基础上进行了创新，对于防范家族信托被滥用具有较强的针对性。

（3）进一步细化产品嵌套认定标准。为防止利用信托受益权转让进行多层嵌套，《过渡期通知》对产品嵌套的认定范围进行了扩展，规定"以信托产品或其他资产管理产品作为受让方受让信托受益权的业务，视同资产管理产品嵌套业务"，同时为支持资产证券化业务的发展，投资于依规发行的资产证券化产品不被视为产品嵌套。

（4）存量未到期资产的过渡期安排。为维持市场稳定，防范未到期资产无法接续，《过渡期通知》允许信托公司在过渡期内“可以发行存量老产品对接，也可以发行老产品投资到期日不晚于2020年底的新资产”，但老产品规模不能超过2018年4月30日的时点规模。

3.《信托公司受托责任尽职指引》

2018年9月19日，中国信托业协会发布《信托公司受托责任尽职指引》（以下简称《尽职指引》），在已有政策环境的基础上，进一步明确了信托业务各环节中的受托责任，其主要内容有以下几个方面。

（1）受托责任全流程覆盖。《尽职指引》对信托业务实施的各个环节均有涉及，实现了对受托责任的全流程覆盖。《尽职指引》根据信托业务流程，对尽职调查与审批管理、产品营销与信托设立、运营管理、合同规范、终止清算、信息披露、业务创新、自律管理等主要环节提出了细致要求。

（2）信托财产运用前规范。《尽职指引》要求信托公司在对信托财产进行管理、运用之前应先出具尽职调查报告，同时原则上要求出具相关项目的可行性研究报告。在此基础上，《尽职指引》进一步要求信托公司根据信托项目业务类型及业务实际需要，制定项目审批制度。

（3）信托产品销售规范。《尽职指引》针对信托产品销售环节的受托责任提出了多项具体要求：加强投资者教育，向投资者传递“卖者尽责，买者自负”的理念；进一步加强风险承受能力评估，并且规定评估有效期不超过两年；信托产品推介可以自行推介，也可由代理机构代为推介，但不得通过公开媒体推介；委托人签署信托文件应全程双录，双录资料应在一定期限内妥善保存。

（4）强调净值化管理。信托产品成立以后，运行涉及的主要环节有运营管理、合同规范、终止清算以及信息披露。《尽职指引》根据信托业务实践情况，就上述环节的受托责任也提出了相应要求。其中较引人注目的是对净值化管理的强调，《尽职指引》提出：“信托公司应当按照法律、行政法规、部门规章及其他规范性文件的规定对信托产品实行净值化管理。”

（5）业务创新与受托责任。《尽职指引》还对信托公司的业务创新活动提出了受托责任要求。《尽职指引》首先对合规性进行了强调，要求“信托公司不得以业务创新为名，违反法律、行政法规、部门规章及其他规范性文件的规定或变相逃避监管。”其次，进一步提出了流程性要求，信托公司开展业务创新也应出具可行性研究报告，并形成可靠的制度流程。

4.《中国信托登记有限责任公司信托登记管理细则》

2018年8月7日，中国信托登记有限责任公司发布了《中国信托登记有限责任公司信托登记管理细则》(以下简称《登记细则》),就信托登记办理的各个环节提出规范要求,其主要内容包括以下几个方面。

(1)细化五种登记类型的具体操作。《登记细则》将信托登记类型明确为以下五种类型:预登记、初始登记、变更登记、终止登记和更正登记。《登记细则》用大量条文对每个登记类型的登记内容、登记流程等进行了详尽规定。

(2)建立信托登记员制度。为保障信托登记工作的持续稳定,《登记细则》专门对人员配备作出了要求,明确规定“信托机构应当建立信托登记员制度,指派专人负责办理信托登记业务并明确相关内部管理要求”。

(3)特殊事项专门规定。除对一般事项进行统一规范之外,《登记细则》还对若干特殊事项提出了专门要求,主要有分期信托产品登记要求、新增关联交易等需事前报告、信托登记信息保管、信托登记自律管理等。

5.《银行业金融机构从业人员行为管理指引》

2018年3月21日,中国银行业监督管理委员会发布《银行业金融机构从业人员行为管理指引》(以下简称《行为指引》)。

《行为指引》共五章二十八条,首次从规范人员行为的角度对相关金融机构提出系统性要求,主要内容包括以下几个方面。

(1)机构承担主体责任。《行为指引》首先对从业人员进行了界定,是指“按照《中华人民共和国劳动合同法》规定,与银行业金融机构签订劳动合同的在岗人员,银行业金融机构董(理)事会成员、监事会成员及高级管理人员,以及银行业金融机构聘用或与劳务派遣机构签订协议从事辅助性金融服务的其他人员”。随后,《行为指引》要求银行业金融机构对本机构从业人员行为管理承担主体责任。

(2)行为管理的治理架构。《行为指引》对董事会、监事会、高级管理层和相关职能部门的职责分工进行了明确。董事会对从业人员的行为管理承担最终责任,监事会负责对董事会和高级管理层在从业人员行为管理中的履职情况进行监督评价,高级管理层承担从业人员行为管理的实施责任。

(3)行为管理的制度建设。《行为指引》从行为守则和行为细则的制定、从业人员行为的日常教育和管理、招聘和晋升中对行为的要求,以及对不当行为的举报和处理等多个方面,对从业人员行为管理的制度建设提出了要求。

(4)行为管理的监管。《行为指引》对监管报告、日常监管、信息报送等多个方面进行了明确要求,并且提出要充分运用银行业金融机构从业人员处罚信息系统在人员管理中的作用。

(二)2018年政策效果评估

1. 防控金融风险,支持实体经济

作为重要的融资渠道,信托业在过去若干年一直保持快速发展势头,行业地位不断攀升。截至2017年底，信托产品总规模达26万亿元人民币，成为仅次于银行理财产品的第二大资产管理品类。在经济增速有所下滑的背景下，宏观杠杆率如果得不到相应控制，发生金融风险的风险不容小觑。《指导意见》通过对资产管理产品负债比例上限的规定，以及对分级私募产品分级比例的限定，充分限制了信托产品的杠杆比例，通过缩减产品规模实现对金融风险的有效防控。

与此同时，《指导意见》对通道业务及嵌套层次的严格限制有效防控了监管套利。由于事务管理类信托在很多场合充当产品通道的角色，并且可以通过多层嵌套实现某些特殊目的，消除通道、限制嵌套这两个要求在很大程度上是针对信托业提出的。这两个要求有利于减少资金在金融体系内部空转，提高资金使用效率，推动资金流向实体经济领域。

在上述政策要求的综合影响下，信托行业受托资产规模出现了多年来罕见的下降情况，防控金融风险的效果已经凸显。根据中国信托业协会的数据，截至2018年底，全国68家信托公司受托资产减少到22.70万亿元，相比2017年底下降了13.50%。

2. 稳妥去杠杆，稳定市场预期

出于稳步稳健推进的考虑，《指导意见》特别规定了过渡期安排，要求按照“新老划断”原则设置过渡期，以2020年底为限完成产品过渡。过渡期内，为接续存量产品所投资的未到期资产，维持必要的流动性和市场稳定，金融机构可以发行老产品对接。这一安排有助于信托机构有序压缩递减业务规模，防止过渡期结束时出现断崖效应。

中国银行保险监督管理委员会信托管理部发布的《过渡期通知》进一步细化了过渡期的各项工作要求。《过渡期通知》适时对通道业务类型进行了区分，并对信托公司开展符合监管要求、资金投向实体经济的事务管理类信托业务表示了支持，消除了事务管理类信托“一刀切”的预期。同时，《过渡期通知》又专门确认了公益（慈善）信托、家族信托不适用《指导意见》的待遇。上述细则的发布，较好地稳定了市场预期，避免业务规模出现过大波动。数据显示，2018年信托业受托资产规模第一到第四季度的环比增速为分别为－2.41%、－5.25%、－4.65%、－1.89%，对应资产规模分别减少6322.35亿元、13446.17亿元、11292.33亿元、4379.47亿元，第四季度规模降幅明显收窄。

3. 多方位推动信托回归本源

首先，《过渡期通知》具有一定的监管激励效应。《过渡期通知》在将公益（慈善）信托、家族信托从《指导意见》适用范围中排除的同时，还首次对家族信托进行了明确定义，为信托机构开展家族信托业务的探索提供了可靠的操作依据。相关规定无疑具有明确的监管激励效应，对于鼓励信托机构持续深入开展相关业务具有积极意义。

其次，《尽职指引》有助于信托机构加强本源业务水平。从具体内容上看，《尽职指引》只是依托信托业务现状，根据业务流程进行的细节规范，并无太多创新。然而，正是这种细节层面的专门规范，才有助于信托机构实现业务操作的严谨、稳健和持续，同时也有助于增强委托人信心。《尽职指引》的基础性意义很大。

再次，《登记细则》有助于信托登记功能的进一步发挥。《登记细则》是根据《信托登记管理办法》制定的实施细则，对信托登记工作进行了全方位规范。既有助于受托人推进具体工作，也有助于受益人权益的保障，还有助于监管部门及时监测行业动态。《登记细则》同样具有较大的基础性意义。

最后，《行为指引》有助于信托从业人员行为的进一步规范。《行为指引》有助于信托机构形成良好的从业人员行为管理的治理架构，形成完备的从业人员行为管理制度。《行为指引》对信托机构从业人员合法合规展业大有裨益，还将对信托业的风险防控，特别是操作风险防控产生积极影响。众所周知，从业人员能力、品德水平的高低，对具有财产隔离特性的信托产品具有特别意义。《行为指引》同样具有推动信托本源业务回归的基础性意义。

（三）政策展望

随着消费品结构和产业结构的持续深入调整，融资结构的跟随性调整必然同步展开。以信贷融资为主的融资结构有望见顶回落，此消彼长，融资结构中的股权融资规模将持续加大。防范金融风险、支持实体经济发展仍将是2019年的重要任务，信托与财富管理市场相关政策有望在如下方面继续深化。

1. 从严监管以信贷融资为基础的业务形态

在经济下行压力有所加大的背景下，仍需严防信贷资产出现不良的情况。就信托产品而言，以信贷融资为基础的产品一直占据主体地位，发生违约风险的概率仍然存在。这部分业务形态在监管政策上将继续保持从严态势，稳妥降低杠杆水平，积极应对潜在违约风险，严防发生系统性风险。

2. 积极鼓励以资本市场为基础的业务形态

受多种因素影响，信托产品中以资本市场为基础的品种不多，并且多以二级市场产品为主，一级市场相关产品十分罕见。事实上，信托业依托其特有的产品机制，具备促进资本市场发展的独特价值和巨大能力。鼓励和推动信托业参与资本市场的相关政策有待继续突破，从而有利于实现金融支持实体经济的深化。

3. 进一步鼓励信托机构加强主动管理能力

随着《指导意见》的持续落实，以及公益（慈善）信托和家族信托的不断发展，信托机构的主动管理能力将成为业务发展的关键因素。监管部门将进一步鼓励信托机构加强主动管理能力建设，促使信托机构进一步增强本源业务能力。

## 附表

**2018 年度中国信托市场发展主要政策**

| 日期 | 文件名称 | 发布单位 |
| --- | --- | --- |
| 3 月 21 日 | 银行业金融机构从业人员行为管理指引 | 中国银监会 |
| 4 月 27 日 | 关于规范金融机构资产管理业务的指导意见 | 中国人民银行、中国银行保险监督管理委员会、中国证券监督管理委员会、国家外汇管理局 |
| 8 月 7 日 | 中国信托登记有限责任公司信托登记管理细则 | 中国信托登记有限责任公司 |
| 8 月 17 日 | 信托部关于加强规范资产管理业务过渡期内信托监管工作的通知（信托函〔2018〕37 号） | 中国银行保险监督管理委员会信托管理部 |
| 9 月 19 日 | 信托公司受托责任尽职指引 | 中国信托业协会 |

# 八、金融衍生品市场发展政策①

## （一）2018 年相关政策法规汇总

**2018 年金融衍生品市场新出相关政策法规、制度公告**

| 日期 | 主要内容 | 颁布机构 |
| --- | --- | --- |
| 1 月 4 日 | 中国银监会关于印发衍生工具交易对手违约风险资产计量规则的通知（银监发〔2018〕1 号） | 中国银行业监督管理委员会 |
| 1 月 24 日 | 关于推出外币对货币掉期、人民币对澳元货币掉期交易等业务的通知（中汇交发〔2018〕33 号） | 中国外汇交易中心 |
| 1 月 29 日 | 关于提供可集中清算信用违约互换合约交易相关服务的通知（中汇交发〔2018〕44 号） | 中国外汇交易中心 |
| 1 月 29 日 | 关于修订《全国银行间同业拆借中心信用风险缓释工具交易指引》的通知（中汇交发〔2018〕45 号） | 中国外汇交易中心 |
| 4 月 28 日 | 关于推出外币利率互换交易业务的通知（中汇交发〔2018〕151 号） | 中国外汇交易中心 |
| 6 月 15 日 | 关于推出外币对货币掉期交易确认业务的通知（中汇交发〔2018〕208 号） | 中国外汇交易中心 |
| 6 月 26 日 | 关于调整利率互换定盘（收盘）曲线报价机构的通知（中汇交发〔2018〕219 号） | 中国外汇交易中心 |
| 8 月 2 日 | 关于完善货币掉期交易确认业务的通知（中汇交发〔2018〕276 号） | 中国外汇交易中心 |
| 8 月 6 日 | 关于发布《2 年期国债期货合约》及相关业务规则的通知 | 中国金融期货交易所 |
| 8 月 7 日 | 关于 2 年期国债期货合约上市交易有关事项的通知 | 中国金融期货交易所 |
| 11 月 23 日 | 关于修订《中国金融期货交易所违规违约处理办法》的通知 | 中国金融期货交易所 |

① 作者：张生举，中国外汇交易中心研究部总经理；郑凌云，中国金融期货交易所研究发展部总监。

续表

| 日期 | 主要内容 | 颁布机构 |
| --- | --- | --- |
| 11 月 23 日 | 关于修订《中国金融期货交易所风险控制管理办法》的通知 | 中国金融期货交易所 |
| 12 月 2 日 | 关于调整股指期货手续费标准的通知 | 中国金融期货交易所 |
| 12 月 2 日 | 关于调整沪深 300、上证 50、中证 500 股指期货交易保证金的通知 | 中国金融期货交易所 |
| 12 月 10 日 | 关于调整交易中心外汇掉期曲线计算方案的通知 | 中国外汇交易中心 |
| 12 月 20 日 | 关于在银行间外汇市场推出衍生品协商交易功能的通知（中汇交发〔2018〕481 号） | 中国外汇交易中心 |
| 12 月 28 日 | 关于修订《中国金融期货交易所交易规则》及相关实施细则的通知 | 中国金融期货交易所 |
| 12 月 28 日 | 关于开展国债期货期转现交易有关事项的通知 | 中国金融期货交易所 |
| 12 月 28 日 | 关于发布《中国金融期货交易所做市商管理办法》的通知 | 中国金融期货交易所 |

资料来源：课题组整理。

### （二）相关热点政策效应

#### 1. 场内金融衍生品市场

##### （1）2 年期国债期货上市

2018 年 8 月 17 日，2 年期国债期货正式上市，这标志着覆盖短、中、长期关键年限国债的风险管理体系初步形成，对提升债券市场价格发现效率、推进利率市场化、健全国债收益率曲线具有重要意义。

自上市到 2018 年底，2 年期国债期货共成交 3.41 万手，日均成交 0.038 万手，日均持仓 0.25 万手，与 5 年期、10 年期品种上市初期相近；品种运行平稳，期现价格相关性水平较高，拟合良好，投资者参与有序，首次交割平稳完成。

##### （2）股指期货市场交易安排调整

2018 年 12 月 3 日，中国金融期货交易所在综合评估市场风险、积极完善监管制度的基础上，进一步稳妥有序调整股指期货交易安排，以降低市场交易经济成本，促进市场功能有效发挥：一是自当日结算时起，将沪深 300、上证 50 股指期货交易保证金标准统一调整为 10%，中证 500 股指期货交易保证金标准统一调整为 15%；二是将股指期货日内过度交易行为的监管标准调整为单个合约 50 手，套期保值交易开仓数量不受此限；三是将股指期货平今仓交易手续费标准调整为成交金额的 4.6‱。

调整后一周，股指期货日均成交 10.41 万手、持仓 16.05 万手，较调整前一周分别增加 2.90 万手、1.49 万手，期现基差改善，市场流动性有所优化，市场资金使用效率显著提高，投资者参与理性，媒体报道和舆论反映积极正面。

##### （3）发布实施修订后的风险控制管理办法

2018 年 11 月 23 日，修订后的《中国金融期货交易所风险控制管理办法》发布，并于 11 月 26 日起实施，本次修订在反复论证和充分调研的基础上，对结算会员结算担保金补缴上限做了明确规定。

结算担保金制度是国际通行的交易所作为中央对手方应对极端市场条件下的风险管理措施。中国金融期货交易所借鉴境外市场成熟经验，对其设置一定的补缴上限，明确了结算会员的结算担保金补缴责任，是完善金融期货市场风险管理制度、适应对外开放要求的积极举措。

（4）发布实施修订后的违规违约处理办法

2018 年 11 月 23 日，修订后的《中国金融期货交易所违规违约处理办法》发布，并于 11 月 26 日起实施。本次修订，一是完善违规违约行为类型，新增会员违反投资者适当性制度、实际控制关系账户管理制度、未履行交易行为管理职责等违规违约行为情形，并进一步完善影响交易秩序的情形；二是优化处理措施相关规定，包括引入没收违规所得等措施，进一步明晰临时处置措施以及市场禁入措施适用条件和范围；三是进一步明确违规违约调查制度的规则依据。修订后的《中国金融期货交易所违规违约处理办法》强化了会员对客户交易行为的管理职责，进一步夯实了交易所自律监管的规则基础。

（5）发布实施做市商管理办法

2018 年 12 月 28 日，《中国金融期货交易所做市商管理办法》正式发布实施，该办法对做市商资格条件、做市交易、权利义务和监督管理等方面作出了明确规定，为在相关金融期货品种引入做市商夯实了制度基础。

做市商制度的推出是场内衍生品市场一项重要的基础性制度安排，也是提高市场流动性和运行效率的重要举措，有利于防范价格瞬时大幅波动，促进相关品种合理定价，促进金融期货市场的功能发挥和健康稳定发展。

2. 场外金融衍生品市场

（1）外币利率和汇率风险管理工具进一步丰富

2018 年，银行间外汇市场先后推出若干外币利率衍生产品，进一步丰富了外币利率和汇率风险管理工具。2 月 5 日，推出外币对货币掉期，包括澳元兑美元、欧元兑美元、英镑兑美元、美元兑港元和美元兑日元五个货币对。5 月 2 日，推出外币利率互换交易，涵盖美元、欧元、英镑、日元、港元和澳元六个币种。

（2）X - Swap 不断优化，市场份额稳步提升

利率互换匿名点击业务（X - Swap）是银行间市场首个基于双边授信撮合的匿名点击业务品种。自 2014 年 2 月推出至今，X - Swap 市场占比不断提升，参与机构稳步增加，获得市场广泛认可。2018 年，X - Swap 完成系统撮合机制的优化，提升系统撮合效率，提高接口流量，日均订单量提升 40%，日均成交量从上线初期的 6.8 亿元提高至 2018 年的 330 亿元，在利率互换市场占比也从不足 5% 提升至 55% 以上。

（3）银行间市场衍生品冲销业务稳步发展

2018 年以来，银行间市场不断丰富衍生品计算服务，推出了利率互换风险重置管理

服务，利率互换、外汇掉期冲销业务不断优化。冲销业务对于释放衍生品市场参与者授信额度、防范化解金融市场整体风险成效显著，受到了市场成员的广泛赞誉。2018 年，银行间市场共组织利率互换多边冲销 17 场，双边冲销 52 场，累计冲销利率互换合约 2.9 万笔，名义本金 1.86 万亿元；共组织外汇掉期多边冲销 3 场，双边冲销 5 场，累计冲销金额 105.66 亿美元。

（三）金融衍生品市场发展展望

中共十九大报告提出，我国经济已由高速增长阶段转向高质量发展阶段，这为建设一个与经济规模相匹配、与经济增长相适应的金融衍生品市场奠定了重要的宏观基础。未来，金融衍生品市场将继续在习近平新时代中国特色社会主义思想指引下，持续稳步推进改革发展，通过提升金融市场的运行效率、透明度和安全性，助力建设一个规范、透明、开放、有活力、有韧性的资本市场，积极服务金融供给侧结构性改革，实现金融体系与实体经济良性互动。

一是进一步推进产品和服务创新，丰富金融衍生产品供给。随着汇率和利率市场化改革的深化推进，金融机构对于汇率和利率风险管理的需求愈发迫切。金融衍生品市场将适应和服务实体经济需求，稳步推进产品供给，包括在 2 年期、5 年期、10 年期国债期货基础上，加快推动其他关键期限国债期货产品上市，继续健全国债收益率曲线；加快推进股指期权、国债期权上市筹备工作；积极开展其他类型股指期货、外汇期货等新产品的研发工作；探索人民币利率期权定价及交易，完善银行间衍生品序列；研究外币利率互换市场流动性优化方案；分步实现外汇衍生品的协商交易功能，并通过即时通讯工具支持与货币经纪服务连通等。

二是完善市场交易、结算机制和规章制度，促进金融衍生品功能的发挥和市场效率的提升。在交易结算机制方面，人民币利率互换作为市场参与者最主要的利率风险管理工具，其市场发展一直受到“授信难”这一因素的阻碍，为此，市场交易和清算机构将合作尽快推出利率互换清算实时承接业务，进一步提升交易清算效率，缓解授信难问题；即将推出的标准债券远期实物交割功能，将进一步强化现货和远期市场价格收敛机制。在规章制度和市场服务方面，完成股指期权、国债期货做市商业务上线，研究完善会员结构，进一步优化交易编码，完善套保套利业务管理，完善自律监管规则，明晰自律监管边界，提升规则透明度，明确市场主体预期。

三是优化金融期货市场参与者结构。机构投资者是资本市场长期稳定发展的中坚力量，要完善市场机制，推动机构入市，争取银行、保险资金参与国债期货，推动银行理财参与金融期货市场，推动社保基金、养老金等长期资金运用衍生品保值增值，促进机构更多、更好、更充分地参与金融期货市场，进一步优化市场投资者结构。

四是深入推进国际交流与合作，推动金融衍生品市场对外开放。目前，银行间汇率衍生品市场已经对境外央行类机构、境外清算行以及境外购售类业务参加行开放，银行间利率衍生品市场已经对境外央行类机构无条件开放，境外金融机构、投资产品及中长期机构投资者可基于套期保值需求参与利率衍生品交易。不过，目前境外机构在债券通项目下还只能开展现券交易，无法参与衍生品市场。未来，市场将坚持“走出去”与“引进来”的双向开放，进一步做精做细现有境外合作项目，服务“一带一路”倡议；顺应现货市场对外开放步伐，提升金融衍生品市场对外开放水平，满足境外参与者投资中国金融资产过程中的风险管理需要。

## 九、商品期货市场发展政策①

### （一）2018 年商品期货市场政策主要内容

1. 服务国家战略，稳步推进“保险＋期货”试点

2018 年 1 月，中共中央、国务院在发布的《关于实施乡村振兴战略的意见》（中发〔2018〕1 号）中提出：深入推进农产品期货期权市场建设，稳步扩大“保险＋期货”试点，探索“订单农业＋保险＋期货（权）”试点。2018 年 6 月 15 日，中共中央、国务院发布的《关于打赢脱贫攻坚战三年行动的指导意见》（中发〔2018〕16 号）中明确指出：探索发展价格保险、产值保险、“保险＋期货”等新型险种。2018 年 9 月 26 日，中共中央、国务院在印发的《乡村振兴战略规划（2018—2022 年）》（中发〔2018〕18 号）中再次明确提出完善农业支持保护制度，发展农产品期权期货市场，扩大“保险＋期货”试点，探索“订单农业＋保险＋期货（权）”试点，提高农业风险保障能力。“保险＋期货”模式不仅是金融市场探索出支持“三农”发展和服务农业供给侧改革的创新模式，也是期货行业服务国家战略、服务实体经济的重要途径。“保险＋期货”连续三年写入中央一号文件，充分表明了“保险＋期货”模式在脱贫攻坚战略和乡村振兴战略中发挥的重要作用。中国证监会高度重视“保险＋期货”试点工作，将其作为期货行业助力脱贫攻坚、落实乡村振兴战略的重要抓手。一方面指导期货交易所和期货公司加大工作力度，扩大试点范围，探索完善业务模式，规范操作；另一方面加大与银保监会、农业农村部、财政部等国家部委的沟通协调，不断完善农业支持保护政策、助力脱贫攻坚。

2. 商品期货和期权扩容，品种体系日趋完善

近年来，我国商品期货品种不断丰富，基本涵盖了有色、黑色、能源化工及农产品等行业。2018 年，国内商品期货市场迎来了新品种上市热潮。3 月 26 日，中国原油期货在上海期货交易所子公司上海国际能源交易中心正式挂牌交易。原油期货在平台建设、市场参与主体、计价方式等诸多方面与国内现行期货品种有所不同，其特点概括为“国际平台、净价交易、保税交割、人民币计价”，原油期货全面引入境外交易者和境外

① 作者：甘正在，英大期货有限公司总裁。

经纪机构参与交易，报价为不含税净价，美元等外汇可用作期货保证金。7 月 16 日，保税 380 燃料油期货上市；10 月 16 日修订后的线材期货合约重新挂牌；11 月 27 日，纸浆期货在上海期货交易所顺利挂牌上市；12 月 10 日，乙二醇期货品种在大连商品交易所上市交易；9 月 21 日，铜期权作为国内首个工业品期货期权品种上市。伴随新的商品期货、期权品种相继上市，我国商品期货品种不断丰富完善。

3. 积极推进中国商品期货市场国际化

一是商品期货品种国际化。原油期货成为我国首个对外开放的期货品种，原油期货上市将有利于建立反映亚太地区石油供需关系的价格基准，有利于国内石油相关企业有效管理市场风险。此外，随着人民币计价和结算的原油期货市场逐步成熟、吸引力的增加，原油期货上市将有利于人民币国际化。5 月 4 日，铁矿石期货正式引入境外交易者，成为我国首个已有期货国际化的品种，为期货市场已上市品种国际化提供了经验。11 月 30 日，PTA 期货也成功引入境外交易者。与原油期货不同，铁矿石期货、PTA 期货均是已经运行多年的成熟品种，成交规模大、市场认可度高、产业影响力大。这两个品种引入境外交易者是在保持原有合约、基础制度不变的情况下，采用人民币计价和结算，境外交易者通过境内期货公司参与交易。二是期货对外开放政策落地。8 月 24 日，中国证监会发布实施《外商投资期货公司管理办法》(证监会令〔第 149 号〕)，期货业进一步向外商敞开大门。符合条件的境外投资者可依据相关规定，向中国证监会提交申请，持有境内期货公司股比不超过 51%，3 年后股比不受限制。三是交易所深化境外布局。2018 年，为配合市场开放，国内期货交易所大力推进境外注册和境外机构设立。目前，上海期货交易所、郑州商品交易所、大连商品交易所均已在新加坡设立办事处。上海国际能源交易中心和大连商品交易所已在香港证监会注册为自动化交易服务（ATS）提供者，可向当地市场参与者提供电子平台交易服务。

4. 商品场内市场与场外市场融合发展

2018 年，国内期货行业在促进场内市场与场外市场融合发展方面取得实质性进展。3 月底，郑州商品交易所顺利上线综合业务平台，平稳推出仓单交易、基差贸易业务。5 月 28 日，上海期货交易所标准仓单交易平台上线。上线品种已涵盖铜、铝、铅、锌、镍、锡等有色品种。2018 年共成交 17. 8 万张仓单，合计 410. 88 万吨，累计交易额突破 800 亿元。12 月 19 日，大连商品交易所商品互换业务正式上线，期货市场服务实体经济再添有力工具。商品互换业务将引入银行、证券公司及风险管理公司作为交易商，为场外业务提供一个集中清算平台，有助于解决商品场外市场信用风险问题。

5. 完善业务规则体系，做深做细上市品种

2018 年，郑州商品交易所发布实施《郑州商品交易所异常交易行为管理办法》与《郑州商品交易所实际控制关系账户管理办法》，修订完善《郑州商品交易所期货交易风险控制管理办法》《郑州商品交易所期货交易细则》等业务规则，完善 PTA 引入境外

交易者涉及的各项规则及业务细则，修订白糖、苹果等品种合约规则，优化白糖、菜油等品种交割仓库布局与升贴水，优化白糖期权合约的到期日及挂牌方式。大连商品交易所按“业务办法—品种细则”的架构对规则体系进行了优化，对风险管理办法等6项制度共53个条款进行修订，通过完善交割标准、创新交割方式、优化交割布局等措施，进一步优化多个已上市品种合约规则。统一新老品种强制减仓模式，取消过去“逢三必减”相关规定，放宽鸡蛋、豆粕期权、铁矿石等8个品种限仓标准，满足产业客户套保需求，促进市场功能发挥，并发布《大连商品交易所实际控制关系账户管理办法》，加快推进套期保值管理办法、风险警示制度修改。上海期货交易所通过完善做市商管理制度，扩大做市品种范围，合约连续性有效提升；修订螺纹钢、热轧卷板、铜、铝、锌、铅、镍、锡、线材、黄金、白银、橡胶、沥青等13个品种期货合约，完善交割规则，从合约规则、品牌注册及仓库布局等方面全面优化现有品种，稳步推进现有品种国际定价中心的形成。

（二）2018年商品期货市场政策效果

1. 商品期货市场运行平稳

2018年，我国期货市场成交整体呈回暖趋势。全国期货市场累计成交量30.29亿手，同比下降1.54%，累计成交额210.82万亿元，同比增长12.20%。其中，商品期货成交量30.02亿手，占总成交量的99.10%，成交额184.70万亿元，占总成交额的87.61%。原油期货自3月下旬上市以来，交易平稳、结算流畅、交割顺利、风控到位、功能初步显现，2018年累计成交2650.94万手、累计成交额12.74万亿元，累计成交额占全国期货市场总成交额的6.04%，是2018年国内期市成交额增长的主要贡献者。

2018年国内期权市场交投活跃，期权成交量不断增长。豆粕期权日均成交量10.5万手，日均持仓量46万手；白糖期权日均成交量3.8万手，日均持仓量23.3万手；铜期权上市以来日均成交量2.9万手，日均持仓量3.5万手。总体来看，期权市场成交和持仓快速增长，市场规模逐步扩大。

2. “保险+期货”试点成绩显著

郑州商品交易所“保险+期货”试点从2017年的20个项目拓展到41个试点项目，涉及棉花、白糖、苹果3个品种，涵盖新疆、云南、广西、甘肃等9个省区。大连商品交易所“保险+期货”试点在各方面也有了较大的发展。在试点品种和项目个数上，从2017年的玉米、大豆的32个项目，到2018年涉及玉米、大豆、鸡蛋等3个品种，覆盖全国16个省区的99个试点项目。在资金支持方面，从2016年到2018年，大连商品交易所在“保险+期货”项目上的投入一直在递增，从2016年的2000万元到2017年的7000万元，2018年项目预算约为3亿元。2018年，上海期货交易所天然橡胶“保险+期货”试点项目扩大到32个，挂钩天然橡胶现货量8万吨，同比增加122%，覆盖海南省、云南省的20个贫困区县，其中16个为国家级贫困县。

（三）2019 年商品期货市场政策展望

1. 期货立法进程加快

目前，我国期货市场已经形成了以《期货交易管理条例》为核心，中国证监会部门规章和规范性文件为主体，以及交易所、协会自律规则为重要补充的期货市场法规制度体系。随着期货市场的快速发展和国际化进程的加快推进，相关期货法律规范制度需要进一步完善。根据中国证监会 2019 年度立法工作计划，期货市场立法进程加快，力争年内完成《期货交易所管理办法》《期货公司监督管理办法》的修订、《期货公司子公司管理办法》立法进程。为了落实中央关于金融支持实体经济的政策，全国人大财经委正扎实推进《证券法》修订和《期货法》的起草工作，《期货法》的制定有望提速。

2. 持续增加商品期货品种供给

2019 年期货市场将持续增加市场供给，满足实体经济对风险管理的需求。上海期货交易所将开发不锈钢、氧化铝等期货品种；郑州商品交易所将推进红枣、尿素、纯碱、短纤、花生、咖啡等品种的研发上市工作；大连商品交易所将推进辣椒、生猪、苯乙烯等品种的开发工作，推进粳米、苯乙烯、气煤期货上市。2019 年，期权市场品种有望持续扩容。郑州商品交易所将推出棉花、甲醇、菜油、菜粕、动力煤等品种期权上市；大连商品交易所将推进玉米、铁矿石、玉米淀粉、豆油、聚丙烯、棕榈油期权上市，上海期货交易所将推进天然橡胶期权以及黄金、白银、镍、锌、铝等市场需求较强烈的期权品种上市。

3. 商品期货国际化加速

2019 年各商品交易所将继续深耕现有国际化品种，优化交易制度，重视国际规则研究，进一步提高规则的适用性和科学性，提升境外投资者参与度，促进原油、铁矿石、PTA 等已有国际化品种的功能发挥，要增加对外开放品种供给。2019 年，大连商品交易所将围绕多币种充抵保证金、盈利换汇方案、境外特殊参与者直连、国际市场培育等工作，加快推进铁矿石国际定价中心建设；实现黄大豆 1 号、棕榈油、豆粕、豆油等品种的对外开放，加快推进黄大豆 2 号国际化，开展塑料品种国际化研究，推动 QFII 和 RQFII 参与大连期货市场。上海期货交易所将加快 20 号胶期货上市准备工作，以铜、锌期货为试点，研究适当模式推进现有品种国际化；推进境外布局，增设境外办事处，探索在“一带一路”沿线国家设立交割仓库和增加注册品牌。

## 附表

**2018 年商品期货市场主要政策**

| 发布日期 | 政策名称 | 发文单位 |
|---|---|---|
| 1 月 2 日 | 关于实施乡村振兴战略的意见 | 中共中央、国务院 |
| 3 月 13 日 | 关于上海国际能源交易中心原油期货上市交易有关事项的通知 | 上海期货交易所 |
| 3 月 27 日 | 关于发布仓单交易、基差贸易两项业务指引的公告 | 郑州商品交易所 |

续表

| 发布日期 | 政策名称 | 发文单位 |
|---|---|---|
| 3月27日 | 关于仓单交易、基差贸易业务试运行的公告 | 郑州商品交易所 |
| 3月27日 | 关于铁矿石期货引入境外交易者相关规则发布的通知 | 大连商品交易所 |
| 4月12日 | 关于2018年继续支持相关金融机构开展场外期权试点的通知 | 大连商品交易所 |
| 4月12日 | 关于2018年继续支持期货公司开展基差贸易试点的通知 | 大连商品交易所 |
| 4月12日 | 关于2018年开展“农民收入保障计划”试点的通知 | 大连商品交易所 |
| 4月16日 | 关于铁矿石期货实施引入境外交易者业务有关事项的通知 | 大连商品交易所 |
| 5月2日 | 关于发布《上海期货交易所结算细则》修订案的公告 | 上海期货交易所 |
| 5月21日 | 关于上期标准仓单交易上线有关事项的通知 | 上海期货交易所 |
| 6月15日 | 关于打赢脱贫攻坚战三年行动的指导意见 | 中共中央、国务院 |
| 6月26日 | 关于发布《上海期货交易所燃料油期货合约》以及相关实施细则修订案的公告 | 上海期货交易所 |
| 7月25日 | 关于开展“保险+期货”县域全覆盖试点建设的通知 | 郑州商品交易所 |
| 8月30日 | 关于线材期货合约终止交易及重新挂牌有关事项的通知 | 上海期货交易所 |
| 8月30日 | 关于发布《上海期货交易所线材期货合约》及《上海期货交易所交割细则》修订案的公告 | 上海期货交易所 |
| 9月6日 | 关于铜期权上市交易有关事项的通知 | 上海期货交易所 |
| 9月26日 | 乡村振兴战略规划（2018—2022年） | 中共中央、国务院 |
| 10月16日 | 上海期货交易所做市商管理办法 | 上海期货交易所 |
| 11月9日 | 关于发布PTA期货引入境外交易者相关业务规则的公告 | 郑州商品交易所 |
| 11月7日 | 关于漂白硫酸盐针叶木浆期货上市交易有关事项的通知 | 上海期货交易所 |
| 11月16日 | 关于PTA期货实施引入境外交易者业务有关事项的通知 | 郑州商品交易所 |
| 12月6日 | 关于乙二醇期货合约上市交易有关事项的通知 | 大连商品交易所 |
| 12月14日 | 关于商品互换业务上线有关事项的通知 | 大连商品交易所 |
| 12月14日 | 关于修改黄大豆1号合约及相关规则的通知 | 大连商品交易所 |

## 十、外汇市场发展政策①

### （一）政策列表

**2018年外汇市场主要政策**

| 时间 | 发文单位 | 政策文件名称 | 文件号 |
|---|---|---|---|
| 1月2日 | 中国外汇交易中心 | 关于发布《银行间外汇市场评优办法》和《银行间外汇市场评优办法实施细则》的通知 | 中汇交发〔2018〕1号 |
| 1月5日 | 中国外汇交易中心 | 关于境外银行参与银行间外汇市场区域交易有关事项的公告 | 中汇交公告〔2018〕1号 |

① 作者：储幼阳，《上海金融》执行主编。

续表

| 时间 | 发文单位 | 政策文件名称 | 文件号 |
| --- | --- | --- | --- |
| 1月12日 | 中国外汇交易中心 | 关于推出外币拆借交易确认业务的通知 | 中汇交发〔2018〕21号 |
| 1月18日 | 商务部、中国人民银行、国资委、银监会、证监会、保监会、国家外汇管理局 | 关于印发《对外投资备案（核准）报告暂行办法》的通知 | 商合发〔2018〕24号 |
| 1月18日 | 中国银监会、中国人民银行、中国证监会、中国保监会、国家外汇管理局 | 关于进一步支持商业银行资本工具创新的意见 | 银监发〔2018〕5号 |
| 1月24日 | 中国外汇交易中心 | 关于在新一代外汇交易平台推出即时通讯工具的通知 | 中汇交发〔2018〕31号 |
| 2月1日 | 中国保监会、国家外汇管理局 | 关于规范保险机构开展内保外贷业务有关事项的通知 | 保监发〔2018〕5号 |
| 2月2日 | 中国外汇交易中心 | 关于发展人民币对泰铢直接交易的公告 | 中汇交公告〔2018〕6号 |
| 2月12日 | 国家外汇管理局 | 关于完善远期结售汇业务有关外汇管理问题的通知 | 汇发〔2018〕3号 |
| 2月28日 | 国家外汇管理局 | 银行执行外汇管理规定情况考核内容及评分标准（2018年） | 汇综发〔2018〕39号 |
| 3月12日 | 商务部、财政部、国家税务总局、国家质检总局、国家统计局、国家外汇管理局 | 关于开展2018年外商投资企业年度投资经营信息联合报告的通知 | 商资函〔2018〕92号 |
| 3月23日 | 国家外汇管理局 | 关于融资租赁业务外汇管理有关问题的通知 | 汇发〔2017〕21号 |
| 4月27日 | 中国银行保险监督管理委员会 | 关于进一步放宽外资银行市场准入有关事项的通知 | 银保监办发〔2018〕16号 |
| 6月10日 | 国家外汇管理局 | 合格境外机构投资者境内证券投资外汇管理规定 | 国家外汇管理局公告2018年第1号、 |
| 6月11日 | 中国人民银行、国家外汇管理局 | 关于人民币合格境外机构投资者境内证券投资管理有关问题的通知 | 银发〔2018〕157号 |
| 6月20日 | 国家外汇管理局 | 关于印发《贸易信贷统计调查制度》的通知 | 汇发〔2018〕8号 |
| 6月27日 | 中国外汇交易中心 | 关于发布银行间美元拆借资金面情绪指数的通知 | 中汇交发〔2018〕222号 |
| 7月11日 | 国家外汇管理局 | 关于印发《贸易信贷统计调查业务指引（2018年版）》的通知 | 汇综发〔2018〕68号 |

续表

| 时间 | 发文单位 | 政策文件名称 | 文件号 |
| --- | --- | --- | --- |
| 7月19日 | 中国外汇交易中心 | 关于推出以境外外币债为抵押品的外币拆借业务的通知 | 中汇交发〔2018〕252号 |
| 8月2日 | 中国外汇交易中心 | 关于完善外币对业务交易机制和业务功能的通知 | 中汇交发〔2018〕281号 |
| 8月29日 | 中国外汇交易中心 | 关于推出外币拆借报价行业务的通知 | 中汇交发〔2018〕331号 |
| 9月8日 | 中国人民银行、财政部 | 全国银行间债券市场境外机构债券发行管理暂行办法 | 中国人民银行、财政部公告〔2018〕第16号 |
| 9月12日 | 中国外汇交易中心 | 关于完善人民币购售业务境外参加行和境外清算行进入银行间外汇市场有关事项的公告 | 中汇交公告〔2018〕42号 |
| 10月10日 | 国家外汇管理局 | 关于公布废止和失效部分外汇管理规范性文件及相关条款的通知 | 汇发〔2018〕17号 |
| 10月23日 | 国家外汇管理局 | 关于印发《对外金融资产负债及交易统计制度》的通知 | 汇发〔2018〕24号 |

（二）政策效果

2018年1月2日，中国外汇交易中心发布了《银行间外汇市场评优办法》和《银行间外汇市场评优办法实施细则》（中汇交发〔2018〕1号，以下简称《办法》《细则》）。《办法》和《细则》的发布，更好地促进了银行间外汇市场健康发展，鼓励和表彰银行间外汇市场表现优秀的机构与个人，强化了做市机构做市能力和会员机构交易规范性考核，使其更为全面、科学和公正。

2018年1月12日，中国外汇交易中心发布了《关于推出外币拆借交易确认业务的通知》（中汇交发〔2018〕21号）。该通知的发布满足了市场需要，规范了外币拆借交易确认行为。

2018年1月18日，中国银监会、中国人民银行、中国证监会、中国保监会和国家外汇管理局联合发布了《关于进一步支持商业银行资本工具创新的意见》（银监发〔2018〕5号）。该意见支持商业银行拓宽资本补充渠道，有效缓解了银行再融资压力，为银行发行各类创新型资本工具创造了有利条件。该意见的出台，几乎涉及金融市场监管的所有部门，涵盖了从工具创新到发行审批、从发行渠道到投资者引入的各个关键节点，从多个纬度为银行资本工具创新提供了支持性政策，有效引导和推动商业银行资本工具创新。该意见的出台有助于改善我国商业银行核心资本占比较高的现状，通过资本结构管理优化资本构成，以为更合理的成本维持和提升商业银行资本充足水平，达到日益严格的国内外监管标准提供条件，从而对业务的可持续发展形成有力支撑。

2018年1月18日，商务部、人民银行、国资委、银监会、证监会、保监会、外汇局联合发布了《对外投资备案（核准）报告暂行办法》（商合发〔2018〕24号）。该办法作为新时代对外投资管理的重要基础性制度，在备案（核准）报告信息统一汇总、事中事后监管等方面推出了一系列创新性改革举措，旨在实现对外投资事前、事中、事后全流程的管理，推进对外投资健康规范可持续发展，更好地服务“一带一路”建设和对外开放大局。

2018年1月24日，中国外汇交易中心发布了《关于在新一代外汇交易平台推出即时通讯工具的通知》（中汇交发〔2018〕31号）。该通知的发布进一步规范及便利了市场交易，提高交易效率。

2018年2月1日，中国保监会会同国家外汇管理局发布《关于规范保险机构开展内保外贷业务有关事项的通知》（保监发〔2018〕5号）。该通知主要内容包括：一是明确保险机构内保外贷业务开展形式；二是规范反担保主体和担保物形式；三是明确融资比例和融资用途；四是按穿透原则实施监管；五是明确禁止行为。该通知的发布，有利于完善保险资金境外投资监管制度，弥补监管短板，增强境外投资监管的科学性和有效性；有利于提升保险机构开展内保外贷业务的安全性和规范性，严格遵循国家关于境外投资的政策导向，切实防控境外投融资风险；有利于引导保险资金服务实体经济，服务“一带一路”国家战略。

2018年2月2日，中国外汇交易中心发布了《关于发展人民币对泰铢直接交易的公告》（中汇交公告〔2018〕6号）。该公告的发布促进了中国与泰国之间的双边贸易和投资，便利了人民币和泰铢在贸易投资结算中的使用，满足了经济主体降低汇兑成本的需要。

2018年2月12日，国家外汇管理局发布《关于完善远期结售汇业务有关外汇管理问题的通知》（汇发〔2018〕3号）。远期结售汇业务是目前国内外汇市场最基础和主要的衍生产品，该通知从丰富交易机制的关键环节入手，继2016年放开远期结汇差额交割后，允许远期售汇到期交割方式根据实际需求选择全额或差额结算，至此远期结售汇在市场定价、交割结算、风险管理等方面完全实现了市场化。

2018年3月23日，国家外汇管理局发布了《关于融资租赁业务外汇管理有关问题的通知》（汇发〔2017〕21号），对融资租赁业务外汇管理有关问题进行规范。该通知所称融资租赁类公司包括银行业监督管理部门批准设立的金融租赁公司、商务主管部门审批设立的外商投资融资租赁公司以及商务部和国家税务总局联合确认的中资融资租赁公司等三类主体。同时，融资租赁类公司办理融资租赁业务时，如果用以购买租赁物的资金50%以上来源于自身国内外汇贷款或外币外债，可以在境内以外币形式收取租金。在满足前述条件的融资租赁业务下，承租人可自行到银行办理对融资租赁类公司出租人的租金购付汇手续。此外，融资租赁类公司收取的外币租金收入，可以进入自身按规定在银行开立的外汇账户；超出偿还外币债务所需的部分，可直接在银行办理结汇。

2018 年 4 月 27 日，中国银行保险监督管理委员会办公厅发布《关于进一步放宽外资银行市场准入相关事项的通知》（银保监办发〔2018〕16 号）。该通知明确允许外资银行可以开展代理发行、代理兑付、承销政府债券业务，允许符合条件的外国银行在中国境内的管理行授权中国境内其他分行经营人民币业务和衍生产品交易业务，对外国银行在中国境内多家分行营运资金采取合并计算。该通知的发布进一步完善了银行业和保险业投资和经营环境，激发了外资参与中国金融业发展的活力，丰富了金融服务和产品体系，提升了金融业服务实体经济的质效。

2018 年 6 月 11 日，人民银行会同国家外汇管理局发布《中国人民银行　国家外汇管理局关于人民币合格境外机构投资者境内证券投资管理有关问题的通知》（银发〔2018〕157 号）。主要政策措施包括：一是取消 QFII 资金汇出 20% 比例要求，QFII 可委托托管人办理相关资金汇出。二是取消 QFII、RQFII 本金锁定期要求，QFII、RQFII 可根据投资情况汇出本金。三是允许 QFII、RQFII 开展外汇套期保值，对冲境内投资的汇率风险。以上规定和通知的发布，完善了合格境外机构投资者（QFII/RQFII）境内证券投资相关管理，进一步便利了跨境证券投资，扩大了资本市场开放。

2018 年 6 月 27 日，中国外汇交易中心发布了《关于发布银行间美元拆借资金面情绪指数的通知》（中汇交发〔2018〕222 号）。该通知的发布进一步丰富了银行间外币拆借市场行情，直观反映了美元拆借市场资金面情况。

2018 年 7 月 19 日，中国外汇交易中心发布了《关于推出以境外外币债为抵押品的外币拆借业务的通知》（中汇交发〔2018〕252 号）。该通知的发布丰富了外币融资工具，进一步满足了境内外币拆借参与机构外币资产负债管理需求。

2018 年 8 月 8 日，中国外汇交易中心发布了《关于完善外币对业务交易机制和业务功能的通知》（中汇交发〔2018〕281 号）。该通知的发布满足了市场需求，促进了银行间外币对市场发展。

2018 年 8 月 29 日，中国外汇交易中心发布了《关于推出外币拆借报价行业务的通知》（中汇交发〔2018〕331 号）。该通知的发布进一步推动境了内外币拆借市场的发展，向市场提供了公允统一的境内外币拆借利率，为金融机构交易和定价提供了更多便利。

2018 年 9 月 8 日，中国人民银行、财政部联合发布《全国银行间债券市场境外机构债券发行管理暂行办法》（中国人民银行　财政部公告〔2018〕第 16 号）。同时，《国际开发机构人民币债券发行管理暂行办法》（中国人民银行　财政部　国家发展和改革委员会　中国证券监督管理委员会公告〔2010〕第 10 号）正式废止。该公告在总结前期试点经验并借鉴国际经验的基础上，进一步明确了境外机构在银行间债券市场发债所应具备的条件、申请注册程序，并同时就信息披露、发行登记、托管结算以及人民币资金账户开立、资金汇兑、投资者保护等事项进行了规范。该公告的发布，完善了境外机构在银行间债券市场发行债券的制度安排，规范了境外机构债券发行，促进了相关制度规则与国际接轨，进一步提高了中国债券市场的国际化水平，对于中国债券市场改革开放具有重要意义。

(三) 外汇市场发展展望

2019 年中国外汇管理工作将坚持稳中求进工作总基调，坚持新发展理念，坚持推进高质量发展，坚持以供给侧结构性改革为主线，坚持深化市场化改革、扩大高水平开放，继续打好三大攻坚战，落实好“六个稳”要求，深化“放管服”改革，提高外汇管理服务实体经济的效率和质量。2019 年外汇管理重点工作有以下方面：一是推进全面从严治党向纵深发展。坚持把党的政治建设摆在首位，深入学习贯彻习近平新时代中国特色社会主义思想和党的十九大精神，全面落实党中央对金融外汇工作的集中统一领导，进一步加大监督执纪力度，坚决贯彻中央“八项规定”精神、驰而不息纠正“四风”，打造忠诚干净担当的高素质专业化外汇管理队伍。二是推进外汇领域改革开放。稳妥有序推进资本项目开放，进一步完善合格境外机构投资者制度，研究准入前国民待遇加负面清单管理制度下的外商投资企业外汇管理框架。扩大外汇市场双向开放，进一步丰富交易工具，增加交易主体，建设开放的、有竞争力的外汇市场。三是深化外汇管理“放管服”改革。优化外汇管理服务，促进更高水平的贸易投资自由化便利化，进一步支持自贸试验区、粤港澳大湾区和海南全面深化改革，营造便捷高效、稳定透明、公平竞争的营商环境。四是健全跨境资本流动“宏观审慎 + 微观监管”两位一体的管理框架。市场化逆周期调节外汇市场波动，保持外汇微观监管跨周期的稳定性、一致性和可预期性，严厉打击外汇违法违规活动，推进“数字外管”和“安全外管”建设，维护外汇市场良性秩序。五是完善外汇储备经营管理。深入推进运营能力建设，积极服务“一带一路”建设和国家战略，保障外汇储备安全、流动和保值增值。

**专栏 14**

**中新（重庆）战略性互联互通示范项目金融峰会①**

2018 年 11 月 2 日，中新（重庆）战略性互联互通示范项目金融峰会举行。首届中新金融国际峰会由中新两国政府联合发起，由商务部、中国人民银行、中国银行保险监督管理委员会、中国证券监督管理委员会、国家外汇管理局、新加坡贸易与工业部、新加坡金融管理局以及重庆市人民政府主办。

本次峰会的主题为“开放·创新·互联·共享”，共设置三场专题会议，议题分别是：“国际金融合作提供‘一带一路’经济发展新动力”“跨境金融服务创新促进经济

① 何海峰根据相关资料整理。

高质量发展”以及“金融科技对全球金融带来的深远影响”。同时，峰会并行展开两场会议，核心议题是“南向通道金融合作”和“中新普惠金融合作展望”。

重庆市委副书记、市长唐良智在峰会开幕式暨主题会议上致辞并作主题演讲。他说，当前，重庆正遵照习近平总书记对重庆的重要指示要求，立足“两点”定位，努力实现“两地”“两高”目标。中新互联互通项目实施三年来，双方在“一带一路”框架下，聚焦金融服务、航空产业、交通物流、信息通信四大领域开展务实合作，努力打造高起点、高水平、创新型的示范性重点项目。愿以此次峰会为契机，共同致力于推动政策创新、服务创新、平台创新、机制创新，进一步深化中新金融合作，切实为“一带一路”沿线国家和地区的金融机构和企业服好务，努力实现互利共赢、共同发展。

新加坡金融管理局行长孟文能，中国银保监会副主席黄洪，中国证监会副主席方星海，国家外汇局副局长张新，商务部参赞罗晓梅，中国工商银行董事长易会满，中国建设银行行长王祖继，丝路基金董事长金琦，民生银行董事长洪崎，中国人民保险集团董事长缪建民先后致辞或作主题演讲。

开幕式结束后举行了重大项目集中签约活动。签约的重大项目包括：中新双方共同推动在重庆设立中新金融科技合作示范区，成立中新金融科技联盟，重庆市政府分别与中国农业发展银行、中国工商银行、中国建设银行和新加坡盛裕集团签订合作协议等。签约各方将在中新互联互通项目框架下，围绕金融科技、国际物流、智慧城市等领域，在推动金融政策创新、集聚金融科技产业、共建对接“一带一路”的中新互联互通陆海新通道、构建跨境“物流+金融+商贸”生态圈、推进乡村振兴与脱贫攻坚等方面加强合作。

峰会期间，国家有关部委、西部省区市、中方金融机构、物流企业有关负责人，新加坡、马来西亚、缅甸等外国嘉宾围绕峰会主题交流思想、贡献智慧，提出了许多真知灼见。

## 十一、黄金市场发展政策①

2018年，中国黄金市场健康发展，在全球黄金市场的地位稳步提升。黄金市场建设稳中求进，上海黄金交易所继续稳步实施市场化、国际化发展战略，市场运行平稳，各项业务成效显著，黄金交易量居全球交易所市场第二位。

### （一）黄金市场发展概况

2018年，黄金价格横盘震荡，国际金价小幅收跌，国内金价小幅收高。伦敦现货黄金年末定盘价为1281.65美元/盎司，比2017年末下跌14.85美元，跌幅1.15%。上海黄金交易所（以下简称上金所）黄金Au99.99合约年初开盘价274.00元/克，最高价

① 作者：罗江，上海黄金交易所研究发展部副总经理。

284.90 元/克，最低价 260.75 元/克，年末收盘价 284.60 元/克，比 2017 年末上涨4.25%。

上金所 2018 年交易总规模再创历史新高，总交易额 21.32 万亿元，同比增长 9.20%，其中，黄金成交 6.75 万吨，同比增长 24.35%，稳居全球场内黄金现货交易量世界第一。上海期货交易所黄金成交 3.22 万吨。上金所黄金实物出库量累计 2293.02 吨，同比上升 5.48%。

上金所会员和客户数量继续稳步增长。截至 2018 年底，国内和国际会员分别增至 186 家和 74 家，机构和个人客户总量分别达 12272 户和 993 万人。上金所积极推进市场国际化，国际板市场规模增长较快，截至 2018 年底，国际板成交金额 1.84 万亿元，同比增长 37.77%。

（二）行业市场发展政策

2018 年，我国黄金市场坚持新发展理念推动高质量发展，中国人民银行发布了关于黄金资产管理业务、互联网黄金业务和黄金积存业务的三个管理办法。上金所全面修订了交易制度体系，发布《上海黄金交易所会员反洗钱和反恐怖融资工作实施办法（试行）》，同时黄金市场基础设施建设进一步优化。

1. 中国人民银行办公厅发布《关于黄金资产管理业务有关事项的通知》

近年来，我国资产管理业务快速发展，在满足居民和企业投融资需求、改善社会融资结构等方面发挥了积极作用，但也存在部分业务发展不规范、多层嵌套、刚性兑付、规避金融监管和宏观调控等问题。2018 年 4 月，中国人民银行、中国银行保险监督管理委员会、中国证券监督管理委员会和国家外汇管理局联合发布了《关于规范金融机构资产管理业务的指导意见》（银发〔2018〕106 号），规范金融机构资产管理业务，统一同类资产管理产品监管标准，有效防控金融风险，引导社会资金流向实体经济，更好地支持经济结构调整和转型升级。

黄金市场是金融市场的重要组成部分，为落实《关于规范金融机构资产管理业务的指导意见》，中国人民银行办公厅于 2018 年 12 月印发了《关于黄金资产管理业务有关事项的通知》（银办发〔2018〕215 号），旨在加强对黄金市场的监督管理，规范黄金资产管理业务，防范黄金市场风险，维护市场秩序，保护投资者权益。该通知明确规定了黄金资产管理业务和黄金产品的范围和种类。黄金资产管理产品仅限金融机构发起设立，是金融机构的表外业务。该通知要求代理销售黄金资产管理产品的其他金融机构和互联网机构要符合金融监管部门的管理规定。黄金资产管理产品，除了要符合金融监管部门的管理规定外，发起设立的金融机构还应当向中国人民银行备案。该通知要求对黄金资产管理产品投资的实物黄金应当进行登记托管，登记托管服务仅限金融机构和上海黄金交易所等经国务院、金融监管部门批准的黄金交易场所提供。金融机构应当在上海黄金交易所开立总账户，登记所托管的实物黄金。黄金资产管理产品的发起设立机构和代理销售机构应当按照金融监管规定和投资者保护要求，进行信息披露，充分向投资者提示风险，做好投资者信息安全保护工作。

2. 中国人民银行办公厅发布《金融机构互联网黄金业务管理暂行办法》

2018 年，我国互联网业务从快速发展向规范发展转变。互联网黄金业务需要规范发展，以防范金融风险，维护市场秩序和保护投资者权益。中国人民银行办公厅于 2018 年 12 月发布了《金融机构互联网黄金业务管理暂行办法》（银办发〔2018〕221 号）。该办法明确提供黄金产品的资质为仅限金融机构、国务院和金融监管部门批准成立的黄金交易场所向市场提供，其他任何机构或个人不得向市场提供黄金产品。金融机构互联网黄金业务可以通过自己的官方网站、移动终端销售或通过互联网机构代理销售，但是互联网机构不得提供任何形式的黄金账户服务。该办法规定通过互联网机构代理销售黄金产品的金融机构应当具备上金所银行间黄金询价市场做市商资格（含尝试做市商）。代理销售金融机构黄金产品的互联网机构应当满足具备熟悉黄金业务的工作人员，注册资本应当不低于 3000 万元人民币实缴货币资本，具备互联网行业主管部门颁发的许可证或者在互联网行业主管部门完成网站备案，且网站接入地在中华人民共和国境内等条件。同时，互联网机构代理销售金融机构的黄金产品，由开发黄金产品的金融机构一级法人主体向中国人民银行备案。该办法对金融机构对黄金产品应承担的义务或责任，以及互联网机构代理销售、宣传的具体内容等做了规定。该办法强调金融机构和互联网机构在向投资者推介黄金产品时，应当向投资者说明产品特性，并提示产品相关风险，做好投资者适当性管理等投资者保护措施。

3. 中国人民银行办公厅发布《黄金积存业务管理暂行办法》

近年来，我国商业银行开办的黄金积存业务越来越大，一些非金融机构包括互联网公司都对黄金积存业务跃跃欲试。2018 年 12 月，中国人民银行办公厅为规范黄金积存业务，防范黄金市场风险，维护市场秩序，保护投资者权，发布了《黄金积存业务管理暂行办法》（银办发〔2018〕222 号）。该办法对黄金积存业务做了严格界定，明确提出黄金积存业务仅限银行业存款类金融机构开办，并且应当支持客户提取实物黄金或将黄金卖出获得相应的货币资金。银行业存款类金融机构应当根据自身黄金业务状况，建立黄金积存业务实物黄金备付管理制度，加强对实物黄金流动性的管理，满足客户提取实物黄金的需求。同时，银行业存款类金融机构应当将黄金积存业务纳入资产负债表管理。银行业存款类金融机构可通过其他金融机构（以下统称代理销售黄金积存产品的金融机构）或互联网机构代理销售黄金积存产品。开办黄金积存业务的银行业存款类金融机构和代理销售黄金积存产品的金融机构，按照《中国人民银行办公厅关于加强银行业金融机构黄金市场业务管理有关事项的通知》（银办发〔2012〕238 号）要求进行备案。通过互联网机构代理销售黄金积存产品的备案，还要符合《金融机构互联网黄金业务管理暂行办法》的规定。此外，该办法还对黄金积存业务的平盘方式、宣传、风险提示和客户信息保护等提出明确的要求。

4. 上金所全面修订了交易制度体系

2018 年，上金所对交易制度规则和配套制度做了全面的修订和完善，发布了《上海黄金交易所交易规则》以及国际板相应规则制度共 29 项业务规则、运行制度、交易流程，进一步完善了大宗交易、程序化交易、做市商管理等管理细则，制定修订结算、交割、租借、质押等多项配套规则，同时建立健全市场准入和会员考核、奖励等制度办法。上金所的交易制度体系在此次全面修订完善后上了新的台阶。

5. 上金所发布《上海黄金交易所会员反洗钱和反恐怖融资工作实施办法（试行)》

2018 年 4 月，上金所为切实防范贵金属市场洗钱和恐怖融资风险，推动会员单位积极履行反洗钱和反恐怖融资业务，发布了《上海黄金交易所会员反洗钱和反恐怖融资工作实施办法（试行)》(上金交发〔2018〕59 号)。2017 年 11 月，中国人民银行印发《关于加强贵金属交易场所反洗钱和反恐怖融资工作的通知》，提出要高度重视贵金属交易领域的洗钱和恐怖融资风险；交易场所、交易商应当积极履行反洗钱和反恐怖融资义务，加强对交易场所、交易商反洗钱和反恐怖融资工作的监督管理。该办法是上金所落实中国人民银行通知，防范“风险为本”，反洗钱工作抓重点、促实效的结果。

该办法要求会员单位应当按照法律法规、反洗钱规定，积极履行反洗钱义务，自觉维护黄金行业秩序，实现反洗钱工作制度化、规范化与程序化。会员单位应当将反洗钱工作要求落实到内部控制制度和日常业务运作中，并将贵金属相关内部控制制度向上金所报备。会员单位及其分支机构的负责人对反洗钱内部控制制度的有效实施负最终责任。会员单位应当设立专门机构或者指定内设机构负责反洗钱合规管理工作，指定高级管理层人员负责贵金属反洗钱工作，设置反洗钱合规专员。会员单位应当勤勉尽责，遵循“了解你的客户”原则，采取相应的客户身份识别措施，了解客户及其交易目的和交易性质，了解客户资金的来源和性质，了解实际控制客户的自然人和交易的实际受益人。会员单位不得为身份不明的客户提供服务，不得为客户开立匿名账户或假名账户，不得允许客户借用他人账户办理业务。该办法明确指出会员单位发现或者有合理理由怀疑客户、客户的资金或者其他资产、客户的交易或者试图进行的交易与洗钱、恐怖融资等犯罪活动相关的，无论所涉资金金额或者资产价值大小，应当在确认可疑交易后立即向中国反洗钱监测分析中心报送可疑交易报告，同时抄报上海黄金交易所。同时，该办法对会员反洗钱培训与宣传、检查与监督等提出明确的要求。

6. 优化黄金市场基础设施建设

2018 年，上金所继续优化黄金市场基础设施建设。一是价格基准建设持续深化。正式启动白银询价市场远期价格曲线构建，黄金远期价格定盘曲线实现全市场发布，依托询价期权隐含波动率曲线建设，推动期权资管、衍生应用向“上海金”市场积聚，询价衍生价格基准正在成为深化“上海金”品牌建设的新元素。二是各类市场要素加快集聚。加大对中小金融机构、国际机构的服务支持力度，实施银行类、非银类、特色类分类量化管理，促进银行间市场机构发展机制化、标准化；《银行间黄金询价市场做市商管理办法（修订版）》《上海黄金交易所询价业务细则》经中国人民银行备案同意对市场正式发布，市场基础设施水平进一步提升。三是推出新一代交易系统。2018 年 6 月，上海黄金交易所第三代系统（GEMS－3）建设全面完成。GEMS－3 实现了大边保证金等 56 项重要业务需求，并对技术架构进行了进一步的完善与加固，全面完善了面向广大会员的服务体系。第三代交易系统涵盖了近百项架构类需求，涉及核心业务、国际业务、互联网业务等三大板块。四是推广金条、金锭的中国标准。SGEB1—2002《金锭》标准作为上海黄金交易所质量标准体系的核心内容，涵盖了目前国际主流的 1kg、3kg 和 12.5kg 金锭规格，是目前全球黄金市场金锭规格较为齐全的标准。

7. 黄金期货引入做市商制度

2018 年 10 月，上海期货交易所发布《上海期货交易所做市商管理办法》，首批招募黄金和镍两个期货品种的做市商。黄金期货做市商制度推出将改善黄金期货非主力合约的活跃度和连续性。

（三）政策评价与展望

2018 年是我国黄金市场从高速发展向高质量发展转变的重要时期。我国黄金市场在健全法制体系、完善交易制度、夯实基础设施建设和保护投资者等方面的政策都有所建树，为市场下一步持续稳定发展打下了良好的基础。

为维护黄金市场健康稳定发展，保护投资者合法权益，在与市场参与主体沟通，充分吸收了业界意见后，中国人民银行于 2018 年 12 月“三箭齐发”，发布了《关于黄金资产管理业务有关事项的通知》（银办发〔2018〕215 号）、《金融机构互联网黄金业务管理暂行办法》（银办发〔2018〕221 号）、《黄金积存业务管理暂行办法》（银办发〔2018〕222 号）。三个办法的推出，弥补了黄金市场监管上的缺漏，治理了黄金业务快速发展背后的乱象，有利于化解潜在的市场风险、避免业务创新脱实向虚。三个办法的推出一方面强化了市场监管，防范了黄金市场金融风险；另一方面通过保护投资者权益，落实了普惠金融，增加了民间黄金储备。

上金所全面修订完善交易制度规则和配套制度体系后，市场管理和风险防控水平进一步提升，为黄金市场高质量发展提供了制度保障。上金所 2018 年总交易额达 21.32 万亿元，同比增长 9.20%，从前些年的高速增长向高质量增长转变。上金所加大对中小金融机构、国际机构的服务支持力度，银行间市场参与机构增长 10%，形成银行间、银企、国际板询价充分联通的市场格局；《银行间黄金询价市场做市商管理办法（修订版）》《上海黄金交易所询价业务细则》经中国人民银行备案同意对市场正式发布，市场基础设施水平进一步提升；《上海黄金交易所黄金租借业务主协议》覆盖市场主要参与机构，市场机构向上金所进行协议备案累计295份。上金所服务国际会员，以市场需求为导向，于2018年12月拓展了国际会员保证金充抵业务，推出了政策性金融债充抵保证金业务，促进国际会员资金有效使用。2018年，上金所黄金市场基础设施建设提升后，市场容量、交易效率和风险识别与防控水平都得到了显著提高，为市场持续稳定发展提供支持。

上金所发布《上海黄金交易所会员反洗钱和反恐怖融资工作实施办法（试行)》，初步完成反洗钱工作的组织机构搭建和管理制度制定，反洗钱工作取得阶段性进展。上金所完善内部工作流程和协作机制，开展洗钱风险调研和监测分析，有效识别可疑交易，与人民银行反洗钱监测中心建立报送机制；独立研发反洗钱技术系统，成功上线第一期功能；大力开展员工和会员培训，积极开展反洗钱宣传专题活动；全面配合人民银行FATF第四轮互评估工作安排，为上金所后续反洗钱工作打下良好基础。

展望黄金市场未来，2018年我国黄金市场在政策和制度层面做了许多基础性工作，为市场今后高质量发展打下了良好基础。上金所以建设国际一流综合性黄金交易所为战略目标，通过市场化和国际化两个方向发展，推动中国黄金市场发展。我国黄金市场未来政策取向将有三个方向：一是规范市场健康发展的力度将进一步加大。中国人民银行作为黄金市场的监管机构，将进一步规范市场，包括对黄金市场和其他金融市场的交叉领域的监管，以及制定规范金融科技如何在黄金市场发展的政策。二是市场基础设施建设进一步推进。上金所将不断完善黄金市场基础制度，防范市场风险，进一步健全风险防控制度与系统功能，继续加强对市场各类交易行为的监控和事后管理，确保市场风险可控。三是我国黄金市场的法制体系将进一步与国际金融市场接轨。国际化的市场法制体系将有力推动我国黄金市场国际化进程，加速我国黄金市场融入全球黄金市场。

# 主要金融监管政策

## 一、中国人民银行主要监管政策[①]

### （一）2018 年中国人民银行主要监管政策梳理

2018 年，人民银行贯彻党中央、国务院决策部署，坚持稳中求进工作总基调，认真履行国务院金融稳定发展委员会办公室职责，实施稳健中性的货币政策，支持民营企业小微企业发展，重视防范化解重大风险，深化金融改革开放。主要监管政策梳理如下：

一是支持民营企业小微企业发展的政策。及时出台债券、信贷融资支持政策。按照“几家抬”工作思路，牵头制定 23 条具体措施，创新推出民营企业债券融资支持工具。积极做好其他领域和薄弱环节金融支持工作。积极推进市场化法治化债转股。落实国家脱贫攻坚战的部署，加大金融精准扶贫力度。全面做好乡村振兴金融服务，稳妥推进“两权”抵押贷款试点。

二是防范化解重大金融风险的政策。牵头制定相关行动方案、任务分工及配套措施。加快弥补金融监管制度短板，牵头制定出台《关于规范金融机构资产管理业务的指导意见》《关于完善系统重要性金融机构监管的指导意见》等，将金融控股公司纳入监管框架，稳妥处置重点金融控股集团风险，深化互联网金融风险专项整治。

三是推动金融业改革开放的政策。牵头制定深化金融业对外开放的路线图和时间表，推动扩大银行、证券、保险业金融机构外资持股比例和外资机构业务范围，批准或受理外资机构在中国境内支付、清算、征信、信用评级等领域的市场准入申请或备案申请。推动金融机构人民币海外基金业务。进一步深化多边、双边和港澳台地区的金融合作。

四是金融市场规范和创新发展的政策。采取措施缓解债券市场风险，稳定市场融资功能。完善债券市场制度建设，推出地方政府债券柜台业务、金融债券弹性招标机制和银行间市场三方回购业务，推动债券中央存管机构互联互通。推出无固定期限债券等创

① 作者：朱小川，中欧陆家嘴国际金融研究院研究员。本章内容主要来源于中国人民银行网站，货币政策相关内容详见前面章节。

新型资本补充工具。明确境外机构境内发债制度框架，完善“债券通”交易结算安排。推动债券评级机构资质互认。实现债券市场统一执法。规范互联网黄金、黄金积存和黄金资产管理业务。

五是外汇管理与人民币国际化相关政策。取消合格境外机构投资者（QFII）资金汇出比例限制，放宽合格境外机构投资者、人民币合格境外机构投资者（RQFII）本金管理要求，允许开展套期保值，扩大合格境内机构投资者（QDII）额度。完善内保外贷、对外直接投资、外币现钞、个人外汇业务、本外币特许兑换等重点领域管理，严厉打击地下钱庄等外汇违法违规活动。做好外汇储备管理，拓展外汇储备多元化运用。完善个人经常项目、跨境投融资政策，实现人民币跨境使用政策全覆盖。

六是金融服务和金融管理政策。落实国务院机构改革方案，完成“拟订银行业、保险业重要法律法规草案和审慎监管基本制度”职责接转。建立资管产品综合统计制度。牵头制定出台《“十三五”现代金融体系规划》。金融支持自贸试验区、绿色金融改革试点取得新进展。加强中央银行资产负债表健康机制建设。试点取消企业银行账户开户许可，非银行支付机构“断直连”工作取得明显进展。加强关键信息基础设施保护。初步建立全国现金统计制度，整治拒收现金现象。发放首张个人征信牌照，形成错位发展、功能互补的个人征信市场格局。牵头做好金融行动特别工作组（FATF）第四轮互评估相关工作，实施反洗钱穿透式监测。制定发布银行业金融机构投诉统计分类标准，继续完善金融消费权益保护工作机制。

### （二）2018 年人民银行主要监管政策评价

2018 年人民银行各项监管政策致力于强化金融服务实体经济、维护金融稳定、提高金融管理和金融服务效果，对支持金融平稳高效运行发挥了重要作用。保持货币金融环境总体稳定，加大定向调控、精准滴灌力度，持续推进利率和汇率等市场化改革等。

2018 年监管工作的重中之重是防范化解重大风险，经过多措并举、集中治理，已暴露风险正有序处置，激进冒险行为和各种金融乱象被有效遏制，金融运行总体平稳，金融风险总体可控。具体表现为：一是金融监管体制改革得到推动。人民银行职能进一步强化，被赋予必要的统筹协调手段，监管资源配置更加优化。二是稳定宏观杠杆率。2018 年末我国宏观杠杆率总水平为 249.4%，比 2017 年末下降了 1.5 个百分点。三是规范影子银行。出台了资管新规及配套实施细则，整治金融市场乱象，影子银行无序发展得到控制。四是完善宏观审慎管理，强化了对系统重要性金融机构的监管，完善了跨境资本流动宏观审慎管理，有效应对了跨境资本流动的冲击。此外，在平稳有序处置高风险金融机构、整顿金融秩序等方面也取得了重要进展。

2018 年，人民银行作为国务院金融稳定发展委员会办公室的作用凸显，通过认真组织分析研判国内外金融形势，研究系统性金融风险防范处置和维护金融稳定重大政策。新一届国务院金融稳定发展委员会成立后，召开三次常规会议和多次专题会议、座谈会，听取各方意见建议，加强了对金融领域相关事项的统筹研究协调重点。此外，还针对民营企业，尤其是小微企业“融资难，融资贵”的问题，派出督导组进行实地督导，助力金融服务实体经济。[①]

（三）未来人民银行监管政策展望

2019 年人民银行的监管政策将继续以习近平新时代中国特色社会主义思想为指导，全面贯彻落实党的十九大和十九届二中、三中全会以及中央经济工作会议精神，坚持稳中求进工作总基调，坚持新发展理念，坚持推动高质量发展，坚持以供给侧结构性改革为主线，政策覆盖范围包括实施稳健货币政策，加强市场预期引导，继续打好防范化解重大风险攻坚战，深化金融改革开放，进一步稳就业、稳金融、稳外贸、稳外资、稳投资、稳预期，统筹推进稳增长、促改革、调结构、惠民生、防风险工作，促进经济金融持续健康发展等。具体内容如下：

一是进一步落实好金融服务实体经济各项政策措施。密切关注金融市场运行变化，以及金融机构运营状况。加强金融市场、支付清算、信用体系、金融科技、外汇管理等领域的金融基础设施建设，全面增强金融服务实体经济的能力和实际效果。按照市场化法治化的原则，继续运用多种政策工具，从债券、信贷、股权等方面引导金融机构加大对民营企业、小微企业的支持力度。积极推广民营企业债券融资支持工具，鼓励地方政府成立支持民营企业融资基金，推动实施民营企业股权融资支持工具。进一步提升支付、征信行业及商业银行服务民营企业、小微企业的能力和水平。引导金融机构继续做好重点领域和其他薄弱环节的金融服务，加大对高新技术企业、新兴产业和制造业结构调整转型升级的支持。积极推进金融服务乡村振兴工作。聚焦深度贫困地区，健全金融支持产业带动脱贫挂钩机制，全力支持打赢打好脱贫攻坚战。统筹做好“两权”抵押贷款试点到期衔接工作。进一步做好雄安新区深化改革开放金融服务工作。

二是切实防范化解重点领域金融风险。实体经济健康发展是防范化解风险的基础，继续坚决打好防范化解重大风险攻坚战，精准处置化解各类风险隐患，牢牢守住不发生系统性金融风险的底线。稳定宏观杠杆率，出台金融控股公司监管办法，有序化解影子银行风险，继续开展互联网金融风险专项整治。充分发挥存款保险作用，完善金融风险监测、评估和处置机制。稳妥处理地方政府债务风险，继续推动产能出清、债务出清、“僵尸企业”出清。做好“六稳”工作，充实应对外部冲击的“工具箱”。坚持打击非法金融机构和非法金融活动，推动出台处置非法集资条例。

三是稳步推进改革开放，继续做好人民币国际化和外汇管理工作。按照准入前国民待遇加负面清单的模式，推动扩大金融业对外开放，把已经部署的金融改革、金融开放

---

① 参见《央行一周三次发声落款金融委办公室　金融委作用凸显》，载新浪财经，http：//finance. sina. com. cn/roll/2018 - 12 - 27/doc - ihqhqcis0634074. shtml。

任务落实到位。同时根据国际经济金融发展形势变化和我国发展战略需要，研究推进新的改革开放举措。继续深入开展“一带一路”投融资合作。支持企业真实、合规对外投资。进一步完善人民币跨境使用政策，以服务实体经济、促进贸易投资便利。优化央行间货币合作框架。完善离岸人民币市场流动性服务框架。支持自贸区、自贸港在外汇管理改革方面先行先试。推广资本项目结汇支付便利化试点。保持对地下钱庄高压打击态势。完善跨境资本流动“宏观审慎＋微观监管”管理框架。不断完善外汇储备多元化运用。

四是加快推动金融市场创新发展和金融机构改革。持续推动债券市场产品创新和规范发展，不断提升债券市场深度和广度。完善金融基础设施监管制度，加强统筹监管和互联互通，做好债券市场统一执法的实施工作。强化市场化约束机制，推动完善债券市场信用评级制度。完善债券市场违约处置机制，做好违约风险市场化法治化处置。支持境外主体在境内发债融资，鼓励境外投资者投资中国债券市场。进一步落实好开发性金融机构、政策性银行改革方案。统筹研究深化农村金融机构改革，保持县域法人机构地位长期稳定，引导其确定机构和服务定位。

五是全面提高金融服务与金融管理水平。不断深化金融法治建设。着力提升支付服务和监管能力，全面取消企业账户开户许可。制定金融科技发展规划与监管规则，加强金融科技应用与管理。不断提升金融统计水平，推广现金统计制度，加大现金管理改革和货币发行监管力度。全面提升中央银行经理国库水平。完善征信发展模式，从严治理乱办征信行为。全面加强反洗钱和反恐怖融资体制机制建设，积极推进特定非金融机构反洗钱监管。推进金融消费权益保护基本制度与法规体系建设，完善金融消费权益保护协调工作机制。

## 附表

**2018 年中国人民银行的主要监管政策**

| 发布日期 | 政策文件名称 | 发文单位 | 文件号 |
|---|---|---|---|
| 1月4日 | 关于规范债券市场参与者债券交易业务的通知 | 中国人民银行、银监会、证监会、保监会 | 银发〔2017〕302号 |
| 1月5日 | 关于进一步完善人民币跨境业务政策　促进贸易投资便利化的通知 | 中国人民银行 | 银发〔2018〕3号 |
| 1月12日 | 关于改进个人银行账户分类管理有关事项的通知 | 中国人民银行 | 银发〔2018〕16号 |
| 1月25日 | 关于改进和加强海洋经济发展金融服务的指导意见 | 中国人民银行、国家海洋局、国家发展改革委、工业和信息化部、财政部、银监会、证监会、保监会 | 银发〔2018〕7号 |

续表

| 发布日期 | 政策文件名称 | 发文单位 | 文件号 |
| --- | --- | --- | --- |
| 2月27日 | 内容为清理2017年12月31日前发布的规章 | 中国人民银行 | 中国人民银行令〔2018〕第1号 |
| 2月27日 | 内容为清理2017年12月31日前发布的规范性文件 | 中国人民银行 | 中国人民银行公告〔2018〕第2号 |
| 3月1日 | 关于加强绿色金融债券存续期监督管理有关事宜的通知 | 中国人民银行 | 银发〔2018〕29号 |
| 3月21日 | 中国人民银行关于核查失效居民身份证信息和非居民身份证件信息试点工作的通知 | 中国人民银行 | 银发〔2018〕60号 |
| 3月23日 | 中国人民银行关于印发《人民币跨境支付系统业务规则》的通知 | 中国人民银行 | 银发〔2018〕72号 |
| 3月23日 | 内容为关于外商投资支付机构有关事宜 | 中国人民银行 | 中国人民银行公告〔2018〕第7号 |
| 4月27日 | 关于规范金融机构资产管理业务的指导意见 | 中国人民银行、中国银行保险监督管理委员会、中国证券监督管理委员会、国家外汇管理局 | 银发〔2018〕106号 |
| 5月2日 | 关于进一步加强征信信息安全管理的通知 | 中国人民银行 | 银发〔2018〕102号 |
| 5月2日 | 关于加强非金融企业投资金融机构监管的指导意见 | 中国人民银行、中国银行保险监督管理委员会、中国证券监督管理委员会 | 银发〔2018〕107号 |
| 5月3日 | 中国人民银行办公厅关于进一步明确人民币合格境内机构投资者境外证券投资管理有关事项的通知 | 中国人民银行 | 银办发〔2018〕81号 |
| 5月18日 | 中国人民银行办公厅关于进一步完善跨境资金流动管理 支持金融市场开放有关事宜的通知 | 中国人民银行 | 银办发〔2018〕96号 |
| 5月20日 | 中国人民银行办公厅关于印发2018年政务公开工作要点的通知 | 中国人民银行 | 银办发〔2018〕95号 |
| 5月23日 | 关于试点取消企业银行账户开户许可证核发的通知 | 中国人民银行 | 银发〔2018〕125号 |
| 6月1日 | 关于进一步规范货币市场基金互联网销售、赎回相关服务的指导意见 | 中国证监会、中国人民银行 | 证监会公告〔2018〕10号 |
| 6月12日 | 关于人民币合格境外机构投资者境内证券投资管理有关问题的通知 | 中国人民银行、国家外汇管理局 | 银发〔2018〕157号 |

续表

| 发布日期 | 政策文件名称 | 发文单位 | 文件号 |
|---|---|---|---|
| 6月13日 | 关于修订《电子商业汇票系统管理办法》等四项制度的通知 | 中国人民银行 | 银发〔2018〕152号 |
| 6月15日 | 关于完善人民币购售业务管理有关问题的通知 | 中国人民银行 | 银发〔2018〕159号 |
| 6月25日 | 关于进一步深化小微企业金融服务的意见 | 中国人民银行、中国银行保险监督管理委员会、中国证券监督管理委员会、国家发展改革委、财政部 | 银发〔2018〕162号 |
| 6月29日 | 中国人民银行办公厅关于支付机构客户备付金全部集中交存有关事宜的通知 | 中国人民银行 | 银办发〔2018〕114号 |
| 7月10日 | 关于非银行支付机构开展大额交易报告工作有关要求的通知 | 中国人民银行 | 银发〔2018〕163号 |
| 7月20日 | 关于在重庆市、浙江省开展金融标准创新建设试点的通知 | 中国人民银行、中国银行保险监督管理委员会、中国证券监督管理委员会、国家标准化管理委员会 | 银发〔2018〕171号 |
| 7月27日 | 中国人民银行关于加强跨境金融网络与信息服务管理的通知 | 中国人民银行 | 银发〔2018〕176号 |
| 7月27日 | 中国人民银行关于开展银行业存款类金融机构绿色信贷业绩评价的通知 | 中国人民银行 | 银发〔2018〕180号 |
| 9月25日 | 内容为信用评级机构在银行间债券市场和交易所债券市场开展债券评级业务有关事宜 | 中国人民银行、中国证监会 | 中国人民银行公告〔2018〕第14号 |
| 9月25日 | 内容为将国际开发机构人民币债券发行纳入境外机构在境内发行债券框架内统一管理 | 中国人民银行、财政部、国家发展改革委、中国证券监督管理委员会 | 中国人民银行公告〔2018〕第15号 |
| 9月25日 | 全国银行间债券市场境外机构债券发行管理暂行办法 | 中国人民银行、财政部 | 中国人民银行财政部公告〔2018〕第16号 |
| 10月12日 | 中国人民银行规章制定程序与管理规定 | 中国人民银行 | 中国人民银行令〔2018〕第3号 |
| 10月24日 | 中国人民银行关于发布《农村普惠金融服务点支付服务点技术规范》行业标准的通知 | 中国人民银行 | 银发〔2018〕237号 |
| 11月1日 | 关于实施银行业金融机构金融消费者投诉统计分类及编码行业标准的通知 | 中国人民银行、中国银行保险监督管理委员会 | 银发〔2018〕243号 |

续表

| 发布日期 | 政策文件名称 | 发文单位 | 文件号 |
|---|---|---|---|
| 11月27日 | 关于完善系统重要性金融机构监管的指导意见 | 中国人民银行、中国银行保险监督管理委员会、中国证券监督管理委员会 | 银发〔2018〕301号 |
| 12月3日 | 关于进一步加强债券市场执法工作的意见 | 中国人民银行、证监会、国家发展改革委 | 银发〔2018〕296号 |
| 12月14日 | 中国人民银行办公厅关于黄金资产管理业务有关事项的通知 | 中国人民银行 | 银办发〔2018〕215号 |
| 12月14日 | 中国人民银行办公厅关于印发《黄金积存业务管理暂行办法》的通知 | 中国人民银行 | 银办发〔2018〕222号 |
| 12月14日 | 中国人民银行办公厅关于印发《金融机构互联网黄金业务管理暂行办法》的通知 | 中国人民银行 | 银办发〔2018〕221号 |
| 12月18日 | 中国人民银行关于发布《商业银行担保物基本信息描述规范》行业标准的通知 | 中国人民银行 | 银发〔2018〕310号 |
| 12月20日 | 中国人民银行关于加强存款准备金管理有关事项的通知 | 中国人民银行 | 银发〔2018〕297号 |

资料来源：中国人民银行网站；发布日期主要以该网站“政务公开”栏目中显示的日期为准。

## 专栏15

### 金融科技发展的六大趋势与三大特点①

金融科技是指通过技术手段推动金融创新，形成对金融市场、机构及金融服务产生重大影响的业务模式、技术应用以及流程和产品。从当前实践看，金融科技主要包括支付结算、存贷款与资本筹集、投资管理、市场设施等四大领域。中国金融科技发展将呈现六大趋势和三大特点。

（一）六大趋势

一是金融科技参与主体多元化。在监管态势加强、市场发展推动下，银行、保险等金融机构加速金融科技布局，互联网主导金融科技发展的局势将改变，未来金融科技的参与者将更加多元化，持牌金融机构有望成为主角。

二是金融科技加速发展与投资企稳并存。金融科技仍处于高速发展期，市场投资热情持续高涨。虽然受宏观经济的影响，2019年投资力度将有所放缓，但一旦资本寒冬过去，金融科技领域的投资将重新提速。

① 作者：伍旭川，中国人民银行金融研究所互联网金融研究中心副主任、研究员。

三是金融科技应用呈现紧密化、全面化与深入化。金融科技的应用越来越紧密，彼此的技术边界被不断渗透，未来的创新将集中在技术交叉和融合区域。云计算、区块链技术将得到全面应用，人工智能和大数据的应用进一步深化。

四是金融严监管常态化、金融监管科技将成为新的爆发点。金融科技时代下，金融风险复杂多变，严监管将成为常态。传统监管范式已不能满足监管需求，监管科技正在成为金融科技的重要组成部分，新主体、新模式与新产品将逐步诞生。

五是金融科技领域竞争升级，竞争格局不断重塑。金融科技已经步入强竞争时期，集聚效应不断显现，并购整合与转型退出共存，新技术的突破助力金融科技领域产生新的独角兽企业。

六是金融科技的服务模式正在从个人客户向企业客户过渡。互联网个人客户端发展趋于饱和，大型互联网企业纷纷布局企业端市场。金融领域落地应用显著，新兴技术与金融企业业务深度融合，主要服务模式从面向个人客户向面向企业客户转变。

（二）三大特点

一是金融科技在金融领域全面渗透。金融科技行业定位是全面、主流和大众化的，涵盖支付、借贷、零售银行、保险、财富管理、交易结算等诸多业务内容，涉及各领域、各主体、各环节，实现全面覆盖与渗透。

二是金融科技创新能力与规模效应明显。金融科技的发展源于互联网技术在金融领域的应用，我国互联网在应用层面的强创新性与规模效应正延伸至金融科技领域，新型金融产品和服务容易开展规模化与市场化应用。

三是金融科技的需求不断增长。人口、经济与技术是我国金融科技需求不断增长的三大要素。中国人口特点、消费能力与结构，以及技术进步形成了金融科技需求增长的人力基础、经济保障与技术保障。

## 二、中国银行业主要监管政策①

（一）2018 年中国银行业监管政策主要内容

2018 年，银保监会坚决贯彻落实党中央、国务院各项决策部署，采取一系列政策措施，全力化解突出风险，维护金融体系稳定，不断深化改革扩大开放，扎实做好机构改革组织实施，提升银行业服务实体经济能力。

1. 防范和化解金融风险，维护金融体系稳定

一是整治金融市场乱象，遏制违法违规经营行为。2018 年，银保监会多方面深入推进金融风险防控工作。1 月 12 日，银监会印发《关于进一步深化整治银行业市场乱象的通知》，要求建立长效机制解决市场乱象，优化银行业发展的生态环境。4 月 16 日，银

① 作者：宋艳伟，浦发银行战略发展部高级分析师。

保监会等四部委联合印发《关于规范民间借贷行为 维护经济金融秩序有关事项的通知》，明确民间信贷规则，严禁非法活动，打击金融违法犯罪活动。8月7日，银保监会印发《关于银行业和保险业做好扫黑除恶专项斗争有关工作的通知》，重点精准打击非法房贷业务，加强高风险领域治理。12月29日，银保监会印发《关于规范银行业金融机构异地非持牌机构的指导意见》，清理规范异地非持牌金融机构，避免盲目扩张。

二是加强风险管理，强化合规经营。2018年，银保监会进一步建立健全合规管理的长效机制。1月4日，人民银行联合银监会等四部委印发《关于规范债券市场参与者债券交易业务的通知》，要求加强内部控制与风险管理，健全债券交易合规制度。6月8日，银保监会联合人民银行印发《关于完善商业银行存款偏离度管理有关事项的通知》，建立加强商业银行存款偏离度管理相关制度，督促商业银行合规发展、有效防控风险。10月25日，银保监会发布《银行业金融机构反洗钱和反恐怖融资管理办法（征求意见稿）》，规定银行业金融机构反洗钱和反恐怖融资业务、监督管理办法和法律责任等。

三是加强影子银行和交叉性金融风险管控。2018年，银保监会先后出台多项相关政策，继续深入防范和管控交叉性金融风险。1月5日，银监会发布《商业银行委托贷款管理办法》，4月27日，人民银行联合银保监会等四部委印发《关于规范金融机构资产管理业务的指导意见》，9月28日，银保监会发布《商业银行理财业务监督管理办法》，分别规范金融机构委托贷款业务、资产管理业务和理财业务，有效防控金融风险。5月4日，银保监会发布《商业银行大额风险暴露管理办法》，5月23日，银保监会发布《商业银行流动性风险管理办法》，5月30日，银保监会发布《商业银行银行账簿利率风险管理指引（修订）》，规范大额风险暴露、流动性风险和银行账簿利率风险的治理架构和风险管理政策流程，引导银行强化监管评估，守住不发生系统性风险的底线。

2. 扩大有效金融供给，持续提升金融服务实体经济质效

一是支持和促进民营经济实现快速稳健发展。2018年，银保监会出台多项监管政策，着力解决民营及小微企业“融资难，融资贵”问题，提升金融服务能力。2月11日，银监会印发《关于2018年推动银行业小微企业金融服务高质量发展的通知》，从完善机构体系、改进贷款支付、盘活信贷资源等方面提出具体要求，提升小微企业金融服务质量。6月25日，人民银行联合银保监会等五部委印发《关于进一步深化小微企业金融服务的意见》，提出23条短期精准发力、长期标本兼治的具体措施，督促和引导金融机构加大对小微企业的支持力度，切实降低企业成本。8月18日，银保监会印发《关于进一步做好信贷工作提升服务实体经济质效的通知》，强化小微企业、“三农”、民营企业等领域金融服务。

二是加强对重点领域和民生保障的金融服务。2018年，银保监会引导银行金融机构聚焦重大战略，支持重大工程和重点项目，发展科技金融、绿色金融、普惠金融。1月9日，银监会印发《关于开展投资管理型村镇银行和“多县一行”制村镇银行试点工作

的通知》，推动发展普惠金融，着力加强“三农”、偏远地区和小微企业的金融服务，增加金融服务有效供给。2 月 14 日，银监会印发《关于做好 2018 年银行业三农和扶贫金融服务工作的通知》，深入推进“三农”和扶贫金融服务专业化体制机制建设，要求围绕重点领域，支持农业发展提质增效。

三是服务实体经济供给侧结构性改革。2018 年，银保监会多举措支持供给侧结构性改革，全面提升金融服务实体经济质效。5 月 22 日，银保监会发布《银行业金融机构联合授信管理办法》，抑制多头融资、过度融资行为，要求加强工作组织协调、选好试点企业、持续监测跟踪，有效控制企业杠杆率。8 月 8 日，国家发展改革委联合银保监会等五部委发布《2018 年降低企业杠杆率工作要点》，从建立建设企业债务风险防控机制、深入推进市场化债转股、加快推动“僵尸企业”债务处置、协调推动兼并重组、完善降杠杆配套政策、做好降杠杆工作的组织协调和服务监管六大方面部署降低企业杠杆率的各项工作，促进实体经济健康发展。

3. 加快机构改革调整，补齐监管制度短板

一是完善专项制度，提升监管效能。2018 年，银保监会不断建立健全相关规章制度和工作流程，完善和弥补制度短板。在金融工具和金融产品监管方面，1 月 3 日，银监会发印发《关于印发〈衍生工具交易对手违约风险资产计量规则〉的通知》，强化商业银行衍生工具风险管理和计量能力，以适应国际监管标准变化和衍生工具业务发展趋势；1 月 18 日，银监会等五部委印发《关于进一步支持商业银行资本工具创新的意见》，拓宽商业银行资本补充渠道，提升银行业应对外部冲击的能力；11 月 26 日，人民银行联合银保监会等四部委印发《关于印发〈金融机构资产管理产品统计制度〉和〈金融机构资产管理产品统计模板〉的通知》，构建资管产品统计制度和统计模板，进一步规范资管行业业务活动。在业务监管方面，5 月 2 日，银保监会印发《关于规范银行业金融机构跨省票据业务的通知》，首次定义跨省票据业务，针对跨省票据交易类业务、授信类业务提出监管要求；6 月 15 日，证监会联合银保监会发布《关于商业银行担任存托凭证试点存托人有关事项规定》，支持创新企业发行股票或存托凭证试点，提升服务实体质效；8 月 10 日，银保监会印发《关于商业银行承销地方政府债券有关事项的通知》，进一步完善地方债券发行机制，保证地方政府债券发行工作顺利进行；11 月 15 日，人民银行联合银保监会等三部委印发《关于在全国银行间债券市场开展地方政府债券柜台业务的通知》，积极推进多层次债券市场的发展。

二是加强金融机构监管，强化监管合力。2018 年，银保监会多举措完善机构监管，维护金融体系稳健运行。4 月 2 日，银监会等七部委联合印发《融资担保公司监督管理条例》四项配套制度，规范融资担保公司经营行为。6 月 29 日，银保监会发布《金融资产投资公司管理办法（试行）》，进一步完善对金融资产管理公司的资本监管框架，规范多元化经营。8 月 17 日，银保监会印发《关于加强规范资产管理业务过渡期内信托监

管工作的通知》，明确信托公司规范整改和风险防控要求，引导信托公司回归本源，稳健发展。11 月 27 日，人民银行联合银保监会等三部委印发《关于完善系统重要性金融机构的指导意见》，明确国内系统重要性金融机构的定义、范围、评估流程和总体方法，看齐国际监管标准。12 月 2 日，银保监会发布《商业银行理财子公司管理办法》，构建理财子公司相关制度框架并提出监管要求。

4. 深化银行业改革，进一步扩大对外开放

一是着力完善公司治理机制，规范银行业金融机构健康发展。2018 年，银保监会深入推进银行业组织机构体系优化，以实现银行业高质量发展。2 月 2 日和 28 日，银监会相继印发《关于做好〈商业银行股权管理暂行办法〉实施相关工作的通知》和《关于规范商业银行股东报告事项的通知》，进一步规范和完善银行业金融机构的股权管理架构，从根源上化解可能产生的金融风险。3 月 20 日，银监会发布《银行业金融机构从业人员管理指引》，旨在构建和完善从业人员行为管理的治理架构、制度建设和监管。5 月 21 日，银保监会印发《银行业金融机构数据治理指引的通知》，要求银行业金融机构制定和实施系统化的制度、流程和方法，确保数据统一管理、高效运行，提升经营管理能力。

二是积极持续推动银行业对外开放。2018 年，银保监会在依法合规、严守风险底线基础上，持续推进银行业各项开放措施落地实施，受理和批准了多项市场准入申请，进一步支持外资更广泛地参与我国金融市场发展。2 月 13 日，银监会发布《关于修改〈中国银监会外资银行行政许可事项实施办法〉》，明确外资法人银行入股境内银行业金融机构的许可条件和程序，统一中外资银行市场准入标准。8 月 23 日，银保监会印发《关于废止和修改部分规章的决定》，规范和完善外资入股中资金融机构的法律制度、监管要求等。11 月 28 日，银保监会印发《关于修改〈中华人民共和国外资银行管理条例实施细则〉的决定（征求意见稿）》，旨在进一步扩大银行业对外开放，促进银行业竞争力提升。

（二）2018 年中国银行业监管政策效果

2018 年，银保监会监管能力持续提升，各项工作迈出坚实步伐，取得积极成效。

一是银行业管控和抵御风险的能力显著增强。针对跨行业、跨地区、跨市场风险等新特点，银保监会督促银行业金融机构将防范系统性金融风险放在更加重要的位置，严格开展市场乱象整治，影子银行和交叉金融风险持续收敛。银行业金融机构盲目扩张的倾向得到遏制，机构主体的合规经营、理性发展理念明显增强。2018 年第四季度末商业银行不良贷款率为 1.83%，近年来持续保持在 2% 左右的国际较低水平，贷款损失准备余额 3.77 万亿元，拨备覆盖率 186.31%，资本充足率 14.20%，资本质量在国际同业中处于较好水平。

二是银行业对国民经济发展形成有力支撑。银行金融机构立足实体经济需求，不断

优化信贷结构。加大对国民经济中重点领域的支持力度，截至2018年末，制造业、基础设施行业余额分别为17.1万亿元、26.46万亿元，扶贫小额信贷余额2488.9亿元，支持建档立卡贫困户641.01万户。着力缓解小微企业融资难，落实差别化不良容忍度政策，小微企业贷款余额33.5万亿元。其中，单户授信总额1000万元及以下普惠型小微企业贷款余额9.4万亿元，较年初增长21.8%。推动降低社会融资成本，发挥大中型商业银行的“头雁”效应，贷款利率明显下行。积极服务创新驱动战略，21家主要银行机构战略性新兴产业贷款余额3万亿元。

三是银行业改革开放取得重要成果。2018年，银行业公司法人治理机制不断完善，国有银行机构将党的领导融入公司治理各个环节。股东穿透监管强化，隐形股东和股权代持等违规行为得到遏制，股东关联交易、利益输送和不正当干预行为受到严格约束。民间资本有序进入银行业，截至2018年末，依批准设立17家民营银行，民营资本在股份制银行、农村中小银行机构中的占比分别超过40%、80%。银行业对外开放不断扩大，外资机构和业务准入进一步放宽，外资机构业务范围扩大、外资机构监管规则持续完善。

当前国内外经济形势复杂严峻，在看到进步和成绩的同时，也需意识到监管过程中仍存在需要完善的领域，主要表现在：金融业发展还不够平衡、协调和充分，还未完全满足人民群众对高质量金融服务的需求；金融风险还不容忽视；银行业金融机构的公司治理水平还需要加强；银行业金融机构海内外合规经营也面临新的问题和挑战；金融新技术发展给银行业转型创新带来压力等。

（三）2019年中国银行业监管政策展望

2019年，银保监会将坚持稳中求进工作总基调，持续深化金融供给侧结构性改革，坚决打好防范化解金融风险攻坚战，平衡好稳增长和防风险的关系，精准有效处置重点领域风险，着力增强金融服务实体经济能力，推动银行业向高质量发展转变，为全面建成小康社会提供更有力的金融支撑。

首先，继续打好防范化解金融风险攻坚战。银保监会未来将更加注重在稳增长的基础上和推动高质量发展中防风险，确保经济运行在合理区间。持续治理金融市场乱象，大力整治违法违规业务，坚持预防为先、标本兼治、稳妥有序，平衡好防风险与稳增长、调结构的关系。严厉打击非法金融活动，有序处置高风险机构，稳步推进互联网金融和网络借贷风险专项整治。强化对银行机构主要负责人和高中级管理人员的监督管理，扎牢制度防火墙。加强政策协调，防范金融市场异常波动和共振。

其次，持续提高金融服务实体经济质效。银保监会将继续贯彻落实新发展理念，强化金融服务功能，找准金融服务重点，以服务实体经济、服务人民生活为本。以市场需求为导向，鼓励银行业机构积极支持国家重大战略实施，扎实推进普惠金融，持续加大对民营、小微企业和“三农”等薄弱领域的金融支持，助力打好脱困攻坚和污染防治攻坚战。有序退出“僵尸企业”，挤出低效、无效占用的信贷资金，为新兴产业发展腾出空间。

再次，加快建立中国特色的现代金融企业制度。银保监会将加快体制机制改革和组织制度创新，重点推动银行业机构持续健全公司治理机制，实现银行业高质量发展。鼓励银行业机构做好战略规划和战略转型，强化创新引领和科技支撑，提高服务和管理的精准度和精细化水平。充分发挥市场配置资源的决定性作用，按照以竞争促进优化与繁荣的总体思路，推进银行业高质量发展。

最后，深入推进金融改革扩大开放。银保监会将持续优化金融机构体系，丰富金融产品服务体系，提升行业整体管理效率和创新能力。深化金融体制改革，增加中小金融机构数量和业务比重，稳步发展民营银行，推动城商行、农商行、农村信用社业务逐步回归本源。根据国内外金融发展形势变化，研究推进新的对外开放举措，提高开放条件下银行业风险防控能力和监管能力，着力提升银行业全球竞争力，加快形成全方位、多层次、宽领域的高水平开放新格局。

## 附表

**2018 年中国银行业主要监管政策**

| 发布时间 | 政策名称 | 发文单位 |
|---|---|---|
| 1 月 3 日 | 衍生工具交易对手违约风险资产计量规则（银监发〔2018〕1 号） | 银监会 |
| 1 月 4 日 | 关于规范债券市场参与者债券交易业务的通知（银发〔2017〕302 号） | 人民银行、银监会、证监会、保监会 |
| 1 月 5 日 | 商业银行委托贷款管理办法（银监发〔2018〕2 号） | 银监会 |
| 1 月 9 日 | 关于开展投资管理型村镇银行和“多县一行”制村镇银行试点工作的通知（银监发〔2018〕3 号） | 银监会 |
| 1 月 12 日 | 关于进一步深化整治银行业市场乱象的通知（银监发〔2018〕4 号） | 银监会 |
| 1 月 18 日 | 关于进一步支持商业银行资本工具创新的意见（银监发〔2018〕5 号） | 银监会、人民银行、证监会、保监会、外汇局 |
| 2 月 2 日 | 关于做好《商业银行股权管理暂行办法》实施相关工作的通知（银监办发〔2018〕48 号） | 银监会 |
| 2 月 11 日 | 关于 2018 年推动银行业小微企业金融服务高质量发展的通知（银监办发〔2018〕29 号） | 银监会 |
| 2 月 13 日 | 关于修订《中国银监会外资银行行政许可事项实施办法》的决定 | 银监会 |
| 2 月 14 日 | 关于做好 2018 年银行业三农和扶贫金融服务工作的通知（银监办发〔2018〕46 号） | 银监会 |
| 2 月 28 日 | 关于规范商业银行股东报告事项的通知（银监办发〔2018〕49 号） | 银监会 |
| 3 月 20 日 | 关于印发银行业金融机构从业人员行为管理指引的通知（银监发〔2018〕9 号） | 银监会 |

续表

| 发布时间 | 政策名称 | 发文单位 |
|---|---|---|
| 4月2日 | 关于印发《融资担保公司监督管理条例》四项配套制度的通知（银保监发〔2018〕1号） | 银保监会 |
| 4月16日 | 关于规范民间借贷行为维护经济金融秩序有关事项的通知（银保监发〔2018〕10号） | 银保监会 |
| 4月27日 | 关于规范金融机构资产管理业务的指导意见（银发〔2018〕106号） | 人民银行、银保监会、证监会、外汇局 |
| 5月2日 | 关于规范银行业金融机构跨省票据业务的通知（银保监办发〔2018〕21号） | 银保监会 |
| 5月4日 | 商业银行大额风险暴露管理办法（银保监会令2018年第1号） | 银保监会 |
| 5月21日 | 关于印发银行业金融机构数据治理指引的通知（银保监发〔2018〕22号） | 银保监会 |
| 5月22日 | 银行业金融机构联合授信管理办法（银保监发〔2018〕24号） | 银保监会 |
| 5月23日 | 商业银行流动性风险管理办法（银保监会令2018年第3号） | 银保监会 |
| 5月30日 | 商业银行银行账簿利率风险管理指引（修订） | 银保监会 |
| 6月8日 | 关于完善商业银行存款偏离度管理有关事项的通知（银保监办发〔2018〕48号） | 银保监会、人民银行 |
| 6月15日 | 关于商业银行担任存托凭证试点存托人有关事项规定（证监会公告〔2018〕21号） | 银保监会、证监会 |
| 6月25日 | 关于进一步深化小微企业金融服务的意见（银发〔2018〕162号） | 人民银行、银保监会、证监会、国家发展改革委、财政部 |
| 6月29日 | 金融资产投资公司管理办法（试行）（银保监会令2018年第4号） | 银保监会 |
| 8月7日 | 关于银行业和保险业做好扫黑除恶专项斗争有关工作的通知（银保监发〔2018〕45号） | 银保监会 |
| 8月8日 | 2018年降低企业杠杆率工作要点（发改财金〔2018〕1135号） | 国家发展改革委、人民银行、财政部、银保监会、国资委 |
| 8月10日 | 关于商业银行承销地方政府债券有关事项的通知（银保监办便函〔2018〕1234号） | 银保监会 |
| 8月17日 | 关于加强规范资产管理业务过渡期内信托监管工作的通知（信托函〔2018〕37号） | 银保监会 |
| 8月18日 | 关于进一步做好信贷工作提升服务实体经济质效的通知（银保监办发〔2018〕76号） | 银保监会 |
| 8月23日 | 中国银行保险监督管理委员会关于废止和修改部分规章的决定（银保监会令2018年第5号） | 银保监会 |
| 9月28日 | 商业银行理财业务监督管理办法（银保监会令2018年第6号） | 银保监会 |
| 10月25日 | 银行业金融机构反洗钱和反恐怖融资管理办法（征求意见稿） | 银保监会 |

续表

| 发布时间 | 政策名称 | 发文单位 |
|---|---|---|
| 11月15日 | 关于在全国银行间债券市场开展地方政府债券柜台业务的通知（银发〔2018〕283号） | 人民银行、财政部、银保监会 |
| 11月26日 | 关于印发《金融机构资产管理产品统计制度》和《金融机构资产管理产品统计模板》的通知（银发〔2018〕299号） | 人民银行、银保监会、证监会和外汇局 |
| 11月27日 | 关于完善系统重要性金融机构的指导意见（银发〔2018〕301号） | 人民银行、银保监会、证监会 |
| 11月28日 | 银保监会关于修改《中华人民共和国外资银行管理条例实施细则》的决定（征求意见稿） | 银保监会 |
| 12月2日 | 商业银行理财子公司管理办法（银保监会令2018年第7号） | 银保监会 |
| 12月29日 | 关于规范银行业金融机构异地非持牌机构的指导意见（银保监发〔2018〕71号） | 银保监会 |

资料来源：课题组整理。

## 三、中国证券业主要监管政策[①]

### （一）2018年证券业监管政策主要内容

2018年证监会进一步完善法律法规建设，为深化资本市场改革、扩大资本市场开放、维护市场稳健发展提供了有力的政策支撑。

1. 深化资本市场改革，提升服务实体经济能力

（1）加强制度创新，助力国家创新驱动战略

整体层面：国务院办公厅转发证监会《关于开展创新企业境内发行股票或存托凭证试点的若干意见》，支持创新企业在境内发行股票或者存托凭证，有利于资本市场助力国家创新驱动战略、培育经济新动能。主要内容：一是明确境外注册红筹企业可在境内发行股票。二是推出存托凭证这一新的证券品种，并对发行存托凭证的基础制度作出安排。三是进一步优化证券发行条件，解决部分创新企业具有持续盈利能力，但可能存在尚未盈利或未弥补亏损的情形。四是充分考虑部分创新企业存在的协议控制（VIE）架构、投票权差异等特殊的公司治理问题，作出有针对性的安排。

细节层面：证监会紧锣密鼓地完善配套制度和监管规则，保障试点工作依法合规进行。

修订《首次公开发行股票并上市管理办法》《首次公开发行股票并在创业板上市管理办法》。针对创新企业在特定发展阶段高成长、高投入、实现盈利的周期较长等特点，允许符合《关于开展创新企业境内发行股票或存托凭证试点的若干意见》等规定，经中

① 作者：赵湘怀，光大证券战略发展部总经理。

国证监会认定的试点企业在境内发行上市，可以不适用发行条件关于盈利指标相关要求。

修订《证券发行与承销管理办法》。主要包括：一是试点企业在境内存托凭证的发行与承销，执行该办法中发行与承销股票的相关规定。二是增加定价方式灵活性，取消发行规模2000万股以下的企业应直接定价发行的硬性规定，允许企业自行选择定价方式。三是明确申购新股或存托凭证的市值计算包含存托凭证。四是规定网下设定锁定期的股份（或存托凭证）均不参与向网上回拨，同时允许发行存托凭证时可根据需要进行战略配售和采用超额配售选择权，以便于形成网上网下合理的分配结构和新增股份（或存托凭证）上市节奏，稳定市场、平抑炒作。五是完善信息披露要求，明确未盈利企业应披露市销率、市净率等反映发行人所在行业特点的估值指标。

细化《关于开展创新企业境内发行股票或存托凭证试点的若干意见》要求，制定《存托凭证发行与交易管理办法》，明确存托凭证发行与交易的监管要求和参与主体的基本权利义务。主要包括：一是明确存托凭证作为国务院通过转发《关于开展创新企业境内发行股票或存托凭证试点的若干意见》形式认定的证券，其法律适用和基本监管原则。二是对存托凭证的发行、上市、交易作出安排。三是明确存托凭证的信息披露要求。四是建立存托凭证的存托和托管制度。五是加强投资者保护，针对我国证券市场投资者结构的特殊性，设置了存托凭证持有人单独表决事项、存托凭证退市回购安排等投资者保护措施。六是强化监管执法，明确证监会对违法违规行为的监管手段和措施。上述办法的制定既为创新企业通过发行存托凭证回归境内资本市场奠定制度基础，也为未来开通沪伦通预留制度空间，作好规则准备。

制定《试点创新企业境内发行股票或存托凭证并上市监管工作实施办法》，细化试点企业选取标准，明确试点企业审核程序。进一步要求存在投票权差异安排的红筹企业，明确维持特别投票权的前提条件，特别投票权不随相关股份的转让而转让，且公司上市后不得通过各种方式提高特别投票权的比重。体现对投资者合法权益的保护。此外，在持续监管方面，制定了《创新企业境内发行股票或存托凭证上市后持续监管实施办法（试行）》，在规范上市后相关各方的行为，健全公司治理机制等方面提出了相关要求。

针对现行《保荐人尽职调查工作准则》未涵盖红筹企业、存托凭证发行等情形，制定《保荐创新企业境内发行股票或存托凭证尽职调查工作实施规定》，统筹考虑创新企业实际情况，增加对创新企业特殊情况和相关风险的尽职调查要求，简化部分对创新企业不适用、不必要的尽职调查要求。同时，完善对部分创新企业的尽职调查方法。

制定《中国证监会科技创新咨询委员会工作规则（试行）》，首次引入咨询委员会安排，充分体现了证监会市场化监管思路，将第三方咨询意见作为行政审核的有益补充，将有助于证监会提高科学决策的能力和水平。

为规范试点红筹企业信息披露行为，还配套制定了多项信息披露规定。如：《公开发行证券的公司信息披露编报规则第 22 号——创新试点红筹企业财务报告信息特别规定（试行）》《公开发行证券的公司信息披露编报规则第 23 号——试点红筹企业公开发行存托凭证招股说明书内容与格式指引》《公开发行证券的公司信息披露内容与格式准则第 40 号——试点红筹企业公开发行存托凭证并上市申请文件》。

（2）差异化创投基金减持政策，引导创投基金支持创业创新

制定《上市公司创业投资基金股东减持股份的特别规定》，调动创业投资基金长期投资和价值投资的积极性，促进早期中小企业和高新技术企业资本形成。主要内容：一是为引导基金精准支持创业创新，仅当创投基金所投资早期中小企业或技术企业首次公开发行后，创投基金方能享受政策。二是为鼓励创投基金更好支持创业创新，仅当基金所投资早期中小企业或技术企业，所投资金额占比 50% 以上方可享受政策。根据现实情况，针对政策发布前后的创投基金采取不同的认定条件。三是为倡导长期投资、价值投资理念，将投资满 36 个月作为分界线，真正实现反向挂钩。四是为便于创投基金退出，且避免对市场的影响，一方面通过调整集中竞价交易、大宗交易的减持节奏，实施反向挂钩政策；另一方面对减持比例、大宗交易受让方、持股期限的要求不变，谨防大比例集中减持。

（3）修订并购重组信披规则，助力产业结构升级

修订《公开发行证券的公司信息披露内容与格式准则第 26 号——上市公司重大资产重组（2018 年修订）》，进一步支持上市公司并购重组。修订主要内容：一是聚焦主要交易对方和交易标的核心要素的披露。不再要求披露交易对方业务发展状况、主要财务指标和下属企业名目；对海外并购、招拍挂等交易允许简化或暂缓披露相关情况。二是增加中介机构核查要求弹性。允许中介机构结合尽职调查的实际进展披露核查意见。三是在已明确交易标的的前提下，不再强制要求披露标的预估值或拟定价，便于交易各方更充分地谈判博弈。四是在充分披露相关风险的前提下，不再要求披露权属瑕疵、立项环保等报批事项，本次交易对公司同业竞争、关联交易的预计影响，相关主体买卖股票自查情况。

2. “引进来、走出去”，进一步推进证券行业双向开放

（1）“引进来”方面

为落实党中央、国务院关于进一步扩大金融业对外开放的决策部署，兑现中美元首会晤我国关于证券业对外开放的承诺，在《外资参股证券公司设立规则》的基础上重新发布《外商投资证券公司管理办法》，并制定《外商投资期货公司管理办法》。

重新发布的《外商投资证券公司管理办法》，结合了我国证券业内外部环境变化、前期《关于建立更紧密经贸关系的安排》（CEPA）项下对港资和澳资机构开放经验，适度调整优化合资证券公司设立条件，有序扩大合资证券公司业务范围，保持了证券业

对外开放政策的连续性、渐进性和前瞻性。一是允许外资控股合资证券公司，体现外资由参转控。二是逐步放开合资证券公司业务范围。允许新设合资证券公司根据自身情况，依法有序申请证券业务牌照，初始业务范围需与控股股东、第一大股东的证券业务经验相匹配。三是完善外资持有上市证券公司股份的规定。统一外资持有上市和非上市两类证券公司股权比例①并适当放宽单个境外投资者持有上市证券公司股份的比例限制。四是将境内股东的实际控制人身份变更导致内资证券公司性质变更的情形纳入外商投资证券公司的范围，明确相关规范要求。五是完善境外股东条件。境外股东均应为金融机构，且具有良好的国际声誉和经营业绩，近3年业务规模、收入、利润居于国际前列，近3年长期信用均保持在高水平。

制定《外商投资期货公司管理办法》，有序引入优质境外金融机构投资期货公司，提升我国期货业服务实体经济能力。作为一部专门规范外商投资期货公司的规章，上述办法共19条，主要内容：一是明确适用范围。外商投资期货公司界定为单一或有关联关系的多个境外股东直接持有或间接控制公司5%以上股权的期货公司。二是进一步细化境外股东条件。境外股东应持续经营5年以上，具有良好的国际声誉和经营业绩，近3年业务规模、收入、利润居于国际前列，近3年长期信用均保持在高水平。三是规范间接持股。要求境外投资者通过投资关系、协议或其他安排，实际控制期货公司5%以上股权的，应当转为直接持股，但对通过中国境内证券公司间接持有期货公司股权及中国证监会规定的其他情形予以豁免。四是明确高级管理人员履职规定。五是对规范文本语言和加强信息技术监管提出要求。

修订《证券登记结算管理办法》和《上市公司股权激励管理办法》，进一步放开符合规定的外国人开立A股证券账户的权限，丰富资本市场投资主体，拓宽资金入市渠道。一是修改《证券登记结算管理办法》有关规定，在原有规定的中国公民、中国法人、中国合伙企业等投资者范围基础上，增加“符合规定的外国人”作为投资者类别之一，并规定外国人申请开立证券账户的具体办法，由证券登记结算机构制定，报中国证监会批准。根据这一修改，目前将允许在境内工作的外国自然人投资者开立A股证券账户。二是修改《上市公司股权激励管理办法》，将可以成为股权激励对象的境内上市公司外籍员工范围，从在境内工作的外籍员工，扩大到所有外籍员工。

(2)“走出去”方面

针对证券行业境外经营机构存在的下设机构多、层级多，内部架构不清晰，展业范围不当等问题，制定《证券公司和证券投资基金管理公司境外设立、收购、参股经营机构管理办法》，为有序推动证券基金经营机构走出去，切实加强境外机构管理提供了制度依据。主要内容：一是维持适当门槛，支持机构“走出去”。整合两类机构“走出

① 不得超过我国证券业对外开放所作的承诺，目前为51%。

去”的条件，要求机构诚实守信、合规经营，财务状况及资产流动性良好，法人治理结构健全，风险管理和内部控制有效。二是规范业务范围，完善组织架构。要求境外子公司突出主营业务，规范组织架构，限制返程投资，并给予现有机构36个月过渡期以达到相关要求。三是督促母公司加强管控，完善境外机构管理。要求母公司依法参与境外子公司法人治理，强化对境外子公司重大事项管理；健全覆盖境外机构的合规管理、风险管理和内部控制体系。四是加强持续监管，完善跨境监管合作。完善证券基金经营机构信息报送要求，明确证券基金经营机构及相关人员的法律责任。完善跨境监管合作，加强与境外监管机构的信息交流，及时了解境外机构相关情况，有效防范和处置跨境金融风险。

（3）“互联互通”方面

制定《关于上海证券交易所与伦敦证券交易所互联互通存托凭证业务的监管规定（试行）》，规范上海证券交易所与伦敦证券交易所互联互通存托凭证上市、交易、跨境转换和信息披露等行为。主要内容：一是明确沪伦通中国存托凭证（CDR）发行审核制度。对相关核准程序、申报文件清单、保荐尽调、会计审计安排和CDR核准数量上限等作出规定。二是明确CDR跨境转换制度安排。对境内证券公司参与跨境转换的条件及相关资产和投资行为等作出规定。三是明确CDR持续监管要求。对季度报告、重大资产重组等事项作出差异化安排。四是明确境内上市公司境外发行存托凭证（GDR）的监管安排。对GDR发行条件、发行价格、限制兑回期以及参与GDR跨境转换的境外券商和存托人作出规定。五是强化监管执法，明确相关市场参与主体的法律责任。

制定《证券基金经营机构使用香港机构证券投资咨询服务暂行规定》，满足内地投资者日益增长的投研服务需求，深化两地证券基金行业互利合作。在业务模式方面：允许具备相关业务资格的内地证券公司或者其子公司，将香港机构发布的就港股通股票提供投资分析意见的证券研究报告转发给客户；允许内地证券基金经营机构委托香港机构，为证券基金经营机构管理的参与港股通的证券投资基金，提供关于港股通股票的投资建议服务。关于参与机构资质和应当承担的责任：从业务牌照和从业经验等方面明确参与机构的资质，相应规定其义务和责任。在监管机制方面：对于内地机构违反该暂行规定的，证监会依法对有关机构及负有责任的人员采取行政监管措施或者进行行政处罚；对于香港机构违反该暂行规定的，证监会与香港证监会通过跨境监管合作机制，依法对有关机构及负有责任的人员进行调查处理。

3. 全面从严监管，维护资本市场健康稳定发展

（1）健全上市公司监管制度，促进上市公司质量提升

修订《上市公司治理准则》，推动上市公司落实新发展理念，健全治理结构、提升治理水平。修订内容：一是紧扣新时代的主题，要求上市公司在公司治理中贯彻落实创新、协调、绿色、开放、共享的发展理念，增加上市公司党建要求，强化上市公司在环

境保护、社会责任方面的引领作用。二是针对我国资本市场投资者结构特点，进一步加强对控股股东、实际控制人及其关联方的约束，更加注重中小投资者保护，发挥中小投资者保护机构的作用。三是积极借鉴国际经验，推动机构投资者参与公司治理，强化董事会审计委员会作用，确立环境、社会责任和公司治理（ESG）信息披露的基本框架。四是回应各方关切，对上市公司治理中的控制权稳定、独立董事履职、上市公司董监高评价与激励约束机制、强化信息披露等提出新要求。

联合财政部、国资委发布《关于支持上市公司回购股份的意见》，鼓励上市公司实施股权激励或者员工持股计划，促进公司夯实估值基础，提升风险管理能力。主要内容：一是依法支持各类上市公司回购股份用于实施股权激励及员工持股计划。二是鼓励运用其他市场工具为股份回购提供融资等支持。继续支持上市公司通过发行优先股、可转债等多种方式，为回购本公司股份筹集资金。支持实施股份回购的上市公司依法以简便快捷的方式进行再融资。三是简化回购程序。四是引导上市公司在公司章程中完善回购机制，做好公司治理相关安排。该意见借鉴国外有益做法，优化回购机制，一方面将直接促进上市公司夯实估值基础，提升整体质量和投资价值，另一方面有利于完善资本市场功能，健全资本市场内生稳定机制。

修订《关于改革完善并严格实施上市公司退市制度的若干意见》，明确重大违法强制退市的具体情形和实施程序，加大退市监管力度，有利于形成“有进有出、优胜劣汰”的市场生态。主要修订内容：一是完善重大违法强制退市的主要情形，明确对于上市公司构成欺诈发行、重大信息披露违法或者其他涉及国家安全、公共安全、生态安全、生产安全和公众健康安全等领域的重大违法行为，证券交易所应当严格依法作出暂停、终止公司股票上市交易决定的基本制度要求。二是强化证券交易所的退市制度实施主体责任，明确证券交易所应当制定上市公司因重大违法行为暂停上市、终止上市实施规则。三是落实因重大违法强制退市公司控股股东、实际控制人、董事、监事、高级管理人员等主体的相关责任，强调其应当配合有关方面做好退市相关工作、履行相关职责。

针对A股市场停牌“顽疾”，制定《关于完善上市公司股票停复牌制度的指导意见》，优化交易监管，增强市场流动性。主要内容：一是确立上市公司股票停复牌的基本原则，最大限度保障交易机会。二是压缩股票停牌期限，增强市场流动性。三是强化股票停复牌信息披露要求，明确市场预期。四是加强制度建设，明确相应配套工作安排。

（2）切实加强证券经营机构管理，防范化解金融风险

针对金融机构资管业务统一监管，联合人民银行、银保监会、外汇局，正式发布《关于规范金融机构资产管理业务的指导意见》（以下简称资管新规）。按照资管产品的类型制定统一的监管标准，对同类资管业务作出一致性规定，实行公平的市场准入和监

管，最大限度地消除监管套利空间。与2017年11月的征求意见稿相比，正式发布的资管新规在“打破刚兑、消除嵌套”的主旨上保持不变，部分条款略有宽松。一是将过渡期从2019年6月底延长至2020年底，有助于避免存量资产未到期而无新的负债端产品续集的问题，减缓对金融市场的冲击。二是在净值化管理方面，允许部分非标资产采用摊余成本法估值。三是进一步明确非标资产的定义。

制定《证券期货经营机构私募资产管理业务管理办法》及《证券期货经营机构私募资产管理计划运作管理规定》（合称资管细则），促进统一资产管理产品监管标准，推动证券期货经营机构私募资产管理业务规范健康发展。主要内容：一是统一法律关系，明确基本原则。依法明确各类私募资管产品均依据信托法律关系设立，并在此基础上确立了“卖者尽责，买者自负”等基本原则。二是系统界定业务形式，厘清资产类别。统一现有规则“术语体系”，系统界定业务形式、产品类型，以及标准化、非标准化资产。三是基本统一监管标准。覆盖机构展业的资格条件、管理人职责、运作规范和内控机制要求等方面。四是适当借鉴公募经验，健全投资运作制度体系，包括组合投资、强制托管、充分披露、独立运作等方面要求。五是压实经营机构主体责任。系统规定证券期货经营机构开展私募资管业务的风险管理与内部控制机制要求。六是强化重点风险防控，补齐制度短板。重点加强流动性风险防控，以及利用关联交易向管理人或者托管人的控股股东、实际控制人输送利益的风险防控。七是强化一线监管，加强监管与自律协作。健全信息报送和信息共享机制，加强派出机构一线监管，强化责任追究。

针对行业机构普遍关注的大集合产品如何适用资管新规有关规定，回应行业诉求，制定《证券公司大集合资产管理业务适用〈关于规范金融机构资产管理业务的指导意见〉操作指引》。对大集合产品进一步对标公募基金、实现规范发展的标准与程序进行细化明确，并给予了合理的规范过渡期，在规范进度上不设统一要求。经规范后，大集合产品将转为公募基金或私募资产管理计划，按照相关法律法规持续稳定运作。

针对证券公司投行业务管控，制定《证券公司投资银行类业务内部控制指引》，试图改变“重发展、轻质量”“重规模、轻风险”“重前端承做、轻后期督导”等行业现象。主要内容：一是聚焦投行类业务经营管理中的主要矛盾和突出问题，通过明确业务承做实施集中统一管理、健全业务制度体系、规范薪酬激励机制等方面的要求，着力解决业务活动管控不足、过度激励等导致投行类业务风险产生的根源性问题。二是统一投行类业务内部控制标准，在充分考虑不同公司和各类投行业务内部控制现行标准的基础上，归纳、提炼出适用于全行业的统一内部控制要求。三是完善以项目组和业务部门、质量控制、内核和合规风控为主的“三道防线”基本架构，构建分工合理、权责明确、相互制衡、有效监督的投行类业务内部控制体系。四是强调投行类业务内部控制的有效性，细化各道防线具体履职形式，加强对投行类业务立项、质量控制、内核等执行层面的规范和指导。

针对货币市场基金互联网销售、赎回服务中存在的风险隐患，制定《关于进一步规范货币市场基金互联网销售、赎回相关服务的指导意见》。主要内容：一是货币市场基金在互联网销售过程中，应当严格落实“三强化、六严禁”的原则要求。二是对“T+0赎回提现”实施限额管理。三是除取得基金销售业务资格的商业银行外，禁止其他机构或个人以任何方式为“T+0赎回提现”业务提供垫支。四是规范基金管理人和基金销售机构“T+0赎回提现”业务的宣传推介和信息披露活动，加强风险揭示，严禁误导投资者。五是要求非银行支付机构不得提供以货币市场基金份额直接进行支付的增值服务，不得从事或变相从事货币市场基金销售业务，不得为“T+0赎回提现”业务提供垫支等。

针对廉洁从业风险防控，制定《证券期货经营机构及其工作人员廉洁从业规定》《关于加强证券公司在投资银行类业务中聘请第三方等廉洁从业风险防控的意见》。其中，《证券期货经营机构及其工作人员廉洁从业规定》以部门规章的形式发布，是对证券期货行业廉洁从业的整体监管要求，对经营机构在各类业务中廉洁从业事项进行规范，旨在整顿执业乱象，维护市场秩序，营造公平、公开、公正的市场环境。主要内容：一是明确适用范围、监管主体，提出廉洁从业总体要求。二是督促经营机构强化廉洁从业内部管控，强调经营机构主体责任。三是重点突出向监管部门输送利益和投行类业务廉洁从业要求，提出投行业务的七个“禁令”。四是加大问责力度，对违反廉洁从业规定的情形制定了具体罚则，包括自律惩戒、行政监管措施、行政处罚、移交纪检和移送司法等。

《关于加强证券公司在投资银行类业务中聘请第三方等廉洁从业风险防控的意见》以公告形式发布，主要是针对投行业务利益输送高风险环节制定的专项规则。一是要求证券公司健全内控制度，加大管控力度，对聘请第三方机构或个人的行为进行合规审查，切实防范通过第三方机构或个人进行利益输送的违规风险。二是明确对证券公司相关聘请行为的信息披露要求，要求证券公司对聘请的机构类型、服务内容、费用标准等关键要素进行持续披露。三是要求证券公司对其投资银行类项目服务对象的相关聘请及其合法合规性进行核查并发表意见。

针对证券行业信息技术监管，制定《证券基金经营机构信息技术管理办法》，引导证券基金经营机构在依法合规、有效防范风险的前提下，持续强化现代信息技术对证券基金业务活动的支撑作用。主要内容：一是全面覆盖各类主体。明确信息技术监管安排，推动行业加大信息技术投入，提升竞争力。二是明确治理、安全、合规三条主线。在传统信息安全监管基础上，针对信息技术治理、数据治理、业务合规提出监管要求，明确经营机构应设立信息技术治理委员会及首席信息官，促进信息技术与业务、风控及合规管理深度融合。三是强化信息技术管理的主体责任。按照“谁运行、谁负责，谁使用、谁负责”的理念，督促经营机构与服务机构守住信息安全底线，回归本位，共同维护证券市场稳定运行。四是支持经营机构应用信息技术提升服务效能，针对信息技术应用领域的新情况、新问题，明确监管要求。五是为督促各类市场主体切实履行自身信息技术管理职责，明确相应处罚措施。

（3）出台养老基金领域纲领性文件，促进养老基金规范化运作

为满足养老资金理财需求，规范养老目标证券投资基金的运作，制定《养老目标证券投资基金指引》，标志着我国养老基金产品开始进行规范化的运作阶段。根据该指引，养老目标基金应当采用基金中基金形式或中国证监会认可的其他形式运作，即主要采取FOF的方式进行运作。在投资策略方面，养老目标基金应当采用成熟稳健的资产配置策略，控制基金下行风险，追求基金长期稳健增值。投资策略包括目标日期策略、目标风险策略以及中国证监会认可的其他策略。在基金管理人和基金经理方面，提出了具体、量化的要求。此外，规定了基金管理人、基金销售机构向投资人推介养老目标基金应当遵循的适当性要求。

（4）完善市场诚信监管机制，作为传统监管手段的重要补充

贯彻落实近年来党中央、国务院诚信建设相关政策要求，对资本市场新领域、新主体、新活动实现诚信监管“全覆盖”，修订《证券期货市场诚信监督管理办法》，强化诚信监管机制、措施、手段，作为传统监管手段的“补充”“补强”措施。主要修订内容：一是扩充诚信信息覆盖的主体范围。将证券期货市场投资者、全国中小企业股份转让系统、区域性股权市场挂牌企业、基金服务机构、证券期货传播媒介机构等纳入诚信信息主体。二是扩充诚信信息的内容覆盖面。将证券期货市场行业组织的诚信评估结果以及各类违约失信信息纳入诚信信息归集范围，以全面覆盖监管执法和市场交易活动。三是建立市场准入环节的诚信程度制度。规定向中国证监会及其派出机构申请行政许可事项时，申请人以及申请事项涉及的有关当事人应当提交诚信相关书面承诺。四是建立主要市场主体诚信积分管理制度，根据诚信积分，对各类市场主体实施分类监督管理。五是建立行政许可“绿色通道”制度，对诚信状况较好的行政许可事项申请人实行优先审查制度，加强对守信者激励。六是强化事后监管环节的诚信约束要求，将查阅诚信档案作为作出行政处罚、实施市场禁入、采取监督管理措施以及开展监督检查等日常监管工作的必要环节。七是强化市场交易活动中的诚信约束，明确在开立证券期货账户、办理相关业务时，可查阅申请人的诚信档案，以及各类市场主体聘任高管、从业人员时的诚信档案查阅事宜。八是建立证券期货市场严重违法失信信息公示制度。

（5）重视投资者教育工作，规范投资者教育基地监管工作

制定《证券期货投资者教育基地监管指引》，充分发挥投教基地作用，提高投资者教育服务水平。根据指引，投教基地分为实体投教基地和互联网投教基地。投教基地应定期向监管机构如实报送服务投资者、投放投教产品、开展投教活动等情况。对基地名称、地址或网址、实体基地咨询电话的变更，应当以适当形式向社会公开。证券公司、

期货公司及两者的分支机构申报投教基地的命名与考核情况，将持续纳入证券公司、期货公司的分类监管，作为评价投资者保护相关指标的加分或者扣分项。

4. 坚决维护市场秩序，严厉打击违法活动

2018 年证监会把防范化解金融风险放在突出位置，坚持依法全面从严监管理念，以“精准立案、精准查处、精准打击”为原则，持续保持稽查执法高压态势，严厉查处侵蚀市场运行基础、积聚市场重大风险、群众反映强烈的各类市场乱象，坚决维护市场秩序，切实保护投资者合法权益。重点查办四大类型的严重违法违规案件：

一是严重损害上市公司利益，损害中小股东合法权益的案件。包括虚假披露信息，通过虚构交易粉饰业绩，或实施“忽悠式”重组非法牟利的案件；大股东、实际控制人及上市公司董监高等人员通过违规担保、资金占用、关联交易等方式，恶意掏空上市公司的案件；严重违背现金分红制度规则，长期具备分红条件而不分红且涉嫌违法违规的“铁公鸡”案件。

二是严重积聚市场风险，危害市场平稳运行的违法行为。包括通过违规聚集市场资金，滥用杠杆交易，放大市场风险的案件；借助新型金融工具，滥用金融科技之名，或者跨市场实施违法交易的行为。

三是严重破坏公平交易原则，影响市场功能发挥的案件。包括利用重组题材进行炒作，利用多层多级传递获取的内幕信息抢先买入或提前避损的案件；多账户多点布局、内外勾结、虚实结合，趁机借势操纵股票价格的案件。

四是严重扰乱信息传播秩序，恶意制造市场恐慌情绪的案件。包括通过互联网、自媒体肆意发表针对个股、板块、市场走势和监管政策的不实不当言论的行为；充当股市“黑嘴”，引诱不明真相的投资者参与交易，从中牟利的案件。

2018 年，证监会针对查处案件作出行政处罚决定 310 件，同比增长 38.39%；罚没款金额 106.41 亿元，同比增长 42.28%；市场禁入 50 人，同比增长 13.64%。其中，处罚信息披露违法类案件 56 起，操纵市场类案件 38 起，内幕交易类案件 87 起，中介机构违法类案件 13 起，私募基金领域违法案件 10 起，短线交易案件 13 起，从业人员违法违规案件 24 起。此外，还对编造传播虚假信息、超比例持股未披露、法人非法利用他人账户、期货市场违法等其他类型案件依法作出行政处罚 50 余起。通过不断强化监管执法工作，严厉打击各类证券期货违法行为，有力震慑了不法行为人，引导市场主体知敬畏、明底线，使市场生态环境得以净化，市场的法治基础更加坚实，防范系统性风险的堤坝更加牢固。

（二）2018 年证券业监管政策效果

2018 年证监会坚持稳中求进工作总基调，坚持新发展理念，坚持以服务供给侧结构性改革为主线，围绕“服务实体经济、防范金融风险、深化市场改革”三大任务，进一步加强市场基础制度建设，完善证券期货监管法律实施规范体系，为推进资本市场稳定

健康发展提供了法律保障。

2018 年证监会发布监管政策共计 55 项，以法令形式发布 15 项，以公告形式发布 40 项。在深化改革服务实体经济方面，发布《关于开展创新企业境内发行股票或存托凭证试点的若干意见》并完善配套制度和监管规则，全面支持创新企业直接融资，助力国家创新驱动战略。通过差异化创投基金减持政策，调动创投基金长期投资和价值投资的积极性，引导创投基金支持高新技术和中小企业。进一步鼓励上市公司并购重组，助力产业结构升级。在扩大双向开放激发市场活力方面，制定《外商投资证券公司管理办法》《外商投资期货公司管理办法》《证券公司和证券投资基金管理公司境外设立、收购、参股经营机构管理办法》《关于上海证券交易所与伦敦证券交易所互联互通存托凭证业务的监管规定（试行）》等，放宽金融外资持股比例、扩大外资业务范围，优化互联互通机制，有效推进国内资本市场的双向开放。在从严监管防范金融风险方面，修订《上市公司治理准则》《关于改革完善并严格实施上市公司退市制度的若干意见》，制定资管新规、资管细则、《证券公司投资银行类业务内部控制指引》《证券基金经营机构信息技术管理办法》，发布《关于支持上市公司回购股份的意见》《关于完善上市公司股票停复牌制度的指导意见》等，切实加强对上市公司、经营机构的监督管理，有效防范金融风险。注重完善市场诚信监管机制，作为传统监管手段的有益补充。此外，进一步规范投资者教育基地监管，提高投资者教育服务水平。

在完善立法的同时，证监会持续强化稽查执法。2018 年作出行政处罚决定 310 件，同比增长 38. 39%；罚没款金额 106. 41 亿元，同比增长 42. 28%；市场禁入 50 人，同比增长 13. 64%。公布 20 起典型违法案例，重点打击财务造假、操纵市场、内幕交易、私募乱象等市场典型违法行为。

总结 2018 年，中国证券市场基础制度不断完善，服务实体经济功能进一步增强，双向开放有序推进，金融风险防范能力得到检验，投资者保护能力进一步提升，市场朝健康稳定发展方向迈进。证券期货行业发展呈现出新面貌，市场沟通和预期管理的能力达到新水平。

### （三）2019 年证券业监管政策展望

展望 2019 年，证监会将继续落实好设立科创板并试点注册制这项重大改革任务，更好服务科技创新和经济高质量发展；继续以“防范金融风险、服务实体经济”为主推进监管政策落地，加强对各个市场参与主体的监管力度，严力打击违法违规的资本市场行为，实现金融风险监管全覆盖；继续推进金融市场对外开放，扩大资本市场的双向开放，并继续加强与金融开放程度相匹配的金融监管力度。

首先，确保在上交所设立科创板并试点注册制尽快落地，统筹推进发行、上市、信息披露、交易、退市、投资者适当性管理等基础制度改革，更好服务科技创新和经济高质量发展。

2019年3月1日，证监会发布了《科创板首次公开发行股票注册管理办法（试行)》和《科创板上市公司持续监管办法（试行)》，自公布之日起实施。经证监会批准，上交所、中国证券登记结算公司相关业务规则随之发布。

《科创板首次公开发行股票注册管理办法（试行)》共8章81条，对科创板试点注册制改革进行了系统性的规范：

1. 明确科创板试点注册制的总体原则，规定股票发行适用注册制。

2. 以信息披露为中心，精简优化现行发行条件，突出重大性原则并强调风险防控。

3. 对科创板股票发行上市审核流程作出制度安排，实现受理和审核全流程电子化，全流程重要节点均对社会公开，提高审核效率，减轻企业负担。

4. 强化信息披露要求，压实市场主体责任，严格落实发行人等相关主体在信息披露方面的责任，并针对科创板企业特点，制定差异化的信息披露规则。

5. 明确科创板企业新股发行价格通过向符合条件的网下投资者询价确定。

6. 建立全流程监管体系，对违法违规行为负有责任的发行人及其控股股东、实际控制人、保荐人、证券服务机构以及相关责任人员加大追责力度。

《科创板上市公司持续监管办法（试行)》共9章36条，对科创板的适用原则、公司治理、信息披露、股份减持、重大资产重组、股权激励、退市制度、分拆上市、募集资金使用、控股股东股权质押和法律责任等方面作出了规定。

2019年，证监会将继续落实好设立科创板并试点注册制改革，落实创新驱动发展战略，增强资本市场对提高关键核心技术创新能力的服务水平。监管部门将继续坚持市场化法治化的改革方向，聚焦发行上市审核、提升持续监管能力、优化交易制度、严肃退市规则、完善风险应对预案、加强新闻舆论宣传等改革重点工作，加强全过程监督，守牢廉洁底线，稳慎实施好这项重大改革。

其次，坚持把防范化解金融风险放到更加突出的位置，重点做好股票质押、债券违约、私募基金等重点领域风险防范处置，牢牢守住不发生系统性金融风险的底线。

一是平衡好稳增长和防风险的关系。完善资本市场基础制度，大力发展直接融资，推进融资结构完善，为实体经济发展和满足人民群众需要提供更高质量、更有效率的金融服务。坚持在改革发展中防范风险、化解矛盾，持续增强资本市场抵御风险的韧性。

二是加强金融风险防范，强化内部控制建设。切实增强忧患意识，坚持历史观和辩证法，坚持精准施策，精准做好股票质押、债券违约、私募基金、场外配资、监管对象各类资管业务和地方各类交易场所等重点领域风险处置，打好防范化解重大金融风险攻坚战。

三是切实强化法治政府建设，深入推进依法行政。加快市场法治建设，强化依法全面从严监管，严厉打击各类违法违规行为，切实保护投资者合法权益。

最后，监管将继续通过深化改革，打造一个规范、透明、开放、有活力、有韧性的资本市场，提高上市公司质量，完善交易制度，引导更多中长期资金进入。

一是健全多层次市场体系，支持企业拓展直接融资渠道。深化创业板和新三板改革，加快发展私募股权投资基金，发展和完善企业资产证券化业务，推动债券品种创新，更好支持民营经济发展。优化再融资制度，深化市场化并购重组改革，鼓励国有控股企业和金融企业实施员工持股和股权激励，不断提升上市公司质量。

二是完善交易制度，推动更多中长期资金入市。优化交易监管，丰富期货及衍生品工具，激发市场活力。鼓励保险资金、全国社保基金等扩大入市规模。完善 QFII、RQFII 制度，开展个人税收递延型商业养老保险投资公募基金试点。

三是加快深化金融改革开放，构建资本市场对外开放新格局。根据国际经济金融发展形势变化和我国发展战略需要，研究推进资本市场改革开放新举措，推进资本市场全方位、高水平对外开放，以开放促改革、促发展。进一步提升资本市场对外开放水平，加快建设具有国际竞争力的综合性投资银行，优化沪深港通机制，有序扩大期货特定品种开放范围。

## 附表

**2018 年中国证券业主要监管政策一览**

| 发布日期 | 政策文件名称 | 发文单位 |
|---|---|---|
| 1 月 18 日 | 证券期货业场外市场交易系统接口 | 中国证监会 |
| 2 月 11 日 | 养老目标证券投资基金指引（试行） | 中国证监会 |
| 2 月 12 日 | 区域性股权市场信息报送指引（试行） | 中国证监会 |
| 3 月 1 日 | 上市公司创业投资基金股东减持股份的特别规定 | 中国证监会 |
| 3 月 8 日 | 关于修改《中国证券监督管理委员会行政许可实施程序规定》的决定 | 中国证监会 |
| 3 月 14 日 | 证券期货投资者教育基地监管指引 | 中国证监会 |
| 3 月 23 日 | 证券公司投资银行类业务内部控制指引 | 中国证监会 |
| 3 月 28 日 | 证券期货市场诚信监督管理办法 | 中国证监会 |
| 4 月 19 日 | 公开发行证券的公司信息披露编报规则第 14 号——非标准审计意见及其涉及事项的处理（2018 年修订） | 中国证监会 |
| 4 月 24 日 | 公开发行证券的公司信息披露编报规则第 19 号——财务信息的更正及相关披露 | 中国证监会 |
| 4 月 28 日 | 外商投资证券公司管理办法 | 中国证监会 |
| 5 月 14 日 | 关于在一定期限内适当限制特定严重失信人乘坐火车和民用航空器实施细则 | 中国证监会 |
| 5 月 30 日 | 关于进一步规范货币市场基金互联网销售、赎回相关服务的指导意见 | 中国证监会 |
| 6 月 6 日 | 关于修改《首次公开发行股票并上市管理办法》的决定 | 中国证监会 |
| 6 月 6 日 | 关于修改《首次公开发行股票并在创业板上市管理办法》的决定 | 中国证监会 |
| 6 月 6 日 | 存托凭证发行与交易管理办法（试行） | 中国证监会 |
| 6 月 6 日 | 保荐创新企业境内发行股票或存托凭证尽职调查工作实施规定 | 中国证监会 |
| 6 月 6 日 | 公开发行证券的公司信息披露编报规则第 22 号——创新试点红筹企业财务报告信息特别规定（试行） | 中国证监会 |

续表

| 发布日期 | 政策文件名称 | 发文单位 |
| --- | --- | --- |
| 6月6日 | 试点创新企业境内发行股票或存托凭证并上市监管工作实施办法 | 中国证监会 |
| 6月6日 | 公开发行证券的公司信息披露编报规则第23号——试点红筹企业公开发行存托凭证招股说明书内容与格式指引 | 中国证监会 |
| 6月6日 | 公开发行证券的公司信息披露内容与格式准则第40号——试点红筹企业公开发行存托凭证并上市申请文件 | 中国证监会 |
| 6月6日 | 中国证监会科技创新咨询委员会工作规则（试行） | 中国证监会 |
| 6月6日 | 关于试点创新企业实施员工持股计划和期权激励的指引 | 中国证监会 |
| 6月6日 | 关于试点创新企业整体变更前累计未弥补亏损、研发费用资本化和政府补助列报等会计处理事项的指引 | 中国证监会 |
| 6月14日 | 创新企业境内发行股票或存托凭证上市后持续监管实施办法（试行） | 中国证监会 |
| 6月14日 | 存托凭证存托协议内容与格式指引（试行） | 中国证监会 |
| 6月15日 | 关于修改《证券发行与承销管理办法》的决定 | 中国证监会 |
| 6月15日 | 关于商业银行担任存托凭证试点存托人有关事项规定 | 中国证监会 |
| 6月27日 | 证券期货经营机构及其工作人员廉洁从业规定 | 中国证监会 |
| 6月27日 | 关于加强证券公司在投资银行类业务中聘请第三方等廉洁从业风险防控的意见 | 中国证监会 |
| 6月27日 | 证券基金经营机构使用香港机构证券投资咨询服务暂行规定 | 中国证监会 |
| 7月3日 | 关于修改《中国证券监督管理委员会上市公司并购重组审核委员会工作规程》的决定 | 中国证监会 |
| 7月10日 | 《中国证券监督管理委员会行政许可实施程序规定》第十五条、第二十二条有关规定的适用意见——证券期货法律适用意见第13号 | 中国证监会 |
| 7月27日 | 关于修改《关于改革完善并严格实施上市公司退市制度的若干意见》的决定 | 中国证监会 |
| 8月10日 | 解除祝献忠第十七届发审委委员职务的公告 | 中国证监会 |
| 8月15日 | 关于修改《证券登记结算管理办法》的决定 | 中国证监会 |
| 8月15日 | 关于修改《上市公司股权激励管理办法》的决定 | 中国证监会 |
| 8月24日 | 外商投资期货公司管理办法 | 中国证监会 |
| 9月7日 | 关于进一步加强期货经营机构客户交易终端信息采集有关事项的公告 | 中国证监会 |
| 9月25日 | 证券公司和证券投资基金管理公司境外设立、收购、参股经营机构管理办法 | 中国证监会 |
| 9月27日 | 证券期货业数据分类分级指引、证券期货业机构内部企业服务总线实施规范、期货市场客户开户数据接口、证券发行人行为信息内容格式 | 中国证监会 |
| 9月30日 | 上市公司治理准则 | 中国证监会 |
| 10月12日 | 关于上海证券交易所与伦敦证券交易所互联互通存托凭证业务的监管规定（试行） | 中国证监会 |
| 10月22日 | 证券期货经营机构私募资产管理业务管理办法 | 中国证监会 |
| 10月22日 | 证券期货经营机构私募资产管理计划运作管理规定 | 中国证监会 |
| 10月22日 | 关于“12386”中国证监会服务热线运行有关事项的公告 | 中国证监会 |
| 10月26日 | 《非上市公众公司重大资产重组管理办法》第十八条、第十九条有关规定的适用意见——证券期货法律适用意见第14号 | 中国证监会 |

续表

| 发布日期 | 政策文件名称 | 发文单位 |
| --- | --- | --- |
| 11月6日 | 关于完善上市公司股票停复牌制度的指导意见 | 中国证监会 |
| 11月9日 | 关于支持上市公司回购股份的意见 | 中国证监会 |
| 11月15日 | 公开发行证券的公司信息披露内容与格式准则第26号——上市公司重大资产重组（2018年修订） | 中国证监会 |
| 11月20日 | 关于认真学习贯彻《全国人民代表大会常务委员会关于修改〈中华人民共和国公司法〉的决定》的通知 | 中国证监会 |
| 11月22日 | 中国证监会关于落实证明事项清理工作取消相关事项的决定 | 中国证监会 |
| 11月28日 | 证券公司大集合资产管理业务适用《关于规范金融机构资产管理业务的指导意见》操作指引 | 中国证监会 |
| 12月4日 | 第三批证券期货投资者教育基地申报工作指引 | 中国证监会 |
| 12月19日 | 证券基金经营机构信息技术管理办法 | 中国证监会 |

## 四、中国保险业主要监管政策

### （一）2018年中国保险业主要监管政策分析①

2018年，银保监会在以习近平同志为核心的党中央坚强领导下，全面加强党的领导和党的建设，坚决落实党中央、国务院决策部署，全力化解突出风险，维护金融体系稳定，提升银行业保险业服务实体经济能力，不断深化改革扩大开放，各项工作迈出坚实步伐，取得积极成效。全年主要监管政策如下：

1. 进一步完善个人税收递延型商业养老保险制度

为了促进个人税收递延型商业养老保险试点顺利开展，规范税延养老保险产品开发设计，2018年5月，根据财政部、国家税务总局、人力资源和社会保障部、中国银行保险监督管理委员会、证监会《关于开展个人税收递延型商业养老保险试点的通知》（财税〔2018〕22号）有关规定，银保监会会同财政部、人力资源和社会保障部、国家税务总局，制定并发布了《个人税收递延型商业养老保险产品开发指引》，作为保险公司开发设计税延养老保险产品的基本要求和统一规范，参与税延养老保险试点的保险公司应当按照指引要求和有关保险产品监管规定，开发设计税延养老保险产品。银保监会同步发布《个人税收递延型商业养老保险业务管理暂行办法》（银保监发〔2018〕23号），从经营要求、产品管理、销售管理、投资管理、财务管理、信息平台管理、服务管理、信息披露等方面对保险公司开展税延养老保险业务提出了具体要求。2018年7月，银保监会发布《个人税收递延型商业养老保险资金运用管理暂行办法》。一方面明确税延养老保险资金运用在投资范围和比例、投资能力、投资管理、风险管理等方面，应当符合

① 作者：刘学庆，上海保险交易所执行委员会委员、法律合规部总监。本文内容不代表作者任职单位观点。

有关保险资金运用的法律、法规和监管要求；另一方面从业务条件、大类资产配置、运作规范、风险管理和监督管理等方面，对税延养老保险的资金运用提出了专门要求。

2. 持续推动商业车险定价机制改革

自2015年6月商业车险改革启动以来，改革的阶段性成效已逐步显现，消费者获得感持续提升，保障能力不断扩大，社会管理功能得到更好发挥。2018年监管部门持续推动深化商业车险改革。3月，银保监会办公厅发布《关于开展商业车险自主定价改革试点的通知》（银保监办发〔2018〕4号），决定在广西、陕西和青海开展为期1年的商业车险自主定价改革试点。试点期间，各财产保险公司拟订试点地区商业车险费率时，可在确保所使用的基础数据、精算方法、精算假设和精算模型符合通用精算原理和保险监督管理机构的有关规定，且商业车险费率厘定结果合理、公平、充足的条件下，自行确定自主系数调整范围。发布《关于调整部分地区商业车险自主定价范围的通知》（保监财险〔2018〕61号），对四川、山西、福建、山东、河南、厦门、新疆等地区自主核保系数和自助渠道系数进行调整，进一步发挥市场在资源配置中的决定性作用。2018年7月，银保监会办公厅还发布《关于商业车险费率监管有关要求的通知》，持续加强商业车险产品费率监管，保护消费者合法权益，确保商业车险费率改革稳步推动。

3. 进一步健全保险资金运用监管制度，推动保险资金支持国家重大战略实施，提升保险业服务实体经济水平

一是进一步健全资金运用监管制度，防范保险资金运用风险。2018年1月，《保险资金运用管理办法》修订发布，监管部门精准发力，提升保险资金服务保险主业和实体经济的质量和效率。明确保险资金运用形式，包括资金运用的范围和模式；规范保险资金运用决策机制和运用流程；强化风险管控机制，要求保险机构健全公司治理和内部控制，切实承担各项管理职责和防范相关风险；明确监管机构对保险机构和相关当事人的违规责任追究。《保险资金运用管理办法》体现了审慎监管理念，顺应了保险资金运用实践需求，为促进保险资金运用稳健发展和防范保险资金运用风险提供了坚实基础。

二是规范保险资金运用行为，进一步提升保险资金服务实体经济质效。2018年1月发布《关于保险资金设立股权投资计划有关事项的通知》，对保险资产管理机构设立股权投资计划进行规范，严防以“名股实债”方式，变相抬高实体企业融资成本，并要求保险资金不得直接或变相开展通道业务，不得投资嵌套其他资产管理产品的私募股权投资基金，引导保险资金发挥自身特色，更好服务实体经济发展。2018年1月还发布《关于加强保险资金运用管理支持防范化解地方债务风险的指导意见》，支持保险机构更加安全高效服务实体经济，防范化解地方债务风险。2018年2月联合印发《关于规范保险机构开展内保外贷业务有关事项的通知》，规范保险机构开展内保外贷业务，加强境外融资业务监管，防范境外融资风险。2018年5月发布《关于保险资金参与长租市场有关

事项的通知》，明确保险资金参与长租市场的有关要求，发挥保险资金长期、稳定的优势，助推国家房地产调控长效机制的建设，加快房地产市场供给侧结构性改革，促进我国新型城镇化建设，加快全面建成小康社会住有所居的目标。

三是鼓励保险资金参与化解优质上市公司和民营企业股票质押流动性风险。2018 年 10 月，中国银保监会印发《关于保险资产管理公司设立专项产品有关事项的通知》，允许保险资产管理公司设立专项产品，参与化解优质上市公司和民营企业股票质押流动性风险。10 月 29 日，中国人寿资产管理有限公司发起设立的“国寿资产—凤凰系列产品”在上海保险交易所保险资产登记交易系统完成登记手续，目标总规模 200 亿元，成为保险业首只落地的化解股票质押流动性风险专项产品。银保监会支持保险机构增加对上市公司财务性和战略性投资规模，对符合国家战略和宏观政策导向的项目给予政策支持，有利于提升保险资金服务实体经济质效。

4. 推动健全保险业公司治理监管制度，防范保险业公司治理风险

2018 年 4 月，银保监会召开中小银行及保险公司公司治理培训座谈会，会议肯定了我国银行业和保险业公司治理取得的长足进步，同时也指出我国银行业和保险业公司治理还存在明显不足，特别是中小银行和保险机构的问题表现得尤为突出。主要体现在一些机构的股权关系不透明不规范、股东行为不合规不审慎、董事会履职有效性不足、高管层职责定位存在偏差、监事会监督不到位、战略规划和绩效考核不科学、党的领导和党的建设迫切需要进一步加强等方面。为应对以上挑战，监管机构及时修订发布了《保险公司股权管理办法》，根据全国金融工作会议相关精神要求，针对关联关系认定、入股资金真实性以及监管手段有限等问题做了一些大的修订和补充完善；对股权比例做了一些调整；对穿透式监管进行了制度设计；增加了事前、事中、事后的机制来规范股东行为。2018 年 7 月，银保监会发布《保险机构独立董事管理办法》，旨在通过进一步健全独立董事制度运行机制，明确主体责任，规范主体行为，强化监管约束，形成更加有利于独立董事发挥作用的内外部环境，强化公司治理监管措施，切实提升行业公司治理有效性。

5. 放宽外资机构设立条件，加快落实保险业对外开放新举措

2018 年 4 月，习近平总书记在博鳌亚洲论坛年会上宣布，中国将确保已宣布的重大金融开放举措尽快落地，努力让开放成果及早惠及世界各国企业和人民。银保监会积极贯彻党中央、国务院的决策部署，放宽外资机构设立条件，扩大外资机构业务范围，加快推动以下各项开放措施落地。一是推动外资投资便利化，将外资人身险公司外方股比放宽至 51%，3 年后不再设限。二是放宽外资设立机构条件，在全国范围内取消外资保险机构设立前需开设 2 年代表处的要求。三是扩大外资机构业务范围，允许符合条件的境外投资者来华经营保险代理业务和保险公估业务，放开外资保险经纪公司业务范围，与中资机构一致。2018 年 11 月，银保监会批准德国安联保险集团在上海筹建安联（中

国）保险控股有限公司，安联（中国）保险控股有限公司成为我国首家外资保险控股公司。2018 年，银保监会还受理和批准了工银安盛人寿保险有限公司筹建工银安盛资产管理有限公司、大韩再保险公司筹建分公司等市场准入申请。

（二）2019 年保险监管政策展望

2019 年 1 月，银保监会召开 2019 年银行业和保险业监督管理工作会议，深入学习贯彻中央经济工作会议精神，回顾总结上年工作，研究分析当前形势，安排部署 2019 年工作。从会议精神来看，2019 年银保监会将全面贯彻党的十九大，十九届二中、三中全会精神和中央经济工作会议精神，坚持党对金融工作的集中统一领导，坚持稳中求进工作总基调，践行新发展理念。把防范系统性风险与服务实体经济更紧密结合起来，着力提高金融服务实体经济能力，打好防范化解金融风险攻坚战。进一步推动保险业从大局出发，按照“六稳”要求，坚决服务供给侧结构性改革，稳步推进结构性去杠杆，妥善处理防风险与稳增长调结构的关系，积极支持国家重大战略实施。扎实推进普惠金融，助力打好脱贫和污染防治攻坚战，为全面建成小康社会提供更有力的金融支撑。在具体监管工作方面，银保监会将会坚持不懈治理金融市场乱象，进一步遏制违法违规经营行为，依法处置高风险机构。着力完善公司治理机制，扩大保险业开放。进一步补齐监管短板，创新和完善监管方式方法，不断提升监管能力和监管效率。

## 附表

**2018 年中国保险业主要监管政策一览**

| 日期 | 文件名称 | 发文单位 |
| --- | --- | --- |
| 1 月 8 日 | 中国保监会　财政部关于加强保险资金运用管理　支持防范化解地方政府债务风险的指导意见（保监发〔2018〕6 号） | 保监会、财政部 |
| 1 月 12 日 | 中国保监会关于印发《打赢保险业防范化解重大风险攻坚战的总体方案》的通知（保监发〔2018〕9 号） | 保监会 |
| 1 月 17 日 | 中国保监会关于调整“保险金额”“签单数量”等保险监管统计指标报送频率的通知（保监统信〔2018〕7 号） | 保监会 |
| 1 月 24 日 | 保险资金运用管理办法（保监会令〔2018〕1 号） | 保监会 |
| 1 月 24 日 | 中国保监会办公厅关于转发《非居民金融账户涉税信息报送规范》的通知（保监厅发〔2018〕2 号） | 国家税务总局、银监会、证监会、保监会 |
| 2 月 1 日 | 保险公估人监管规定（保监会令〔2018〕2 号） | 保监会 |
| 2 月 1 日 | 保险经纪人监管规定（保监会令〔2018〕3 号） | 保监会 |
| 2 月 1 日 | 中国保监会　国家外汇管理局关于规范保险机构开展内保外贷业务有关事项的通知（保监发〔2018〕5 号） | 保监会、国家外汇管理局 |
| 2 月 11 日 | 中国保监会关于印发《反保险欺诈指引》的通知（保监发〔2018〕24 号） | 保监会 |

续表

| 日期 | 文件名称 | 发文单位 |
| --- | --- | --- |
| 2月13日 | 中国保险监督管理委员会关于修改《中华人民共和国外资保险公司管理条例实施细则》等四部规章的决定（保监会令2018年第4号） | 保监会 |
| 2月28日 | 中国保监会关于印发《保险资产负债管理监管规则（1—5号）》及开展试运行有关事项的通知（保监发〔2018〕27号） | 保监会 |
| 3月2日 | 保险公司股权管理办法（保监会令〔2018〕5号） | 保监会 |
| 3月8日 | 中国保监会关于调整部分地区商业车险自主定价范围的通知（保监财险〔2018〕61号） | 保监会 |
| 3月13日 | 中国保监会关于印发《2018年保险消费者权益保护工作要点》的通知（保监消保〔2018〕64号） | 保监会 |
| 3月30日 | 中国银行保险监督管理委员会办公厅关于开展商业车险自主定价改革试点的通知（银保监办发〔2018〕4号） | 银保监会 |
| 4月25日 | 中国银行保险监督管理委员会关于发布《保险电子签名技术应用规范（JR/T 0161—2018）》行业标准的通知（银保监发〔2018〕17号） | 银保监会 |
| 4月25日 | 关于印发《个人税收递延型商业养老保险产品开发指引》的通知（银保监发〔2018〕20号） | 银保监会、财政部、人力资源和社会保障部、国家税务总局 |
| 5月2日 | 中国银行保险监督管理委员会关于印发《保险公估基本准则》的通知（银保监发〔2018〕21号） | 银保监会 |
| 5月8日 | 中国银行保险监督管理委员会办公厅关于商业车险自主定价改革试点地区费率方案报送有关要求的通知（银保监办发〔2018〕28号） | 银保监会 |
| 5月16日 | 个人税收递延型商业养老保险业务管理暂行办法（银保监发〔2018〕23号） | 银保监会 |
| 5月28日 | 关于保险资金参与长租市场有关事项的通知（银保监发〔2018〕26号） | 银保监会 |
| 6月1日 | 中国银行保险监督管理委员会关于加强自媒体保险营销宣传行为管理的通知（银保监发〔2018〕27号） | 银保监会 |
| 6月4日 | 中国银行保险监督管理委员会办公厅关于印发人身保险公司《精算报告》编报规则的通知（银保监办发〔2018〕45号） | 银保监会 |
| 6月6日 | 中国银行保险监督管理委员会关于发布保险资产负债管理季度报告XBRL分类标准及启用保险资产负债管理监管信息系统模块的通知（银保监发〔2018〕28号） | 银保监会 |
| 6月19日 | 中国银保监会关于允许境外投资者来华经营保险公估业务的通知（银保监发〔2018〕29号） | 银保监会 |
| 6月19日 | 中国银保监会关于允许境外投资者来华经营保险代理业务的通知（银保监发〔2018〕30号） | 银保监会 |
| 6月29日 | 中国银保监会办公厅关于商业车险费率监管有关要求的通知（银保监办发〔2018〕57号） | 银保监会 |

续表

| 日期 | 文件名称 | 发文单位 |
|---|---|---|
| 6月30日 | 中国银保监会关于印发《保险机构独立董事管理办法》的通知（银保监发〔2018〕35号） | 银保监会 |
| 7月2日 | 中国银保监会关于印发《保险公司偿付能力监管规则——问题解答第1号：偿付能力监管等效框架协议过渡期内的香港地区再保险交易对手违约风险因子》的通知（银保监发〔2018〕34号） | 银保监会 |
| 7月6日 | 中国银保监会关于印发《2018年度保险机构SARMRA评估、公司治理评估、资产负债管理能力评估工作方案》的通知（银保监发〔2018〕37号） | 银保监会 |
| 7月18日 | 中国银保监会关于切实加强和改进保险服务的通知（银保监发〔2018〕40号） | 银保监会 |
| 7月31日 | 中国银保监会关于扩大老年人住房反向抵押养老保险开展范围的通知（银保监发〔2018〕43号） | 银保监会 |
| 7月31日 | 中国银保监会关于发布《保险业车联网基础数据元目录（JR/T 0165—2018）》行业标准的通知（银保监发〔2018〕44号） | 银保监会 |
| 10月24日 | 中国银保监会关于保险资产管理公司设立专项产品有关事项的通知（银保监发〔2018〕65号） | 银保监会 |

## 专栏16

### 反洗钱国际金融制裁的特点及对策①

近年来，反洗钱的内涵和外延不断拓展，从早期的以打击毒品犯罪收益活动为主扩展到目前反洗钱、反恐融资、反扩散融资等范畴，形成所谓“三位一体”格局。金融制裁是实现反洗钱有效性的重要措施之一。无论是国际组织还是一些国家已将金融制裁作为维护国际政治稳定和国家经济安全的重要手段。

一、金融制裁的形式及目标

金融制裁通常指国际组织或主权国家根据自身法律条文，针对特定的国家、组织、实体及自然人所采取的一系列截断资金流的惩罚性措施。最终目的是限制被制裁方的资金融通活动，从而迫使被制裁方停止相关行为，接受制裁所提出的条件。

金融制裁的主要形式是通过阻碍受制裁方的资金流动来迫使其改变行为的一种强制性行为。常见的金融制裁手段包括财政制裁、资金冻结、禁止金融交易、制裁银行系统等。金融制裁以金融力量作为依托，它针对的目标具有一定难度，从以往案例中显示，金融制裁要实现的目标常常是防止核扩散、政权变更、打击恐怖主义等。总之，金融制裁以维护国家利益为首要任务。

① 作者：陈捷，中国人民银行总行参事室研究员；刘海越、高伟、齐静，中国人民银行总行职员。

二、金融制裁的主体及特点

实施金融制裁的主体可以是国际组织或主权国家。国际组织如联合国、欧盟等，通常称为多边制裁。联合国安理会依照《联合国宪章》相关条款颁布制裁决议。但其制裁决议更多是一种指引性而非强制性要求，没有监督机制，且需联合国各会员国安排制定国内相关法律执行安理会决议，否则无法保障金融制裁的效果。

就国家而言，能够发起金融制裁的，一般是具有较完善发达的国际金融体系、把持了全球金融命脉的国家，通常称为单边制裁。最典型的代表便是美国。受制裁方可以是国家、组织、实体或自然人。

"9·11"恐怖袭击之后，为了切断恐怖分子财源，追踪恐怖分子的资金流向，美国建立起了准确的信息渠道及国际合作机制。美国财政部开列的"特别制定名单"（SDNS）等方式对那些与被制裁对象进行金融活动的第三方金融机构进行金融制裁。通过金融情报机构和金融情报网络获取资金流动情报。同时，美国依据国内的《爱国者法案》，通过公布恐怖分子名单，对被其认定为恐怖组织或与恐怖组织有业务往来的机构进行金融制裁。

可以说，当前美国是全球金融制裁发起最频繁、到位的国家，因为其控制着全球货币结算网络和全球最主要的支付货币系统，且美国当前金融中心地位难以撼动，未来美国的金融制裁立法将继续带有强烈的单边主义色彩。

三、对策建议

总体来看，金融制裁的滥用根源在于美元霸权，这已经成为影响各国金融安全的一个因素。

（一）牢固树立金融安全意识

党和国家领导多次强调，金融安全关系国家安全和战略全局。最新出台的三定方案，要求人民银行牵头国家金融安全工作协调机制，维护国家金融安全；承担全国反洗钱和反恐怖融资工作的组织协调和监督管理责任，负责涉嫌洗钱及恐怖活动的资金监测的职责。

（二）加强国际借鉴、开展国际合作

根据《反洗钱法》第三十二条的规定，单笔处罚最高为500万元，但是中国很少将其用足，建议修改《反洗钱法》的相关规定，与国际案例相结合，根据案件情况制定无上限的处罚。具体包括：一是与香港的反洗钱当局成立联合工作组，对涉案部门、人员和团体开展调查。二是依法对美国在华机构违法行为采取响应性处罚。三是积极争取联合国安理会的支持。

（三）加强国际金融情报机构交流与合作

金融情报制度在反洗钱、反恐怖融资过程中发挥着极为重要的作用。因此，要积极研究国际标准和规则，充分重视国际间反洗钱情报的交流以及反洗钱、反恐怖融资的国际合作。

（四）利用既有经验，开展国际合作与对抗

立足中国，总结和利用既有经验。同时，充分使用联合国安理会决议、6 个重要国际公约和示范法，以及与各国缔结的执法和司法合作协议，理顺衔接好流程和法律关系，形成跨部门的联动机制，制衡国际金融制裁，保护金融安全。

# CHINA FINANCIAL POLICY REPORT

# 2019

Chief Editor, WU Xiaoling
Executive Editor, HE Haifeng
Executive Deputy Editor, WANG Xiaoya

中国金融出版社

# The Editorial Board

# Introduction

The China Financial Policy Report 2019 was presented by the China Center for Financial Research (CCFR) at Tsinghua University and Institute of Financial Policy at Chinese Academy of Social Sciences together. Being China's first annual publication focusing on financial policies, the report, since its first release in 2011, has remained committed to the principle of "Rooting in China and Communicating with the World". With this positioning, we have in the past nine years presented major annual themes and trends in China's financial policy, and striven to show China's real financial development and the positive energy of China's financial policies. In the process, we have been recognized by both insiders and outsiders. We make our voice heard by more, so the responsibilities we shoulder increase.

The "extraordinary" year of 2018 will be remembered by many. Overcoming various risk challenges, China has maintained reasonable economic operations, continuously optimized its economic structure, and nurtured new momentum to drive development. New breakthroughs were seen in the reform and opening-up, and the three major battles started well. At the same time, people's lives continued to improve. From a financial point of view, China faced complicated economic and financial challenges both at home and abroad in 2018. Guided by the Financial Stability and Development Committee under the State Council, financial authorities have worked hard to introduce prudent and neutral monetary policies, and support private enterprises and small and micro business. Dedicated efforts in preventing and defusing major risks and deepening financial reform and opening-up have delivered fruitful results. Key financial policies that deserve our special attention include: the new financial regulatory framework of "one committee, one bank, and two commissions" was established; China announced specific measures and timetables to open the financial industry wider; preventing and defusing financial risks was placed at the top of the list; four deposit reserve ratio reductions and the introduction of prudent and neutral monetary policies have delivered good results; China promoted comprehensive statistics of the financial industry; the banking industry has responded to the "Six Stability" by the Central Party's and six requirements by the Financial Stability and Development Committee under the State Council; stable finance boosted

stable growth; new asset management rules were released; CSRC severely punished Changsheng Bio-technology for information disclosure violation; and A-shares were included in the MSCI Emerging Markets Index; and many others.

The 2019 still presents changes and concerns in stable economic operation, huge challenges from outside , and downward pressure on economy. Following 70 years of remarkable development, China is unfolding a new chapter of building a modern financial system. Focused on supply-side structural reform, China will adhere to prudent monetary policies, strengthen government guidance on the market expectations, keep preventing and defusing major risks, and take the financial reform and opening-up to the next stage. That is how China will blaze a unique path of finance featuring healthy and quality development.

As like before, the report includes two major modules: a theme report and dynamics reports.

The theme report, centered around "the function return of China's financial system", explains in detail the "13th Five-Year Plan for Modern Financial System" drafted by nine authorities led by the People's Bank of China in May 2018, and reflects on the recent development of the asset management market. We believe that China's financial system will focus its function more on the two targets: serving the real economy and preventing and controlling financial risks.

The second part, "2018 Dynamics of China's Financial Policies", reviews and analyzes a series of policies including monetary policies, exchange rate and balance of payments policies, development policies for the banking market, stock market, insurance market, bond market, fund market, monetary market, trust and wealth management market, financial derivatives market, commodity futures market, foreign exchange market, and gold market, and main regulatory policies of the People's Bank of China, China's banking industry, securities industry, and insurance industry, and gives evaluation and outlook for each policy.

In addition, hot topics related to China's financial policies will be discussed through "columns". A total of sixteen columns cover topics ranging from financial reform and financial opening-up, to financial industry markets and regional and local finance, and to financial innovations such as financial technology.

Here is a great news to readers who have followed and supported us for years. After several months of trial editing, we have officially published "Financial Policy Information" both monthly and weekly at the end of 2018. The monthly version is produced in paper report and sent to qualified readers; and the weekly version, targeting the public, will be produced as electronic journals distributed via official channels. "Sorting policy information and reviewing

for pros and cons" defines our philosophy and responsibility. "China Financial Policy Report" series will keep you company well informed every year, every month, and every week.

A product of collective research efforts, the 2019 report is contributed by a team of experts from financial authorities, institutions, universities and academic institutes. Yet the report represents not the opinions of the authors' organizations. Wu Xiaoling, He Haifeng, and Wang Xiaoya revised and finalized the full report. Authors contributing to the report include: Wu Xiaoling, Lu Lei, He Haifeng, Wu Yu, Liu Feng, Zhang Chen, Ma Yun, Liu Bibo, He Xiaobei, Zhao Qingming, Guo Mengyang, Zhou Kunping, Zhao Yarui, Xu Wenbing, Liang Dongcai, Zhang Yulong Wang Wei, Rong Yihua, Li Yan, Zeng Ziliang, Li Qingyun, Zhang Shengju, Zheng Lingyun, Gan Zhengzai, Chu Youyang, Luo Jiang, Zhu Xiaochuan, Wang Qingxin, Song Yanwei, Zhao Xianghuai, Liu Xueqing, Gao Qian, Zhang Xiaojiao, Jiang Jianrong, Yuan Yuze, Ma Qiang, Guo Jingpu, Tan Liang, Wu Pingping, Zhang Yiwei, Wu Xuchuan, Chen Jie, and so on. Yu Yue proofread the English translation. We want to thank Director Wang Xiaoduan and Editor Zhang Juxiang from China Financial Publishing House for their earnest and rigorous work.

As always, we look forward to your constructive criticism and suggestions.

**Director, Institute of Financial Policy at Chinese Academy of Social Sciences**

**He Haifeng**

**April 21, 2019**

# Contents

# Part One

## Thematic Report

# Return to Original Nature of China's Financial System①

According to relevant media coverage, the 13th Five-year Plan for Modern Financial System, led by the People's Bank of China, and jointly compiled by National Development and Reform Commission, Ministry of Science and Technology, Ministry of Industry and Information Technology, Ministry of Finance, Ministry of Agriculture, Ministry of Commerce, China Banking and Insurance Regulatory Commission, and the China Securities Regulatory Commission, was issued in May 2018. As the top-level design and programmatic document for China's financial reform and development, this Plan determines that the construction of China's modern financial system is composed of nine specific systems – a financial regulation system, a modern financial regulatory system, a modern system of financial institutions, a financial market system, a highly open financial system, a financial infrastructure system, a financial service system, a financial risk control and disposal system, and a support system of plan implementation. We believe that the fundamental goal of the modernization of China's financial system is to achieve functional restoration. In other words, based on the actual needs of China's economic and social development, finance should play its basic functions of allocating time value, circulating necessary funds, and managing risks. Since the Third Plenary Session of the 18th Central Committee of CPC, the reform of China's financial mechanism and the improvement of the financial system and other financial work have all reflected the ideological requirements of the original source of finance and the restoration of financial essence and function. At present, we urgently need to speed up the development of the direct financing system and services, make up for the long-term structural weaknesses of the financial system, and provide comprehensive and strong support for the development of the real economy. At the same time, we need to straighten out the financial regulatory system and enhance our ability to manage economic and financial affairs as well as preventing and controlling risks.

## I. Function and Orientation of China's Financial System

Originating from the real economy, finance also develops and evolves along with human

---

① Authors of the Report: Wu Xiaoling, Lu Lei, He Haifeng, Wu Yu, Liu Feng, Zhang Chen, and Ma Yun. He Haifeng was responsible for the final compilation and editing, and Wang Xiaoya participated in the discussion of the outline.

economic society. In this process, finance plays an increasingly prominent role in reducing human survival risks and allocating resources across time. Since the 1970s, driven by profit-seeking capital and financial innovation, the financial system structure of commercial society has become more complex, with more closely nested financial formats among cross-border, cross-market, and cross-industry sectors, and powerful self-derivative and replication functions of finance. However, in any era, finance is an inseparable part of real economy, and the two are integrated, and mutually restricted. The value attribution of the financial industry development finally falls on the real economy. It has become an inevitable choice for China's financial industry in the new era to improve the quality of financial development, especially to carry out supply-side structural reform and further enhance the ability and the level of financial services to the real economy.

### (i) Function and orientation of China's financial industry development in the new era

Since the 18th CPC National Congress, General Secretary Xi Jinping has highly valued the important status and role of finance in the governance of the country, and made a series of incisive discussions on the relationship between finance and the real economy. He stressed that finance is an important core competitiveness of the country and an important part of national security, and that the financial system is a basic system in economic and social development. Vigorous economy relies on vigorous finance; stable finance results in stable economy; prosperous finance comes from prosperous economy; and powerful economy contributes to powerful finance. Finance is the blood of the real economy. Serving the real economy is the first duty and the tenet of finance, as well as the fundamental measure to prevent financial risks. During the 13th group study session of the Political Bureau of the CPC Central Committee on February 22, 2019, General Secretary Xi Jinping made important arrangements on deepening the supply-side structural reform in the financial sector, preventing financial risks, and further advancing financial reform and opening-up. First, we should deepen our understanding of the nature and laws of finance, base ourselves on China's reality, and blaze a trail of financial development with Chinese characteristics. Second, preventing and defusing financial risks, especially systemic financial risks, are the fundamental tasks of financial work. Third, the country should push for high-quality development of the sector with a focus on improving financial services and forestalling financial risks. Fourth, to deepen supply-side structural reform in the financial sector, China should implement the new development philosophy and focus on key areas to allow the sector provide better services to the real economy and

the people. Fifth, tasks for the reform and opening-up of the financial sector should be well implemented, calling for the preparation and the rolling-out of new reform and opening-up measures based on the latest development of global economy and finance as well as the strategic needs of China.

General Secretary Xi's important instructions on financial work, based on the origin and essence of finance, scientifically and dialectically analyze the relationship between finance and the real economy. By focusing on the background and historical pattern of the rise of great powers, these instructions have solved the major problems of "what", "why" and "how" of the financial industry in the new era, pointed out the direction of the current and future financial work, and provided fundamental guidance. First, we should accurately grasp the financial positioning. Finance coexists with an economy, and has the core function of resource allocation in it. It is the heart of the modern economy and a matter of national security. So, the importance of finance is self-evident. Second, we should have a deep understanding of the nature of finance. Finance does not exist in isolation. Its essence is the extension of economic and social development. Finance cannot grow barbarously beyond the stage of economic and social development. The essence of finance is to serve economic and social development and people's needs. Therefore, China's finance in the new era needs to return to its basic functions of allocating time value, financing funds, and managing risks. Finance essentially belongs to the service industry, through which the transaction cost of the whole society is reduced and people's sense of gain and happiness are enhanced. Third, we should strengthen the bottom line of financial risk prevention. Finance is systemically important and closely related to the interests of the people. Financial stability is not only conducive to the transformation and upgrading of the financial sector itself, but also can promote the steady and healthy development of the real economy through a variety of financial means, including stabilizing prices, expectations, and confidence. Fourth, we should broaden our financial horizons. Economy opening-up improves financial efficiency. On the basis of keeping the bottom line of risks, we should promote two-way international and domestic financial exchanges, strengthen ourselves through learning and experience-borrowing, enhance China's voice and influence in world financial rulemaking and in the international financial market, and mobilize financial resources to serve the national strategy in a larger scope and at a higher level. In particular, as the economy enters a new stage of development and the allocation of economic factors changes from the previous "incremental investment" to "inventory revitalization", high-quality economic development relies more and more on the allocation of financial resources and the function of risk control. Fifth, we should keep our focus on the actual situation, maintain our orientation, and improve the quality of

financial supply with a view to addressing structural problems. China's financial industry has the main contradiction of inadequate and unbalanced development, so we must improve the quality of financial development from the supply side. However, the financial system is also rooted in the context of social culture, and different countries have their own characteristics in financial governance frameworks and models. China's financial development path must be in line with China's reality. Under the macro background of "superposition of three periods", China's financial practice needs to keep strategic concentration in high-quality development.

In fact, since the Third Plenary Session of the 18th CPC Central Committee, the 40th group study of the Political Bureau of the 18th CPC Central Committee, the 5th National Financial Work Conference, the 13th Five-year Plan for Modern Financial System, especially the 19th CPC National Congress and the 13th group study session of the Political Bureau of the 19th CPC Central Committee, the reform of China's financial system and the construction of modern financial system all point to the functional orientation of China's financial system, which focuses more on serving the real economy and preventing and controlling financial risks.

### (ii) Prominent problem and shortcomings of China's current financial development

Since the reform and opening-up, China's financial industry has made historic achievements. In particular, since the 18th CPC National Congress, we have carried out financial reform and managed financial risks in an orderly manner. At the end of 2018, the total assets of financial institutions in China were 293.52 trillion yuan, with the year-on-year growth of 6.4%, among which the total assets of banking institutions were 268.24 trillion yuan. China ranks the first in the world in terms of commercial bank assets, the second in terms of original insurance premium income and market value of stock exchanges, and the third in terms of the market value of private sector bonds. The added value of the financial sector accounts for 7.68% of the GDP. However, the international competitiveness of China's financial industry is not yet strong and its development quality is not yet high. China's international status, functions, institutional drivers, structural quality, risk management, and service level cannot meet the requirements of high-quality economic development.

#### 1. In terms of international status, China is a country with a big financial base, but not yet a financial power

Although the absolute scale of China's financial service trade is expanding year by year, compared with the financially developed countries, the volume of China's financial services trade is relatively small, accounting for a relatively low proportion, with a persisting deficit and a relatively concentrated scope of trade partners. Cross-border flows under the capital

account are strictly controlled, and Renminbi accounts for a small share in international trade and financial market settlement. Domestic and foreign financial markets have not been fully connected. The openness and transparency of China's financial market still need to be improved. From the comprehensive consideration of the international competitiveness of China's financial service industry, the position of Renminbi in the international monetary system, China's ability to allocate international financial resources, and the discourse power in international financial rules, China's finance is big but not strong, and its status in international financial landscape needs further improvement.

**2. In terms of function and role, financial services have not yet closely served the real economy, and the transition from the virtual economy to the real economy has not yet been finalized**

In recent years, the added value of China's financial industry accounts for about 8% of GDP, which is the same as that of Britain, the USA, and other financial powers. But at the same time, the transmission mechanism of money into the real economy is not smooth. Under the cover of innovative off-balance-sheet business, asset management, bank financing, and inter-bank transactions are over-leveraged and complex, and a large amount of capital is idling in the financial system. In particular, in the context of frequent trade frictions, pressure on the development of the real economy, and increasing downward pressure, the financial industry once deviated from the basic function of serving the real economy, and shifted from real to virtual, with high leverage expansion and replication, financial supply imbalance, and prominent problems of "difficult and expensive financing" in private economy and small and micro enterprises. With deepening financial governance, market risks and hidden dangers and chaos have been gradually eliminated, but the system and mechanism of financial reform from the virtual economy to the real one and the precise drip irrigation of the real economy have not been fundamentally established.

**3. In terms of mechanism and momentum for development, China's financial market structure has been formed, but the endogenous mechanism has not been fully marketized**

Over the past four decades since the reform and opening-up, China's financial sector, after breaking the old pattern, has basically established an open, transparent, and complete financial market and supervision system that is compatible with the socialist market economy with Chinese characteristics. However, price control in the financial sector still exists to some extent. Although the money market interest rate, bond market interest rate, and foreign currency deposit and loan interest rate have been marketized, China still has the "dual-track" phenomenon of benchmark interest rate and market interest rate. Also, there are restrictions on

predetermined interest rates for commercial car insurance prices and long-term life insurance products. Price is the reflection of the supply and demand of financial resources, and price control and distortions are likely to bring about resource misallocations.

**4. In terms of structure and quality, local imbalances exist in financial development and structural problems remain acute**

Social financing is dominated by commercial bank credit, and the imbalance between direct investment and indirect financing structure has pushed up the overall leverage ratio of the macro-economy and increased the cost of the real economy. The opening of the financial market lags behind that of the real economy. Most of the participants in the market are still the state-owned enterprises, and a large amount of funds are invested in real estate sectors. Private economy and small and micro enterprises have weak financial resource support. In addition, the development of various financial markets is uneven. For example, the interbank market and the exchange market within the bond market are separated. The development of the stock market is unbalanced between the exchange-traded and the over-the-counter market. The exchange market for insurance is just getting started.

**5. In terms of risk governance, financial risks and hidden dangers should not be underestimated, and the risk prevention remains challenging**

From a macro perspective, the economic downturn and the high leverage are prominent financial risks. It is mainly reflected in the structural risk of high leverage ratios of local governments and state-owned enterprises, the risk of debt repayment caused by the economic downturn, and the risk of asset depreciation caused by real estate price fluctuations. From this perspective, there are cross-contagion risks of the financial industry across industries, markets, and regions. Financial innovation forms a complex financial product system, and financial institutions are more interrelated with each other. In particular, intersecting financial products and cross-market related transactions were launched in order to break through the restriction of separate business operation, improve efficiency, and pursue maximum returns, which promote risk homogeneity and resonance, including the unregulated P2P risks. From a micro perspective, the risks faced by individual financial institutions and enterprises are emerging in the process of strict financial supervision and deleveraging.

## II. Developing Direct Financing Market to Serve Real Economy

Over the past four decades of reform and opening-up, China's financial reform has been continuously deepened, and the financial sector has played an important role in serving the real economy and social development. At present, it has become the long-term development goal of

China's financial industry to accelerate the supply-side structural reform in the financial sector and the establishment of modern financial system.

**(i) Financial system dominated by indirect finance is unable to fully support the development of modern economy**

**1. Indirect finance has made great contribution to China's economic and social development in history**

Since the founding of the People's Republic of China, China's financial industry has gone through two important historical periods.

From the founding of the People's Republic of China in 1949 to the reform and opening-up of China in 1978, China's financial development was mainly adapted to the highly centralized and unified planned economy management system, serving and supporting the strategic choice of laying the foundation of the country's heavy industry and expanding the state-owned economic power as soon as possible, thus establishing the highly centralized and unified national banking system.

Historically, a highly centralized financial system has played an important role in effectively gathering social funds and supporting socialist economic development. At the same time, as limited by the system and thinking of the planned economy, the service function of the financial system (in fact, the banking system) is greatly restricted. On the whole, the financial system has become the cashier of the national finance rather than the financial intermediary in the modern sense.

After the reform and opening-up, the disadvantages of the fiscal-dominated finance were exposed more and more obviously, which contributed to the high inflation and "panic buying" in the 1980s. In view of this, China started the road of financial industry transformation from fiscal dominance to monetary price dominance, and finally took the promulgation of the Law of the People's Republic of China on the People's Bank of China in 1995 as the symbol, and established the system of financial resource supply dominated by monetary banking system, which has been used till now. It is not hard to find out from the development course of China's financial industry that the current mode of financial resource supply dominated by bank indirect finance has a profound historical background.

Up to now, as the key foundation of China's system of financial resource supply, bank indirect finance has become an important source of funds for China's economic development. In recent years, China's rapid economic growth has contributed to the rapid development of the banking industry. According to the National Bureau of Statistics, the total amount of social

financing in 2018 was 19.30 trillion yuan, including 15.25 trillion yuan of social financing for loans in local and foreign currencies, which accounts for 79.19% of the total amount of social financing. By the end of 2018, the deposits and loans in local and foreign currencies of all financial institutions in China were 182.5 trillion yuan and 141.8 trillion yuan respectively, with an average annual compound growth rate of 14.34% and 16.05% respectively from 2008 to 2018.

At the same time, the development of China's indirect financial model of banks has been faced with a bottleneck and is unable to fully and effectively support the development of the modern economy. In February 2019, the central government proposed to deepen the supply-side structural reform in the financial sector, indicating that the deepening reform of the financial industry has entered a new historical stage. On the one hand, we need to continuously promote the transformation of indirect financial supply mode of banks; on the other hand, it is necessary to build a modern multi-level financial market, vigorously develop direct finance with the financial market as the core, and regard it as the primary mode of financial resource supply in the course of China's economic and social development in the new era.

**2. Building a mordern economy and pursuing high-quality development requires a modern financial system**

At present, China is in the critical period of the transformation of old and new driving forces, and needs a capital market to support the development of the new economy. Under the economic environment where the traditional economic growth momentum is weakening, the existing financial supply model and structure cannot meet the market demand. It has become an urgent task to establish a modern financial system to meet the needs of financing in the construction of a modern economy in the "new economic era" and the pursuit of high-quality development.

The modern financial system with direct finance as the main body has completely different credit contract relationship with the traditional bank indirect finance. The credit relationship of indirect financing is conducted by bank credit, while in direct financing, capital demanders and capital suppliers establish credit contract relationships directly through stocks, bonds, and derivative financial instruments with high liquidity in the capital market.

To build a modern financial system with direct finance as the main body, it is urgent to promote it from two aspects: the legal guarantee of financial transactions and the market-oriented reform of factor prices.

On the one hand, the legal guarantee is very important for the construction of a modern financial system with direct finance as the main body. As financial transactions have inter-

temporal non-physical characteristics, in direct financing, the capital security of the capital provider depends on the future commitment and solvency of the capital user, and forms the restriction and guarantee with legal effect through contract and credit. If there is serious asymmetric information in the financial market, the forward default risk will be great. For transactions with financial products as the subject matter, relevant laws must be used to clarify the property right relationship and transaction relationship of market subjects, form a contract based on the credit commitment for the specific content of inter-temporal exchange, and guarantee the legitimacy and effectiveness of forward delivery. The legal guarantee of modern financial system objectively requires a more complete legal system, a more rigorous legislative process, and a fairer judicial procedure as well as a verdict and execution system. We must consolidate the foundation of the law on which the modern financial system depends, keep pace with the times, improve the legal system, ensure that there are laws to abide by, and advocate the spirit of contract. When laws and regulations are in place, they must be strictly enforced. This is the last line of defense for the order of financial markets.

On the other hand, to build a modern financial system, we must adhere to the direction of market-oriented reform of financial factor prices and orderly solve the problem of rigid payment caused by the phenomenon of dual-track interest rates and pricing failure. Reform should be carried out to enhance the endogenous stability of the financial system. We should gradually reduce market segmentations, administrative interventions, and market access restrictions, establish a financial market risk pricing mechanism, and steadily integrate into the global financial system. We should accelerate financial market reform, promote the free flow of capital between markets and across borders, implement a negative list management system at appropriate times, and enrich the participants and types of transactions in the financial market. We should give full play to the role of risk pricing mechanism, through the maintenance of market effectiveness, so that the price of funds fully reflects the risk appetite of investors and the risk return level of the investment target. We should improve the ownership structure and corporate governance of financial enterprises, especially the management of the dominating state-owned financial capital, establish effective incentive and restraint mechanisms, strengthen internal risk control, establish and improve the modern financial enterprise system, improve the efficiency of financial organizations, and enhance the international competitiveness of enterprises.

**(ii) Promoting supply-side structural reform in the financial sector and developing multi-level capital market system**

To adapt to the new normal of the economy and promote structural adjustment and

industrial upgrading, we need to deepen supply-side structural reform and develop a modern financial system dominated by direct financing in multi-level financial markets. We should not only solve the problem of ineffective, inefficient, and excessive supply through supply-side structural reform in the financial sector, but also solve the problem of effective supply and structural shortage through structural adjustment.

The supply-side structural reform in the financial sector aims to realize the market-oriented and efficient allocation of financial resources through reform. We should optimize the financing structure and modern financial market system, financial portfolio system, financial product system and financial supervision and regulation system with a focus on structural adjustment and optimization of the financing system. We should provide precise services centering on the construction of modern economic industrial system, market system, regional development system and green development system. And then we should increase the effective supply of the capital market, and build a comprehensive and multi-level financial support service system including venture capital, bond market and stock market.

First of all, we should be determined to reform the supply model of financial resources and establish a modern multi-level capital market based on the law and credit as the core of the financial resource allocation system. By deepening the reform of the financial system, the market will play a decisive role in allocation of resources, and an effective risk pricing mechanism will be established, so that financial resources can effectively support the real economy and the healthy economic development will become the fundamental basis for preventing and defusing risks. We will prevent and defuse risks while ensuring steady growth and promoting high-quality development.

Secondly, financial institutions, the main supplier of financial resources, must be market-oriented. The financial industry and financial market have three major functions. The first is to allocate resources effectively; the second is to manage risks by price discovery and the provision of a variety of risk management tools; and the third is to provide financial services to people and businesses. The realization of these three functions depends on the efficient and high-quality financial service providers, and the efficiency and quality of financial institutions will certainly come into being in the process of natural selection in full market competition. Banks, securities, insurance, trust, and other institutions must withstand the test of market competition, regardless of ownership, and be subject to the system of survival of the fittest by natural selection and based on competitive neutrality.

Third, we should strengthen corporate governance in financial enterprises and create a sound business environment. Based on such a fully competitive external market environment,

it will greatly facilitate financial institutions to improve their internal corporate governance, encourage financial institutions to continuously improve the quality and efficiency of their services, thus promoting the improvement of the overall supply efficiency of financial system. While promoting full market competition among financial institutions, government regulatory authorities should strive to create a fair business environment for all subjects and build a system environment conducive to market competition.

Fourth, we should further increase the opening-up degree of the financial services sector to promote competition and reform. The opening-up of financial markets should promote capital account convertibility, the formation mechanism of the Renminbi exchange rate, and other market-oriented reform in a coordinated way, and give equal treatment and the same regulatory standards to foreign and Chinese financial institutions in terms of shareholding ratio, form of establishment, shareholder qualification, business scope, license, and number. We should, in accordance with international standards, continue to open up the bond market, the stock market, and the financial derivatives market, expand channels for cross-border investment and financing, and improve relevant institutional arrangements.

### (iii)Establishing a normative, transparent, open, robust, and resilient capital market system

On the whole, the supply-side structural reform in the financial sector includes the supply of basic institutional arrangements in financial market, price and cost supply of financial capital factors, financial intermediary organizations, and supply of products.

At present, we should further consolidate and improve the basic system of the capital market by focusing on serving the real economy, in order to increase the proportion of direct financing and optimize the financial system structure. In this way, we can form a non-bank financial institution system and product system that are compatible with the modern socialist market economy system. and provide higher quality and more efficient financial services for the development of the real economy, including solving the problems of China's long-term capital sources and listing, developing Unicorn, CDR, science and technology innovation board, bond market interconnection and other intermediary service arrangements such as trading, clearing and rating in capital market.

First of all, from the aspects of perfecting the financial market supply of basic system arrangement, the following items are the key to the construction of the basic system for the capital market: issuance pricing system, investor due diligence and suitability management, comprehensive and effective information disclosure mechanism, scientific trade and price

discovery mechanism, maintenance of market rules, and the investors' rights and interests protection mechanism. The basic system must reflect the characteristics of fairness, justice, and openness. The government, as the regulator of the market and the organizer of relevant institutional arrangements, should stick to the neutral position of its role. It should neither be absent nor offside, nor do nothing nor assume excessive responsibility. It should maintain the effective operation of basic institutional arrangements in the market in accordance with the law, and keep a proper distance from the market. In this respect, we can give full play to the role of experimental field of institutional reform in the construction of the science and technology innovation board, and explore feasible paths for comprehensively and systematically improving the supply of basic institutional arrangements in China's financial market.

Secondly, in terms of improving the price and cost supply of financial capital factors, the key is to implement the market-oriented allocation of financial factors resources represented by interest rate and restore the failed credit risk pricing mechanism as soon as possible on the basis of comprehensively deepening the reform and practically advancing the reform of state-owned enterprises and property rights.

The last, in terms of improving financial intermediary organizations and product supply, it is necessary to vigorously develop the financial instrument system of asset allocation targeting at inter-temporal risk management. Asset management market should build an ecological system of "underlying assets - collective investment tool - categories of asset allocation", open tax delay type of personal pension accounts that can independently invest in public funds, insurance, and other kinds of financial products, encourage banks, insurance agencies, and other sales agents to make a second round of choice of public funds through asset allocation, provide investors with cross-life cycle and cross-economic cycle asset allocation solutions, introduce stable long-term capital into the capital market, and promote capital formation.

It needs to be emphasized that with continuous development of multi-level capital market, intermediary institutions will play an increasingly important role. For example, the development of wealth management insurance products requires asset management institutions to analyze and match the risk, return, term, and liquidity preferences of customers. Enterprises raise funds in the multi-level capital market; securities companies and other investment banking institutions should provide personalized solutions and pricing. Especially in the "new economy", there are more reasonable valuation and pricing of intangible assets such as goodwill, patent rights, creativity, and special skills, and the derivative market needs more professional skills.

## III. Reforming and Improving Financial Regulation System to Improve the Ability to Prevent and Control Financial Risks: the Case of the Asset Management Market

The 13th group study session of the Political Bureau of the CPC Central Committee stressed that "Optimizing the financial system should be key, urging improvements in the financing structure as well as in the systems of financial institutions, the market, and products. We should provide higher-quality and more efficient financial services for the development of the real economy." We need to base ourselves on China's reality and learn from the mature experience of international financial openness, development, and stability. We need to straighten out the relationship between the government and the market, pool financial management resources, improve financial governance, financial regulation and control systems, and enhance our ability to prevent and control financial risks in an open environment.

### (i) Making the boundary between government and market clear

An important basic lesson learned from China's 40 years of reform and opening-up is to constantly adjust the relationship between government and market. The Third Plenary Session of the 18th CPC Central Committee put forward the reform goal of "improving the multi-level capital market system, advancing the reform of the registration system for stock issuance, promoting equity financing through multiple channels, developing and regulating the bond market, and increasing the proportion of direct financing". It is necessary to clarify the boundary between government and market and scientifically define the function of the government in the supervision of the financial market, so as to give play to the decisive role of the market in allocating financial resources and promoting the healthy and orderly development of China's direct financing market.

Since the new century, in the context of economic and financial globalization, technologization, and marketization, China's financial system dominated by indirect financing of banks has witnessed new changes. Cross-market, cross-institution, cross-industry, and cross-product financial innovation represented by the asset management business has promoted the transformation of China's financial system from indirect financing to direct financing. But this development is not smoothly advancing, with rapid development at early stage and recent continuous contraction. There are domestic economic fundamentals and cycle of the external economic environment influence, but the superposition of the exogenous influence of the traditional financial supervision cycle strengthens the pro-cyclical characteristics of

the financial market system, aggravates the inherent instability and risk spillover effect of the financial system, and becomes a prominent problem in macroeconomic regulation and financial supervision. In recent years, the influence of financial supervision cycle is particularly obvious in the changes of asset management business.

On the one hand, the financial micro-regulatory gaps and blind spots in the loose monetary environment accelerate the irrational development of the asset management business and result in a series of financial chaos in the direct financing market. Some studies believe that China's asset management business is a shadow banking system with Chinese characteristics. As the shadow of banks, they are essentially the money creation behavior of assets creating liabilities. The legal relationship of asset management business is trust, and the nature of financial products is securities, which essentially belongs to the category of direct financing. However, the development of China's capital management business has deviated from the beginning. China's asset management business takes banks as the core and focuses on channel businesses, forming a close "interest consortium" with securities, funds, insurance, trust, and other new-type Internet financial intermediaries. Its purpose is to avoid supervision and loan-related restrictions, transfer loans to other accounting subjects by means of irregular accounting bookkeeping, and provide financing for enterprises by creating credit currency. In China, the entire financial regulatory system still follows the traditional industry-by-industry regulatory framework based on financial institutions. Asset management, the cross-market, cross-institution, cross-industry, and cross-product financial innovation business, has not established the same complete accounting, legal, tax, and statistical system as the perfect corporate governance structure of financial enterprises in the United States, Japan and Europe. At the same time, the regulatory authorities' "fatherhood" is rampant, and development goals overwhelm regulatory requirements. The differentiated regulatory framework cannot effectively prevent the moral hazard of market institutions. Shadow banking can break through market access, investment scope, capital constraint, leverage limit, investor suitability, and other regulatory requirements. Its multi-layer nested transaction structure, the maturity mismatch of the balance sheet, and the hidden "rigid payment" lead to the distortion of rights and responsibilities, the emergence of various risks and hidden dangers of micro imprudence, and the emergence of regulatory vacuum and regulatory arbitrage, triggering the financial accelerator effect of shadow banking and increasing the macro vulnerability of the economy.

On the other hand, the strengthening of regulation and governance of asset management business in a tight credit environment should avoid frequently increased pressure and overexerting, so as to maintain stability of financial market and appropriate financial conditions, and support

the development of real economy and stable operation of national economy. Since 2015, China's overall macroeconomic environment and the international financial crisis have undergone profound changes. China's economic development has shifted from a stage of rapid growth to a stage of high-quality development. Affected by external uncertainties such as trade frictions between China and the United States, China's economy is faced with deep-rooted short-term problems, which are gradually exposed and reflected in the financial sector. Since 2017, the CPC Central Committee and the State Council have attached great importance to risks in the financial sector. At the 5$^{th}$ National Finance Working Conference, General Secretary Xi Jinping clearly pointed out that preventing systemic financial risks is the eternal theme of financial work, and it is an important principle to strengthen supervision and improve the ability to prevent and defuse financial risks. The financial supervision department takes the standardization of the asset management business as the key step to rectify the financial chaos. According to relevant statistics, since 2017, all financial regulatory departments have made efforts at the same time and issued hundreds of regulatory documents to solve the problems of asset management business. On April 27, 2018, after the deliberation and approval of the Central Comprehensively Deepening Reforms Commission, the People's Bank of China, China Banking and Insurance Regulatory Commission, China Securities Regulatory Commission, and State Administration of Foreign Exchange officially issued the Guidance on Regulating Asset Management Business of Financial Institutions (the Guidance), focusing on solving the problems of returning to the original source of asset management business, breaking the rigid payment, restricting "non-standard products", and reducing leverage. The introduction of the Guideline is timely and necessary, which is conducive to the return of asset management business to its original source, stepping out of the headlong growth, and transforming to a more standardized and sustainable original development path. However, under a strong regulatory environment, the regulation of asset management business is faced with frequently increased pressure and overexerting. As a result, the superposition of tight money and tight credit appeared in the context of increased downward pressure on the economy. In 2018, there appeared the issues of bond market default and stock pledge risk. According to the changes of financial operation, especially the scale and growth rate of social financing, relevant departments such as the Financial Stability and Development Committee of the State Council timely adjusted the execution strength and rhythm of relevant policies, thus avoiding the fluctuation of financial market and tightened financial situation, and providing support and guarantee for the smooth economic operation.

It is the key to solve the problem by making clear how we rationalize the relationship between the government and the market, scientifically define their boundary, and better play the synergistic role of the government and the market. Based on China's experience in the

past decade in the management of asset management business, the core point is to establish a modern financial supervision system, adapt to the requirements of building an open economy in the new normal stage of China's economy and high-quality economic development, and focus on solving the problems of supervision overlapping, supervision vacuum, and supervision arbitrage brought by the traditional separate supervision framework. This mainly includes the following aspects:

First, we should balance macro and micro, financial regulation and supervision. China's financial supervision faces the dual problem of transition + cycle. The transition is mainly from planned economy to socialist market economy, and the market should play a decisive role in the allocation of financial resources. In the context of the opening-up of the financial industry at home and abroad, financial supervision should constantly adapt to the needs of market innovation. In accordance with the concept of functional supervision and the principle of "substance over form", it is necessary to strengthen the supervision of behavior and prudence, and implement "penetrating" supervision. The regulatory authorities should shift the management focus to establishment and maintenance of an effective, fair, and orderly market environment, protection of the legitimate rights and interests of financial consumers, cultivation of a fair, transparent, open, honest, and law-abiding financial legal environment, and enhancement of the legal responsibility of market subject information disclosure. We will severely crack down on all types of illegal and irregular financial transactions. The cycle is mainly subject to the needs of national macroeconomic regulation and control, the uses of monetary and financial policies, and the balances of the domestic and foreign economic objectives of economic growth, price stability, full employment, and international balance of payments. Financial regulation and financial supervision functions have different emphases, but in China's special national conditions, we do face the mutual "interference" between financial micro-supervision and financial macro-regulation. Financial regulation should focus on the scope of the supply-side structural reform in the financial sector, and monetary policy should focus on market-oriented and counter-cyclical aggregate demand management. At the same time, we need to improve the combination of macro and micro management, with preventing and resolving systemic financial risks as the entry point, and macro prudential management as the combination of aggregate regulation and structural optimization. We need to address the pro-cyclical instability of financial innovation and development, and achieve a reasonable mix of financial macro regulation and micro regulation.

Second, we should improve the legal system and norms of the modern financial supervision system. The modern financial supervision system is based on the legal system.

According to the standards of the modern market economy system, China's existing financial legal basis is not perfect, lagging behind the development of financial innovation and practice to a certain extent, prone to the absence of financial supervision, supervision vacuum, and other problems. The lag in the legislation of asset management business is particularly prominent. At present, it is necessary to speed up the promotion of scientific legislation and law-based legislation, sort out the legal system of the asset management market, and push for the revision and improvement of basic laws such as the Law of the People's Republic of China on the People's Bank of China, the Law of the People's Republic of China on Commercial Banks, the Securities Law of the People's Republic of China, the Trust Law of the People's Republic of China, and the Law on Investment Funds.

**(ii) Perfecting modern financial supervision system**

Looking to the future, we need to further straighten out the relationship of financial supervisions, and improve the modern financial supervision system in line with the idea of equal emphasis on institutional supervision and functional supervision instead of the emphasis only on institutional supervision

The financial supervision system is an important part of modern finance and an intuitive reflection of a country's financial governance level. Straightening out the supervision mechanism and building a perfect modern financial supervision system is an important and indispensable link in the process of developing the real economy and preventing financial risks. However, the financial supervision system in the modern sense has not been truly established in our country, which is increasingly inadaptable to the development trend of the modern financial system. On the one hand, regulatory policies have not been effectively implemented. Conflicts between regulators' supervision and development goals, unclear division of supervision, low remuneration of regulators, and lack of accountability mechanism are the important reasons. On the other hand, some regulatory policies violate market rules, leading to confusion of incentives for market players, and it is difficult to balance serving the real economy with holding the bottom line of risks.

On the one hand, the failure of the financial market is calling for the establishment of a sound financial regulatory system. We also take the asset management business as an example. The headlong development of channel business in the asset management field has become the typical failure of the recent financial market. More than 60% of securities firms' asset management, fund companies, subsidiary accounts, and private fund products are "channels" and nested businesses of bank wealth management funds. In order to avoid the inspection of

underlying assets by the regulatory authorities, these channels and nested products invest funds in enterprises with poor qualifications and which are unable to apply for loans through formal channels, or in restricted industries such as real estate, local government financing platforms, and the enterprises with high pollution, high energy consumption or excess production capacity. To prevent financial market failure, the government needs to strengthen the regulation and trading system of financial market to ensure the adequacy of market competition and the symmetry and adequacy of information disclosure.

On the other hand, the incompatibility between the separate supervision system and the financial mixed operation trend aggravates the fragility of the financial system. Some studies believe that financial supervision has two major goals: first, prudential supervision against systemic risk to maintain the sound operation of financial institutions and financial system stability; second, compliance supervision on opportunistic behaviors of financial institutions, so as to maintain the fairness and transparency of financial market and protect the legitimate rights and interests of financial consumers. Under the trend of mixed operation, excessive emphasis on the industry attributes of financial institutions will lead to unfair competition among financial institutions under different jurisdictions. When a particular financial business has cross-industry and cross-market characteristics, it becomes a difficulty to make clear how we conduct effective supervision and eliminate regulatory arbitrage. We take asset management business as an example. In recent years, China's asset management industry has witnessed brutal growth, rapid expansion of scale, and chaos in the process of development, which is mainly manifested by multi-layer nesting, off-balance sheet expansion, regulatory arbitrage, rigid payment, idle capital, unclear leverage, and real debt of private equity, etc. These cross-market and cross-industry asset management businesses often have complex transaction structure, long transaction chain, and opaque information, obviously breaking through the regulatory requirements of market access, investment scope, capital constraint, leverage limit, and investor suitability, etc., easily causing cross-industry and cross-market risk transmission. To some extent, the potential systemic risks in China are basically related to the disorderly expansion of asset management business.

In view of this, we suggest that multiple measures should be taken to improve modern financial supervision system as soon as possible.

First, we should strengthen macro-prudential management. It is urgent to establish macro-prudential policy tools to make them more flexible, comprehensive, and effective in countercyclical adjustment and continue to improve the system for monitoring, identifying, assessing, early warning, and handling systemic financial risks. For example, asset management

business is a business that spans different industries, markets, and products. It needs to reduce the risk of shadow banking, maturity mismatch, and liquidity risk from the whole, macro, cross-cycle and cross-industry perspective, and break rigid payment.

Second, we should strengthen functional supervision. Financial products with the same or similar functions developed by different types of financial institutions should be regulated in accordance with unified rules and standards, and fair and unified market access and supervision should be implemented in accordance with the principle of "substance over form".

Third, we should implement penetrating supervision. The monitoring function of financial infrastructure should be brought into full play. We should establish a comprehensive statistical system covering the issuance, fund raising, and product investment of complex financial products, and implement whole-process penetrating supervision.

Fourth, we should establish a behavioral regulatory system. A well-established pre-, in-, and post-event regulatory mechanisms is necessary to protect the rights and interests of financial consumers and investors, and to ensure effective, fair, and orderly competition in the market. We should urge financial institutions to fully implement the internal rules and main responsibilities for protecting the rights and interests of financial consumers, improve the information disclosure system that is based on the needs of investors, crack down on actions that harm the legitimate rights and interests of financial consumers, and improve the long-term working mechanism for protecting the rights and interests of financial consumers.

### (iii) Coordinating financial supervision resources

To build a modern financial system and a modern financial regulatory system, China needs not only to learn from the mature experience of developed countries, but also to base itself on China's national conditions and actual financial development. After the financial crisis, major economies have, based on their profound reflection on the lessons learned from the crisis, reformed their financial supervision systems one after another. The mainstream approach is to set up top-level coordination bodies, strengthen the financial supervision functions of central banks, strengthen cross-sector coordination of business lines, and make overall and centralized use of regulatory resources. These are worthy of our serious study and reference.

With the impact of external factors, China's domestic economic operation has seen a downward trend. The economic structure transformation and the deepening market-oriented reform of the financial system have made the risks within the financial system more explicit, and the financial supervision is facing numerous challenges. Taking the asset management industry as an example, the limitations of China's institutional supervision concept and

regulatory coordination problems gradually emerge, which are manifested in three aspects.

First, inconsistent regulatory standards induce regulatory arbitrage. At present, almost all types of financial institutions are engaged in asset management business. The different regulatory standards formulated by different institutions and industries, are prudent in their own industry. However, from the analysis of the whole financial system, it can be found that the product standards, regulatory regulations, and regulatory enforcement are different in different industries, with varying degrees of leniency and severity, e.g., the division of investors, access to the scope of investment, net capital, and leverage level requirements. This inconsistency in regulatory standards, on the one hand, leaves room for institutional regulatory arbitrage; on the other hand, easily overlooks the supervision of non-licensed institutions engaging in the business of licensed institutions, leaving a gap for a large number of non-financial enterprises to engage in financial business illegally.

Second, decentralization of regulatory infrastructure and market segmentation. At present, the construction and management of China's financial infrastructure are decentralized; the interconnection between different financial infrastructures is not smooth; and the information registration system is also in a state of segmentation. Statistics of asset management business are scattered in regulators of various industries, and there is no uniform standard in data collection, information statistics, risk monitoring, and other aspects. Therefore, it is difficult to conduct penetrative verification on end investors and underlying assets, which reduces the supervision efficiency of the asset management industry.

Third, multiple supervision leads to huge cost of regulatory coordination. On the one hand, there is a lack of a uniform and coordinated supervision department among the supervision subjects; on the other hand, the law application of the asset management business is chaotic. Currently, the legal basis and legal relationship of all kinds of asset management products are different—some are based on national laws, such as trust law and fund law, and the corresponding legal relationship is the trust relationship; some are based on the rules and regulations of the industry regulatory departments where the asset management institutions are located, and the legal relationship is the principal-agent relationship; some products are only based on the agreement of the parties, with unclear legal basis and legal relations. Different legal bases give different powers to supervision, and the supervision coordination involving cross-market, cross-industry, and cross-region often lacks a common basis, thus increasing the cost of coordination.

For the above problems, it is necessary to take consideration of China's reality, give full play to the advantages of financial system, strengthen regulatory coordination and coordinate

financial regulatory resources.

First, we should give full play to the role of the Stability and Development Committee under the State Council. The establishment of the Committee is an important institutional arrangement for strengthening macro-prudential financial management, enhancing the coordination, authority, and effectiveness of financial supervision, and promoting the healthy development of the financial industry. The Stability and Development Committee under the State Council should play its role in coordinating the reform of the financial regulatory framework, harmonizing the division of functions among regulators and prudential supervision.

Second, we should coordinate various types of financial infrastructure and financial information data. It is necessary to strengthen the integration and sharing of information systems within financial supervision, formulate clear plans for the integration of financial information and data, and continue to promote the development of a comprehensive statistical system for the financial sector.

Third, we should coordinate the rights and interests between regulators and between regulators and other departments, as well as the supervision of intersectional financial products.

Fourth, we should coordinate risk sharing and regulatory responsibilities between the central and local governments. The central and local governments have overlapping and conflicting regulatory functions, as well as gaps. Local financial regulators are weak in risk identification, supervision, organization, and personnel, and lack professional regulatory knowledge and skills. Therefore, it is necessary to further enhance the study on the central and local supervision coordination

## IV. Conclusions and Suggestions

### (i) Restoration of finance's function of serving the real economy

Finance is an important core competitiveness of a country. One of the major contradictions in China's financial system is the lack of service function for the real economy. Under the background of frequent trade frictions, pressure on the development of the real economy, and downward pressure, the financial industry once deviated from the basic function of serving the real economy, went from the real economy to the virtual one, inflated with high leverage and duplicated, unbalanced financial supply, having the prominent problem of "difficult and expensive financing" of private economy and small and micro enterprises. At present, the institutional mechanism of having finance shift from the virtual economy to the real one and precisely serve the real economy has not been fundamentally established.

The function of the financial system should be further returned to the origin of serving the economy, managing risks, and increasing people's welfare. First, accurately grasp the core function of financial resource allocation positioning. Second, have a profound understanding of the nature of finance, with the goal of benefiting mankind, serving economic and social development and the people, and return to its basic functions of allocating time value, financing funds, and managing risks. Third, strengthen the bottom line of financial risk prevention, promote the transformation and upgrading of the financial sector, and promote steady and sound development of the real economy through various means, including stabilizing prices, expectations, and confidence. Fourth, broaden the financial landscape, open up the economy, and improve financial efficiency. Promote international and domestic financial exchanges while keeping the bottom line of risks, and mobilize financial resources to serve the national strategy. Fifth, keep our focus on reality, address structural problems, and improve the quality of financial development from the supply side.

**(ii) Further deepening the reform of financial mechanisms**

Since the reform and opening-up, China has almost established an open, transparent, and complete financial market and a supervision system that is compatible with the socialist market economy with Chinese characteristics. But there are still some problems in terms of institutional building. For example, price controls in the financial sector still exist to some extent; there is imbalance between direct financing and indirect financing structure; financial market resource allocation is not enough to support private economy and small and micro enterprises; the development of various financial markets is unbalanced and isolated.

Further deepening the reform of the financial system is important for improving the functional mechanism of China's financial market. The ultimate goal of financial system reform is to build a standardized, transparent, open, dynamic, and resilient capital market system. The key point is to first develop a modern financial system based on direct finance and serve the real economy. In direct financing, capital demander and capital supplier establish credit contract relationship directly through capital market tools, so perfect legal guarantee is required. At the same time, it is necessary to adhere to the market-oriented reform direction of financial factor prices, realize integration of dual-track interest rates, and solve the rigid payment caused by pricing failure in an orderly manner. Second, we need to continue promoting the supply-side structural reform in the financial sector and developing a multi-tiered capital market system. We will resolutely reform the supply model of financial resources, establish a system for allocating financial resources based on law and credit, and enable the market to play a decisive role in resource allocation. The main body supplying finance resources must be commercialized.

Government regulatory departments should build a system environment favorable to market competition. The financial sector must further open up to promote competition and reform.

**(iii) Preventing financial risks**

At present, the potential risks in China's financial market should not be underestimated. The problems that need to be solved include macro-economic downturn and high leverage risk, cross-contagion risk of the financial industry across industries, markets, and regions in medium financial industry, and the micro risk manifestation of individual financial institutions and enterprises in the process of strict supervision and deleveraging. In particular, financial innovation has led to a complex system of financial products and increased interconnectedness among financial institutions, causing risk homogeneity and contagion. P2P and other financial innovations that are partly outside financial supervision are also important risk points.

To prevent financial risks, first, in terms of regulatory positioning, we should straighten out the boundary between government and market and better clarify the government's function positioning in financial market supervision. The specific work includes coordinating the macro and micro aspects, balancing financial regulation and financial supervision functions, and improving the modern financial supervision system of the legal system and norms. Secondly, in terms of the regulatory model, we should straighten out the regulatory relationship and attach equal importance to institutional supervision and functional supervision. The specific work includes strengthening macro-prudential management and functional supervision, implementing penetrative supervision, and establishing a behavioral supervision system. Third, in terms of supervision and coordination, we need to coordinate resources for financial supervision and improve inter-departmental coordination of financial supervision by the People's Bank of China, China Banking and Insurance Regulatory Commission, China Securities Regulatory Commission, and State Administration of Foreign Exchange under the leadership of Stability and Development Committee under the State Council. Fourth, in terms of financial innovation, we should correctly view the relationship between innovation and regulation, fully recognize the challenge of fintech to financial regulation, and vigorously develop regulatory technology. The last, in terms of regulatory pace, we need to balance macro and micro, short-term and long-term, temporary solution and permanent cure, and maintain a reasonable range of macro-economic growth and an orderly decline of the financial leverage ratio.

In short, to deepen the supply-side structural reform in the financial sector and its opening-up, it is more necessary to deal with risks in key areas accurately and effectively, resolutely prevent and resolve major risks, including financial risks, and promote the healthy

development of China's financial industry. We believe that China's financial system will focus more on serving the real economy and preventing and controlling financial risks.

## Article 1

### Formal Establishment of China's New "One Committee, One Bank, Two Commissions" Financial Regulatory Framework ①

China's financial regulatory structure has undergone several major adjustments in history: the People's Bank of China was separated from the Ministry of Finance in 1978; the *Provisional Regulations of the People's Republic of China for the Control of Banks* issued in 1986 legally identified the People's Bank of China as the central bank and financial regulatory authority; the Securities Commission of the State Council and the China Securities Regulatory Commission (CSRC) were established in succession in 1992; the regulatory power of securities companies was handed over to and exercised by the CSRC in 1995; the regulatory power of the insurance industry was handed over to the newly established China Insurance Regulatory Commission (CIRC) in 1998; the regulatory power of the banking industry was handed over to the newly established China Banking Regulatory Commission (CBRC) in 2003. Thus, the "One Bank, Three Commissions" regulatory framework (referring to the People's Bank of China, CBRC, CIRC and the China Securities Regulatory Commission) was formed.

Under the "One Bank, Three Commissions" financial regulatory framework, the financial industry has ushered in long-term stable development. However, with the rapid development of the financial industry, some risk issues have also been exposed under the divided regulatory framework mode. In 2013, the State Council established the Inter-Ministerial Joint Meeting for Financial Regulation and Coordination. Its members include the People's Bank of China, the CBRC, the CIRC, the CSRC, and financial regulatory agencies such as the SAFE. The main responsibilities of the inter-ministerial joint meeting system are to strengthen regulatory and coordination among members, policy implementation cooperation and information exchange. However, since the inter-ministerial joint meeting system is not mandatory, its works are carried out without changing the current financial regulatory system or substituting or weakening the current division of responsibilities of the relevant departments. Therefore, the role played by the inter-ministerial joint meeting system in alignment of regulatory policies and regulatory

① Authors: Gao Qian, Joint General Manager, Research Department, BOC International (China) Co., Ltd; Zhang Xiaojiao, Senior Analyst, Research Department, BOC International (China) Co., Ltd.

coordination is limited.

In July 2017, the National Financial Work Conference emphasized that it is necessary to strengthen the authority and effectiveness of financial regulation coordination, make the financial regulation more professional, aligned and thorough and bring all financial services under regulation. In this context, the Financial Stability and Development Committee under the State Council was set up in November, marking the establishment of a top-level design mechanism for overall financial regulation and financial regulation coordination. Given that the bank regulation and insurance institution regulation share the same regulation concept and both are financial regulation with capital constraints as the core, to further strengthen the coordination of financial regulation, prevent regulatory gaps and regulatory arbitrage and enhance functional supervision, the *State Council Institutional Reform Proposal* was adopted and approved at the First Session of the Thirteenth National People's Congress in March 2018, which provides for the integration of the functions of the CBRC and the CIRC and the establishment of the China Banking and Insurance Regulatory Commission (CBIRC), and assigns the responsibility to draft important laws and regulations and to regulate fundamental systems with prudence, which were originally shouldered by CBRC and CIRC, to the People's Bank of China (PBOC) . In April 2018, the China Banking and Insurance Regulatory Commission's official sign was unveiled. So far, the new "One Committee, One Bank, Two Commissions" financial regulatory framework has been formally established.

The new financial regulatory framework strictly follows the spirit of the 2017 National Financial Work Conference, focuses on the three tasks of serving the real economy, preventing and controlling financial risks, and deepening financial reform, innovates and improves financial regulation, perfects the modern financial enterprise system, improves the financial market system, promotes the construction of a modern financial regulatory framework, accelerates the transformation of financial development methods, improving the financial legalization, safeguards national financial security, and promotes a positive circulation and healthy development of economy and finance.

Since the establishment of the new financial regulatory framework, the real economy has been better served by the finance System. In terms of monetary policy, since 2018, the PBOC has repeatedly implemented the RRR cut and lowered the policy interest rate, and encouraged and supported the banking industry to provide the real economy, especially small and micro enterprises, with more credit aid under the Macro Prudential Assessment framework; the CBIRC has improved the monitoring of the flow of funds in the banking industry and the insurance industry, especially to prevent funds from leaving the real economy for the virtual economy; and the CSRC has continued to vigorously develop the capital market and broaden the direct

financing channels for the real economy.

Since the establishment of the new financial regulatory framework, the arrangements for prevention and control of financial risks represented by the implementation of the *Guiding Opinions on Regulating the Asset Management Business of Financial Institutions*, have been implemented in depth. The *Guiding Opinions on Regulating the Asset Management Business of Financial Institutions* stipulates the unified standard for assets management, improves the qualification requirements of investors, calls off the rigid payment rules, implements net value management, standardizes the fund pool, prohibits the term mismatching of non-standardized credit assets and asset management products, aligns the product leverage, and eliminates multi-layer investment and channel business. In addition, the "One Committee, One Bank, Two Commissions" framework will strictly arrange and implement various risk prevention measures in the implementation of "Two-Pillar" regulation framework, standardization of liquidity management, improvement of asset and liability management, and standardization of non-traditional financial institutions.

Since the establishment of the new financial regulatory framework, the financial industry has continued to strengthen its opening up. Firstly, the financial industry has been more open to foreign investment. In November 2018, the CBIRC issued the *Detailed Rules for the Implementation of the Regulations of the People's Republic of China on the Administration of Foreign-funded Financial Institutions (Draft Revisions for Comments)* to accelerate the pace of foreign investment in the domestic financial industry. Additionally, the capital market continued to open up to the outside world, the Mainland-Hong Kong Stock Connect continued to expand its transaction volume, and MSCI raised the index weight of China A Shares and the Bond Connect was set up, further expanding the channels for overseas capital to enter the domestic capital market and easing the quota ceilings for foreign investment.

# Part Two

## China's Financial Policies in 2018

# Monetary and Financial Policy

## I. Monetary Policies[①]

In the context of increasing pressure from economic downturn in China and intensified turmoil in the external environment since 2018, a series of "deleveraging" policies has brought a great shock to the market. In 2018, the macroeconomic policy experienced a gradual transition from "deleveraging", "structural deleveraging" to "stablizing leverage", and the monetary policy stance changed from "prudent and neutral" to "prudent", accompanied by increasingly ample market liquidity. In addition, the People's Bank of China ("PBOC") significantly increased its support to private enterprises and its efforts in "precisely irrigating" private enterprises through monetary policy tools. In the complex international situations, the RMB exchange rate has remained stable at a reasonable and balanced level. On the premise of making a balance between maintaining stable growth and guarding against risks, PBOC, in 2019, is expected to keep a prudent monetary policy, gradually improve the self-discipline system of market interest rate pricing, heighten its regulation of market interest rates, and raise the efficiency of monetary policy transmission.

### (i) Main Contents of China's Monetary Policy in 2018

#### 1. Deposit reserve ratio

In 2018, the PBOC lowered the reserve requirement ratios ("RRR") four times: (1) on Jan. 25, 2018, it targeted RRR cut for the sake of financial inclusion; (2) on Apr. 25, it targeted RRR cut for a range of banks by 1% for swap for medium-term lending facilities (MLF); (3) on Jul. 5, it targeted RRR cut for a range of banks by 0.5% to support debt-to-equity swaps and alleviate the financing difficulties of small business(SMB); (4) on Oct. 15, it targetedly cut the RRR for a range of banks by 1% for swap for MLF. The four RRR cuts have released liquidity in the amount of about RMB 2.3 trillion, caused RMB 1.35 trillion of MLF to be repaid and released about RMB 1.2 trillion of incremental capital, thus greatly alleviating the liquidity crunch since

① Author: He Xiaobei, a researcher of the Center for Finance and Development of the National Institute of Financial Research, Tsinghua University.

the first half year, and avoiding "flooding" by targeted release of liquidity. At the end of 2018, the excess reserve ratio of financial institutions was 2.4%, with an increase of 0.3% compared with that in the same period of the previous year, and the market showed ample liquidity.

**2. Open market operations**

In early 2018, the interest rate of open market operations rose and then remained stable. At the end of 2018, the balance of reverse repurchase agreement, also called a "reverse repos" or "RRP", in the open market was RMB 840 billion, and the aggregate amount of reverse repos was RMB 10.84 trillion, including RMB 7.1 trillion of 7-day reverse repos. In the context of the FED's rate hike, the PBOC's reverse repo rate rose by 5 basis points in March 2018, and then remained stable. At the end of 2018, the 7-day reverse repo rate was 2.55%.

**3. Monetary policy tools**

(1) The scope of collateral for MLF was expanded. In 2018, the PBOC carried out a total of RMB 4.95 trillion of MLF operations, all with a maturity of 1 year. At the end of the year, the outstanding MLF operations stood at RMB 4.93 trillion, an increase of RMB 410 billion over the beginning of the year. The MLF interest rate rose by 5 basis points in mid-April and since then has remained stable. In 2018, the interest rate of the last operation with a 1-year maturity recorded 3.30%. The scope of collateral for MLF was expanded to cover the financial bonds with a rating of AA or higher issued to support SMBs, green economy, agriculture, rural areas or farmers, AA+ or AA corporate debenture bonds (the bonds related to SMB, private enterprises and green economy are preferred), high-quality SMB loans and green loans.

(2) The PBOC facilitated the role of the Standing Lending Facility (SLF) rate as the ceiling of the interest-rate corridor. In 2018, the PBOC conducted a total of RMB 438.5 billion of SLF operations, and the year-end outstanding SLF stood at RMB 92.8 billion. In Q1, with the Fed Funds Rate hike and the PBOC's rate hike for open market operations, the SLF interest rate was raised by 5 basis points and since then has remained stable. At the end of 2018, the overnight, 7-day and 1-month SLF interest rates were 3.40%, 3.55% and 3.90%, respectively. In the second half of 2018, the short-term interest rates such as DR007 of depository institutions in the interbank market were lower than the 7-day SLF interest rate. It can be seen that the SLF interest rate has gradually played its role as the ceiling of interest-rate corridor.

(3) A Targeted Mdeium-term Lending Facility (TMLF) was introduced to support private enterprises and SMBs. On Dec. 19, 2018, the PBOC introduced a TMLF to provide long-term stable funding to private enterprises and SMBs. The TMLF interest rate was 3.15%, 15 basis points lower than the MLF interest rate. The PBOC first conducted RMB 100 billion of TMLF

operations.

(4) Pledged Supplementary Lending (PSL) grew on a year-on-year basis. As China launched a new three-year renovation plan to address shantytown housing in 2018, the investments in construction and reconstruction has risen sharply, which increases PSL under the policy of monetized settlement. In 2018, the PBOC issued a total of RMB 692 billion of PSL, with a year-on-year growth rate of 9%. At the end of 2018, the outstanding value of PSL was RMB 3,379.5 billion, with a year-on-year increase of RMB 691.9 billion.

(5) The benchmark interest rates showed a downward trend. The money-market benchmark rates were generally stable and the rates in the second half of the year were lower than those in the first half of the year. DR007, the 7-day pledge repo rate for depository institutions in the interbank market, declined from about 2.9% at the beginning of the year to about 2.6% at the end of the year, representing a decline of 30 basis points. R007, the 7-day pledge repo rate for all financial institutions in the interbank market, declined from an average of 4.5% in the first half of the year to an average of 4.0% in the second half of the year. Meanwhile, SHIBOR, the Shanghai Interbank Offered Rate, fell from 2.6% at the beginning of the year to 1.5% at the end of the year.

**4. Construction of long-term mechanism for prevention and control of financial risks**

(1) Expand the scope of Macro Prudential Assessment (MPA) and adjust the MPA parameters

As the other pillar of the "double-pillar" regulation framework, the macro-prudential policy has also been increasingly improved. In 2018, several important adjustments were made to MPA, in order to give full play to the role of MPA in countercyclical adjustments and encourage financial institutions to increase their support to the real economy such as SMBs, in cluding:

① The PBOC decided to include the Negotiable Certificate of Deposit (NCD) issued by financial institutions with total assets of above RMB 500 billion in the inter-bank liabilities of MPAs from the first quarter of 2018, and provided that the NCD issued by financial institutions with total assets of under RMB 500 billion should be monitored.

② Adjustments to MPA parameters: in accordance with the *Guiding Opinions on Regulating the Asset Management Business of Financial Institutions* ("Guiding Opinions"), the PBOC eased the requirements on bank capital adequacy and broad credit growth in MPA, to help banks to include off-balance-sheet assets onto the balance sheet. In Q2 of 2018, the PBOC lowered the structural parameters in the calculation formula of capital adequacy under the macro-prudential policy.

③ The PBOC added special MPA parameters to assess the performance of financial institutions in supporting debt-to-equity swaps, private enterprises and SMBs with the funds released by the RRR cuts.

④ The macro-prudential policy framework was improved based on the PBOC's rating of financial institutions. In Q1 of 2018, the PBOC finished its first rating of 4,327 financial institutions, assessing the operation and risk status of the financial institutions comprehensively and objectively. The ratings are an important basis for verifying the risk-based premium of deposit insurance and determining the MPA system.

(2) Promulgate new regulatory requirements on the asset management business and achieve a smooth transition

In order to resolve the risk of "shadow banking", prevent fund idling, and provide better services to the real economy, the PBOC, the CBIRC, the CSRC and the SAFE jointly issued the *Guiding Opinions on Regulating the Asset Management Business of Financial Institutions* (Y.F. No. 106 [2018]) on Apr. 27. On Jul. 20, the PBOC further issued the *Notice of the General Office of the People's Bank of China on Further Clarifying the Matter Related to the Guiding Opinions on Regulating the Asset Management Business of Financial Institutions*. Since September 2018, many detailed rules of such sectors as wealth management, wealth management subsidiaries of banks and private asset management have been issued and put into effect under the Guiding Opinions, to further clarify the regulatory requirements for the asset management of each sector, promote the return of the asset management business to its origin, and lead funds to the real economy and financial market in a legal and standardized form.

**5. Targeted support to the real economy**

(1) Policy orientation in support of financial inclusion

① Targeted RRR cuts: the targeted RRR cut policy for financial inclusion was put into effect on Jan. 25, 2018, benefiting all large and medium-sized commercial banks, nearly 80% of the city commercial banks and 90% of the non-county rural commercial banks, and releasing nearly RMB 450 billion of funds. Meanwhile, national commercial banks began to use 30-day contingent reserve arrangements ("CRAs") in succession from mid-January 2018, which released temporary liquidity in the amount of nearly RMB 2 trillion at peak time.

② Raise the re-lending commitments and the line of rediscount for agricultural development and SMBs and lower the re-lending rate for SMBs by 0.5%. In October, the PBOC announced that it would increase the re-lending commitments and the line of rediscount by RMB 150 billion, to support financial institutions to increase the loans issued to SMBs and private enterprises.

(2) A series of support policies for private enterprises

In 2018, a series of support policies for private enterprises were issued. The PBOC introduced a policy mix of "three arrows". Specifically, the first arrow is to enhance the credit support for private enterprises; the second is to launch support tools for private enterprise bond financing; and the third is to research and launch support tools for private enterprise equity financing. Firstly, in order to enhance the credit support for private enterprises, the PBOC would add special indicators to the MPA of commercial banks, encourage financial institutions to increase the credit supply for private enterprises, and provide financial institutions with long-term low-cost credit funds through monetary and credit policy tools. Secondly, in order to support private enterprises in issuing bonds and launch support tools for private enterprise bond financing, the PBOC would provide a portion of initial funds by re-lending, and offer credit enhancement support to the private enterprises that operate normally but face difficulties in liquidity, in various ways such as selling credit risk mitigation tools and offering guarantees for credit enhancement. The support tools for private enterprise bond financing should not be directly used in the purchase of bonds. Finally, in order to solve the problem of high risks brought by the high stock pledge rate facing the controlling shareholders of some private listed companies, the PBOC decided to create support tools for private enterprise equity financing. It would provide initial funds to offer staged equity financing support to the private enterprises in financial difficulty. The National Association of Financial Market Institutional Investors is now studying and discussing the detailed measures for implementation of this policy mix.

**6. RMB exchange rate**

(1) Increased exchange rate flexibility

The RMB depreciated slightly against the US dollar and held basically stable against a basket of currencies. At the end of 2018, the CFETS RMB exchange rate index was 93.28, with a decline of 1.7% over the end of the previous year; the central parity rate of RMB against the US dollar is 6.8632, depreciating by 4.8% over the end of the previous year. In 2018, the annualized volatility of the central parity rate of RMB against the US dollar was 4.2%, representing a great rise compared with that in 2017. The PBOC decided to raise the reserve ratio for foreign exchange risks in forward foreign exchange settlements from 0 to 20% from Aug. 6. At the same time, the PBOC resumed the use of the "countercyclical factor" in quotation for the central parity rate of RMB in August. Despite the severe external impact from China-US trade frictions, the RMB exchange rate remained basically stable and the foreign exchange reserve was kept above USD 3 trillion.

(2) Currency swap agreement

In 2018, the PBOC signed local currency swap agreements with the central banks or

monetary authorities of 11 countries and regions, totaling RMB 1,248 billion. Furthermore, it was the first time that China had signed local currency swap agreements with Nigeria and Japan. Most of the agreements were signed in Q2, among which the renewed agreement signed with the Bank of England in October is worth the most, i.e., RMB 350 billion. By the end of 2018, the RMB swaps had reached RMB 3,468.7 billion. In 2018, many of the agreements were signed with the countries along the "Belt and Road" to facilitate bilateral trade and investment; and it was the first time for China to sign a local currency swap agreement with Japan, which helps China to maintain good partnership in the Asia-Pacific region and to promote RMB internationalization.

### (ii) Implementation Effects and Evaluation of China's Monetary Policy in 2018

Since 2018, the economy has showed a cyclical downturn trend and the trade frictions between China and the US have intensified economic downturn. Due to the tight housing policy, the interest rate for individual mortgage loans hiked from 5.26% at the end of 2017 to 5.75% at the end of 2018, and the new medium- and long-term household loans fell by 1.06% on a year-on-year basis, indicating that the growth of housing loans tended to be gentle. Affected by the deleveraging policy in the first half of the year, the social financing scale in 2018 declined by 0.94% year on year. Specifically, RMB loans rose by 13%, while the shadow banking activities such as new entrusted loans fell sharply. In 2018, the balance of broad money supply (M2) showed a year-on-year growth of 8.1%, a historic low. In December 2018, the consumer price index (CPI) slightly rose by 1.9% on a year-on-year growth, without obvious risk of deflation or inflation.

In face of the complex international situation, the PBOC changed the monetary policy stance from "prudent and neutral" to "prudent" to seek a balance between risk prevention and stable growth. From a practical point of view, the domestic market saw a general decline in interest rates and increasingly ample liquidity, which complies with the policy direction of steady growth. Specifically, the R007 and DR007 in the second half of the year declined by 30-50 basis points, and the yields of treasury bonds of various maturities fell by 70-120 basis points, compared with those in the first half of the year. The changes in money and bond market interest rates have transmitted to the credit market. In consequence, the weighted average loan rate declined from 5.74% at the end of 2017 to 5.63% at the end of 2018. This shows that the increasingly accomodating monetary policy has transmitted to the real economy.

Under the fundamental policy of supporting private enterprises, a policy mix launched by the PBOC has achieved initial success. In an interview with media, Yi Gang, Governor of the

PBOC, said that in 2018, the PBOC has increased the re-lending commitments and the line of rediscount by RMB 300 billion, specifically for SMBs and private enterprises, and the support tools for private enterprise bond financing have been put into test run. In November 2018, the first support tool for private enterprise bond financing landed in Beijing. At the end of 2018, three private enterprises raised RMB 1.9 billion through the support tools for private enterprise bond financing. The subscription rates of the three bonds all exceed 2, much higher than the average level (1.24) of the bonds issued by private enterprises of 2018.

### (iii) Monetary Policy Outlook and Relevant Policy Suggestions in 2019

In 2019, the risk of global economic slowdown is expected to rise. Specifically, after a decade of economic expansion, the probability of economic slowdown in the US will gradually increase; the UK will face uncertain prospects after Brexit; as the locomotive of Europe, German is expected to see a decline in economic growth. Meanwhile, the great uncertainty in the US' domestic and international economic policies may arouse fluctuations in international financial markets and exchange rates. The China-US economic and trade negotiations have made phased progress and the China-US trade frictions tend to be eased, accompanied by a certain degree of uncertainty. As a result, the frictions and even conflicts between China and the US in economy & trade, science & technology, finance and geopolitics will become normal.

Facing the complex international situation, the PBOC, in Q1 of 2019, announced another RRR cut to remain the steady trend since the second half of 2018, and for the first time launched the Central Bank Bills Swap ("CBS") to offer liquidity support for banks to issue perpetual bonds. In the context of a balance between maintaining stable growth and guarding against risks, China's monetary policy in 2019 is expected to be prudent and relatively loose, but the actual implementation depends on the changes in economic and financial situations at home and abroad to a great degree.

In terms of macro policies, including the monetary policy, we should adhere to the basic orientation of ensuring stable employment and stable leveraging and guarding against risks, reduce the attention to specific GDP growth targets, fully consider the impetus of the proactive fiscal policy towards macroeconomy, and avoid strong stimulus policies. Meanwhile, we should deepen structural reforms, improve the monetary policy transmission mechanism through such structural reforms as expanding market access, creating a neutrally competitive policy environment, enhancing the confidence of private enterprises in investment and spurring the innovations of private enterprises, and raise the potential in mid-to-long-term economic growth. The specific suggestions for coordination with the monetary policy and other policies

are described below:

1. Fully consider the comprehensive effects of the fiscal policy, the monetary policy and other policies, and prevent unexpected macroeconomic consequences. According to the Report on the Work of the Government in 2019, the GDP growth is expected to range from 6.0% to 6.5% and the surveyed urban unemployment rate is expected to be about 5.5% in 2019. It is estimated that the GDP growth will be 6.0% when the surveyed urban unemployment rate is 5.5%. As a result, the targets of GDP and employment will not necessarily require the same macro policies. In addition, the stimulus of proactive fiscal policy to the economy may be underestimated, because the local special bond not included in the fiscal deficit in 2019 will rise significantly compared with that of the previous year and the government-managed fund budget deficit not included in the general budget deficit will also increase dramatically. According to the internationally accepted statistical method for fiscal deficit, China's fiscal deficit in 2019 will rise by far more than 0.2% (official data) compared with that in 2018. It shows that the fiscal stimulus may also be significantly greater than the official estimate. Hence, it is necessary to clearly estimate the impetus of the fiscal policy towards the economy in 2019, especially the Fiscal multiplier, and to fully consider the economic impact brought by the changes in the monetary conditions in 2018 (including the changes in interest rate, exchange rate and money supply), thereby preventing over-stimulation. Recently, some regulatory policies have been eased, e.g., the decline in the minimum capital ratio of construction projects, and some local governments have begun to loosen the real estate policy. But so far, it seems that no policy-making body has analyzed the fiscal, monetary, regulatory and real estate policies in the same framework to quantitatively estimate the macroeconomic impact of these policies as a whole. In this regard, we should guard against unexpected macroeconomic consequences arising from separate decision-making by various departments.

2. Define the new monetary policy framework, especially the intermediate target of monetary policy. In fact, China has cancelled the quantitative intermediate target of monetary policy (the M2 growth target has no longer been included in the Report on the Work of the Government since 2018), but has not defined the new intermediate target. Hence, the implementation of the monetary policy lacks an "anchor". Many interest rates show "policy signals", but it is difficult to identify the policy interest rates and determine the expected trend of interest rates, which may easily lead to confusion of signals. In face of unclear policy interest rates, commercial banks have to set interest rates based on the benchmark deposit and loan rates. A lack of correlation between the benchmark interest rates and market interest rates may restrict effective transmission of the monetary policy. At the beginning of 2019, the PBOC

proposed to gradually unify two interest rate "tracks", develop market-oriented interest rates, and improve the monetary policy regulation and transmission mechanism. However, it has not yet designed the timetable and roadmap of the new monetary policy framework. Therefore, it is suggested to define the direction and content of the monetary policy framework reform. The core contents of the reform are as follows: cancel the benchmark deposit and loan rates; clarify that the intermediate target of monetary policy will be expressed by the DR007 target rate in the future, and establish an interest rate corridor mechanism, with the DR007 target rate as the benchmark, the SLF interest rate as the ceiling of the interest rate corridor and the excess RRR as the floor; establish a decision-making mechanism for policy interest rates based on the Monetary Policy Committee.

3. Create a " competitive neutrality" financing environment and smoothen the monetary policy transmission. In 2018, private enterprises have been facing huge financing difficulties and high financing costs, which is the product of economic downturn, outflow effects of deleveraging and competitive non-neutrality between state-owned enterprises and private enterprises. In the second half of 2018, many private enterprises complained that some banks refused to issue loans to them or set higher thresholds for the loans issued to them, on the ground that banks have to assume lifelong responsibility in the event of any loan default of private enterprises. Because of banks' discrimination against private enterprises, private enterprises face much greater financing difficulties than state-owned enterprises in the process of economic downturn, which is hard to be solved despite easing of the monetary policy and ample liquidity in the interbank market. To solve these problems, we should, in addition to providing necessary support to private enterprises through monetary policy and regulatory policy, create a financing environment that equally treats all kinds of enterprises based on the principle of competitive neutrality. In particular, we should establish a mechanism to exempt those that have diligently fulfilled their duties from liabilities system for loan officers: no bank may require its salesmen to assume 'lifelong" responsibility for any loan default as long as the loan meets relevant requirements (regardless of whether it is issued to a private enterprise or state-owned enterprise).

4. Set up a unified analysis framework and coordination mechanism for the monetary policy and macro-prudential policy. The monetary policy features relatively simple objectives and tools. Its core objective is to stabilize prices and employment, while maintaining financial stability, and its tools mainly include liquidity management and policy interest rates. The main objective of the macro-prudential policy is to maintain financial stability, and its tools mainly include static and dynamic capital adequacy ratios, various liquidity ratios, thresholds for financial risk exposure, down payments for asset procurement, and taxes on financial transactions. On

one hand, the monetary policy affects not only macroeconomy (prices and employment), but also financial stability. For instance, a loose monetary policy may lead to leverage rise and asset bubbles and increase financial risks, even though it may stimulate the economy and employment in the short term. On the other hand, the macro-prudential policy also affects the results of the monetary policy and macroeconomic performance. For instance, easing regulatory policies (e.g., reducing capital adequacy/down payments for homebuyers/capital ratio of construction projects) may expand the demand for financing and change market expectations and monetary policy transmission. Therefore, the monetary policy and macro-prudential policy cannot be separately analyzed and formulated. In contrast, they should be analyzed in a framework as a mix and formulated based on full coordination; otherwise, many problems may emerge, such as policy inconsistency, policy conflict and overlapping regulation. The macro-prudential management bureau newly built by the PBOC is suggested to perform the following functions: set up a unified analysis framework for the monetary policy and macro-prudential policy, and carry out simulation analysis on the impact of various external shocks and the combination of the monetary policy and macro-prudential policy on macroeconomic and financial stability; track the use of various policy tools for macro-prudential management and put forward suggestions for coordination to the Financial Stability and Development Committee under the State Council; undertake the early warning and monitoring of system financial risks, including analyzing the non-linear transmission mechanism and cross-border and cross-market transmission mechanism of financial risks, and put forward crisis prevention measures from a macro perspective.

## Appendix

**Milestones of China's Monetary Policy in 2018**

| Date | Contents |
|---|---|
| Jan. 4 | The PBOC and Taipei Branch of the Bank of China renewed the *RMB Clearing Agreement.* |
| Jan. 5 | The PBOC issued the *Notice on Further Improving the Policies for Cross-border RMB Business to Promote Trade and Investment Facilitation* (Y.F. No. 3 [2018]), which stipulates that any cross-border transaction permitted by the law to be settled in foreign exchange may be settled in RMB. |
| Jan. 5 | The CFETS issued the *Announcement on Matters concerning Overseas Banks' Participation in the Regional Trade on the Interbank Foreign Exchange Market*, according to which qualified overseas banks can participate in the regional trade on the interbank foreign exchange market. |
| Jan. 11 | The national commercial banks began to use 30-day CRAs in succession. |
| Jan. 15 | The PBOC, SOA, NDRC, MIIT, MOF, CBRC, CSRC and CIRC jointly issued the *Guiding Opinions on Improving and Strengthening Financial Services for the Development of Marine* Economy (Y.F. No. 7, [2018]), to promote overall optimization of financial assets, improve and strengthen financial services for the development of marine economy, and spur a shift of marine economy to the orientation of better quality and benefit. |

Continued

| Date | Contents |
|---|---|
| Jan. 25 | The targeted RRR cut policy for financial inclusion was put into effect. |
| Feb. 5 | The PBOC issued the *Notice on Special Administration of the Work Style Issues in Financial Poverty Alleviation* (Y.F. No. 30 [2018]), which plans to address all kinds of problems in financial poverty alleviation, strengthen the cooperation and collaboration in financial poverty alleviation and make remarkable achievements in financial poverty alleviation within one year. |
| | The PBOC issued the *Notice on Issues concerning Strengthening the Supervision and Administration of Green Financial Bonds in the Duration* (Y.F. No. 29 [2018]), to further improve the supervision and administration of green financial bonds in the duration and raise the transparency of information disclosure. |
| Feb. 9 | The PBOC appointed JPMorgan Chase Bank as the clearing bank of RMB businesses in the United States. |
| Feb. 27 | The PBOC Announcement No. 3 [2018] was issued to standardize the issuance of bonds for capital replenishment by banking financial institutions, and effectively improve the loss absorption ability of the capital of banking financial institutions. |
| Mar. 26 | CIPS (Phase II) was put into test run.<br>The crude oil futures denominated and settled in RMB were listed in Shanghai International Energy Exchange |
| Mar. 28 | The *Guiding Opinions on Regulating the Asset Management Business of Financial Institutions* and *the Guiding Opinions on Strengthening the Regulation of Non-Financial Enterprises Investing in Financial Institutions*, formulated under the leadership of the PBOC, were adopted by the first meeting of the Central Comprehensively Deepening Reforms Commission |
| Mar. 30 | The PBOC issued the *Announcement on the Open Market Business* (No. 2 [2018]) to adjust the evaluation system for primary dealers of the open market business. |
| | The PBOC extended its bilateral local currency swap agreement worth RMB 200 billion (AUD 40 billion) with the Reserve Bank of Australia. |
| Apr. 3 | The PBOC extended its bilateral local currency swap agreement worth RMB 2 billion (ALL 34.2 billion) with the Bank of Albania. |
| Apr. 11 | The PBOC extended its bilateral local currency swap agreement worth RMB 30 billion (ZAR 54 billion) with the South African Reserve Bank. |
| Apr. 18 | The PBOC issued the *Opinions on Strengthening the Guidance of Macro-Credit Policy and Making the Financial Sector Better Serve the Real Economy* (Y.F. No. 93 [2018]) to intensify the guidance of the macro-credit policy, give full play to the structural regulation function of the macro-credit policy, promote the return of banking financial institutions to the origin, contain risks and raise the ability and quality of serving the real economy. |
| Apr. 20 | The *Notice of the General Office of the People's Bank of China on Further Clarifying the Matters concerning the Administration of the Overseas Securities Investment of RMB Qualified Domestic Institutional Investors* (Y.B.F. No. 81 [2018]) was issued to further standardize the overseas securities investment of RMB qualified domestic institutional investors. |

Continued

| Date | Contents |
|---|---|
| Apr. 25 | The PBOC cut the RMB RRR for large commercial banks, joint-stock commercial banks, city commercial banks, non-county rural commercial banks and foreign-owned banks by 1% to swap MLFs and support SMB financing. |
| Apr. 27 | In order to standardize the asset management business of financial institutions and unify the regulatory standards of similar asset management products, the PBOC, CBIRC, CSRC and SAFE jointly issued the *Guiding Opinions on Regulating the Asset Management Business of Financial Institutions* (Y.F. No. 106 [2018]). |
| | In order to standardize the investment into financial institutions by non-financial enterprises and intensify the supervision on such investment, the PBOC, CBIRC and CSRC jointly issued the *Guiding Opinions on Strengthening the Regulation of Non-Financial Enterprises Investing in Financial Institutions* (Y.F. No. 107 [2018]). |
| | The PBOC extended its bilateral local currency swap agreement worth RMB 15 billion (NGN 720 billion) with the Central Bank of Nigeria. |
| May 2 | CIPS (Phase II) was fully put into operation, with eligible direct participants engaged online simultaneously. |
| May 4 | China allowed overseas investors to trade yuan-denominated iron ore futures contracts on Dalian Commodity Exchange |
| May 9 | The RQFII pilot area was expended to Japan, with an investment amount of RMB 200 billion. |
| May 10 | The PBOC extended its bilateral local currency swap agreement worth RMB 7 billion (BYR 2.22 billion) with the National Bank of the Republic of Belarus. |
| May 16 | The *Notice of the General Office of the People's Bank of China on the Matters concerning Further Improving the Management of Cross-Border Capital Flow and Supporting the Opening-up of the Financial Market* (Y.B.F. No. 96 [2018]) was issued to further improve the management of cross-border capital flow and support the opening-up of the financial market. |
| May 23 | The PBOC extended its bilateral local currency swap agreement worth RMB 20 billion (PKR 351 billion) with the State Bank of Pakistan. |
| May 25 | The PBOC extended its bilateral local currency swap agreement worth RMB 22 billion (CLP 2,200 billion) with the Central Bank of Chile. |
| May 28 | The PBOC extended its bilateral local currency swap agreement worth RMB 7 billion (KZT 350 billion) with the National Bank of the Republic of Kazakhstan. |
| Jun. 1 | The PBOC decided to expand the scope of collateral for MLFs to cover the financial bonds with a rating of AA or higher issued to support SMBs, green economy, agriculture, rural areas or farmers, AA+ or AA corporate debenture bonds, high-quality SMB loans and green loans. |
| Jun. 10 | The *Provisions on the Foreign Exchange Administration of Securities Investment in China by Qualified Foreign Institutional Investors* (SAFE Announcement No. 1 [2018]) was issued to optimize the foreign exchange administration of QFIIs and facilitate cross-border securities investment. |

Continued

| Date | Contents |
| --- | --- |
| Jun. 11 | The *Notice of the People's Bank of China and the State Administration of Foreign Exchange on Issues concerning the Administration of Securities Investment in China by RMB Qualified Foreign Institutional Investors* (Y.F. No. 157 [2018]) was issued to standardize the administration of the securities investment in China by RMB qualified foreign institutional investors. |
| Jun. 25 | The PBOC, CBIRC, CSRC, NDRC and MOF jointly issued the *Opinions on Further Deepening the Financial Services for Small and Micro Businesses* (Y.F. No. 162 [2018]), putting forward 23 measures in eight aspects that optimize the financial services for SMBs and improve the availability and accuracy of financial services to SMBs to achieve the target of helping SMBs to expand investment and reduce cost. |
| Jun. 27 | The *Circular of the General Office of the People's Bank of China on Enhancing Re-lending and Rediscount Support and Guiding Financial Institutions to Increase Credit Supply for Small and Micro Businesses* (Y.B.F. No. 110 [2018]) was issued to further improve the management of re-lending and rediscount supported by the credit policy and expand the scope of collateral for credit policy-supported re-lending and SLFs to cover the financial bonds with a rating of AA or higher issued to support SMBs, green economy, agriculture, rural areas or farmers, and AA + or AA corporate debenture bonds. Meanwhile, the PBOC increased the re-lending commitments and the line of rediscount by RMB 150 billion to encourage financial institutions to increase the credit supply for SMBs and private enterprises. |
| Jun. 29 | The PBOC and other four ministries jointly held a national teleconference on facilitating the financial services for SMBs and proposed to improve the financial services for SMBs as an important tool to serve the real economy and contain financial risks, intensify the implementation of relevant policies, and effectively improve the financial services for SMBs. |
| Jul. 5 | The PBOC cut the RMB RRR for large commercial banks, joint-stock commercial banks, city commercial banks, non-county rural commercial banks and foreign-owned banks by 0.5% to support market-oriented and legalized debt-to-equity swaps and SMB financing. |
| Jul. 20 | The PBOC issued the *Notice on Further Clarifying the Matters Related to the Guiding Opinions on Regulating the Asset Management Business of Financial Institutions* (Y.B.F. No. 129 [2018]). |
| Aug. 6 | The PBOC decided to raise the reserve ratio for foreign exchange risks in forward foreign exchange settlements from 0 to 20%, in order to strength macro-prudential management and prevent macro-financial risks. |
| Aug. 20 | The PBOC extended its bilateral local currency swap agreement worth RMB 180 billion (MYR 110 billion) with the Central Bank of Malaysia. |
| Sept. 4 | The *Notice on Matters concerning Optimizing the Administration of Re-lending for Poverty Alleviation* (Y.B.F. No. 172 [2018]) was issued, according to which pilot projects for optimizing the use of the pricing mechanism of re-lending for poverty alleviation would be carried out in 12 provinces (municipalities) such as Henan and Yunnan. |
| Sept. 4 | The PBOC and CSRC jointly issued the Announcement No. 14 [2018] to intensify the unified supervision of China's credit rating industry and promote bond markets connect. |
| | The PBOC and All-China Federation of Industry and Commerce jointly held a symposium on the financial services for private enterprises and SMBs, to gain a deeper understanding of the financial services for private enterprises and SMBs, build a platform for communication and docking between banks and enterprises, further classify the idea of join forces, increase the joint forces among different departments and enhance the support to private enterprises and SMBs. |

Continued

| Date | Contents |
|---|---|
| Sept. 8 | The PBOC and MOF jointly issued the *Interim Measures for the Administration of Bond Issuance by Overseas Institutions in the National Interbank Bond Market* (Announcement No. 16 [2018] of the PBOC and MOF) to further the opening-up of the bond market and standardize the bond issuance by overseas institutions, and cancelled the *Interim Measures for the Administration of RMB Bond Issuance by International Development Institutions* (Announcement No. 10 [2010] of the PBOC, MOF, NDRC and CSRC). |
| Sept. 20 | The PBOC signed a *Memorandum of Understanding on Using Central Moneymarkets Unit for Issuance of PBOC Bills* with the HKMA, aiming at facilitating the issuance of PBOC bills in Hong Kong, enriching the RMB financial products with high credit rating in Hong Kong and improving the yield curve of RMB bonds in Hong Kong. |
| Oct. 13 | The PBOC extended its bilateral local currency swap agreement worth RMB 350 billion (GBP 40 billion) with the Bank of England. |
| Oct. 15 | The PBOC cut the RMB RRR for large commercial banks, joint-stock commercial banks, city commercial banks, non-county rural commercial banks and foreign-owned banks by 1% to pay back MLFs and support the financing of SMBs, private enterprises and innovative enterprises. |
| Oct. 22 | The PBOC signed a memorandum of understanding on the establishment of an RMB clearing bank in Japan, with the Bank of Japan. On Oct. 26, the PBOC appointed the Tokyo Branch of the Bank of China as the RMB clearing bank in Japan |
| | Upon the approval of the State Council and in accordance with the principles of legalization and marketization, the PBOC guided the setup of support tools for private enterprise bond financing, to stabilize and promote bond financing by private enterprises. |
| Oct. 26 | The PBOC extended its bilateral local currency swap agreement worth RMB 200 billion (JPY 3,400 billion) with the Bank of Japan. |
| Oct. 26 | The PBOC issued the *Notice on Enhancing the Re-lending and Rediscount Support to SMBs and Guiding Financial Institutions to Increase Credit Supply for SMBs and Private Enterprises* (Y.F. No. 259 [2018]), increasing the re-lending commitments and the line of rediscount by RMB 150 billion to encourage financial institutions to increase the credit supply for SMBs and private enterprises. |
| Nov. 7 | The PBOC issued RMB 20 billion of PBOC bills by tenders through CMU BID, including RMB 10 billion of three-month bills and RMB 10 billion of one-year bills, of which the bid rates are 3.79% and 4.20% respectively. |
| Nov. 15 | The PBOC, MOF and CBIRC jointly issued the *Notice on Launching the Over-the-Counter Business of Local Government Bonds in the National Interbank Bond Market* (Y.F. No. 283 [2018]) to enrich the over-the-counter business and promote the construction of multi-level bond market. |
| Nov. 16 | The PBOC extended its bilateral local currency swap agreement worth RMB 200 billion (IDR 44 billion) with the Bank Indonesia. |
| Nov. 20 | The PBOC signed a memorandum of understanding on the establishment of an RMB clearing bank in the Philippines, with Bangko Sentral ng Pilipinas. |
| Nov. 30 | China allowed overseas investors to trade yuan-denominated purified terephthalic acid futures. |

Continued

| Date | Contents |
|---|---|
| Dec. 10 | The PBOC extended its bilateral local currency swap agreement worth RMB 15 billion (UAH 62 billion) with the National Bank of Ukraine. |
| Dec. 11 | The *Notice of the General Office of the People's Bank of China on Issuing the 'Interim Measures for the Administration of the Internet Gold Business of Financial Institutions'* (Y.B.F No. 221 [2018]) and the *Notice of the General Office of the People's Bank of China on Issuing the 'Interim Measures for the Administration of Gold Accumulation Operations* (Y.B.F. 222 [2018]) were issued to define the connotations and participants of the Internet gold and gold accumulation operations, stipulate the minimum gold accumulation unit and provide for the conditions and restrictions on the Internet institutions selling gold products. |
| Dec. 14 | The *Notice of the General Office of the People's Bank of China on Matters concerning the Gold Asset Management Business* (Y.B.F. No. 215 [2018]) was issued, which stipulates that only financial institutions can launch the gold asset management business and undergo recordation at the PBOC and only financial institutions and the gold exchanges approved by the State Council and financial regulators can provide registration and custody services. |
| Dec. 19 | The PBOC decided to set up TMLFs from January 2019 to encourage financial institutions such as commercial banks to allocate more funds to the real economy, especially SMBs and private enterprises. |
| Dec. 21 | The PBOC issued the *Notice on Setting up Targeted Medium-term Lending Facilities and Supporting the Financing of SMBs and Private Enterprises* (Y.F. No. 337 [2018]). |
| Dec. 25 | The General Office of the Financial Stability and Development Committee held a special meeting to study the issues concerning multi-channel support for commercial banks to replenish capital, and promote the issuance of perpetual bonds. |

## Article 2

### Priority Has Been Given to Prevention and Resolution of Financial Risks[①]

Preventing and resolution of major risks, targeted poverty alleviation, and pollution prevention are firstly mentioned in Xi Jinping's report at 19th CPC National Congress. General Secretary Xi Jinping also made important speeches on financial risks and security issues at many important meetings and public occasions.

The 2017 National Financial Work Conference pointed out that it is necessary to accurately determine the current financial risks facing China. In summary, these financial risks mainly include financial leverage and liquidity risk, credit risk, shadow banking risk, illegal crime risk, external shock risk, real estate bubble risk, risk associated with implicit debt of local

① Authors: Gao Qian, Joint General Manager, Research Department, BOC International (China) Co., Ltd; Zhang Xiaojiao, Senior Analyst, Research Department, BOC International (China) Co., Ltd.

government, and debt risk associated with part of state-owned enterprises. At the same time, the National Financial Work Conference pointed out that prevention and resolution of financial risks should focus on strengthening financial regulation, take prevention of systemic financial risks as the bottom line, speed up the legislation of relevant laws and regulations, improve the corporate governance structure of financial institutions, strengthen the construction of macro prudential management, enhance functional regulation and attach more importance to behavioral regulation.

In February 2019, Xi Jinping delivered a speech during the 13th Collective Study of the Central Political Bureau of the Communist Party of China, raising the prevention and resolution of material risks to the level of "national security concept" and greatly expanding the connotation of prevention and resolution of material risks. General Secretary Xi pointed out that the finance is an important core competitiveness of the country, the financial security is an important part of national security and the financial system is an important fundamental system in economic and social development. Since the reform and opening-up, China's financial industry has made historic achievements. Especially since the 18th CPC National Congress, the financial reform and development and the financial risk management have been promoted in an orderly manner, the financial industry has maintained rapid development, the financial reform and opening-up have been carried out in an orderly manner, the financial products have become increasingly abundant, the financial services have become more inclusive, and the financial regulation has been strengthened in a well-aligned manner. At the same time, the market structure, business philosophy, innovation capability and service level of China's financial industry still cannot meet the requirements of high-quality economic development and many contradictions and problems are still outstanding. We must concentrate our efforts on improving financial services and preventing financial risks to promote the high-quality development of the financial industry.

Putting the prevention and resolution of financial risks at the forefront is an important choice of policy under the current economic background to properly handle the conflicts between domestic economy and foreign economy, development and stability, and short- and medium-term goals and long-term goals. At present, the domestic economy has seen changes amid overall stability and concerns amid ever changing environment. The external environment is complex and severe, and the economy is facing downward pressure. The world economic environment is also facing a once-in-a-century major change with the co-existence of opportunities and crises. In this context, to prevent and resolve major risks, we must adhere to the bottom line, persist in making progress while maintaining stability, and deal with the relationship between stable growth and risk

prevention, prevent not only stock risks but also various black swan events. We need to focus on outstanding issues, tackle critical tasks, and take a multi-pronged approach to actively respond to and deal with financial risks, stabilize employment situation, finance, foreign trade, foreign investment, investment and market expectation, and boost market confidence.

Firstly, prevent and resolve systemic financial risks and hidden dangers. As an important branch of economy, finance has always undertaken important functions such as circulating funds, market pricing, allocating resource, providing information, and making structural adjustment. It is a key factor affecting the establishment of China's modern economic system and is crucial to the return and revitalization of the real economy. To prevent and resolve systemic financial risks, we must handle the relationship between the real economy, the financial system, and the government regulation. It is necessary to make finance serve for the real economy, and to ensure that the development of finance is adapted to the development speed of real economy.

Secondly, improve financial regulation and secure the cage of the system. After the addition of the "Financial Stability Board" under the financial regulatory framework, the linkage between China's divided regulation systems has been strengthened. On one hand, this has effectively cracked down on illegal activities in the financial industry and standardized the pre-existing regulatory arbitrage behavior. On the other hand, the institutional constraint and regulation of well-developed businesses is conducive to the long-term stable and healthy development of the industry.

Thirdly, optimize the corporate governance system of financial institutions. Establishing a modern financial corporate governance mechanism is an important measure to prevent and resolve major financial risks at the micro level. In reinforcing the establishment of a modern corporate governance system for financial institutions, it is necessary to focus on the implementation of capital development constraints and the construction of internal risk control compliance system to use them as the first barrier to prevent financial risks.

Fourthly, further develop and improve the financial market and cultivate qualified financial market institutional participants. Financial market is an important part of the financial system, and it is also an important element to protect financial markets and prevent financial risks. To develop and improve the financial market, we need to safeguard the financial infrastructure construction, to continuously update and optimize the financial market operation system, and to diversify financial market participants and cultivate and strengthen qualified institutional investors.

Lastly, prevent contagion of external financial risks. With the reform and opening-up of the financial industry, the connection between China's financial industry and overseas financial industry are increasingly closed. Therefore, it is necessary to prevent the impact of overseas

market fluctuations on domestic financial industry. Specifically, we need to regulate the multinational financial institutions entering Chinese market, regulate overseas funds entering and leaving China's capital market, and pay attention to the resonance between China's capital market and international capital market.

## II. Policies Relevant to Exchange Rate and Balance of Payments[①]

In 2018, the People's Bank of China (PBOC) and the State Administration of Foreign Exchange further improved the market-oriented formation mechanism of RMB exchange rate in an initiative, controllable and progressive way, and kept the RMB exchange rate basically stable at a reasonable and balanced level. In addition to keeping the exchange rate flexible, they adopted a series of pertinent and innovative measures, including strengthening the communication with the market, appropriately adjusting the reserve ratio for foreign exchange risks, resuming the use of the countercyclical factor in quotation for the RMB central parity rate, innovating and enriching regulatory tools and focusing on guiding and stabilizing market expectations. Overall, these measures have released positive signals and achieved good results. Specifically, China's cross-border capital flows, exchange rate expectations and foreign exchange market operations have remained generally steady, and the RMB exchange rate has been kept basically stable at a reasonable and balanced level. At the end of 2018, China's foreign exchange reserve reached USD 3,072.712 billion, which has been above USD 3 trillion for 23 consecutive months.

### (i) Overview of RMB Exchange Rate and China's Balance of Payments in 2018

**1. The exchange rate of RMB against a basket of currencies remained stable, and the indexes of different currency baskets differed (some rose and some fell)**

At the end of 2018, the CFETS RMB exchange rate index was 93.28, falling by 1.7% compared with that at the end of 2017; the RMB exchange rate index based on SDR currency basket was 93.14, decreasing by 3.0% compared with that at the end of 2017; the RMB exchange rate index based on BIS currency basket was 96.78, rising by 0.89% compared with that at the end of 2017. According to the computations of the Bank for International Settlements, the RMB nominal effective exchange rate and the RMB real effective exchange rate appreciated by 1.17% and 0.94% respectively in 2018; and since the reform of the RMB exchange rate

① Authors: Zhao Qingming, Vice President and Chief Economist of CFFEX Institute for Financial Derivatives; Guo Mengyang, a researcher of CFFEX Institute for Financial Derivatives.

formation mechanism in 2005 to the end of 2018, they have appreciated by 35.54% and 44.37%, respectively.

**2. The bilateral exchange rate of RMB against the US dollar became more flexible and remained relatively stable in two-way fluctuations**

In Q1 of 2018, the exchange rate of RMB against the US dollar continued to appreciate. On Mar. 27, the spot rate in the interbank foreign exchange market peaked at 6.2418 Yuan/US dollars. In Q2, the exchange rate of RMB against the US dollar began to decline, and fell below several important mark values, influenced by the rise of US dollar, trade frictions and overseas markets. In face of continued depreciation and strengthened depreciation expectations, the monetary authorities issued a series of hedging measures. On Oct. 31, the spot rate of RMB against the US dollar bottomed at 6.9780 Yuan/US dollars. Since then, the RMB exchange rate rebounded. At the end of that year, the spot rate closed at 6.8658 Yuan/US dollars and the depreciation expectations declined dramatically. The spot rate of RMB against the US dollar through 2018 fluctuated by as high as 7,362 basis points, the highest since the unification of exchange rate in 1994. In 2018, the exchange rate of RMB against the US dollar fluctuated by 10.2%, higher than that of RMB against such main currencies as EUR, JPY and CHF. The contributions of automatic stabilizers to adjusting the macro economy and the balance of payments have been strengthened.

In 2018, the central parity rate of RMB against the US dollar was 6.2764 at the maximum and 6.9670 at the minimum. Among the 243 trading days, 104 days saw appreciation and the other 139 days saw depreciation. Besides, the maximum one-day appreciation rate was 0.71% (492 points), and the maximum one-day depreciation rate was 0.89% (605 points). At the end of 2018, the central parity rate of RMB against the US dollar reached 6.8632, depreciating by 4.8% compared with that at the end of 2017, much lower than the 10% depreciation rate of emerging economies in the same period. Since the reform of RMB exchange rate formation mechanism in 2005 to the end of 2018, the central parity rate of RMB against the US dollar has cumulatively appreciated by 20.59%.

**3. The exchange rates of RMB against other major international currencies showed different trends**

At the end of 2018, the central parity rates of RMB against EUR, GBP and JPY are as follows: 1 EUR = 7.8473 CNY, 1 GBP = 8.6762 CNY, and 100 JPY = 6.1887 CNY, depreciating by 0.57%, appreciating by 1.19% and depreciating by 6.47% respectively over the end of 2017.

Since the reform of the RMB exchange rate formation mechanism in 2005 to the end of 2018, RMB has cumulatively appreciated by 27.61% against EUR and by 18.05% against JPY.

**4. The balance of payments showed a basic balance and the exchange rate market remained generally stable**

In 2018, China's current account surplus reached USD 49.1 billion, and the ratio of this surplus to GDP in the same period was 0.4%, which was 1.4% in the previous year; China's non-reserve financial account surplus reached USD 130.6 billion. At the end of 2018, the foreign exchange reserve balance was USD 3,072.7 billion, decreasing by USD 67.2 billion compared with that at the end of 2017.

The foreign debts continued to grow steadily and the risk of foreign debt was generally controllable. At the end of December 2018, China's full-caliber foreign debts balance was USD 1,965.2 billion, with an increase of USD 254.6 billion compared with that at the end of 2017. Besides, the short-term foreign debts balance was USD 1,271.6 billion, accounting for 65% of the total foreign debts balance.

**5. Cross-border RMB business grew rapidly with a basic equilibrium in the balance of payments**

In 2018, the cross-border RMB receipts and payments totaled RMB 15.85 trillion, with a year-on-year growth rate of 46%, including RMB 8 trillion receipts and RMB 7.85 trillion payments. Hence, the net inflows were RMB 0.15 trillion and the ratio of receipts to payments was 1 ： 098, reflecting a basic balance between inflows and outflows. Besides, the cross-border RMB receipts and payments under the current account totaled RMB 5.11 trillion, with a year-on-year growth rate of 18%, including RMB 3.66 trillion receipts and payments of the trade in goods and RMB 1.45 trillion receipts and payments of the trade in service and under the current account. The RMB receipts and payments under the capital account totaled RMB 10.74 trillion, with a year-on-year increase of 65%.

**6. The RMB direct trading market continued to develop, and the balance of RMB drawn by foreign monetary authorities under the currency swap agreements increased**

In 2018, the interbank foreign exchange market was active in the RMB direct trading and the liquidity increased significantly, which reduced the foreign exchange costs of microeconomic entities and promoted bilateral trade and investment. In 2018, there were 28 trading pairs between RMB and foreign currencies in the interbank spot foreign exchange market, with an increase of 5 pairs over the previous year; the annual turnover was equivalent to RMB 50.81 trillion with an increase of 17.7% compared with that of the previous year, in which the turnover of RMB against the US dollar accounted for 96.81%, slightly higher than that of the previous year.

In 2018, the balance of RMB drawn by foreign monetary authorities under the bilateral

currency swap agreements between the PBOC and foreign monetary authorities reached RMB 32.786 billion, with an increase of RMB 10.636 billion over the previous year; the balance of foreign currencies drawn by the PBOC was equivalent to USD 471 million, with a decline of USD 1,143 million over the previous year. The currency swaps between monetary authorities have played a positive role in promoting bilateral trade and investment.

### (ii) Analysis on Main Policies Relevant to Exchange Rate and Balance of Payments in 2018

#### 1. Perform countercyclical hedging and stabilize market expectations, which maintains the RMB exchange rate basically stable at a reasonable and balanced level

In face of the complex external environment since 2018, the PBOC has achieved an overall balance among multiple targets with a full consideration of domestic and international situations. In 2018, the exchange rate of RMB against the US dollar continued to appreciate. In early January 2018, the use of the "countercyclical factor" introduced into the quotation model in May 2017 was suspended according to the development trends. In Q2, the exchange rate of RMB against the US dollar began to decline and fell below several important mark values, due to the influence of the rise of US dollar and trade frictions. In face of the increasing pressure of RMB depreciation, the monetary authorities issued a series of hedging measures. In an interview with China Securities Journal on the recent foreign exchange market on Jul. 3, Governor Yi Gang reiterated: "China has adopted a managed floating exchange rate regime based on market supply and demand with reference to a basket of currencies. Practices over the years have proved its effectiveness. Hence, we should continue to implement it." The Central Bank adjusted the reserve ratio for foreign exchange risks in forward foreign exchange settlements from 0 to 20% from Aug. 6, 2018. On Aug. 24, 2018, the Secretariat of the Self-Discipline Mechanism of Foreign Exchange Market announced that the quoting banks for the central parity rate of RMB against the US dollar would resume the use of the "countercyclical factor". Since then, the depreciation of the RMB exchange rate has slowed down and the market expectations have begun to differentiate. On the whole, these measures have released positive signals and achieved good results. Specifically, China's cross-border capital flows, exchange rate expectations and foreign exchange market operations have remained generally steady, and the RMB exchange rate has been kept basically stable at a reasonable and balanced level.

#### 2. Issue PBOC bills in Hong Kong, which will help to improving the RMB yield curve in Hong Kong and promoting RMB internationalization

On Sept. 20, 2018, the PBOC signed a *Memorandum of understanding on Using Central*

*Moneymarkets Unit for Issuance of PBOC Bills* with Hong Kong Monetary Authority ("HKMA"). On Nov. 7, the PBOC issued RMB 20 billion of PBOC bills by tenders, including RMB 10 billion of three-month bills and RMB 10 billion of one-year bills, through CMU BID. On Feb. 13, 2019, the PBOC issued another RMB 20 billion of PBOC bills by tenders, including RMB 10 billion of three-month bills and RMB 10 billion of one-year bills, through CMU BID. The two issuances attracted many investors from the offshore market, including banks, funds, securities institutions, central bank, international financial organizations and other institutions. The PBOC bills issued in Hong Kong are in line with the market demand. They not only enrich the RMB investment products with high credit rating in Hong Kong market and the RMB liquidity management tools, but help to improve the yield curve of RMB bonds in Hong Kong and to promote RMB internationalization.

**3. Enhance the quality and efficiency of foreign exchange management to serve the real economy**

Firstly, deepen the reform of "streamlining administration, delegating powers, strengthening regulation and improving services". The government continued to streamline administration, delegate powers to the lower levels and sort out laws and regulations, and improved the public service quality and efficiency of foreign exchange management. In early 2018, the State Administration of Foreign Exchange ("SAFE") updated the *Catalogue of Existing Laws and Regulations on Foreign Exchange Administration*, and published the same on its official website for public reference. In October 2018, the SAFE announced the invalidation of 17 normative documents and amended some regulations. Secondly, speed up the development of the foreign exchange market. In February 2018, the SAFE published the *Notice on the Foreign Exchange Administration Issues concerning the Improvement of Forward Foreign Exchange Settlement and Sale*, which allows adopting gross settlement or balance settlement for forward foreign exchange settlement and sale according to the actual demand, and further encourages financial institutions to serve the real economy and prevent foreign exchange risks. At present, China's foreign exchange market already has such basic products as spot exchange, forward exchange, foreign exchange swaps, currency swaps and options, which can basically meet the demand of various market players for preventing and controlling exchange rate risks. Thirdly, promote the liberalization and facilitation of trade and investment. The development of new trade forms should be supported, and the cross-border e-commerce comprehensive pilot zones and the cross-border receipts and payments of market procurement trade should be facilitated. The government carried out the reform of capital account facilitation and improved the efficiency of cross-border investment and financing.

**4. Deepen the reform in key areas**

Firstly, improve the foreign exchange administration of QFIIs/RQFIIs. In June 2018, the SAFE issued the *Provisions on the Foreign Exchange Administration of Securities Investment in China by Qualified Foreign Institutional Investors*, and the PBOC, in conjunction with the SAFE, issued the *Notice on Issues concerning the Administration of Securities Investment in China by RMB Qualified Foreign Institutional Investors*, in order to improve the administration of the securities investment in China by QFIIs/RQFIIs and further facilitate cross-border securities investment. The main policy measures are as follows: cancel the 20% upper limit for outward remittance of funds by QFIIs. QFIIs can entrust trustees to deal with outward remittance of relevant funds; cancel the principal lockup restrictions on QFIIs and RQFIIs. QFIIs and RQFIIs can remit principal according to the investment situations; allow QFIIs and RQFIIs to engage in foreign exchange hedging, to hedge the exchange rate risk of domestic investment. So far, the principles for administration of QFIIs and RQFIIs have become more uniform, which provides more convenience for foreign institutional investors to invest in China's capital market and helps to attract long-term capitals to China's capital market. Secondly, steadily promote the implementation of the policies and systems for QDIIs. In April 2018, the SAFE carried out a new round of reform on investment quota, making the quota distribution for QDIIs more open, transparent, fair and reasonable. Thirdly, support product and service development and optimization in the foreign exchange market. Since Sept. 3, 2018, the RMB-KZT regional trading hours in the interbank foreign exchange market have been extended.

**5. Earnestly maintain the order of the foreign exchange market**

In early 2018, the SAFE and the Ministry of Public Security jointly held a conference on the summary and deployment of the work of fighting against criminal and illegal activities in foreign exchange. Firstly, they improved management and cracked down on the fictitious and fraudulent transactions in the fields of entrepot trade and onshore guarantees for offshore loans. Secondly, they continued to take severe measures against the illegal and criminal activities of underground illegal banks and their counterparties, cracked down on online speculations in foreign exchange, and in conjunction with other departments, fought against criminal and illegal activities in foreign exchange. Only in the first half of 2018, the special inspections on key subjects and businesses such as banks, third-party payment institutions and entrepot trade found a total of 1,354 cases involving illegal or criminal activities of foreign exchange with RMB 345 million of fines and confiscated money, which increased by 19.7% and 59.5% respectively on a year-on-year basis. Among the 1,354 cases, 455 ones involve financial institutions, 340

involve enterprises, and 559 involve individuals. In addition, the SAFE publicly notified 110 typical cases in five times. The thorough investigation, severe punishment and public notification of typical cases have an effect of deterrence and help to safeguard the healthy order of the foreign exchange market.

### (iii) Policy Outlook

In terms of foreign exchange and balance of payments, the PBOC and the SAFE will focus on the following tasks in the next stage: (1) continue to steadily deepen the market-oriented reform of the exchange rate. They will improve the managed floating exchange rate regime based on market supply and demand with reference to a basket of currencies, maintain the RMB exchange rate flexible, strengthen macro-prudential management, stabilize market expectations and keep the RMB exchange rate basically stable at a reasonable and balanced level. (2) speed up the development of the foreign exchange market and expand two-way opening of the foreign exchange market. They will further enrich trading tools, increase trading entities, adhere to the principle of making the financial sector better serve the real economy, and provide the services of foreign exchange risk management to the import and export enterprises based on the principle of actual demand. (3) advance reform and opening-up in the field of foreign exchange and promote the opening-up of capital account in a stable and orderly manner. They will further improve the QFII/RQFII system, and study the foreign exchange management framework of foreign-funded enterprises under the system of pre-establishment national treatment plus a negative list. (4) deepen the reform of “streamlining administration, delegating powers, strengthening regulation and improving services” in foreign exchange administration. They will optimize the services of foreign exchange administration and boost higher-level liberalization and facilitation of trade and investment. (5) improve the “macro-prudential + micro-prudential” supervision framework of cross-border capital flows. They will make countercyclical adjustments to the fluctuations in the foreign exchange market in a market-oriented manner, ensure the cross-cycle stability, consistency and predictability of micro-prudential supervision of foreign exchange, crack down on illegal activities of foreign exchange and maintain the good order of the foreign exchange market. (6) steadily promote RMB internationalization. They will boost the direct trading of RMB against other currencies, perfect the policy framework and infrastructure for cross-border use of RMB, attach equal importance to development, reform and risk prevention, and support the use of RMB in cross-border trade and investment.

## Appendix

### A Summary of Main Policies Relevant to Exchange Rate and Balance of Payments in 2018

| Date | Main policies | Remarks |
|---|---|---|
| Jan. 4 | The PBOC and Taipei Branch of the Bank of China renewed the *RMB Clearing Agreement.* | Boost RMB internationalization |
| Jan. 5 | The PBOC issued the *Notice on Further Improving the Policies for Cross-Border RMB Business to Promote Trade and Investment Facilitation* (Y.F. No. 3 [2018]), which stipulates that any cross-border transaction permitted by the law to be settled in foreign exchange may be settled in RMB. | Trade facilitation measure |
| Jan. 5 | The CFETS issued the *Announcement on Matters concerning Overseas Banks' Participation in the Regional Trade on the Interbank Foreign Exchange Market*, according to which qualified overseas banks can participate in the regional trade on the interbank foreign exchange market. | Expand opening-up of the foreign exchange market |
| Jan. 9 | The quoting banks for the central parity rate of RMB against the US dollar suspended the use of the "countercyclical factor" in the quotation model. | Countercyclical adjustment of the RMB exchange rate |
| Feb. 1 | *Notice of China Insurance Regulatory Commission and the State Administration of Foreign Exchange on Regulating the Issues concerning the Onshore Guarantees for Offshore Loans Provided by Insurance Institutions* | Improve the audit of foreign exchange compliance |
| Feb. 9 | The PBOC appointed JPMorgan Chase Bank as the clearing bank for its RMB business in the United States | Boost RMB internationalization |
| Feb. 13 | *Notice of the State Administration of Foreign Exchange on the Foreign Exchange Administration Issues concerning the Improvement of Forward Foreign Exchange Settlement and Sale* | Improve the forward foreign exchange settlement and sale |
| Mar. 6 | The SAFE issued the *Content and Scoring Criteria for the Assessment of Banks' Implementation of the Provisions on Foreign Exchange Administration* (2018), which requires all foreign exchange transactions to be handled in accordance with laws and regulations. | Perfect the assessment of banks' foreign exchange transactions |
| Mar. 26 | CIPS (Phase II) was put into test run. | RMB cross-border payment & receipt management information system ("RCPMIS") |
| Mar. 26 | The crude oil futures denominated and settled in RMB were listed in Shanghai International Energy Exchange | Further the opening-up of the domestic market |
| Mar. 30 | The PBOC extended its bilateral local currency swap agreement worth RMB 200 billion (AUD 40 billion) with the Reserve Bank of Australia. | Currency swap |

Continued

| Date | Main policies | Remarks |
|---|---|---|
| Apr. 3 | The PBOC extended its bilateral local currency swap agreement worth RMB 2 billion (ALL 34.2 billion) with the Bank of Albania. | Currency swap |
| Apr. 11 | The PBOC extended its bilateral local currency swap agreement worth RMB 30 billion (ZAR 54 billion) with the South African Reserve Bank. | Currency swap |
| Apr. 20 | The *Notice of the General Office of the People's Bank of China on Further Clarifying the Matters concerning the Administration of the Overseas Securities Investment of RMB Qualified Domestic Institutional Investors* (Y.B.F. No. 81 [2018]) was issued to further standardize the overseas securities investment of RMB qualified domestic institutional investors. | Improve the QDII system |
| Apr. 27 | The PBOC extended its bilateral local currency swap agreement worth RMB 15 billion (NGN 720 billion) with the Central Bank of Nigeria. | Currency swap |
| May 2 | CIPS (Phase II) was fully put into operation, with eligible direct participants engaged online simultaneously. | RCPMIS |
| May 4 | China allowed overseas investors to trade yuan-denominated iron ore futures contracts on Dalian Commodity Exchange | Further the opening-up of the domestic market |
| May 9 | The RQFII pilot area was expanded to Japan, with an investment amount of RMB 200 billion. | Expand the RQFII pilot area |
| May 10 | The PBOC extended its bilateral local currency swap agreement worth RMB 7 billion (BYR 2.22 billion) with the National Bank of the Republic of Belarus. | Currency swap |
| May 16 | The *Notice of the General Office of the People's Bank of China on the Matters concerning Further Improving the Management of Cross-Border Capital Flow and Supporting the Opening-up of the Financial Market* (Y.B.F. No. 96 [2018]) was issued to further improve the management of cross-border capital flow and support the opening-up of the financial market. | Improve the management of cross-border capital flow |
| May 23 | The PBOC extended its bilateral local currency swap agreement worth RMB 20 billion (PKR 351 billion) with the State Bank of Pakistan. | Currency swap |
| May 25 | The PBOC extended its bilateral local currency swap agreement worth RMB 22 billion (CLP 2,200 billion) with the Central Bank of Chile. | Currency swap |
| May 28 | The PBOC extended its bilateral local currency swap agreement worth RMB 7 billion (KZT 350 billion) with the National Bank of the Republic of Kazakhstan. | Currency swap |

Continued

| Date | Main policies | Remarks |
|---|---|---|
| Jun. 10 | The *Provisions on the Foreign Exchange Administration of Securities Investment in China by Qualified Foreign Institutional Investors* (SAFE Announcement No. 1 [2018]) was issued to optimize the foreign exchange administration of QFIIs and facilitate cross-border securities investment. | Optimize the foreign exchange administration of QFIIs |
| Jun. 11 | The *Notice of the People's Bank of China and the State Administration of Foreign Exchange on Issues concerning the Administration of Securities Investment in China by RMB Qualified Foreign Institutional Investors* (Y.F. No. 157 [2018]) was issued to standardize the administration of the securities investment in China by RMB qualified foreign institutional investors. | Further the opening-up of the domestic market |
| Aug. 3 | The PBOC decided to raise the reserve ratio for foreign exchange risks in forward foreign exchange settlements from 0 to 20% from Aug. 6, in order to strengthen macro-prudential management and prevent macro-financial risks. | Countercyclical adjustment of the RMB exchange rate |
| Aug. 20 | The PBOC extended its bilateral local currency swap agreement worth RMB 180 billion (MYR 110 billion) with the Central Bank of Malaysia. | Currency swap |
| Aug. 24 | The Secretariat of the Self-Discipline Mechanism of Foreign Exchange Market announced that the quoting banks for the central parity rate of RMB against the US dollar would resume the use of the "countercyclical factor" (effective immediately). | Countercyclical adjustment of the RMB exchange rate |
| Sept. 3 | The CFETS formally authorized the ICBC (Almaty) and the ICBC Standard Bank to participate in the RMB-KZT regional trading in the interbank foreign exchange market, and decided to adjust the RMB-KZT regional trading hours from 10:30-16:30 to 10:30-19:00. | Boost RMB internationalization |
| Sept. 20 | The PBOC signed a *Memorandum of understanding on Using Central Moneymarkets Unit for Issuance of PBOC Bills* with the HKMA, aiming at facilitating the issuance of PBOC bills in Hong Kong, enriching the RMB financial products with high credit rating in Hong Kong and improving the yield curve of RMB bonds in Hong Kong. | Boost RMB internationalization |
| Oct. 13 | The PBOC extended its bilateral local currency swap agreement worth RMB 350 billion (GBP 40 billion) with the Bank of England. | Currency swap |
| Oct. 16 | The SAFE announced the invalidation of some normative documents of foreign exchange administration and some provisions therein | Invalidate relevant regulations |
| Oct. 22 | The PBOC signed a memorandum of understanding on the establishment of an RMB clearing bank in Japan, with the Bank of Japan. On Oct. 26, the PBOC appointed the Tokyo Branch of the Bank of China as the RMB clearing bank in Japan | Currency swap |

Continued

| Date | Main policies | Remarks |
|---|---|---|
| Oct. 26 | The PBOC extended its bilateral local currency swap agreement worth RMB 200 billion (JPY 3,400 billion) with the Bank of Japan. | Currency swap |
| Nov. 7 | The PBOC issued RMB 20 billion of PBOC bills by tenders through CMU BID, including RMB 10 billion of three-month bills and RMB 10 billion of one-year bills, of which the bid rates are 3.79% and 4.20% respectively. | Boost RMB internationalization |
| Nov. 16 | The PBOC extended its bilateral local currency swap agreement worth RMB 200 billion (IDR 44 billion) with the Bank Indonesia. | Currency swap |
| Nov. 20 | The PBOC signed a memorandum of understanding on the establishment of an RMB clearing bank in the Philippines, with Bangko Sentral ng Pilipinas. | Boost RMB internationalization |
| Nov. 30 | China allowed overseas investors to trade yuan-denominated purified terephthalic acid futures. | Further the opening-up of the domestic market |
| Dec. 10 | The PBOC extended its bilateral local currency swap agreement worth RMB 15 billion (UAH 62 billion) with the National Bank of Ukraine. | Currency swap |

## Article 3

### Push ahead with Opening-up of China's Financial Sector①

The opening-up of the financial sector is an important part of China's reform and opening-up. Since the 18th CPC National Congress, the opening-up of China's financial sector has entered a new stage. In April 2018, General Secretary Xi Jinping proposed at the Boao Forum for Asia to significantly relax control over the access of various markets, including the financial market. At present, China's financial openness has been continuously improved, the principle of giving national treatment to foreign investments has been gradually implemented, the yuan's convertibility has been maintained at a relatively higher level, and the stock, bond and foreign exchange markets have made positive progress in opening up to the outside world.

Xi Jinping's report at 19th CPC National Congress pointed out that "openness will bring progress and isolation will bring retrogression, and China will not close its door. Instead, it will open its door wider to the world." On February 14, 2019, General Secretary Xi Jinping stressed again that we need to implement the task of financial reform and opening-up, and study and promote new reform and opening-up measures in accordance with the changes

① Author: Ma Yun, Director of General Affairs Department, State Administration of Foreign Exchange.

in the international economic and financial development situation and the needs of China's development strategy during the 13th Collective Study of the Central Political Bureau of the Communist Party of China. In the next stage, we should further expand the opening-up of the financial sector sooner rather than later, faster rather than slower.

Firstly, expand the two-way opening of the financial service industry. We need to fully implement the management system of pre-entry national treatment plus negative list, greatly relax the control over the market access of various financial institutions, and optimize financial services and business environment. In addition, we need to improve the internationalization level of Chinese-funded financial institutions and enhance the global competitiveness of the financial sector.

Secondly, promote the high-level opening-up of financial market. At present, China's direct investment has become basically convertible, cross-border securities investment channels have continued to expand and the Macro Prudential Management framework has been implemented for cross-border financing. The projects that have not yet been convertible are mainly hindered by the limited market opening in transaction and the poor facilitation of the exchange. The next step is to focus on promoting the opening of the domestic stock and bond markets, establishing an open and competitive foreign exchange market, expanding the interconnection between domestic and overseas markets, and serving for China's new pattern of overall opening-up.

Thirdly, deepen the reform of marketization of exchange rate. We must continue to improve the marketization mechanism of the yuan's exchange rate, further enhance the flexibility of the yuan's exchange rate, better play the decisive role of the market in the allocation of resources in the foreign exchange market, and maintain the exchange rate at a reasonable and balanced level.

Fourthly, improve economic and financial management capabilities under open conditions. In accordance with the relevant requirements put forward by General Secretary Xi Jinping to "adapt to the opening-up process in an open environment", we need to continue to improve the economic and financial management capabilities and the ability to prevent and control risks under open conditions. It is necessary to use modern scientific and technological means and payment settlement mechanism to dynamically monitor online and offline, international and domestic capital flow in terms of volume and direction in a timely fashion, so that all capital flows are monitored and regulated by financial regulatory agencies. It is also necessary to build up the economic and financial management capabilities and the ability to prevent and control risks, implement the macro prudential management and the micro conduct regulation at the same time, and earnestly safeguard national financial stability and economic security.

Lastly, improve the ability to participate in international financial governance. It is necessary to actively participate in the reform and construction of the global governance system, promote multi-bilateral regulatory cooperation and mutual recognition of rules, and enhance the representation and speaking right of developing countries in international financial organizations. In addition, we need to give full play to the role of Asian Infrastructure Investment Bank, Silk Road Fund and various multi-bilateral investment funds, and continuously deepen financial cooperation with countries along the "Belt and Road".

## Article 4

### MSCI Officially Includes China A Large Cap shares on the MSCI Emerging Markets Index①

The inclusion plan of China A Large Cap shares into the MSCI Index has come into force. MSCI made an announcement in June, 2017, stating that it has decided to include China A shares into the MSCI Emerging Markets Index. This inclusion plan took effect on June, 2018 and the first batch of 226 China A shares were included on the Index with a partial inclusion factor of 2.5 percent (corresponding to an aggregate weight of 0.4 percent in the MSCI Emerging Markets Index).

The inclusion factor for the yuan-denominated A shares in MSCI indexes has been increased gradually. In the second step of the inclusion in August, 2018, MSCI increased the factor and weighting to 5% and 0.8%, respectively. Meanwhile, an additional 10 A shares were included on the MSCI Emerging Markets Index, bringing the total up to 236. In March, 2019, MSCI announced that it would increase the weight of China A Large Cap shares in the MSCI Indexes by increasing the inclusion factor from 5% to 20% in three steps and include China A Mid Cap shares on its MSCI China Index by November 2019. Consequently, MSCI will increase the weight of China A shares in the MSCI Indexes according to the following schedule: Step 1: MSCI will increase the index inclusion factor of all China A Large Cap shares in the MSCI Indexes from 5% to 10% and add ChiNext Large Cap shares with a 10% inclusion factor coinciding with the May 2019 Semi Annual Index Review; Step 2: MSCI will increase the inclusion factor of all China A Large Cap shares in the MSCI Indexes from 10% to 15% coinciding with the August 2019 Quarterly Index

① Authors: Jiang Jianrong, Vice-general Manager & Chief Strategic Researcher, Shanghai Shenyin Wanguo Research & Consulting Co., Ltd. (Shenwan Hongyuan Research Institute); Yuan Yuze, Researcher, Development Research Department, Shanghai Shenyin Wanguo Research & Consulting Co., Ltd. (Shenwan Hongyuan Research Institute).

Review; Step 3: MSCI will increase the inclusion factor of all China A Large Cap shares in the MSCI Indexes from 15% to 20% and add China A Mid Cap shares, including eligible ChiNext shares, with a 20% inclusion factor to the MSCI Indexes coinciding with the November 2019 Semi-Annual Index Review. On completion of this three-step implementation, there will be 253 Large and 168 Mid Cap China A shares, including 27 ChiNext shares, on a pro forma basis in the MSCI Emerging Markets Index.

The two-way opening-up of the capital market has been accelerated. The opening-up of China's capital market has been accelerated since 2018. In addition to MSCI's inclusion of China A shares, the FTSE Russell and the S&P DJI also announced that they would include China A shares on respective indexes in 2019. Moreover, the integration between Mainland and Hong Kong stock markets has been improved, the cross-border stock trading quota has been increased sharply, and the quota for daily northbound trading under the Shanghai-Hong Kong Stock Connect and for daily northbound trading under the Shenzhen-Hong Kong Stock Connect and that for daily southbound trading under the Shanghai-Hong Kong Stock Connect and for daily southbound trading under the Shenzhen-Hong Kong Stock Connect were adjusted to RMB 52 billion and RMB 42 billion, respectively. Additionally, the increase of QFII quota and RQFII quota further attract more foreign investors to make investment into the infrastructure construction of China A shares. The increasly open capital market in China will, on one hand, diversify the investor pool of China A shares and improve the construction of China's capital market system, but on the other hand, attract more global funds to China's capital market and share the achievements of China's economic development.

# Financial Market Development Policy

## I. Banking Industry Policies①

In 2018, against complicated situations at home and abroad, China has secured steady progress in its economic development. Priorities have been preventing and defusing major risks and steadily promoting structural deleveraging. As a whole, domestic commercial banks have maintained steady and positive operation, along with mild growth of asset scale and gradual rebound in the net interest margin. These banks have been enhancing their ability to resolve risks and kept their profitability and asset quality. Financial institutions in the banking sector have picked up their pace to transform, and intensified their support for the real economy, especially private and small and micro business.

### (i) Highlights of China's banking market development policies in 2018

In 2018, the Chinese banking industry has been shifting from high-speed growth to high-quality development as guided by the spirit of the Party's 19th National Congress and other relevant policies. While preventing and defusing financial risks, the banking sector has provided more support for the real economy, especially private enterprises and small and micro business. In addition, new breakthroughs have been seen in digital transformation, opening up, corporate governance and other aspects, which have effectively invigorated the financial system.

#### 1. Enhancing the ability to serve the real economy for high quality development

The year of 2018 is of critical importance for carrying out the 13th Five-Year Plan. Relevant policies focus on satisfying market demand and optimizing resource allocation. By enhancing the ability to serve the real economy, these policies can help boost its high-quality development. On May 22, the China Banking and Insurance Regulatory Commission (CBIRC) issued the *Measures for the Administration of Joint Credit Granting by Banking Financial Institutions (for Trial Implementation)*, which highlights restraining financing from multiple parties and

---

① Authors: Zhou Kunping, Deputy General Manager of Research and Development Department (Financial Research Center),Bank of Communications;Xu Wenbing, Senior Manager of Research and Development Department (Financial Research Center),Bank of Communications; Zhao Yarui, Senior Researcher of Research and Development Department (Financial Research Center),Bank of Communications; Liang Dongcai, Senior Researcher of Research and Development Department (Financial Research Center),Bank of Communications.

excessive financing, preventing and controlling credit risks caused by rising leverage ratio of enterprises, optimizing the allocation of financial resources, and supporting the supply-side structural reform On June 29, CBIRC issued the *Measures for the Administration of Financial Asset Investment Companies (for Trial Implementation)*, which encourages debt-to-equity swap, give full play to the decisive role of the market in resource allocation, and helps promote supply-side structural reform. On August 18, CBIRC issued the *Notice on Further Effectively Completing the Credit Work and Enhancing the Quality and Efficiency of Serving the Real Economy*, which asks for concentrated efforts in smoothing the currency and credit transmission mechanisms, promoting stabilizing employment, finance, foreign trade, foreign investment, investment, and stabilizing expectation, and improving the ability to serve the real economy, so as to form a virtuous circulation of finance and real economy.

**2. Intensifying the support for inclusive finance and driving the development of private economy**

A modernized country requires efforts in solving unbalanced financial development and achieving high-quality financial development. The Government Work Report 2018 mentioned again the importunate of supporting inclusive financial services by financial institutions, standardizing the development of local small and medium-sized financial institutions, and focusing on making it easier and cheaper for small and micro businesses to raise money. To make financing convenient for small and micro businesses and private enterprises, a number of policies have been introduced in a row, and substantial progress has been seen in the inclusive finance.

On January 9, the China Banking Regulatory Commission (CBRC) issued the *Notice on Launching the Pilot Program of Investment Management Banks and "Cross-County" Village Banks*, and proposed 21 specific policy measures in improving access policies, strengthening positioning supervision, and strengthening risk supervision to better solve low coverage of banking institutions and insufficient financial supply in the central and western region with weak financial services, and finally optimizing inclusive financial services. On February 11, CBRC issued the *Notice on Promoting the High-Quality Development of Banking Financial Services for Micro and Small-Sized Enterprises in 2018*, and it highlights supervision on both quality and quantity of loan for small and micro businesses and sustainable growth by setting new objectives including "two growth objectives and two control objectives", while requires banking financial institutions to keep monitoring the "three no less than" and ensure the steady expansion of the credit supply for small and micro businesses. On February 14, CBRC issued the *Notice on Effective Provision of Financial Services for Agriculture, Rural Areas, and Farmers*

*and Poverty Alleviation in 2018*, and required the banks to provide differentiated services through reform to drive agriculture, rural areas and farmers, and help to overcome poverty. On June 23, the People's Bank of China (PBC), CBIRC and other departments jointly issued the *Opinions on Further Deepening the Financial Services for Micro and Small-Sized Enterprises*, which advocates and guides financial institutions to intensify financial support for small and micro businesses, so as to make financing easier and cheaper for small and micro businesses. By bringing down the corporate cost, it can facilitate economic transformation and nurture new growth momentum. In general, an array of policies has urged the banking financial institutions to offer more financial support to small and micro businesses and private enterprises has been continuously expanded, which can now raise money in an easier and cheaper way. China is now embracing a new stage of inclusive finance.

**3. Establishing long-term mechanism of risk management and control, and promoting the stable operation of commercial banks**

As to various risks faced by the banking industry, regulators have timely issued corresponding policies, which have registered favorable results. On April 24, CBIRC made public the *Measures for the Administration of the Large Exposures of Commercial Banks*, and it included all risky credit businesses of the banks in the large exposure regulatory framework, which helps commercial banks in optimizing centralized risk management and preventing systematic financial risks. In the *Measures for the Liquidity Risk Management of Commercial Banks* issued on May 23, CBIRC, by drawing on the results of international regulatory reforms, introduced new quantitative indicators such as net stable funding ratio, adequacy ratio of HQLA, and liquidity matching ratio to optimize the liquidity risk monitoring system and help commercial banks better manage liquidity risks. According to the *Guidelines for the Management of Interest Rate Risk in the Banking Book of Commercial Banks (2018 Revision)* published on May 30, CBIRC aimed to better manage bank account interest rate risk by providing detailed risk management requirements, standardizing risk measurement and strengthening supervision and inspection. On June 8, the General Office of CBIRC and the General Office of the People's Bank of China jointly issued the *Notice on Matters concerning Strengthening the Administration of Deposit Deviation Degree of Commercial Banks*. It is a major move to regulate the bank's deposit taking and urge banks to strengthen compliance management. By comprehensively analyzing the new characteristics of operations by commercial banks and the new risk management situations, authorities will place more emphasis on performance appraisal as a way to secure stable operation in the banking sector. According to the *Decision to Amend the Measures for the Administration of Financial Institutions' Reporting of High-Value Transactions and*

*Suspicious Transactions* issued on July 26, the People's Bank of China made it clear that financial institutions should timely report in electronic form any suspicious transactions identified based on internal operating procedures, in order to make the suspicious transaction reports submitted by responsible institutions valid. On November 27, the People's Bank of China and other two commissions jointly issued the *Guiding Opinions on Improving Regulation of Systemically Important Financial Institutions*, and it aims to better supervise financial institutions of systematic importance, stabilize the financial system and enhance the ability to withstand systemic risks by establishing a reasonable evaluation mechanism, raising additional regulatory requirements, and creating recovery and disposal mechanisms.

**4. Improving corporate governance mechanisms and stimulating the transformation of the banking industry**

As in the *Interim Measures for the Equity Management of Commercial Banks* made public on January 5, CBRC proposed the principle of "categorized management, good qualifications, clear relationships, specific rights and responsibilities, and openness and transparency". It focuses on regulating the acts of shareholders of commercial banks and establish a sound and transparent regulatory framework to secure sustainable and healthy development of commercial banks. To support equity management of commercial banks, CBRC issued the *Notice on Effectively Completing the Work concerning the Implementation of the Interim Measures for the Equity Management of Commercial Banks* and *Notice on Regulating the Matters concerning the Reporting by Shareholders of Commercial Banks* on February 2 and February 28, respectively. The two notices provide requirements and procedures to handle and report non-compliant participation in commercial banks, which can better normalize equity management in commercial banks. On January 18, the *Opinions on Further Supporting Innovation on Capital Instruments of Commercial Banks* was jointly released by five authorities including CBRC. It helps commercial banks to find more channels to raise capital and make capital replenishment plan in a reasonable way. Commercial banks demand capital replenishment more as there is stricter regulation over the banking industry and off-balance-sheet business are brought back onto the sheet in a quicker way. An instrument has been put in place for commercial banks to replenish capital, and innovation is encouraged in capital instruments such as the innovation of capital instruments such as perpetual bonds. There will be more capital replenishment instruments and diversified capital replenishment channels at all levels to make commercial banks better serve the real economy.

**5. Deepening reform and opening up, and embracing a new stage of going global**

China's banking industry remained committed to opening up with policy support in

2018. On January 5, PBC released the *Notice of the People's Bank of China on Further Improving Cross-Border RMB Service Policies to Promote Trade and Investment Facilitation*. By optimizing policies targeting cross-border RMB services, PBC aims to facilitate trade and investment, and drive financial institutions to better serve the real economy and the "Belt and Road". As stated in the *Decision of the China Banking Regulatory Commission on Amending the Implementation Measures of the China Banking Regulatory Commission for the Administrative Licensing Items concerning Foreign-Funded Banks* issued on February 13, CBRC will continue advocating the reform of the administrative examination and approval system and opening up wider, to create fair and transparent policies for both Chinese and foreign banks. At the same time, PBC issued the *Announcement of the People's Bank of China [2018] No.7* on March 19, to create a fair playground in the payment industry and upgrade payment service. As part of the regulatory framework for domestic and foreign-funded payment institutions, the announcement lifts up the access restrictions on foreign investment payment institutions, and clarifies the entry rules and regulatory requirements. Overall, it will be an effective move to grow the payment service market healthily. On April 27, CBIRC made public the *Notice on Matters concerning Further Relaxing Restrictions on the Market Access of Foreign-Funded Banks*, which clearly states that foreign banks are allowed to undertake agency distribution, agency redemption, and underwriting of government bond business in China. It reflects China's determination to expand the business scope of foreign-funded institutions, to support more foreign financial institutions to participate in the opening up of China's banking industry, and to jointly build a mutually beneficial financial market. According to the *Notice on Matters concerning Further Improving the Management of Cross-Border Capital Flow and Supporting the Opening-up of the Financial Market* released by PBC on May 16, offshore RMB clearing banks and participating banks are allowed for inter-bank lending and other business. It not only boosts the RMB liquidity for overseas RMB business participating banks and the orderly operation of overseas RMB business, but also helps improve the management of cross-border capital flow and stimulate the opening of the financial market. On September 8, PBC and the Ministry of Finance jointly formulated and issued the *Interim Measures for the Administration of Bond Issuance by Overseas Institutions in the National Inter-bank Bond Market*. The measures aim to encourage overseas institutions to issue bonds in China, match domestic institutions and rules with international ones, and help Chinese bond market go global.

Opening the financial market wider is part of China's development strategy in the new era. By steadily advancing new measures for opening up and going global, China will shape a new opening up pattern that is multi-level and wide-covering. That will make China's banking

market more competitive and enhance overall operational efficiency.

**6. Deepening the use of financial technologies to accelerate digital transformation**

Fast-growing financial technologies have been a constant source of power that drives the digital transformation of the financial industry and makes finance better serve the real economy. Through coordinated, overall planning since 2018, regulators have kept advancing the application of information technologies in the financial sector and making banks go digital. As stated in the Notice on Issuing the Plan for Further Deepening the Reform and Opening-up of China (Shanghai) Pilot Free Trade Zone released by the State Council on May 4, financial technologies will be a priority for development. Efforts will be accelerated in researching and applying blockchain and big data in a legal and compliant way, to boost economic development through technological innovation. On May 21, CBIRC issued the *Guidelines for the Data Management of Banking Financial Institutions*, which not only clarifies the data governance structure and major standards for fully exploring the value of data, but also requires institutions to improve data management and data quality and quality. It is stated that banking financial institutions should embed data applications throughout their entire process of business operations, risk management and internal control, and make data drive their development. Thanks to an array of policies, banking financial institutions have concentrated on financial technologies and established seven technology subsidiaries in 2018. For example, the China Construction Bank (CCB) launched Jianxin Fintech Co., Ltd., and Minsheng Bank Minsheng Fintech Co., Ltd. The banking industry has registered amazing results in big data and cloud computing.

**7. Focusing on standardizing business operations and maintaining orderly operation of the banking industry**

Financial management departments and other management agencies worked together closely in 2018, and secured orderly development of the industry by formulating policies, strengthening market regulation, normalizing banking operations.

According to the *Measures for the Administration of Entrusted Loans of Commercial Banks* released by CBRC on January 5, entrusted loan business of commercial banks will be regulated, and entrusted loan business will be managed in a stricter way to push the healthy development of entrusted loan business. As stated in the *Notice on Further Rectifying the Market Chaos in the Banking Industry* made public by CBRC on January 12, the focus of regulation will be placed on preventing and disposing of various financial risks, effectively regulating the banking industry's business behavior, and keep rectifying the chaotic development pattern of the banking industry. CBRC issued the *Guidelines for the Management of Conduct of Practitioners of Banking Financial*

*Institutions* on March 30, and seeks to regulate the behavior of employees in banking financial institutions by governance structure, system construction and supervision of employee behavior management, so as to protect the legitimate rights and interests of consumers and promote the steady operation of the banking industry. On April 19, three departments with PBC included ministries jointly issued the *Guiding Opinions on Strengthening the Regulation of Non-Financial Enterprises Investing in Financial Institutions*, to regulate how non-financial enterprises invest in financial institutions, strengthen the supervision over financial institutions invested by non-financial enterprises, promote the benign interaction and development between the real industry and the financial industry, prevent the transfer of risk across institutions and industries. On May 2, CBIRC issued the *Notice on Regulating the Trans-Provincial Draft Business of Banking Financial Institutions*, and requires banking financial institutions to embrace trans-provincial electronic bills and papers through bill market infrastructures including electronic market draft systems and China's bill trading system. It can reduce both credit and operational risk in trans-provincial bill business, minimize the idling of funds within the financial system, and make finance better serve the real economy. According to the *Announcement [2018] No.14* released by PBC and China Securities Regulatory Commission (CSRC) on September 4, both ratings of the interbank bond market and the exchange bond market will be integrated to stimulate the healthy development of the Chinese bond market and the rating industry. As stated in the *Guiding Opinions on Regulating Out-of-Area Non-Licensed Institutions of Banking Financial Institutions* released by CBIRC on December 28, the out-of-area non-licensed operational behaviors of banking financial institutions will be regulated as per the principles of "sticking to the orientation, risk-based, implementing policies by classification, and non-retrospective" to prevent blind expansion of banking financial institutions and help them focus on the main business.

A number of policies related to the asset management have been introduced by regulators in 2018 to secure the healthy development of the bank's wealth management business. On April 27th, four departments with PBC included jointly issued the *Guiding Opinions on Regulating the Asset Management Business of Financial Institutions*, and the opinions seek to minimize the space for arbitrage by regulators and create favorable system for asset management development by a multiple of actions including regulating the asset management business of financial institutions and unifying the regulatory standards for similar asset management products. The *Notice on Further Clarifying the Matters Related to the Guiding Opinions for Regulating Asset Management Business of Financial Institutions* by PBC on July 20 clearly define the investment scope of public asset management products, the valuation methods and macro-

prudential policies of related products during the transition period. That helps regulate the asset management market order and prevent financial risks effectively. According to the *Measures for the Supervision and Administration of the Wealth Management Business of Commercial Banks* released on September 26, CBIRC clarifies the investment scope for commercial bank's wealth management products, classification management, investor appropriate management, business operations, financial management, information disclosure and other aspects guided by the principle in the "new asset management rules". It helps standardize the wealth management business and bring bank wealth management back onto the right track. The *Measures for the Administration of Wealth Management Subsidiary Companies of Commercial Banks*, issued by CBIRC on December 2, are regulatory requirements for wealth management subsidiaries to enter the wealth management market, along with the "new asset management rules" and "new financial rules". By better isolating the wealth management risk, orderly breaking the rigid redemption, CBIRC guides the financial capital to serve the real economy in standard financial service.

**8. Facilitating business innovation and growing emerging markets**

Fast growth has been seen in the derivatives of China's commercial bank recently, with significant increase in both transaction volume and types. To match the development trend of derivatives, regulators have been improving the systems and mechanisms and introducing various policies since 2018 to promote the steady development of emerging markets. On January 3, CBRC issued the *Notice on Issuing the Rules for the Measurement of Default Risk Assets of Counterparties in the Trading of Derivatives*, and required commercial banks to incorporate counterparty credit risk management into their comprehensive risk management frameworks. It helps complete the commercial banks' risk management and measurement capabilities of derivatives, and pushed the steady development of the derivatives business. It is provided in the *Guiding Opinions on Further Regulating the Services Relating to the Internet Sales and Redemption of Money Market Funds* released on May 30 by CSRC and PBC together that the Internet sales of money market funds should be strictly regulated under the principles of "three strengthening and six prohibiting". Through stricter compliance and risk control, the money market funds can develop in a steady and healthy manner. On October 16, PBC issued the *Announcement of the People's Bank of China [2018] No.18*, and officially launched tri-party repo in the inter-bank bond market. This marks another breakthrough after tri-party pledge bond repo transaction was introduced at the Shanghai Stock Exchange and Shenzhen Stock Exchange. The new option can satisfy refined management requirements of repurchase collateral, reduce the repo cost, improve transaction efficiency, but also prevent and control risk

in the repo market. On November 10, three departments with PBC included jointly issued the *Notice on Carrying out Over-the-Counter Business of Local Government Bonds on the National Interbank Bond Market*, and it stated that counter operation is allowed for local government bonds approved by the issuer and newly issued local government bonds whose issue targets are counter business investors. This adds to the varieties of counter business in the inter-bank bond market, and offers more investment options for small and medium investors.

**(ii) Results of China's banking market development policies in 2018**

As guided by the Party Central Committee and the State Council, China's banking industry has remained committed to preventing and defusing financial risks and serving the real economy in 2018. An array of policies has catalyzed the following four positive changes in China's banking industry:

First, profitability remained stable, and the net interest margin continued to rise slightly. In 2018, China's commercial banks generally saw stable performance, with a net profit of 1,830.2 billion yuan, a year-on-year increase of 4.72%, which is relatively high as compared with those of recent years. As guided by the principle of "blocking the back door and opening the front door wider", commercial banks have returned back on track under strict regulation, with their asset and liability structures being optimized. Thanks to policy guidance, commercial banks have intensified their credit support for weak players such as small and micro business and private enterprises. Assets are tilted toward credit with higher yields, and loans still account for a high proportion of assets. Driven by higher loan interest rates and less marginal debt-side costs, the net interest margin has since 2017 continued to rebound, back to 2.18%. Thanks to better interest margin and growth of non-interest income, the banking industry has been gradually optimizing its income source.

Second, risk resolution was a success and asset quality was upgraded. By the end of 2018, the balance of non-performing loans of commercial banks was 2.0254 trillion yuan, a non-performing loan ratio of 1.83%, and a special-mention loan ratio of 3.13%. Both the size and ratio of non-performing loans came down all four quarters. The downward pressure on quality was relieved to some extent. There was significantly more provision, with a provision coverage of 186.31%. The loan loss reserve balance amounted to 3,773.4 billion yuan, an increase of 679 billion yuan from the beginning of the year, an obvious increase of 59.09% over the same period of last year. As the banking sector made more profit, commercial banks have stepped up their efforts in disposing non-performing assets through securitization, debt-to-equity swaps and internal write-offs, which help clear risks quicker. Non-performing loans written off of the year

valued 988 billion yuan, an increase of 259 billion yuan than those in 2017. Assets were of better quality.

Third, off-balance-sheet business was optimized, and the "move from the real economy to the fictitious economy" was stopped. In 2018, regulators have watched over key areas such as shadow banking closer. Financial risks came down, and financial messes including channel nesting, financial system idling, arbitrage, and detachment were contained. Off-balance sheet assets were brought back on the book in an orderly manner. At the same time, the proportion of inter-bank assets has also declined. Against the background that China decided to make finance better serve the real economy, commercial banks allocated more assets in the form of credit. In 2018, the total assets of banking financial institutions grew steadily by 6.27%, a significant slowdown from 15% of 2015 and 2016. The asset structure was optimized to support the real economy better.

Fourth, the capital pressure has been alleviated, and capital replenishment channels diversified. By the end of 2018, the capital adequacy ratio of commercial banks was 14.20%, up 0.55 percentage points year-on-year; the tier 1 capital ratio was 11.58%, up 0.23 percentage points year-on-year; the core tier 1 capital ratio was 11.03%, up 0.28 percentage points year-on-year, all around the highest level in recent years. Capital pressure has been eased. Commercial banks now mainly adopt such capital replenishment instruments as preference shares, secondary capital bonds and convertible bonds. Driven by policies that encourage commercial banks to issue new capital replenishment bonds, open-ended capital bonds and transfer-type tier 2 capital bonds will mark new trends for replenishing capital. In addition, perpetual bonds that attract considerable attention will be launched soon.

Thanks to a favorable environment, the banking industry will focus on supply-side structural reform and keep offering more credit support for small and micro business and private enterprises. In a word, banking institutions will return back to their core business. At the same time, intensified efforts in reform and opening up make the banking industry more competitive, with remarkable results in all fields.

First, the quality and efficiency of serving the real economy were upgraded. As China advances its efforts in tightening supervision and accountability, and eliminating chaotic behaviors, banking financial institutions have been returning back to their core business and better serving the real economy. By the end of 2018, the balance of loans in the banking industry valued 140.6 trillion yuan, and the annual new loans amounted to 15.7 trillion yuan, a year-on-year growth of 12.6%. The credit growth rate remained at a high level, reflecting a steady increase in the volume and continuous optimization of the structure. The proportion

of loans against total assets of banking financial institutions rose to 53.9%, a high level. Idle funds within the banking system have been minimized, and the financial ecology continued to improve. Meanwhile responding to the policy call, the banking industry has shouldered up the responsibility of serving the real economy and people's lives, of developing green finance and financial technology to aid China's consumption transformation, thus providing high-quality, high-efficiency financial services for the real economy.

Second, private enterprises and small and micro business can raise money in an easier and cheaper way. The year-end balance of small and micro business loans was 33.5 trillion yuan in 2018. The balance of small and micro business loans balance with credit for each enterprise less than 10 million yuan amounted to 9.4 trillion yuan, an increase of 21.8% over the beginning of the year, which was higher than those of other types of loans, and the scale continued to expand. There were 17,232,300 accounts with loan balance, an increase of 4,550,700 accounts over the beginning of the year, and the coverage expanded further. The loan interest rate also dropped significantly. The average interest rate of the newly issued small and micro business loans by six major banks in 2018 Q4 was 5.06%, and that of 12 national joint-stock banks was 6.71%, a decrease of at least 1.1 percentage points from that of Q1. Thanks to policy guidance, the banking industry's credit support for private enterprises and small and micro business featured rising scale and down-to-ground approach. China is cashing in its goal of accurate loan.

Third, the banking industry continued to deepen its reform and open wider to the outside world. The banking reform has continued to advance since 2018. Commercial banks have enhanced their equity management, and a penetrative regulatory framework has been established and improved. The corporate governance mechanism was completed to be more normative. The pitching structure was clearer, and the asset management business gradually standardized. Financial management subsidiary became a mainstream mode for commercial banks' wealth management business. At the same time, the banking industry has been opening in a steady, orderly, and two-way manner. The pace of "bringing in" has accelerated. The restriction on the proportion of foreign-invested shares in Chinese banks, and domestic and foreign capital can have the same equity proportion. Business entry was relaxed, allowing foreign banks to set up both branches and sub-branches in China, and treating foreign banks same as domestic ones. "Going out" saw steady progress, and the banking industry has been aiding Chinese-funded enterprises to "go global" and quickening up steps in building a "Belt and Road" financial service network. The ability to offer cross-border financial services was enhanced.

Fourth, significant progress has been made in the supply-side structural reform. Serving the supply-side structural reform, the banking industry has focused on risk prevention and

enterprise transformation in 2018. By improving the mechanism of joint credit and creditor committee, China guided the exit of credit resources from "zombie enterprises" and other fields and put an end to low-efficiency financial supply. A total of 19,000 debt committees have been established, and nearly 500 large and medium-sized enterprises have been made into joint credit pilots. Financing from multiple parties and excessive financing were contained effectively. Guided by the market-based principle, China has been stimulating debt-to-equity swap, and debt-to-equity swap agreements signed valued over 2 trillion yuan, and with over 620 billion yuan already executed. The expected goal of de-leveraging has been basically satisfied. At the same time, wealth management subsidiaries of commercial banks have been approved, the supply of small and medium-sized financial institutions has increased, which means the financial industry institution grew more robust and can meet diversified financial needs at all levels.

Despite of sound development of the banking industry in 2018, China still faced complicated, difficult situations both at home and abroad. Subsequent policies are still needed to guide and regulate certain segments to register better development.

First, supply-side structural reform saw huge success, but there is still extra room for the finance to support the real economy. Centered around supply-side structural reform in 2018, regulators have been working hard to improve both the quality and efficiency of financial services, and scale up their credit support for small and micro business. But considering the critical position of small and micro businesses and private enterprises in China's real economy, and the fact that indirect financing dominates in China, there is still room for the banking industry to support the real economy, and the regulatory system needs to be upgraded accordingly. For example, information asymmetry exists between banks and enterprises. It is therefore necessary to focus on how to promote inter-departmental information sharing, how to break down data barriers, and how to establish a credit system for micro, small and medium-sized enterprises. In terms of pledge, more efforts should be invested on exploring how to include more collaterals and revitalize existing assets of small and micro business. In addition, policies may not be well executed in grassroots financial institutions. To ensure the maximum effect of policies requires intensified supervision by regulators.

Second, opening up wider has brought new pressure on supervision. In the past year, regulators and relevant departments have formulated specific measures and paths to open the banking industry, and new breakthroughs have been seen in a row. As the banking industry opens up wider and foreign banks expand their business in China, business innovation will accelerate in the banking sectors, along with more complicated transaction structure, and more difficulties for regulators to watch over relevant business. In addition, cross-border capital flows

become more frequent, which will impact to China's financial stability to some extent. To adapt to new changes, regulators have yet to improve their regulatory systems and infrastructure to make up for their own shortcomings. Anti-money laundering and anti-financing will be a top priority. Regulators need to pay attention to how to cooperation and exchange with international counterparts and other economies closely.

Third, business transformation went smoothly in the banking industry, and policies should be upgraded at the same time. Driven by policy guidance in 2018, the banking industry has accelerated its business transformation. New changes in the business model require more on the supporting policy system. The wealth management by banks is an example. As new regulations on asset and wealth management are introduced, commercial banks accelerate to set up wealth management subsidiaries. By the end of 2018, 27 banks have announced their plans to set up wealth management subsidiaries. Thought relevant management measures have been released, net capital and liquidity management of wealth management subsidiaries are still left blank, not yet covered by the supervision system. As to derivatives, a series of reforms and innovations has boosted the volume of derivative transactions in China, along with diversified products. Regulators must pay attention to the market risks of financial derivatives, and more efforts should be invested in constructing the regulatory systems and relevant laws and regulations.

### (iii) Prospects and Suggestions for China's Banking Market Development Policy in 2019

In 2019, China's banking financial institutions will still fulfill its mission of serving the real economy better, supporting economic restructuring, and underpinning the health and quality development of the economy. In particular the focus will be placed on intensifying support for inclusive finance targeting small and micro business, agriculture, rural areas, and farmers, and boosting private economy. To upgrade the effective supply of finance, it is recommended that the banking market development policies in 2019 should focus on the following aspects.

First, keeping deepening the supply-side structural reform of the banking financial institutions. Regulatory policies of the next year should keep serving the supply-side reform of the banking industry. Policies and measures to optimize the banking system should be introduced to help banking players shift their operational and management ideas. More efforts should be placed in innovating the finance and enhancing the ability to offer precision service, thus to back up China's goal to build a modern economic system. It is also recommended that the monetary policy transmission mechanism should be optimized, the effectiveness of fiscal policies should be improved, and commercial banks should be guided to pay more attention

to fair credit lending, so as to channel financial resources to inclusive finance and private economic sectors such as agriculture, rural areas, and farmers.

Second, opening up the banking financial system wider through reform. In the long run, opening up wider to the outside world will help enrich the types of banking financial institutions in China, enhance the vitality of the market, and improve the overall efficiency of resource allocation. It is recommended that regulatory policies should center on strengthening financial reforms, and reorganizing throughout the industrial chain from credit concepts, service models, risk management, to assessment and evaluation. Corresponding systems and mechanisms should be improved to improve their financial services capabilities and help the banking industry to return back to its core business of serving the real economy. At the same time, efforts should be accelerated in pushing the two-way opening of banking financial institutions. China should not only improve the global competitiveness of Chinese banking financial institutions, the economic and financial management capabilities and risk prevention and control capabilities in an open market, and their abilities to participate in international financial governance, but also bring in foreign banks to vitalize the business and enhance resource allocation efficiency in China's financial market.

Third, keeping making up for policy shortcomings and promote stimulating the robust and healthy development of the banking market. Obvious results have been seen in completing regulatory policies for the banking market. But there is still extra room for improvement with respect to corporate governance mechanisms, internal controls, capital replenishment, and opening up to the outside world. It is recommended that regulators should introduce relevant policies or rules for these areas as soon as possible.

## Appendix

**Major Policies for China's Banking Market in 2018**

| Released on | Policy Name | Released by |
|---|---|---|
| January 3 | *Notice on Issuing the Rules for the Measurement of Default Risk Assets of Counterparties in the Trading of Derivatives* (Y.J.F. [2018] No.1) | CBRC (same below) |
| January 5 | *Interim Measures for the Equity Management of Commercial Banks* (Z.G.Y.J.H.L. [2018] No.1) | CBRC |
| January 5 | *Measures for the Administration of Entrusted Loans of Commercial Banks* (Y.J.F. [2018] No.2) | CBRC |
| January 5 | *Notice of the People's Bank of China on Further Improving Cross-Border RMB Service Policies to Promote Trade and Investment Facilitation* (Y.F. [2018] No.3) | PBC |

Continued

| Released on | Policy Name | Released by |
|---|---|---|
| January 9 | *Notice on Launching the Pilot Program of Investment Management Banks and "Cross-County" Village Banks* (Y.J.F. [2018] No.3) | CBRC |
| January 12 | *Notice on Further Rectifying the Market Chaos in the Banking Industry* (Y.J.F. [2018] No.4) | CBRC |
| January 18 | *Opinions on Further Supporting Innovation on Capital Instruments of Commercial Banks* (Y.J.F. [2018] No.5) | CBRC, PBC, CSRC, CIRC, State Administration of Foreign Exchange (SAFE) |
| February 2 | *Notice on Effectively Completing the Work concerning the Implementation of the Interim Measures for the Equity Management of Commercial Banks* (Y.J.B.F. [2018] No.48) | CBRC |
| February 11 | *Notice of the General Office of the China Banking Regulatory Commission on Promoting the High-Quality Development of Banking Financial Services for Micro and Small-Sized Enterprises in 2018* (Y.J.B.F. [2018] No.29) | CBRC |
| February 13 | *Decision of the China Banking Regulatory Commission on Amending the Implementation Measures of the China Banking Regulatory Commission for the Administrative Licensing Items concerning Foreign-Funded Banks* (Z.G.Y.J.H.L. [2018] No.3) | CBRC |
| February 14 | *Notice of the General Office of the China Banking Regulatory Commission on Banks' Effective Provision of Financial Services for Agriculture, Rural Areas, and Farmers and Poverty Alleviation in 2018* (Y.J.B.F. [2018] No.46) | CBRC |
| February 28 | *Notice on Regulating the Matters concerning the Reporting by Shareholders of Commercial Banks* (Y.J.B.F. [2018] No.49) | CBRC |
| March 19 | *Announcement of the People's Bank of China [2018] No.7* | PBC |
| March 20 | *Guidelines for the Management of Conduct of Practitioners of Banking Financial Institutions* (Y.J.F. [2018] No.9) | CBRC |
| April 19 | *Guiding Opinions on Strengthening the Regulation of Non-Financial Enterprises Investing in Financial Institutions* (Y.F. [2018] No.107) | PBC, CBIRC, CSRC |
| April 24 | *Measures for the Administration of the Large Exposures of Commercial Banks* (Z.G.Y.H.B.X.J.D.G.L.W.Y.H.L. [2018] No.1) | CBIRC |
| April 27 | *Notice on Matters concerning Further Relaxing Restrictions on the Market Access of Foreign-Funded Banks* (Y.B.J.B.F. [2018] No.16) | CBIRC |
| April 27 | *Guiding Opinions on Regulating the Asset Management Business of Financial Institutions* (Y.F. [2018] No.106) | PBC, CBIRC, CSRC, SAFE |
| May 2 | *Notice on Regulating the Trans-Provincial Draft Business of Banking Financial Institution* (Y.B.J.B.F. [2018] No. 21) | CBIRC |
| May 4 | *Notice of the State Council on Issuing the Plan for Further Deepening the Reform and Opening-up of China (Shanghai) Pilot Free Trade Zone* (G.F. [2018] No.13) | State Council |

Continued

| Released on | Policy Name | Released by |
|---|---|---|
| May 16 | *Notice of the General Office of the People's Bank of China on Matters concerning Further Improving the Management of Cross-Border Capital Flow and Supporting the Opening-up of the Financial Market* (Y.B.F [2018] No.96) | PBC |
| May 21 | *Guidelines for the Data Management of Banking Financial Institutions* (Y.B.J.F. [2018] No.22) | CBIRC |
| May 22 | *Measures for the Administration of Joint Credit Granting by Banking Financial Institutions (for Trial Implementation)* (Y.B.J.F. [2018] No.24) | CBIRC |
| May 23 | *Measures for the Liquidity Risk Management of Commercial Banks* (Z.G.Y.H.B.X.J.D.G.L.W.Y.H.L. [2018] No.3) | CBIRC |
| May 30 | *Guidelines for the Management of Interest Rate Risk in the Banking Book of Commercial Banks (2018 Revision)* | CBIRC |
| May 30 | *Guiding Opinions on Further Regulating the Services Relating to the Internet Sales and Redemption of Money Market Funds* (Z.J.H.G.G. [2018] No.10) | CSRC, PBC |
| June 8 | *Notice on Matters concerning Strengthening the Administration of Deposit Deviation Degree of Commercial Banks* (Y.B.J.B.F. [2018] No.48) | CBIRC, PBC |
| June 23 | *Opinions on Further Deepening the Financial Services for Micro and Small-Sized Enterprises* (Y.F. [2018] No.162) | PBC, CBIRC, CSRC, National Development and Reform Commission (NDRC), Ministry of Finance (MOF) |
| June 29 | *Measures for the Administration of Financial Asset Investment Companies (for Trial Implementation)* (Z.G.Y.H.B.X.J.D.G.L.W.Y.H.L. [2018] No.4) | CBIRC |
| July 20 | *Notice on Further Clarifying the Matters Related to the Guiding Opinions for Regulating Asset Management Business of Financial Institutions* | PBC |
| July 26 | *Decision of the People's Bank of China to Amend the Measures for the Administration of Financial Institutions' Reporting of High-Value Transactions and Suspicious Transactions* (Z.G.R.M.Y.H.L. [2018] No.2) | PBC |
| August 17 | *Notice of the General Office of the China Banking and Insurance Regulatory Commission on Further Effectively Completing the Credit Work and Enhancing the Quality and Efficiency of Serving the Real Economy* (Y.B.J.B.F [2018] No.76) | CBIRC |
| September 4 | *Announcement No. 14 [2018] of the People's Bank of China and the China Securities Regulatory Commission* | PBC, CSRC |
| September 8 | *Interim Measures for the Administration of Bond Issuance by Overseas Institutions in the National Inter-bank Bond Market* ([2018] No.16) | PBC, MOF |

Continued

| Released on | Policy Name | Released by |
|---|---|---|
| September 26 | *Measures for the Supervision and Administration of the Wealth Management Business of Commercial Banks* (Z.G.Y.H.B.X.J.D.G.L.W.Y.H.L. [2018] No.6) | CBIRC |
| October 16 | *Announcement of the People's Bank of China [2018] No.18* | PBC |
| November 10 | *Notice on Carrying out Over-the-Counter Business of Local Government Bonds on the National Interbank Bond Market* (Y.F. [2018] No.283) | PBC, MOF, CBIRC |
| November 27 | *Guiding Opinions on Improving Regulation of Systemically Important Financial Institutions* (Y.F. [2018] No.301) | PBC, CBIRC, CSRC |
| December 2 | *Measures for the Administration of Wealth Management Subsidiary Companies of Commercial Banks* (Z.G.Y.H.B.X.J.D.G.L.W.Y.H.L. [2018] No.7) | CBIRC |
| December 28 | *Guiding Opinions on Regulating Out-of-Area Non-Licensed Institutions of Banking Financial Institutions* (Y.B.J.F. [2018] No.71) | CBIRC |

## Article 5

### A Series of Strict Banking Regulatory Measures Continue to Work to Avert Market Chaos and Effectively Prevent Financial Risks①

On July 31, 2018, the Central Political Bureau of the Communist Party of China made the work deployment characterized by "three major battles" (referring to forestalling and defusing major risks, carrying out targeted poverty alleviation and preventing and controlling pollution), and "six stabilization tasks" (referring to the stabilization of employment situation, finance, foreign trade, foreign investment, investment and market expectation). The top priority was given to forestalling and defusing major risks and the stabilization of finance ranked second only to the stabilization of employment situation in six stabilization tasks. Great attention has been paid to the financial issues by the Central Government in that the hidden dangers of financial systemic risks are already very serious. How to fully play the proper role of finance in the supply-side structural reform needs to be planned and laid out in view of the national security and this should be one of the inherent intentions of a series of measures adopted by China's banking sector to further deepened its efforts to avert the chaos and firmly promote the "strict regulation".

Internet financial chaos has become a catalyst for various types of financial risks in China

① Author: Ma Qiang, former Director of Policy and Regulations Division, Shanghai Office of China Banking and Insurance Regulatory Commission.

since 2015. This is the reason why we need to rectify the chaos of financial market from its origin and the severely afflicted area. Originally, the combination and integration of finance and the Internet was an innovation, but the barbaric and illegal financial management intertwined with financial technology risks, illegal fundraising, financial fraud, false or misleading publicity and illegal transactions also gave rise to various new types of financial risks. In addition, the barbaric growth and functional distortion and alienation of P2P and other modes have triggered serious cross-financial risks and a series of financial Black Swan events, accumulated various development problems, and induced many social conflicts.

In 2018, the "strict regulation" of banking sector continues to supplement the system and control the reckless cross-financial business and leverage application by putting emphasis on the penetrability of the regulation. Also, many Internet financial platforms collapsed one after another in this year, leaving the financial market in panic. In addition, 2018 is the crucial year to implement the rectification plan launched in 2016 and to deepen the management of Internet financial risks and the year to witness the effects and results of the rectification and management works. The governance strategy adopted by the China Banking and Insurance Regulatory Commission (CBIRC) is to control the Internet financial chaos and wholeheartedly support the development of the real economy at the same time in a balanced way. On the one hand, the regulatory authorities comprehensively rectified the chaos in the banking market by imposing severe punishments. On March 9, Guo Shuqing, the former Chairman of the China Banking Regulatory Commission, proposed at the "Minister's Passage" of the National People's Congress (NPC) and Chinese People's Political Consulative Conference (CPPCC) that the Internet is very helpful for popularizing financial services and serving the small and medium-size enterprise (SME) and the masses.

The risk management of Internet finance in banking sector is mainly implemented by behavior regulation, environment regulation and special campaigns. The behavior regulation requires to put a stop to illegal activities. In May 2018, the CBIRC issued the *Notice on Matters concerning Regulating Private Lending and Maintaining the Economic and Financial Order* (YBJF [2018] No. 10) to regulate private lending and crack down on usury and violent collection. As for the environment regulation, the *Guidelines for the Data Management of Banking Financial Institutions* (YBJF [2018] No. 22) was issued on May 21 to guide banking financial institutions to strengthen data management and create a clean and safe environment for Internet finance. For special campaigns, the *Notice on Carrying out the Compliance Check of P2P Online Leading Institutions* (stamped by the Inclusive Finance Department of CBIRC on behalf of the Office) was issued by the Office of the Leading Group for the Special Campaign against Peer-to-peer Lending Risks on the Regulation and Rectification on August 13, which initiate the compliance checks in ten

aspects of P2P across the country in accordance to the requirements of the *Interim Measures for the Administration of the Business Activities of Online Lending Information Intermediary Institutions*, the *Guidelines for the Administration of Recordation and Registration of P2P Lending Information Intermediary Institutions*, the *Guidelines for the Online Lending Fund Depository Business* and the *Guidelines to the Disclosure of Information on Business Activities of Peer-to-peer Lending Information Intermediaries* to rectify regulatory arbitrage.

The special campaign launched by the CBIRC in 2018 has achieved remarkable results. In the middle of 2018, the momentum of disorderly development in Internet finance has been reversed and the overall risk level in the Internet finance field has also been greatly reduced under the driving force of "strict regulation". In addition, the incremental risks have been effectively curbed and the system of institutional rules greatly improved. The noticeable effects of the special campaign include the withdrawal of a large number of institutions from the Internet finance and the significantly reduced size of illegal business undertaken by the institutions which are still involved in Internet finance. As of the end of May 2018, there were 2,902 institutions in operation in China, and a total of 5,074 institutions have withdrawn from the Internet finance after the special campaign. The scale of non-compliant business has fallen by 426.5 billion yuan. A total of 1,390 cases were filed by the public security organs nationwide, and a number of serious and extraordinary cases were successfully cracked down, effectively deterring the illegal financial activities. By the end of 2018, the banking industry has made significant progress in the use of Internet finance. Large banks have used "Internet +" to integrate internal data of institutions and information about the tax, industry and commerce and power, and developed the loan products which are dealt with on the Internet throughout entire process with automatic identification of risks and score-based approval process. Banks like ICBC, CCB, etc. have used big data and the Internet to make relatively great progress, allowing them to make loans efficiently and keep the NPL ratio at a very low level. For example, the NPL ratio of CCB was only about 1%. The medium-sized banks, such as the Bank of Jiangsu, and the private banks, such as Mybank and WeBank, have used big data to make judgments and keep the NPL ratio at a relatively low level.

Persistence is required to ease financing difficulty and financing cost for private enterprises and small and micro businesses. The approaches with Chinese characteristics and the experiences accumulated by China's banking sector may also provide many developing countries with useful insight and feasible references.

## Article 6

### Banking Sector Takes a Multi–pronged Approach to Implement Central Government's Instruction, Reinforce the Support to the Financing of Private and Small and Micro Business and Effectively Improve the Quality and Efficiency of Service Provided for Real Economy①

On November 1, 2018, General Secretary Xi Jinping hosted the Private Enterprise Symposium. The central government has required to take six major measures (namely reducing tax, slowing down position closing, promoting fairness, providing differentiated treatment, establishing incorruptible the government-business relationship, and ensuring fund security) to facilitate and promote the development of private economy. Before the Symposium, General Secretary Xi conducted investigation in Liaoning Province and pointed out on September 27 that the Party Central Committee will unswervingly encourage, support, guide and protect the development of the private economy and many current reform measures are structured around the further development of the private economy. On September 28, Premier Li Keqiang emphasized during his inspection in Zhejiang Province that the Central Government will introduce more policies to give private enterprises more favorable and stable market expectations. On August 20, the State Council emphasized at the first meeting of the Leading Group for Promoting the Development of Small- and Medium-sized Enterprises "to treat the state-owned and private-owned economies equally, and the large-sized enterprises and medium-sized enterprises equally. It is necessary to increase financial support and ease financing difficulty and financing cost. It is also necessary to broaden the direct financing channels for SMEs to better meet the financing needs." On August 22, arrangements were made at the executive meeting of the State Council to further facilitate the implementation of policies designed to ease financing difficulty and financing cost for small and micro enterprises, and encourage financial institutions to increase loans to small and micro enterprises and reduce financing costs. On September 19, Premier Li Keqiang stressed in his opening speech at the Summer Davos Forum in Tianjin that China will unswervingly consolidate and develop the public sector of the economy and unswervingly encourage, support and guide the development of the non-public sector of the economy, further implement and improve policies and measures supporting the development of the private economy, and resolutely eliminate the obstacles to the development of the private economy,

① Author: Ma Qiang, former Director of Policy and Regulations Division, Shanghai Office of China Banking and Insurance Regulatory Commission.

and vigorously promote the relaxation of control over the market access for private enterprises. After the Symposium, the General Office of the State Council issued the Notice of Focusing on Enterprises' *Concerns and Further Promoting Implementation of Business Environment Optimization Policies* (GBF [2018] No. 104) on November 8 to facilitate the easing of financing difficulties and financing cost for SMEs and micro enterprises.

The national financial management authorities resolutely implemented the decisions and arrangements made by the Party Central Committee, jointly implemented policies, and adopted a series of measures to increase support for financing of private enterprises and small and micro enterprises. Guo Shuqing, Chairman of the China Banking and Insurance Regulatory Commission (CBIRC), pointed out that the General Secretary Xi Jinping has repeatedly reiterated the basic principle of unswervingly consolidating and developing the public sector of the economy and unswervingly encouraging, supporting and guiding the development of the non-public sector of the economy, releasing a strong signal of making radical reform and boosting market confidence, providing the solution to the so-called "historical original sin", and reassuring the private entrepreneurs as well as the financial institutions and financial management authorities. Guo demanded that the financial management authorities should resolutely implement the spirit of the important speech delivered by General Secretary Xi Jinping and the decisions and arrangements made by the Party Central Committee.

Prior to the Symposium, the *Opinions on Further Supporting Innovation on Capital Instruments of Commercial Banks* (YJF [2018] No. 5) was issued jointly by the CBRC, the PBOC, the CSRC, the CIRC and the SAFE on January 18 to broaden the capital replenishment channels of commercial banks and enhance their ability to support the small and micro enterprises and the green economy. In order to further increase support for small and micro enterprises, the *Opinions on Further Deepening the Financial Services for Micro and Small-Sized Enterprises* (YF [2018] No. 162) was jointly issued by the PBOC, the CBIRC, the CSRC, the NDRC and the Ministry of Finance on June 23 after the proposal of "targeted RRR cut" put forward at the executive meeting of the State Council on June 20 to further reduce the financing costs of small and micro enterprises, support the innovation of monetary policy instruments, and allow commercial banks to appropriately expand the scope of collateral for medium-term lending facilities (MLF). On June 24, the Central Bank decided to cut the targeted reserve requirement ratio by 0.5% to increase the financing support for small and micro enterprises. At the beginning of November and right after the Private Enterprise Symposium, the CBIRC acted in coordination with the Ministry of Finance, the Ministry of Human Resources and Social Affairs, and the People's Bank of China to guide financial institutions to appropriately providing financial support for guaranteed loans

with discounted interest for start-ups. The CBIRC encourages the financial institutions in banking sector to increase credit support for private enterprises, prevent suspending loans, withholding the granting of loans, recovering loans before maturity date and terminating loans blindly, and not to take sweeping approach. At the same time, the regulatory authorities speed up the revision and improvement of the measures for implementation of mechanisms for exemption from liability of those granting credit with due diligence and establish the incentive mechanism of linking the performance assessment of financial institutions to the supply of micro credit.

On November 7, Guo Shuqing,hairman of CBIRC, proposed that at least a third of big banks' new corporate loans and at least two-thirds of small and medium-sized banks' new corporate loans should go to private enterprises and no less than 50% of new corporate loans go to private companies three years later in an interview with the *Financial Times* for the first time. Chairman Guo Shuqing demanded that the banks should establish a corporate culture of "having the courage, ability and willingness to lend" to private enterprises and implement such corporate culture thoroughly. To have the courage to lend, the banks need to establish and improve a due diligence, disclaimer and fault-tolerant correction mechanism, speed up the development of supporting measures, revise the original unreasonable system, and stimulate the endogenous motivation to serve for the private enterprises. To have the ability to lend, the banks should allocate more credit resources to private enterprises, formulate special credit policies, delegate approval authority, work out the credit lines for private enterprises separately and ensure that there are sufficient credit resources for private enterprises. To have the willingness to lend, the banks should fully mobilize the enthusiasm and initiative of employees, fully consider the operating characteristics of private enterprises, re-examine, sort out again and revise the original assessment and incentive mechanism, so that the efforts made, the responsibility shouldered and the incentives enjoyed by employees engaged in lending to private enterprises are aligned.

Under the coordinated arrangement of the CBIRC, the regulatory departments at all levels have acted coordinately in accordance with Chairman Guo Shuqing's requirement for "stabilization of confidence, reform of mechanisms, expansion of channels, transfer of funds, and reduction of cost" to solve the financing difficulties facing enterprises. On the one hand, we will vigorously push the banking sector to establish a credit culture of "having the courage, ability and willingness to lend" to private enterprises, and guide financial institutions to be aware of and understand that "the banks and the enterprises share the same future". On the other hand, we need to actively urge financial institutions to optimize the credit structure of small and micro enterprises, and take a multi-pronged aproach to reduce the financing costs of private enterprises, including (but not limited to) reducing service charges, optimizing service procedures, and developing differentiated

target of loan interest rate reduction. At the same time, China Banking Association will strengthen the promotion and publicity to correctly guide private enterprises, the market and the public to have reasonable expectations for regulatory policies.

Financial institutions in banking sector have conscientiously implemented the national policies and the requirements of regulatory authorities, deepened the reform of institutions and mechanisms, entered into cooperation agreements with private enterprises, provided financing support through various channels, increased the development of SMEs and micro enterprises, and actively developed sustainable business modes that serve the private enterprises and small and micro enterprises and facilitated the high-quality development of the private economy. The five major state-owned commercial banks have established their inclusive finance divisions, a number of joint-stock banks have established small and micro sub-branches and community sub-branches and the local banks have adhere to their position as county- and township-level banks. As of the end of 2018, the balance of national small and micro enterprise loans was 33.49 trillion yuan, accounting for 23.81% of the total loan balance, in which the balance of inclusive loans for small and micro enterprises was 9.36 trillion yuan, indicating an growth rate of 21.79% (compared to the beginning of the year), which was 9.2 percentage points higher than the growth rate of any other loan types; the number of borrowers increased by 4,550,700 to 17,232,300 (compared to the beginning of the year). As a result, the growth rate of this type of loan is not lower than the growth rate of any other types of loan, and the number of borrowers is not lower than the number of borrowers in previous year. The balance of small and micro enterprise loans issued through the "Bank-Tax Interaction" credit products was 279.989 billion yuan, which strongly supported small and micro enterprises to "improve the credit with good tax payment history and apply for loans with good credit". The interest rate of loan dropped significantly. The average interest rate of the newly granted inclusive loans for small and micro enterprises of the five major banks and the Postal Savings Bank of China in the fourth quarter of 2018 was 5.06%, the average interest rate of the newly granted inclusive loans for small and micro enterprises of the 12 national joint-stock banks was 6.71%, which was more than 1.1% lower than the figure of the first quarter. The cooperation between the banking industry and the insurance industry in the financing and credit enhancement of small and micro enterprises has been deepened constantly. In 2018, the credit insurance and loan guarantee insurance helped 622,500 small and micro enterprises to obtain bank loans of 86.773 billion yuan.

Private banks have optimized their development structure and grown together with the private economy. At the end of 2018, a total of 17 private banks have been set up and put into operation since the first proposal of "exploring the possibility of setting up private banks" at the

executive meeting of the State Council in June 2013. No new private bank was approved to set up in 2018. According to the statistics of the ASKCI Industrial Research Institution, the total number of private banks subject to name verification nationwide from January to December 2018 was 85 (including the duplicate name verification data due to the 6-month validity of the name verification), which is lower than the 141 in 2017. The innovative Internet banks such as the MYbank and the WeBank have granted micro-credit loans in batches through intelligent risk control systems and data-based profiling, effectively expanding the service coverage of players on small and micro enterprise loan market.

## II. Stock Market Development Policies①

### (i) Facts About the Stock Market in 2018

In 2018, regulators have been committed to advancing financial supply-side reform by improving the legal system through financial deleveraging, so as to protect the interests of small and medium-sized investors and add to the vitality of capital markets. On the other hand, particular importance was attached to the role of the special stock market in the capital market. The stock market was utilized to facilitate China's innovation-driven development strategy, support the financing by tech players, and boost China's economic transformation. At the same time, investors can benefit from China's growing innovative players.

Financial deleveraging and China-US trade war, two key contradictions in 2018, have forced all three indexes down further. Shanghai Index fell from 3,307 points to 2,494 points, a year-on-year decline of 24.59%; SZSE SME Price Index came down from 7,555 points to 4,703 points, an annual decrease of 37.75%; SZSE ChiNext Index saw a decline from 1,752 points to 1,250 points, down 28.65%. Year-end value of all companies at Shanghai and Shenzhen amounted to 43.49 trillion yuan, 23.31% less than that of the previous year.

In 2018, all SWS first-class industries saw negative yield, with mild decrease in leisure services (10.61%), banks (14.67%), food and beverage (21.95%, agriculture, forestry, animal husbandry and fishery (22.44%), computer (24.52%); and sharp decline in electronic (42.36%), non-ferrous metals (41.03%), media 39.58%, comprehensive (39.30%), and light industry (36.62%).

The valuation gap among boards was narrowed, and the valuation of blue-chip stocks rebounded, but still lower than that of SME board and ChiNext board. As of the end of the year,

① Author: Zhang Yulong, chief strategist, Research and Development Department at China Securities Co., Ltd.

the rolling P/E ratios of all A and B shares, Hushen300, SME board and ChiNext were 13.14 times, 10.23 times, 23.27 times and 41.50 times respectively.

### (ii) Analysis of the Main Development Policies for the Stock Market in 2018

#### 1. Supporting financing by innovative enterprises

Both the net profit margin on sales and return on net assets of Chinese companies continued downward since 2015, and existing leading industries struggled to grow. Given the downward pressure on the economy, it is a must choice for China to focus on technological innovation and switch the momentum of economic development before it can transform and upgrade itself. Indirect financing dominates in China. As creditors prefer low risk, tech companies with high risk and great uncertainties usually find great difficulties to raise money, and the financing cost is higher. On the other hand, existing issuance system set requirements on profitability, and that forces tech companies which mainly operate in Chinese Mainland seek listing and financing overseas. As a result, Chinese investors are unable to share the dividend from the growth of innovative enterprises.

In 2018, companies dedicated to science and technology innovation have been a focus of policies targeting the stock market. On November 5, 2018, President Xi Jinping announced at the opening ceremony of the Shanghai China Import Expo that China will launch a science and technology innovation board at the Shanghai Stock Exchange, as part of the efforts to build Shanghai into an international financial center and technological innovation center, and to improve the capital market infrastructure. Before that, China has been prepared for the listing and trading of innovative companies and red-chip companies.

In June 2018, the China Securities Regulatory Commission (CSRC) has introduced an array of policies targeting innovative companies and red-chip companies. *Implementing Provisions on Due Diligence for Sponsoring Innovation-oriented Enterprises' Domestic Offering of Stocks or Depository Receipts* (Announcement No. 11), *Rules for the Information Disclosure and Compilation of Companies Publicly Offering Securities No. 22: Special Provisions for Information in Financial Statements Prepared by Pilot Red-chip Innovation-oriented Enterprises (for Trial Implementation)* (Announcement No. 12), *Measures for the Implementation of Regulation of Pilot Innovative Enterprises' Offering of Stocks or Depository Receipts and Listing within China* (Announcement No. 13), and *Implementing Measures for Follow-up Supervision after the Domestic Issuance of Stocks or Depository Receipts by Innovative Enterprises (for Trial Implementation)* (Announcement No. 19) provide provisions for the due diligence of stocks and depositary receipts issued by innovative enterprises, supervision over the listing of pilot

innovative enterprises, follow-up supervision after listing, and information disclosure of red-chip enterprises respectively.

Innovative enterprises include red-chip companies and domestic registered enterprises, and red-chip ones include red-chip companies listed overseas and red-chip companies not yet listed overseas. For red-chip companies listed overseas, due diligence can be done in the form of public disclosure documents such as overseas prospectuses and financial reports, as well as referring to professional opinions of intermediary agencies. Due diligence should cover the history of the red chip enterprise, its history of restructuring, actual controllers, major shareholders, agreement control structure, any violation of laws and regulations within three years, and peer competitors.

Piloting innovation-oriented enterprises should match with the national strategy, boast outstanding scientific and technological innovation capabilities and master core technologies. They should come from high-tech industries or emerging industries of strategic importance. They should meet at least one of the following conditions: (1) Pilot red-chip enterprises listed overseas should have a market value no less than RMB 200 billion; (2) Pilot enterprises not yet listed overseas should register an audit business income of at least RMB 3 billion in the past year and value no less than RMB 20 billion; (3) High-tech enterprises should possess intellectual property rights or proprietary technologies, and have clear technical advantages, with R&D personnel accounting for at least 30% of total employment, and more than 100 invention patents related to the main business obtained, or approval of at least one new drug related to the main business, or core technologies that are international leading as recognized by the competent authorities, or a top three market share for its major product, and a compound revenue growth rate of over 30% in the last three years, and an audited income of its main business over RMB 1 billion in the past year, and at least 10% of main business income invested in research and development in the last three years. In addition to the accreditation standards, the documents have also explicitly stipulated the issuance conditions, review and approval procedures, applicable legal standards, and information disclosure systems for pilot enterprises.

According to CSRC's Announcement No. 16, *Working Rules of the Scientific and Technological Innovation Advisory Committee of the China Securities Regulatory Commission (for Trial Implementation)*, the Science and Technology Innovation Advisory Committee established by CSRC will gather together authoritative experts, well-known entrepreneurs and senior investors, who will act as policy consultants and offer their judgment and advices on the scientific and technological attribute and quality of listed innovative companies.

The way CSRC supports the listing of innovative enterprises reflects the fact that the

capital market shoulders up the responsibility of China's transformation and upgrade and serving China's innovation-driven development strategy. High-tech companies should attach more attention to the question whether they have critically competitive technologies. The focus should not be placed on profitability, but on the proportion of R&D personnel and R&D spending that promote technology development, and the technical and market capabilities of core products. Great uncertainties in science and technology mean that investors should independently judge the investment value of the pilot enterprises, make their own investment decisions, and bear the investment risks themselves.

*Guidelines for the Implementation of Employee Stock Ownership Plans and Option Incentives by Pilot Innovative Enterprises* (Announcement No. 17) and *Guidelines for the Accumulated Uncovered Loss, Capitalization of Research and Development Expenses, Presentation of Government Subsidies and Other Accounting Treatment Matters before the Modification of Pilot Innovative Enterprises in Their Entirety* (Announcement No. 18) clarify provision on equity incentives of innovative enterprises, cumulative undistributed deficit before overall change, capitalization of research and development expenses, and reporting of the non-recurring gains and losses of government subsidies for scientific research projects.

For the pilot enterprise, the proportion of the stocks used for the active option incentive plans against total shocks before going public should not exceed 15% in principle. The incentive object should promise not to reduce any stocks subscribed after the pilot enterprises was listed for a period of three years starting from the day of subscription, and follow relevant regulations for directors, supervisors and senior management personnel to reduce the stake after the above-mentioned period expires. The equity incentive plan of the pilot enterprise not only helps bundle the interests of core management personnel and core technical personnel with that of the company, but also build a stable founding management team and technical team. That can secure a smooth path for the innovative enterprise to grow bigger and stronger, and balance the interest between the receivers of the equity incentives and other shareholders.

**2. Improving various systems**

(1) Reduction system. On May 27, 2017, CSRC issued *Several Provisions on the Reduction of Shares Held in a Listed Company by the Shareholders, Directors, Supervisors, and Senior Executives*, which regulates shareholding reduction by major shareholders, directors, supervisors, and senior executives in terms of time of reduction, quantity, and disclosure before, during, and after the reduction.

The *Special Provisions on Shareholding Reduction by Venture Capital Fund Shareholders of Listed Companies* released by CSRC on March 1, 2018, *Notice on Issuing the Rules of the*

*Shanghai Stock Exchange for Listing of Stocks on the Science and Technology Innovation Board The Detailed Rules* by Shanghai Stock Exchange and *Notice on Issuing the Rules of the Shenzhen Stock Exchange for Listing of Stocks on the Science and Technology Innovation Board* by Shenzhen Stock Exchange on March 2 stipulate how venture capital fund shareholders should reduce their stakes in small and medium-sized enterprises or high-tech companies.

It is stated that "when the investment was made in less than 36 months ago, the share reduced in three months should not exceed 1% of the total shares; when the investment was made between 36-48 months ago, the share reduced in two months should not exceed 1% of the total shares; and when the investment was made at least 48 months ago, the share reduced in a single month should not exceed 1% of the total shares."

Requirements for the reduction of the holdings of venture capital funds can secure long-term investment and value investment and prevent short-term clearance-type reduction. That can ensure a stable stock price of the company after the IPO and protect the interests of small and medium-sized investors. At the same time, China offers preferred conditions on share reduction before IPO for venture funds that really focus on long-term investment, along with smooth exit channel for venture capital fund. Such incentives can encourage venture capital fund to invest in unlisted SMEs and innovative enterprises.

(2) Information disclosure system. Information disclosure means to accept public supervision and protect the interests of investors. Information asymmetry makes public disclosure of information by listed companies a major basis for investors to make decisions. Authenticity, accuracy and completeness of information disclosure require the accounting firm to be impartial and diligent, and the listed company to strictly abide by the accounting standards and information disclosure regulations.

For this end, CSRC released the *Preparation Rules for Information Disclosure by Companies Offering Securities to the Public No. 14 – Non-Standard Audit Opinion and the Handling of the Matters Involved (Revised in 2018)* (Announcement No. 7) and *Preparation Rules for Information Disclosure by Companies Offering Securities to the Public No. 19 – Correction of Financial Information and Disclosure (Revised in 2018)* (Announcement No. 8) on April 19 and 24, 2018 in a row. The two announcements aim to improve the quality of information disclosure by listed companies, and to regulate non-standard audit opinions on financial statements and related information disclosure behaviors. That is to protect the interests of investors. The two announcements clearly stipulate the internal quality control mechanism of the accounting firm, the execution of the accounting standards by the listed company and the relevant information disclosure regulations, and what kind of special explanations should the board of directors

make when certified public accountants provide modified opinions.

They aim to enhance the management of information disclosure of publicly listed companies from the three aspects: accounting firms, listed companies and the board of directors. As a third-party auditing institution, the accounting firm should guarantee a fair and rigorous attitude, while the listed company should disclose information as per standards and ensure the investor's right to know. At the same time, the board of directors should explain the modified opinions as part of its responsibility for shareholders, particularly small and medium ones.

(3) Suspension and resumption system. Suspension and resumption are critical to the stock market's trading system. "Long-term suspension" and "arbitrary suspension" have been frequent in China's stock market for a long time. They are huge obstruction to smooth trading and the normal liquidity of the stock market. On May 30, 2018, MSCI temporarily announced the latest adjustment of constituents. A total of seven stocks were eliminated, including five due to suspension. Arbitrary suspension impairs the interests of investors, and that adds to the distrust of foreign investors against the Chinese market, thus blocking foreign investment in the Chinese stock market and hindering the global expansion of A shares.

On November 6, 2018, CSRC released Announcement No. 34, *Guiding Opinions on Improving the Rules for the Suspension and Resumption of Trading of Stocks of Listed Companies.* The guiding opinions clarify the basic principles, application systems and information disclosure requirements for suspension and resumption of trading. It aims to push standardized governance of listed companies and ensure that listed companies can timely disclose suspension and resumption information in a fair way. Responding to the announcement, Shenzhen Stock Exchange issued supporting policies. On December 28, Shenzhen Stock Exchange and Shanghai Stock Exchange issued the *Guidelines of the Shenzhen Stock Exchange for Information Disclosure by Listed Companies No. 2—Trading Suspension and Resumption* and *Guidelines of the Shanghai Stock Exchange on the Trading Suspension and Resumption for Listed Companies Planning for Major Events* respectively. They set requirements on information disclosure for suspension and resumption of trading, and the application for suspension and resumption of trading due to planned major asset restructuring, change of control rights, tender offer and other major issues.

In addition, the guiding opinions state that listed companies should observe the principle of prudent suspension, phased disclosure, and strict confidentiality to ensure standardized suspension and resumption of trading. For application of suspension and resumption, stock exchanges should arrange the suspension of trading due to major issues on a case-by-case basis, shorten the period of suspension due to major issues, provide strict procedures for applying

for suspension and resumption of trading, set detailed procedures for long-term suspension of trading, and explain the rules of suspension due to bankruptcy reorganization, merger and acquisition reorganization review period and other special situations. For information disclosure, listed companies should upgrade the information disclosure standards when suspending the trading, strictly fulfill the information disclosure obligations when required to suspend or resume trading, and improve the phased disclosure requirements during the stock suspension period. At the same time, stock exchanges should improve the self-discipline rules and other supporting systems for suspension and resumption, and hold accountable by any legal and foul behaviors related to suspension and resumption of trading by listed companies.

(4) Delisting system. Compared with the stock markets of developed countries such as America, China's stock market sees a relatively low number of delistings. It is difficult to be listed and delisted in China under existing stock issuance system. That institutional factor makes IPO scarce for all companies. This however leads to endless hyping of shell value, and the price of junk stocks mismatches with the fundamentals. Meanwhile, lack of strict delisting system fails to cow listed companies, and their illegal behaviors are not contained as the institution imposes little potential cost for incompliance.

On July 27, 2018, CSRC published Order No. 146, *Decision to Amend the Several Opinions on Reforming, Improving and Strictly Implementing the Rules for the Delisting of Listed Companies*. The Shanghai Stock Exchange and Shenzhen Stock Exchange then issued supporting measures on November 16, 2018, including the *Implementation Measures of the Shenzhen Stock Exchange for Compulsory Delisting Due to Major Violations of Law*, *Implementation Measures of the Shenzhen Stock Exchange for the Relisting of Delisted Companies (Revised in 2018)*, *Notice on Issuing the Implementation Measures of the Shanghai Stock Exchange for Compulsory Delisting Due to Major Violations of Law*, *Notice on Issuing the Implementation Measures of the Shanghai Stock Exchange for the Relisting of Delisted Companies (Revised in November 2018)*. The policies clarify on the criteria for compulsory delisting and termination of listings for major violations of the law, and explain the review methods for compulsory delisting that may involve major violations of laws; define the application materials, information disclosure, assets, operations, legality, compliance, and the implementation of the duties by the relevant securities service institutions and sponsor institutions for a company to be relisted; explain the review methods and procedures for re-listing applications, and clarify on matters concerning re-listing.

Delisting companies due to major violations of laws help regulate the behavior of listed companies and maintain a healthy and orderly development of the securities market. It will cow all listed companies when enterprises that violate the law are delisted for it raises the cost for

these companies to violate the law.

**3. Vitalizing the stock market**

(1) Encouraging repurchase. Throughout 2018, the stock market has been declining for a combination of both internal and external factors. In this light, regulators have worked harder in formulating policies to help market upgrade its resilience and resist the downward pressure itself. The market fall resulted in the historically low prices of a large number of stocks. Policies issued aim to encourage listed companies to repurchase stocks as a way to stabilize the stock price on the secondary market and anchor investors' expectations. That is how confidence can be filled in the stock market.

The announcement No. 35, *Opinions on Supporting the Repurchase of Shares by Listed Companies*, was released by CSRC on November 9, 2018. It encourages listed companies to improve the share repurchase mechanism, clarifies on the specific arrangements for share repurchase, and supports listed companies to buy back shares. Listed companies are required to repurchase shares through lawful law, as a way to pay back investors.

Share repurchase by listed companies is a necessary means for mergers and acquisitions, governance structure optimization, and stock price stabilization. The opinions provides the conditions for share repurchase by listed companies, the calculation of different repurchase methods, and the priority support for refinancing after share repurchase; encourages listed companies to repurchase shares for equity incentives and employee stock ownership plans according to law; supports listed companies to raise funds for share repurchase by issuing preferred stocks, bonds, etc.; supports listed companies that repurchase shares to refinance in a simple and quick manner; and encourage shareholders of listed state-owned companies to play an exemplary role.

By improving the share repurchase mechanism of listed companies, the announcement encourages share repurchase by listed companies, and helps upgrade the quality of listed companies. Long-term return of investors is increased, and a sound long-term incentive mechanism can be established.

(2) Improving investor structure. Institutional investors, especially long-term institutional investors, can help optimize the investor structure in the A-share market. Institutional investors are rational as they invested in the long-term value. That can reduce excessive speculation in the market and minimize hyping against the fundamentals. As a result, the capital market can grow in a healthy way in the long run, and the stock market can become a barometer reflecting economic development. In addition, the rights of investors can be well protected.

On February 11, 2018, CSRC released Announcement No. 2, *Guidelines for the Pension*

*Target Securities Investment Funds (for Trial Implementation)*, and allowed public offering by pension target funds. Such funds aim to pursue long-term stable appreciation of pension assets, and encourage investors to hold for a long time as they adopt mature asset allocation strategies to reasonably control the fluctuation risk of their portfolios.

They, mainly in the form of fund, adopt the target date strategy and target risk strategy to allocate assets in a mature way and control the portfolio fluctuation risk in a reasonable way. The accumulative proportion of stocks, stock funds, hybrid funds and commodity funds invested shall not exceed 30%, 60% and 80% in principle. Such funds feature regular open mode or minimum holding period of the investor (not less than one year) to avoid the impact of frequent purchase redemption on fund investment. In addition, the guidelines provide specific standards for fund directors, fund managers and investment sub-funds.

Pension target securities investment funds serve the reform of the pension market and aim to bring potential incremental funds to the stock market as the population ages. In addition, the performance evaluation of the pension target fund focuses on the stability of style & characteristic, risk control and compliance operation, and the medium and long-term benefits should be evaluated against the performance comparison benchmark. In other words, pension target fund is oriented toward value investment, and that helps guide the market value concept.

### (iii) Policy Evaluation and Outlook

In 2018, the stock market development policies featured law-based and market-oriented. At the institutional level, basic systems such as reduction, information disclosure, suspension and resumption of trading, and delisting were being improved, and the legal environment was being optimized, to minimize violations of laws and create a healthier market. On the other hand, market-oriented transformation was underway. That means the market can play a dominant role, without unnecessary administrative intervention.

With respect to integration with the real economy, the focus in 2018 was to finance China's innovative companies with the aid of the capital market. A new wave of innovation is coming close, while China's traditional economic momentum is slowing down. Against such a background, China should intensify capital support for companies committed to science and technology innovation, and that is how China can really have innovation driven its development, and optimize it economic structure.

In 2019, Chinese policies for the stock market should carry on the heritage of 2018 to create a law-based and market-oriented stock market. Any institutional loopholes found in practice should be made up after thorough research. At the same time, China should work hard

to help innovative enterprises being listed on the science and technology innovation board.

## Appendix

**China's Stock Market Development Policy in 2018**

| Released on | Policy Name | Released by |
|---|---|---|
| January 12 | *Notice on Issuing the Measures for Stock Pledged Repo Transactions and the Registration and Settlement Business (Revised in 2018)* | Shanghai Stock Exchange |
| January 12 | *Notice on Issuing the Measures for Stock Pledged Repo Transactions and the Registration and Settlement Business (Revised in 2018)* | Shenzhen Stock Exchange |
| January 18 | *[Announcement No. 1] OTC Market System Interface of Financial and Futures Industries* | CSRC Announcement |
| January 26 | *Notice on Issuing Guidelines of the Shanghai Stock Exchange on Handling of Listed Companies' Transfer of Shares by Agreement* | Shanghai Stock Exchange |
| February 9 | *Announcement of the Shanghai Stock Exchange on Repealing Some Business Rules (Eleventh Group) of the Shanghai Stock Exchange* | Shanghai Stock Exchange |
| February 9 | *Notice on Issuing the Guide of the Shenzhen Stock Exchange to the Confirmation of Listing Conditions for Asset-backed Securities Based on Claims under Finance Lease* | Shenzhen Stock Exchange |
| February 9 | *Guide of the Shenzhen Stock Exchange to Information Disclosure for Asset-backed Securities Based on Claims under Finance Lease* | Shenzhen Stock Exchange |
| February 11 | *[Announcement No. 2] Guidelines for the Pension Target Securities Investment Funds (for Trial Implementation)* | CSRC Announcement |
| February 12 | *[Announcement No. 3] Guidelines for the Submission of Information on Regional Equity Markets (for Trial Implementation)* | CSRC Announcement |
| March 1 | *[Announcement No. 4] Special Provisions on Shareholding Reduction by Venture Capital Fund Shareholders of Listed Companies* | CSRC Announcement |
| March 2 | *Notice on Issuing the Rules of the Shanghai Stock Exchange for Listing of Stocks on the Science and Technology Innovation Board* | Shanghai Stock Exchange |
| March 2 | *Notice on Launching the Pilot Program of "Belt and Road" Bonds* | Shanghai Stock Exchange |
| March 2 | *Notice on Issuing the Rules of the Shenzhen Stock Exchange for Listing of Stocks on the Science and Technology Innovation Board* | Shenzhen Stock Exchange |
| March 8 | *[Order No. 138] Decision to Amend the Provisions of the China Securities Regulatory Commission on the Procedures for the Implementation of Administrative Licensing* | CSRC Order |
| March 14 | *[Announcement No. 5] Guidelines for the Supervision and Administration of the Securities and Futures Investor Education Bases* | CSRC Announcement |

Continued

| Released on | Policy Name | Released by |
|---|---|---|
| March 23 | *[Announcement No. 6] Guidelines for the Internal Controls of the Investment Banking Business of Securities Companies* | CSRC Announcement |
| March 23 | *Notice on Issuing the Rules of the Shanghai Stock Exchange for Self-discipline Hearing* | Shanghai Stock Exchange |
| March 23 | *Notice on Issuing the Implementing Measures of the Shanghai Stock Exchange for Disciplinary Punishment and Regulatory Measures (Revised in 2018)* | Shanghai Stock Exchange |
| March 23 | *Notice on Issuing the Guidelines of the Shenzhen Stock Exchange for the One-Stop Information Disclosure by Listed Companies, as amended 2018* | Shenzhen Stock Exchange |
| March 28 | *[Order 139] Measures for the Supervision and Administration of Credibility of Securities and Futures Markets* | CSRC Order |
| April 19 | *[Announcement No. 7] Preparation Rules for Information Disclosure by Companies Offering Securities to the Public No. 14—Non-Standard Audit Opinion and the Handling of the Matters Involved (Revised in 2018)* | CSRC Announcement |
| April 20 | *Notice on Issuing the Detailed Rules for the Implementation of the H-Share "Full Circulation" Pilot Program (for Pilot Implementation)* | Shenzhen Stock Exchange |
| April 23 | *Notice on Issuing the Detailed Rules of the Shenzhen Stock Exchange for Self-discipline Hearing Procedure* | Shenzhen Stock Exchange |
| April 23 | *Notice on Issuing the Detailed Rules of the Appeal Review Committee of the Shenzhen Stock Exchange (Revised in 2018)* | Shenzhen Stock Exchange |
| April 24 | *[Announcement No. 8] Preparation Rules for Information Disclosure by Companies Offering Securities to the Public No. 19—Correction of Financial Information and Disclosure (Revised in 2018)* | CSRC Announcement |
| April 24 | *Notice on Issuing the Interim Measures of the Shanghai Stock Exchange for Bond Pledge Tri-party Repo Transaction and Settlement by China Securities Depository and Clearing Corporation Limited* | Shanghai Stock Exchange |
| April 27 | *Notice on Enhancing the Administration of Key Accounts* | Shanghai Stock Exchange |
| April 27 | *Notice on Enhancing the Administration of Key Accounts* | Shenzhen Stock Exchange |
| April 28 | *[Order No. 140] Measures for the Administration of Foreign-Funded Securities Companies* | CSRC Order |
| May 11 | *Notice on Issuing the Guidelines of the Shanghai Stock Exchange on the Content and Format of Periodical Reports on Asset-backed Securities* | Shanghai Stock Exchange |
| May 11 | *Notice on Matters Concerning Issuing and Implementing the Guidelines of the Shanghai Stock Exchange on the Credit Risk Management for Asset-backed Securities in the Duration (for Trial Implementation)* | Shanghai Stock Exchange |

Continued

| Released on | Policy Name | Released by |
|---|---|---|
| May 11 | *Notice on Issuing the Guidelines of the Shenzhen Stock Exchange for Industrial Information Disclosure No. 11—Listed Companies' Engagement in the Jewelry-related Business* | Shenzhen Stock Exchange |
| May 11 | *Notice on Matters Concerning Issuing and Implementing the Guidelines of the Shenzhen Stock Exchange on the Credit Risk Management for Asset-backed Securities in the Duration (for Trial Implementation)* | Shenzhen Stock Exchange |
| May 11 | *Guidelines of the Shenzhen Stock Exchange on the Content and Format of Periodical Reports on Asset-backed Securities* | Shenzhen Stock Exchange |
| May 11 | *Notice on Issuing the Guidelines of the Shenzhen Stock Exchange for Industrial Information Disclosure No. 12—Listed Companies' Engagement in the Software and Information Technology Service Business* | Shenzhen Stock Exchange |
| May 11 | *Notice on Issuing the Guidelines of the Shenzhen Stock Exchange for Industrial Information Disclosure No. 10—Listed Companies' Engagement in Relevant Civil Explosive Business* | Shenzhen Stock Exchange |
| May 14 | *[Announcement No. 9] Detailed Implementation Rules on Appropriately Restricting Particular Seriously Dishonest Persons from Taking the Train and Civil Aircraft within a Certain Period* | CSRC Announcement |
| May 14 | *Notice on Matters Concerning the Brokerage of Bond Pledge Tri-party Repo Transactions* | Shanghai Stock Exchange |
| May 30 | *[Announcement No. 10] Guiding Opinions on Further Regulating the Services Relating to the Internet Sales and Redemption of Money Market Funds* | CSRC Announcement |
| June 1 | *Notice on Matters Concerning the Listed Transaction of China Railway Construction Bonds* | Shanghai Stock Exchange |
| June 6 | *[Announcement No. 18] Guidelines for the Accumulated Uncovered Loss, Capitalization of Research and Development Expenses, Presentation of Government Subsidies and Other Accounting Treatment Matters before the Modification of Pilot Innovative Enterprises in Their Entirety* | CSRC Announcement |
| June 6 | *[Announcement No. 17] Guidelines for the Implementation of Employee Stock Ownership Plans and Option Incentives by Pilot Innovative Enterprises* | CSRC Announcement |
| June 6 | *[Announcement No. 16] Working Rules of the Scientific and Technological Innovation Advisory Committee of the China Securities Regulatory Commission (for Trial Implementation)* | CSRC Announcement |
| June 6 | *[Announcement No. 15] Standards for the Contents and Formats of Information Disclosure by Companies Publicly Offering Securities No. 40: Application Materials Provided by Pilot Red-chip Enterprises for Publicly Issuing Depository Receipts and Getting Listed* | CSRC Announcement |

Continued

| Released on | Policy Name | Released by |
|---|---|---|
| June 6 | *[Announcement No. 14] Rules for the Information Disclosure and Compilation of Companies Publicly Offering Securities No. 23: Guidelines for the Contents and Formats of the Prospectus of Pilot Red Chip Enterprises for the Public Offering of Depositary Receipts* | CSRC Announcement |
| June 6 | *[Announcement No. 13] Measures for the Implementation of Regulation of Pilot Innovative Enterprises' Offering of Stocks or Depository Receipts and Listing within China* | CSRC Announcement |
| June 6 | *[Announcement No. 12] Rules for the Information Disclosure and Compilation of Companies Publicly Offering Securities No. 22: Special Provisions for Information in Financial Statements Prepared by Pilot Red-chip Innovation-oriented Enterprises (for Trial Implementation)* | CSRC Announcement |
| June 6 | *[Announcement No. 11] Implementing Provisions on Due Diligence for Sponsoring Innovation-oriented Enterprises' Domestic Offering of Stocks or Depository Receipts* | CSRC Announcement |
| June 6 | *[Order No. 143] Administrative Measures for the Issuance and Trading of Depository Receipts (for Trial Implementation)* | CSRC Order |
| June 6 | *[Order No. 142] Decision on Revising the Administrative Measures for Initial Public Offerings and Listing on the Growth Enterprise Market* | CSRC Order |
| June 6 | *[Order No. 141] Decision on Revising the Administrative Measures for Initial Public Offerings and Listing of Stocks* | CSRC Order |
| June 8 | *Notice on Issuing the Guide of the Shenzhen Stock Exchange to the Confirmation of Listing Conditions for Infrastructure Asset-backed Securities and the Guide of the Shenzhen Stock Exchange to the Information Disclosure for Infrastructure Asset-backed Securities* | Shenzhen Stock Exchange |
| June 8 | *Guide of the Shenzhen Stock Exchange to the Information Disclosure for Infrastructure Asset-backed Securities* | Shenzhen Stock Exchange |
| June 14 | *[Announcement No. 20] Guidelines for the Contents and Formats of Deposit Agreements for Depositary Receipts (for Trial Implementation)* | CSRC Announcement |
| June 14 | *[Announcement No. 19] Implementing Measures for Follow-up Supervision after the Domestic Issuance of Stocks or Depository Receipts by Innovative Enterprises (for Pilot Implementation)* | CSRC Announcement |
| June 15 | *[Announcement No. 21] Provisions on Matters Concerning Commercial Banks Serving as Depository Parties in the Pilot Program on Depository Receipts* | CSRC Announcement |
| June 15 | *[Order No. 144] Decision on Amending the Administrative Measures for Securities Issuance and Underwriting* | CSRC Order |

Continued

| Released on | Policy Name | Released by |
|---|---|---|
| June 15 | *Notice on Issuing the Implementing Measures of the Shanghai Stock Exchange for the Listing and Trading of Stocks or Depository Receipts Offered by Pilot Innovative Enterprises* | Shanghai Stock Exchange |
| June 15 | *Notice to Amend Articles 1.1 and 1.2 of the Stock Listing Rules of the Shanghai Stock Exchange* | Shanghai Stock Exchange |
| June 15 | *Notice on Issuing the Implementing Rules of the Shanghai Stock Exchange for Online Issuance of Shares in Initial Public Offerings (Revised in 2018)* | Shanghai Stock Exchange |
| June 15 | *Notice on Issuing the Guidelines of the Shanghai Stock Exchange for Issuance and Public Offering of Securities (Revised in 2018)* | Shanghai Stock Exchange |
| June 15 | *Notice on Issuing the Guidelines of the Shanghai Stock Exchange on the Content and Format of on the Depository Receipt Listing Announcement of Red-chip Enterprises* | Shanghai Stock Exchange |
| June 15 | *Notice on Issuing the Essential Provisions on the Disclosure Statement on the Trading of Stocks or Depository Receipts Offered by Pilot Innovative Enterprises* | Shanghai Stock Exchange |
| June 15 | *Notice on Matters Concerning the Fees Related to the Listing and Trading of Depository Receipts Offered by Red-chip Enterprises* | Shanghai Stock Exchange |
| June 15 | *Detailed Implementation Rules for the Offline Issuance of IPO Stocks in the Shenzhen Stock Market (Revised in 2018)* | Shenzhen Stock Exchange |
| June 15 | *Notice on Issuing the Essential Provisions on the Disclosure Statement on the Trading of Stocks or Depository Receipts Offered by Pilot Innovative Enterprises* | Shenzhen Stock Exchange |
| June 15 | *Notice on Issuing the Implementing Measures of the Shenzhen Stock Exchange for the Listing and Trading of Stocks or Depository Receipts Offered by Pilot Innovative Enterprises* | Shenzhen Stock Exchange |
| June 15 | *Detailed Implementation Rules for the Online Issuance of IPO Stocks in the Shenzhen Stock Market (Revised in 2018)* | Shenzhen Stock Exchange |
| June 15 | *Notice on Issuing the Guidelines of the Shenzhen Stock Exchange on the Content and Format of on the Depository Receipt Listing Announcement of Red-chip Enterprises* | Shenzhen Stock Exchange |
| June 27 | *[Announcement No. 23] Interim Provisions on Securities Fund Business Institutions' Use of Securities Investment Consulting Services Provided by Hong Kong Institutions* | CSRC Announcement |
| June 27 | *[Announcement No. 22] Opinions on Strengthening the Prevention and Control of Professional Integrity Risk of Third Parties Retained by Securities Companies in the Investment Banking Business* | CSRC Announcement |
| June 27 | *[Order No. 145] Provisions on Probity Practices of Securities and Futures Operators and Their Employees* | CSRC Order |

Continued

| Released on | Policy Name | Released by |
|---|---|---|
| June 29 | *Notice on Matters Concerning the Online Cash Subscription of Exchange-traded Funds* | Shanghai Stock Exchange |
| July 3 | *[Announcement No. 24] Decision to Amend the Working Rules and Procedures of the China Securities Regulatory Commission's Review Board for Mergers, Acquisitions, and Restructurings of Listed Companies* | CSRC Announcement |
| July 10 | *[Announcement 25] Opinions No. 13 on the Application of Laws on Securities and Futures: Opinions on the Application of Article 15 and Article 22 of the Provisions of the China Securities Regulatory Commission on the Implementing Procedures of Administrative Licensing* | CSRC Announcement |
| July 14 | *Notice on the Inclusion Arrangement for Stocks of the Southbound Trading Link under the Interconnection Mechanism* | Shanghai Stock Exchange |
| July 14 | *Notice on the Inclusion Arrangement for Stocks of the Southbound Trading Link under the Interconnection Mechanism* | Shanghai Stock Exchange |
| July 20 | *Notice on Issuing and Implementing the Articles of Association of the Shanghai Stock Exchange (Revised in 2018)* | Shanghai Stock Exchange |
| July 20 | *Notice on Issuing the Articles of Association of the Shenzhen Stock Exchange* | Shenzhen Stock Exchange |
| July 27 | *[Order No. 146] Decision to Amend the Several Opinions on Reforming, Improving and Strictly Implementing the Rules for the Delisting of Listed Companies* | CSRC Order |
| July 31 | *Notice on Matters concerning the Reduction of Certain Charges of the Shanghai Stock Exchange* | Shanghai Stock Exchange |
| August 6 | *Notice on Revising the Trading Rules of the Shanghai Stock Exchange* | Shanghai Stock Exchange |
| August 6 | *Notice on Amending Article 8 of the Measures of the Shanghai Stock Exchange for the Administration of Stock Trading on the Risk Alert Board* | Shanghai Stock Exchange |
| August 6 | *Notice on Matters concerning the Supervision over Trading of Initial Public Offerings at the Initial Stage of Listing* | Shanghai Stock Exchange |
| August 6 | *Notice on Amending Articles 4 and 8 of the Detailed Rules of the Shanghai Stock Exchange for the Real-time Monitoring of Abnormal Stock Transactions* | Shanghai Stock Exchange |
| August 15 | *[Order No. 148] Decision to Amend the Measures for the Administration of the Equity Incentives of Listed Companies* | CSRC Order |
| August 15 | *[Order No. 147] Decision to Amend the Measures for the Administration of Securities Registration and Clearing* | CSRC Order |
| August 24 | *[Order No. 149] Measures for the Administration of Foreign-Funded Futures Companies* | CSRC Order |

Continued

| Released on | Policy Name | Released by |
|---|---|---|
| September 7 | *[Announcement No. 27] Announcement on Matters Concerning Further Strengthening the Collection of Information from Client Trading Terminals of Futures Trading Institutions* | CSRC Announcement |
| September 7 | *Notice to Amend Article 23 and 108 of the Measures of the Shanghai Stock Exchange for the Implementation of the Shanghai-Hong Kong Stock Connect* | Shanghai Stock Exchange |
| September 7 | *Notice to Amend Article 24 and 109 of the Measures of the Shenzhen Stock Exchange for the Implementation of the Shanghai-Hong Kong Stock Connect* | Shenzhen Stock Exchange |
| September 25 | *[Order No. 150] Measures for the Administration of the Formation, Acquisition and Purchase of Non-Controlling Shares of Overseas Business Institutions by Securities Companies and Securities Investment Fund Management Companies* | CSRC Order |
| September 27 | [Announcement No. 28] *Guidelines for Data Classification and Grading for the Securities and Futures Industry, Specification for the Enterprise Service Bus (ESB) Implementation by Internal Institutions in the Securities and Futures Industry, Futures Market Account Data Interface and the Content and Format of the Information on Behaviors of Securities Issuers* | CSRC Announcement |
| September 30 | *[Announcement No. 29] Code of Corporate Governance of Listed Companies* | CSRC Announcement |
| October 12 | *[Announcement No. 30] Provisions on the Supervision and Administration of Depositary Receipts under the Stock Connect Scheme between Shanghai Stock Exchange and London Stock Exchange (for Trial Implementation)* | CSRC Announcement |
| October 16 | *Notice on Issuing the Service Guidelines of the Shanghai Stock Exchange for the Bond Collateral Disposition Platform* | Shanghai Stock Exchange |
| October 22 | *[Announcement No. 31] Provisions on the Administration of Operation of Privately Offered Asset Management Plans of Securities and Futures Business Institutions* | CSRC Announcement |
| October 22 | *[Order No. 151]Measures for the Administration of the Privately Offered Asset Management Business of Securities and Futures Business Institutions* | CSRC Order |
| October 26 | *[Announcement 33] Opinions No. 14 on the Application of Laws on Securities and Futures: Opinions on the Application of Relevant Provisions of Article 18 and Article 19 of the Administrative Measures for the Material Asset Restructuring of Non-listed Public Companies* | CSRC Announcement |
| October 26 | *Notice on Promulgating the Implementing Rules of the Shenzhen Stock Exchange for Self-regulatory Measures and Disciplinary Sanctions* | Shenzhen Stock Exchange |

Continued

| Released on | Policy Name | Released by |
|---|---|---|
| November 2 | *Notice on Issuing the Interim Measures for the Listing and Trading of Depositary Receipts under the Stock Connect Scheme between the Shanghai Stock Exchange and London Stock Exchange* | Shanghai Stock Exchange |
| November 2 | *Notice on Issuing the Guidelines for the Pre-Listing Review of Chinese Depositary Receipts under the Stock Connect Scheme between the Shanghai Stock Exchange and the London Stock Exchange* | Shanghai Stock Exchange |
| November 2 | *Notice on Issuing the Guidelines for the Cross-border Conversion of Depositary Receipts under the Stock Connect Scheme between the Shanghai Stock Exchange and the London Stock Exchange* | Shanghai Stock Exchange |
| November 2 | *Notice on Issuing the Guidelines for the Market Making for Chinese Depositary Receipts under the Stock Connect Scheme between the Shanghai Stock Exchange and the London Stock Exchange* | Shanghai Stock Exchange |
| November 2 | *Notice on Issuing the Essential Clauses of the Risk Disclosure Statement for Trading of Chinese Depositary Receipts under the Stock Connect Scheme between Shanghai Stock Exchange and London Stock Exchange* | Shanghai Stock Exchange |
| November 2 | *Notice on Issuing the Guidelines on Contents and Formats of Listing Announcements for the Listing of Chinese Depository Receipts under the Connectivity Mechanism between the Shanghai Stock Exchange and the London Stock Exchange* | Shanghai Stock Exchange |
| November 2 | *Notice on Matters Concerning the Disclosure Time for Chinese Depositary Receipts under the Stock Connect Scheme between the Shanghai Stock Exchange and the London Stock Exchange* | Shanghai Stock Exchange |
| November 2 | *Notice on Charges for the Listing and Trading of Chinese Depositary Receipts under the Stock Connect Scheme between the Shanghai Stock Exchange and London Stock Exchange* | Shanghai Stock Exchange |
| November 6 | *[Announcement No. 34] Guiding Opinions on Improving the Rules for the Suspension and Resumption of Trading of Stocks of Listed Companies* | CSRC Announcement |
| November 9 | *[Announcement No. 35] Opinions on Supporting the Repurchase of Shares by Listed Companies* | CSRC Announcement |
| November 15 | *[Announcement No. 36] Standards for the Contents and Formats of Information Disclosure by Companies Publicly Offering Securities No. 26—Material Asset Restructuring of Listed Companies (Revised in 2018)* | CSRC Announcement |
| November 16 | *Notice on Issuing the Implementation Measures of the Shanghai Stock Exchange for the Relisting of Delisted Companies (Revised in November 2018)* | Shanghai Stock Exchange |

Continued

| Released on | Policy Name | Released by |
|---|---|---|
| November 16 | *Notice on Issuing the Implementation Measures of the Shanghai Stock Exchange for Compulsory Delisting Due to Major Violations of Law* | Shanghai Stock Exchange |
| November 16 | *Notice on Issuing the Implementation Measures of the Shanghai Stock Exchange for the Relisting of Delisted Companies (Revised in November 2018)* | Shanghai Stock Exchange |
| November 16 | *Implementation Measures of the Shenzhen Stock Exchange for the Relisting of Delisted Companies (Revised in 2018)* | Shenzhen Stock Exchange |
| November 16 | *Stock Listing Rules of the Shenzhen Stock Exchange for the ChiNext Board (Revised in November 2018)* | Shenzhen Stock Exchange |
| November 16 | *Implementation Measures of the Shenzhen Stock Exchange for Compulsory Delisting Due to Major Violations of Law* | Shenzhen Stock Exchange |
| November 16 | *Stock Listing Rules of the Shenzhen Stock Exchange (Revised in November 2018)* | Shenzhen Stock Exchange |
| November 22 | *[Announcement 38] Decision of the China Securities Regulatory Commission on Reviewing Certification Matters and Canceling Relevant Matters* | CSRC Announcement |
| November 23 | *Notice on Issuing Guidelines of the Shanghai Stock Exchange on Disclosing Listed Companies' Large Portions of Bonus Shares* | Shanghai Stock Exchange |
| November 23 | *Notice on Issuing Guidelines of the Shenzhen Stock Exchange on Liquidity Service for Securities Investment Funds* | Shenzhen Stock Exchange |
| November 23 | Guidelines of the Shenzhen Stock Exchange for Information Disclosure by Listed Companies No. 1—Large Portions of Bonus Shares | Shenzhen Stock Exchange |
| November 28 | *[Announcement 39] Operating Guidelines on the Application of the Guiding Opinions on Regulating the Asset Management Business of Financial Institutions to the Massive Collective Asset Management Business of Securities Companies* | CSRC Announcement |
| December 4 | *[Announcement No. 40] Application Guidelines for the Third Group of Securities and Futures Investor Education Bases* | CSRC Announcement |
| December 7 | *Notice on Issuing the Interim Measures of the Shanghai Stock Exchange for the Administration of the Business of the Non-publicly Issued Corporate Bond* | Shanghai Stock Exchange |
| December 7 | *Notice on Revising the Rules of the Shanghai Stock Exchange for Listing of Corporate Bond* | Shanghai Stock Exchange |
| December 14 | *Notice on Issuing the Guidelines of the Shanghai Stock Exchange on the Liquidity Service for Listed Funds (Revised in 2018)* | Shanghai Stock Exchange |
| December 19 | *[Order No. 152] Measures for the Administration of Information Technology Management of Securities Fund Trading Institutions* | CSRC Order |

Continued

| Released on | Policy Name | Released by |
|---|---|---|
| December 20 | *Notice on Issuing the Detailed Rules of the Listing Committee of the Shenzhen Stock Exchange (Revised in December 2018)* | Shenzhen Stock Exchange |
| December 27 | *Notice on Issuing the Master Agreement for Derivatives Trading on China's Securities and Futures Markets (Special Edition for Credit Protection Contracts)* | Shenzhen Stock Exchange |
| December 28 | *Notice on Issuing the Guidelines of the Shanghai Stock Exchange on the Trading Suspension and Resumption for Listed Companies Planning for Major Events* | Shanghai Stock Exchange |
| December 28 | *Notice on Issuing the for the Guidelines No. 21 to 28 for Industry Information Disclosure of Listed Companies and Revising Some Guidelines for Industry Information Disclosure of Listed Companies* | Shanghai Stock Exchange |
| December 28 | *Notice on Issuing the Implementing Rules of the Shanghai Stock Exchange for the Issuance of Convertible Corporate Bonds by Listed Companies (Revised in 2018)* | Shanghai Stock Exchange |
| December 28 | *Notice on Issuing the Guidelines of the Shenzhen Stock Exchange for Information Disclosure by Listed Companies No. 2—Trading Suspension and Resumption* | Shenzhen Stock Exchange |

## Article 7

### SSE Propels Set-up of Sci-Tech Innovation Board and Pilot Registration-based IPO System Capital Market Is Expecting Major Reform Initiatives①

On March 1, 2019, the China Securities Regulatory Commission (CSRC) reviewed and approved two departmental regulations, namely the *Measures for the Administration of the Registration of IPO Stocks on the Science and Technology Innovation Board (for Pilot Implementation)* and the *Measures for the Continuous Supervision of Companies Listed on the Science and Technology Innovation Board (for Trial Implementation)*, and the Shanghai Stock Exchange (SSE) officially issued and implemented 6 sets of relevant supporting rules and guidelines. These 2 regulations and 6 rules are referred to as the "2+6" institutional rules of the science and technology innovation board. At this point, the documents required for the IPO of companies listed on the science and technology innovation board are basically identified, and the SSE is ready to set up its Sci-Tech innovation board and the pilot registration system.

Bold attempts have been made to adapt and improve current systems in terms of the

① Author: Guo Jingpu, General Manager of R&D Center, CINDA Securities.

qualification of listed companies and the offering rules for science and technology innovation board.

As for the conditions in terms of IPO qualifications and listing status maintenance, the science and technology innovation board requires the issuers to meet key requirements for "expected market value" and market value, trading volume, number of shareholders and the like with emphasis, which reflects the principle of marketization. The five listing conditions set forth by the SSE contain different requirements for the expected market value and higher requirement for expected market value was imposed for red-chip companies or companies with differentiated voting right arrangements. As expressly stated in the rules for compulsory delisting due to a failure to satisfy the requirements of trading standards, if the market value of a stock is less than 300 million yuan for 20 consecutive trading days, the stock exchange should delist the stock. In addition, there are strict requirements for trading volume and number of shareholders. Compared with the main board, the science and technology innovation board places more emphasis on the market value and relaxes the requirements for corporate income and profit. Some enterprises can be listed without satisfying the profit standard. Especially, it is specified in Article 5 of the *Rules of the Shanghai Stock Exchange for the Listing of Stocks on the Science and Technology Innovation Board* that a company without income may apply for IPO if its estimated market value is not less than 4 billion yuan, its main business and products have been approved and achieved initial results, and there is a relatively large market space. There is no difference between the requirements for companies listed on the science and technology innovation board and that for companies listed on the main board in these aspects, and the science and technology innovation board will continue to increase its attraction to technological innovation-based enterprises.

In terms of pricing and trading rules, in addition to placing emphasis on market value, the science and technology innovation board also delegate the power of approval of issuance and listing to the stock exchanges, which is a fundamental change in the China A Share issuance system. The science and technology innovation board also introduced systems such as allowing sponsors to make co-investment, relaxing control over the upper and the lower limits, and after-hours fixed-Price trading, and comprehensively studied the success experiences accumulated by foreign science and technology innovation boards represented by NASDAQ, actively facilitating the opening-up of China's capital market to overseas investors, encourage, encouraging the innovation-based companies to list their stocks on domestic stock exchanges and promoting the reasonable wealth allocation of residents in China.

The establishment of the science and technology innovation board is an integral part of China's financial supply-side reform and will have a significant impact on the reform of China's

capital market. The relevant rules of the science and technology innovation board emphasize the market-oriented pricing and requires moderate regulation and sufficient information disclosure. The science and technology innovation board will serve as the experimental field for the implementation of the registration system and a series of trading system reforms for the main board, the SME board and the second board (GEB), attracting a large number of outstanding scientific and technological innovation enterprises to go public, easing the financing pressure on excellent small and medium-sized enterprises, providing direct support to the scientific and technological innovation in China while improving the structure of the financial market, strengthening the function of eliminating the weak and optimizing the allocation of resources, and cultivating a group of investment banks and venture capital firms with international vision and global competitiveness.

The science and technology innovation board will promote technological innovation and industrial upgrading, improve the structure of financial market and increase the efficiency of resource allocation. In addition, science and technology innovation board will facilitate China's economic restructuring and providing China's economy with long-term positive driving force for development.

## Article 8

### Promote Financial Reform and High-Quality Development by Striving to Be the Best[①]

On December 27, 2018, Cai Qi, the Communist Party Secretary of Beijing, visited Xicheng District and Haidian District to investigate and study the development of the financial industry. Cai Qi stressed that it is necessary to take the lead in implementing the important statement on financial work made by General Secretary Xi Jinping, insist on carrying out financial development of the capital city by striving to be the best and make great efforts to be at the forefront of the country in promoting financial reform and high-quality development.

First of all, finance is an important core competitiveness of the country. As the capital of China, Beijing is home to the Central Bank, the CBIRC, the CSRC, the headquarters of many domestic financial enterprises and important financial infrastructure as well as many international financial institutions. Beijing needs to improve its position and improve and upgrade its function

① This article is compiled by He Haifeng based on the articles from Beijing Daily, Dec. 28, 2018.

as the national financial management center by strengthening the construction of the "Four Centers" (referring to the national political center, cultural center, international exchange center, and science and technology innovation center) and improving the "Four Services" (referring to the services provided for the central party, government, and government leading organs, for the ever-expanding international exchanges, for the development of the country's education, science and technology, culture, and health, and for the citizens' work and life). In addition, Beijing needs to actively serve the Central Bank, the CBIRC, the CSRC and the financial institutions, implement the three-year action plan to optimize the business environment, solve the concerns of financial enterprises, and formulate targeted and specific policies and measures. At the same time, Beijing should encourage and support the newly established financial institutions in Beijing.

Secondly, Beijing should promote the high-quality development of the financial industry. Beijing needs to encourage and guide financial innovation in the real economy with the emphasis on the development of scientific and technological finance, cultural finance, green finance, and inclusive finance. The scientific and technological finance should be closely linked with the "Three Cities and One Area" (referring to the Zhongguancun Science Park, the Huairou Science City, the Future Science City and the Beijing Economic-Technological Development Area) to develop angel investment, venture capital investment and equity investment, and run Zhongguancun Bank well. For the cultural finance, Beijing should create a number of cultural and financial brands in the fields of culture, copyright, tourism and sports. For the green finance, Beijing is required to vigorously develop green credit, green bonds, green funds and green financial trading venues. As for the inclusive finance, Beijing needs to strengthen the financial support in the areas of poverty alleviation, health, education, and pension. In addition, it is necessary to deepen the structural reform of the financial supply side and effectively solve the problem of financing difficulties and financing cost for private enterprises and small and micro enterprises. Beijing will take the lead in implementing the national financial reform and opening-up policies, support the attraction of more international financial institutions and organizations to Beijing to develop and expand their businesses, and enhance the international competitiveness of the capital finance.

Thirdly, Beijing should guide the optimization of the functional layout of financial resources in accordance with the requirements of the latest *General City Plan of Beijing*. As the top priority, Beijing needs to provide comprehensive supporting services and facilities for the development of Financial Street, make good use of the surrounding areas to transfer population and conduct vacation from government-owned property with compensation, and properly organize the Financial Street Forum. The sub-center is a new space for the financial development of the

capital, focusing on the development of financial value-added services, wealth management, green finance and other commercial activities designed for the coordinated development of Beijing-Tianjin-Hebei region. Lize Financial Business District should become a cluster of emerging financial industries and the pilot zone for capital financial reform and be subject to the integrated development with the Financial Street. Zhongguancun should be characterized by the scientific and technological finance and the CBD should feature the international finance.

Last but not least, the capital should promote the development of multi-level capital market. To be specific, Beijing needs to develop the Third Board, differentiate its position from the position of Shenzhen Stock Exchange's ChiNext and Shanghai Stock Exchange's Sci-Tech Innovation Board, and exploit its comparative advantages to improve the liquidity and financing capabilities. Additionally, Beijing should promote the link between the New Forth Board and the New Third Board to enlarge the service coverage. Moreover, Beijing should regulate the listing of companies, improve the linkage mechanism for corporate listing, and build a comprehensive service platform for listed companies. It is necessary to strengthen financial risk prevention and control, and resolutely hold the bottom line of zero systemic risk. Furthermore, Beijing needs to implement the requirements of the "six stabilization tasks" (referring to the stabilization of employment situation, finance, foreign trade, foreign investment, investment and market expectation) and use tools such as "funding pools" for bail-out, guarantee funds and re-guarantee funds to promote the stable and healthy development of the capital economy.

### III. Insurance Market Development Policies[①]

In 2018, the State Council initiated an institutional reform to integrate the functions of China Banking Regulatory Commission and China Insurance Regulatory Commission to form China Banking and Insurance Regulatory Commission (hereinafter referred to as the "CBIRC"), symbolizing China has taken another substantial step forward on the road of beefing up cross-regulation of the financial industry, making a great effort to prevent and resolve financial risks, and building a modern financial regulatory framework. Guided by President Xi Jinping's Thought on Socialism with Chinese Characteristics for a New Era, the insurance industry has acted on the general planning of the CPC Central Committee and the State Council on financial work, and forged ahead with transformation and reform in a macroeconomic and financial environment featuring a stable performance with good momentum for growth, so as to speed

① Authors: IAC Research Group; Wang Wei, Director of the Life Insurance Department II of Insurance Association of China.

up the returning to its root of security and better serve the economy and society. The market as a whole has taken on the tendency of steady growth, restructuring and risk prevention.

**(i) Main Contents of Insurance Market Policies 2018**

**1. Regulate the service of insurance asset management institutions to make equity investment plans in order to better serve the real economy**

With a view to acting on the guidelines of the Fifth National Financial Work Conference, regulating the establishment of equity investment plans by insurance asset management institutions and allowing insurance funds to more effectively play their role in serving the real economy, the former China Insurance Regulatory Commission (hereinafter referred to as the "former CIRC") issued the *Notice on Matters Concerning the Establishment of Equity Investment Plans with Insurance Funds* (hereinafter referred to as the "Notice") on Dec. 27, 2017.

The purpose of the Notice is to regulate the making of equity investment plans by insurance asset management institutions. Its main contents are summarized below:

Firstly, the return on investment of an equity investment plan shall be linked to the operating result or income of the investment target, preventing insurance funds from hiking the financing costs of enterprises in a disguised form by equity investment of a debt nature. The Notice stipulates that when an insurance asset management institution initiates the establishment of an equity investment plan, it is forbidden to set specific expected returns and pay fixed returns on investment to investors on a regular basis, or agree on mandatory redemption of the investment principal by the investee or any affiliated third party upon expiry. The purpose is to reflect the capital property and equity investment features of equity investment planning service and avoiding the increase in the size of local government debts in a disguised form and rise of the financing costs of real enterprises.

Secondly, the Notice states that insurance asset management institutions establishing equity investment plans shall assume an active management responsibility and may not carry out passageway business directly or in a disguised manner or invest in private equity investment funds connected with other asset management products.

Thirdly, in order to direct insurance funds to leverage their own characteristics and better serve the real economy, the Notice prescribes that registration authorities designated by the CIRC shall prioritize the registration of equity investment plans that make investment in line with the State's major development strategies or major reform initiatives or invest in key fields or major construction projects of the State as well as real economy projects.

Equity investment plan is an important means and way for insurance funds to contribute

to the real economy. The Notice will give an impetus to regulating the establishment of equity investment plans by insurance asset management institutions and giving full play to the role of insurance funds in serving the real economy.

**2. Support insurance institutions in more safely and efficiently serving the real economy, and prevent and resolve local government debt risks**

With a view to acting on the guidelines of the 19th CPC National Congress, implementing the plans developed at the Fifth National Financial Work Conference and the Central Economic Working Conference 2017 and preventing and resolving local government debt risks, the Ministry of Finance and the former CIRC jointly issued the *Guiding Opinions on Tightening Administration of Use of Insurance Funds and Supporting Prevention and Resolution of Local Government Debt Risks* (hereinafter referred to as the "Guiding Opinions") on Jan. 8, 2018 to support insurance institutions in more safely and efficiently serving the real economy, and prevent and resolve local government debt risks.

The Guiding Opinions clearly define the policy boundaries governing the use of insurance funds for local governments' debt financing activities, and propose to regulate investment with insurance funds and curb illegal debt guarantee behaviors, as detailed below:

(1) Support insurance institutions in making investments in accordance with the laws and regulations. Insurance institutions are encouraged to offer funding support to various infrastructure projects vital to national well-being and people's livelihood, livelihood projects and other government-invested projects but are prohibited from funding local governments in violation of laws and regulations. Local governments and their departments shall not borrow from insurance institutions, in violation of any law or regulations, or in disguise. (2) Properly cooperate in disposition of existing debt risks. Insurance institutions are expected to properly handle the stock investments in local governments, and local governments should provide active assistance for that so as to identify and address risks in a timely manner. (3) Regulate the behaviors of investment and financing platform companies. Insurance institutions are requested to fully assess the financial sustainability of local governments and not to increase local government debts through financing platform companies in violation of laws and regulations. Local governments should publicize financial and debt information according to law and protect insurance institutions' right to know. (4) Be prudent and compliant in conducting innovative businesses. Insurance institutions shall not produce local government debts by establishing equity investment plans or in other innovative ways against laws and regulations. Local governments are prohibited from launching new projects in the name of injecting social capitals such as insurance institutions, in violation of laws and regulations or in disguised form.

(5) Reinforce industry risk management. Relevant organizations in the insurance industry should serve as a platform to tighten the monitoring of local government debt risk. While local governments should expedite the establishment of a cross-sectoral joint monitoring and control mechanism, beef up information sharing, and aid insurance institutions in improving the risk management system. (6) Strictly ascertain the responsibilities of market players. We should strengthen the risk management responsibility of insurance institutions, improve the accountability mechanism, and double the efforts in ascertaining the responsibilities of insurance institutions and intermediary service institutions.

The launch of the Guiding Opinions is conducive to positively guiding insurance institutions and local governments to perform their functions and duties in debt financing activities and enhancing insurance institutions' awareness of responsibility so as to prevent and resolve local government debt risk and achieve win-win of industry and real economy development.

**3. Clearly define roles and responsibilities to put in place a clear-cut standardization working mechanism featuring government and market co-governance**

With a view to implementing the *Standardization Law of the People's Republic of China* and the *Measures for the Administration of the China National Standardization Technical Committee*, allowing the standardization work to play its role in bolstering transformation and upgrading of the insurance industry, and furthering insurance standardization in an efficient, coordinated, regulated and well-organized manner, the former CIRC enacted the *Administrative Measures for Insurance Standardization Work* (hereinafter referred to as the "Administrative Measures") on Dec. 29, 2017 to regulate the work and management procedures for development of national standards, industry standards and group standards applicable to the insurance industry.

Subject to the Administrative Measures, as the management institution for the standardization work in the insurance industry, the CIRC shall be primarily responsible for directing and organizing the Insurance Subcommittee of China Financial Standardization Technical Committee (hereinafter referred to as the "Insurance Subcommittee") to carry out the standardization work in the insurance industry, approving and issuing the industry standards, and supervising and inspecting the national standards and industry standards; the Insurance Subcommittee is responsible for developing plans for insurance standardization, establishing and maintaining insurance standard systems, and developing and revising the national standards and industry standards; as the management institutions of group standards, the social insurance organizations shall be primarily responsible for the development and revision

of the group standards, the approval and issuance of the group standards, the examination of the group standards, and the publicity and implementation of the group standards; as the main body for standardization work in the insurance industry, an insurance institution shall be primarily responsible for filing applications for preparation of standards and playing an active part in insurance standardization.

Pursuant to the Administrative Measures, the procedures for the development of national insurance standards and industry standards include project approval, drafting, requesting comments, examination, submission for approval, issuance for implementation, recordation and review, among others, and the procedures for the development of group standards shall be governed mutatis mutandis thereto. The Administrative Measures set out specific requirements on the work contents and objectives at different stages as well as the recordation and review of standards. And also, they emphasize the necessity to generalize and implement insurance standards. An insurance institution shall actively execute the national standards and industry standards, and report the execution conditions to the Insurance Subcommittee on a regular basis. An insurance institution shall be encouraged to actively adopt the group standards. Relevant practicing personnel shall be familiar with the State's laws, regulations, guidelines and policies on standardization, understand the basic knowledge of standardization, and acquire proficiency in various standards within the scope of jurisdiction.

The drafting of the Administrative Measures is a concrete move of the CIRC to further execute the *State Council's Reform Plan for Deepening the Standardization Work* and the *revised Standardization Law of the People's Republic of China 2017* in light of the insurance standardization work realities and development tasks. Sticking to the principles of "government-led, market-driven, serving the overall interests, taking a long-term vision, advancing in a coordinated manner and highlighting the key tasks", starting with the original aspiration to build a novel insurance standard management system featuring government and market coordinated development and harmonious supporting, and guided by the ultimate goal of establishing and improving the unified, balanced and efficient insurance standardization working mechanism characterized by government and market co-governance, the Administrative Measures set forth detailed requirements and specifications on all links and procedures relating to standardization, draw a clear distinction between government standards and market standards and define the roles and responsibilities of all those participating in standardization, thus providing an institutional guarantee for advancing supply-side structural reform of insurance standards and strengthen the application and implementation of standards.

**4. Improve the fundamental institutions governing the use of insurance funds by issuing the Administrative Measures for the Utilization of Insurance Funds**

The *Administrative Measures for the Utilization of Insurance Funds* (hereinafter referred to as the "Administrative Measures"), as adopted at the 5th Chairman's Executive Meeting of the former CIRC on Jan. 10, 2018, were issued on Jan. 24, 2018 and came into force as of Apr. 1, 2018. These Administrative Measures are developed for the purposes of regulating the utilization of insurance funds, preventing risks in the utilization of insurance funds, protecting the lawful rights and interests of the parties to insurance, and maintaining the insurance market order. The Administrative Measures were finalized following repeated revision and improvement of the *Interim Administrative Measures for the Utilization of Insurance Funds* according to the legislative procedures for development of regulations after seeking comments from all sources.

The revised Administrative Measures contain 78 articles of 6 chapters. By analyzing the overall framework, we can see that the main amendments primarily include: (1) specify the forms of insurance fund utilization, including the scope and modes of fund utilization; (2) establish a standard decision-making mechanism and processes of fund utilization; (3) tighten the risk management and control mechanism, requiring insurance institutions to establish and improve corporate governance and internal control, shoulder all management responsibilities and prevent relevant risks; (4) set out the rules for competent regulators to ascertain the liabilities of insurance institutions and persons liable.

The specific amendments are summarized below: (1) Carry out the general planning of the CPC Central Committee, the State Council and the Financial Stability and Development Committee under the State Council, including: specifying the regulatory rules on registration, custody and trading of insurance asset management products and services; regulating the conducts of an investment manager who is entrusted to manage insurance funds; forbidding the acts of transferring the trust funds to another trustee and providing channel services for the authorizing institutions. (2) Consolidate the supervision and risk control mechanism, including: intensifying the supervision over overseas investments, requiring that overseas investments with insurance funds should conform to the relevant provisions issued by the CIRC, PBOC and SAFE; establishing the obligation to put in place a risk responsibility system, requiring that insurance institutions should identify the corresponding persons liable for risks associated with utilization of insurance funds and a senior executive in charge of investment so as to assign specific risk liabilities to corresponding persons; outline the requirements on information disclosure for utilization of insurance funds. (3) Further the role of insurance funds in serving

the real economy mainly by documenting recent useful practices and experience and compiling relevant normative documents into regulations, including: allowing insurance funds to invest in asset securitization products, allowing specialized insurance asset management institutions to set up privately offered funds, and allowing venture investments with insurance funds; all these measures will substantially boost direct investments in the real economy with insurance funds and help curtail intermediate links and cut down the financing cost of real economy. (4) Revise relevant clauses according to the reform to streamline administration, delegate powers, and improve regulation and services and other policy arrangements, including: requiring that insurance asset management products should be subject to registration management, and replacing the former recordation management for the launch of debt investment plan and other products with registration management; improving the control over the allocation proportions of insurance funds, stating that the CIRC may, in light of the actualities of insurance fund utilization, adjust the classification, varieties and relevant proportions, among others, of insurance assets; prescribing that the appointment of the primary person in charge of the asset management department of an insurance company should be reported to the CIRC after the appointment, instead of applying for approval before appointment.

The Administrative Measures are fundamental institutions governing the utilization of insurance funds, embodying the prudential regulation concept, accommodating the practical needs for utilization of insurance funds, and providing a solid cornerstone for spurring the robust development of insurance fund utilization and guarding against the risks associated with utilization of insurance funds.

**5. Regulate the market order to drive the development of the insurance loss adjustment industry in a healthy and ordered way**

With a view to further enforcing the *Asset Appraisal Law of the People's Republic of China* (hereinafter referred to as the "Asset Appraisal Law") and regulating the insurance loss adjustment activities, the former CIRC promulgated the *Provisions on the Supervision and Administration of Insurance Loss Adjusters* (hereinafter referred to as the "Provisions") on Feb. 2018, which came into force as of May 1, 2018.

The Provisions contain 111 articles of 8 chapters including, among others, Operating Conditions, Operation Rules, Market Exit, Industrial Self-regulation, Supervision and Inspection, and Legal Liability. The specific provisions are summarized as follows: (1) Prescribe the operating conditions. Subject to the requirements of the Asset Appraisal Law on the organizational forms of insurance loss adjustment agencies, the Provisions state that an insurance loss adjustment agency shall be organized in the form of partnership or corporate;

in addition, the Provisions set out specific requirements on the percentage of adjusters among shareholders and partners, minimum number of adjusters employed, working capital, internal control system, governance structure and other relevant aspects. Pursuant to the Provisions, to engage in insurance loss adjustment business, an insurance loss adjustment agency shall undergo the recordation formalities with the CIRC and its local office within the prescribed time limit from the date of obtaining the business license; any insurance loss adjustment agency shall not carry out insurance loss adjustment business before the recordation is announced. Insurance loss adjustment agencies shall be classified into national insurance loss adjustment institutions and regional insurance loss adjustment institutions. (2) Tighten in-process and post-mortem supervision. An insurance loss adjustment agency duly registered with the CIRC shall make sure the conditions as prescribed in the Assets Appraisal Law and the Provisions are continuously met; and all insurance loss adjustment agencies shall maintain and implement the annual reporting system. The Provisions introduce the practicing registration system, requiring that an insurance loss adjuster shall conduct practicing registration for its insurance loss adjustment practitioners in accordance with the relevant provisions; and an insurance loss adjustment practitioner may only work with one insurance loss adjuster, and may only conduct practicing registration through one insurance loss adjuster. (3) Regulate the market operation order. The Provisions set out the acts that insurance loss adjusters and practitioners may not commit and impose heavier punishments on the act of presenting false loss adjustment reports. (4) Incorporate industrial self-regulation. As stated in the Provisions, the self-regulatory organization in the insurance intermediary industry shall, according to the law, develop self-regulation rules and carry out self-regulation of insurance loss adjusters and practitioners. Additionally, the Provisions set forth the functions of the self-regulatory organization by reference to the Asset Appraisal Law.

The Provisions further define the legal liabilities of insurance loss adjustment agencies, set out the standard practicing requirements on insurance loss adjustment practitioners, and provide a solid institutional support for shift of insurance loss adjustment from business operation permit application to business operation registration.

**6. Initiate regulation reforms to boost the development of insurance broking a healthy and ordered way**

In recent years, the insurance broking sector has witnessed a boom in the number of market players and business income, an enhancement in the social recognition and a further penetration into the insurance market, thus playing an important role in optimizing the insurance industrial chain, elevating the efficiency of insurance resource allocation, and

exploiting its role as an instrument of social management. For the purposes of regulating the operations of insurance brokers, protecting the lawful rights and interests of the insurance applicants, insured and beneficiaries, and maintaining the market order, the former CIRC enacted the *Provisions on Supervision and Administration of Insurance Brokers* (hereinafter referred to as the "Provisions") on Feb. 2018 on the basis of the *Measures for Supervision and Administration of Insurance Brokers* and the *Measures for the Supervision and Administration of Insurance Brokerage Parishioners and Insurance Assessment Practitioners*. These Provisions came into force as of May 1, 2018.

The Provisions contain 109 articles of 8 chapters including, among others, Market Access, Office Qualifications, Operation Rules, Market Exit, Industrial Self-regulation, Supervision and Inspection and Legal Liability. The specific provisions are summarized below: (1) Improve the management of market access and exit. Introduce classified management for insurance brokerage companies and intensify the investigation of shareholders of insurance brokerage companies. The Provisions set out clear requirements on the source of contributions made by shareholders, appointment of senior officers of insurance brokerage companies, governance structure and internal control system, registered capital custody and information management system. As provided in the Provisions, to carry out insurance brokerage business, an insurance brokerage company shall make sure shareholders make contribution with self-owned, true and legal funds, other than bank loans or any other form of non-self-owned capital. And the registered capital of an insurance brokerage company must be paid-in monetary capital and is under custody according to relevant provisions. (2) Perform effective management of the de-licensed activities. The Provisions set out the requirements for an insurance brokerage company to form a new branch to carry out insurance brokerage business, and strengthen the investigation of corporate compliance and reliability. The Provisions prescribe that insurance brokers shall establish sound corporate governance structure and rules; and define the management and control responsibilities, build a compliance system, pay attention to self-restraint and reinforce internal accountability to ensure steady operation. Also, the Provisions strengthen practicing registration, requiring that an insurance broker shall conduct practicing registration for its insurance brokerage practitioners in accordance with the relevant provisions. (3) Promote specialized and regulated operation. Pursuant to the Provisions, an insurance broker may engage in all insurance brokerage activities or specialize in reinsurance brokerage business. The operation rules of reinsurance brokerage business are defined in the Provisions. And insurance brokers are required to carry out online insurance brokerage business as prescribed by CIRC. In addition, the qualifications for selling non-insurance financial products

are also established in the Provisions. The Provisions further regulate the acts of paying insurance premium or commissions to insurance companies. As provided in the Provisions, a self-regulatory organization of the insurance intermediary industry shall, in accordance with laws and regulations, develop self-regulation rules for insurance brokers, and shall carry out self-regulation management of insurance brokers in accordance with the laws and regulations as well as the self-regulation rules. (4) Beef up the protection of insurance consumers' rights and interests. An insurance broker intending to dispatch insurance brokerage practitioners to a place other than the industrial and commercial registration place to provide services for natural person clients shall form a local branch. The Provisions specify the rules regarding information security, information disclosure and employment prohibition so as to protect consumers' rights and interests. An insurance broker that puts forward an insurance proposal to an insurance applicant shall, according to the client's demand and risk tolerance, etc., recommend an insurance product in conformity with its interests and disclose relevant insurance product information to the insurance applicant.

The Provisions enacted consolidate the achievements of the reform of streamlining administration and delegating power and help with the shift of regulation focus from "agencies" to "activities", contributing to raising the credit of insurance intermediaries and facilitating the long-term development of the insurance intermediary market in a regulated and healthy way.

**7. Regulate the offshore financing against domestic guarantee business of insurance companies**

Over the past few years, some enterprises engaging in overseas financing have initiated cross-border mergers and acquisitions by means of offshore financing against domestic guarantee, and some insurance institutions have begun to make offshore investments with the funds raised from offshore financing against domestic guarantee. Offshore financing against domestic guarantee increases the sources of funding overseas investments and supports insurance companies to carry out global asset allocation, but it also brings problems such as liquidity risk, high leverage risk and refinancing risk. With a view to regulating the offshore financing against domestic guarantee activities of insurance companies, tightening the supervision over overseas financing and preventing the risks of overseas financing, the former CIRC and the State Administration of Foreign Exchange jointly issued the *Notice on the Matters Relating to Regulation of Offshore Financing Against Domestic Guarantee Activities of Insurance Companies* (hereinafter referred to as the Notice) on Feb. 1, 2018.

The Notice contains 23 articles, the main contents of which are presented below:

(1) Define the forms of offshore financing against domestic guarantee. (2) Specify the requirements on foreign debtors. (3) Regulate the acts of counter-guarantor and the forms of collateral. (4) Establish the qualifications for an insurance company to carry out offshore financing against domestic guarantee. (5) Implement penetrating supervision.

In addition, the Notice also introduce new measures to govern many aspects such as strengthening business management and improving the risk control mechanism: (1) Place the business of foreign financing against domestic guarantee into trusteeship. (2) Specify the proportion and purpose of financing. (3) Establish the pre-reporting mechanism. (4) Develop detailed risk control measures. (5) Set out the acts that are strictly prohibited.

The issuance of the Notice improves the regulatory system of overseas investments with insurance funds, makes up for the shortcomings of supervision, enhances the scientific and effective supervision of overseas investments, increases the safety and standardization of offshore financing against domestic guarantee activities conducted by insurance companies and follows the policy guidance of the State on overseas investments, thus contributing to preventing and controlling the risks of overseas investment and financing and directing insurance funds to serve the real economy and the "Belt and Road" Initiative.

**8. Regulate the administrative examination and approval to maintain a coordinated and unified insurance supervision law system**

For the purpose of implementing the State Council's requirements for regulating the administrative examination and approval of intermediary services, the former CIRC amended certain clauses of the *Detailed Rules for the Implementation of the Regulation of the People's Republic of China on the Administration of Foreign-Funded Insurance Companies* and the *Measures for the Administration of Foreign Insurance Institutions' Representative Offices in China*, whereby the documentations submitted for applying for incorporation of foreign-funded insurance companies and foreign insurance institutions' representative offices in China are simplified. The former rules stipulate that the documentations submitted shall be notarized by a notarization institution legally formed in the country or region where the foreign insurance company is located or be authenticated by the embassy or consulate of China in the country or region, while the revised rules state that the applicant shall furnish authentic and valid documentations.

This revision is a necessary action to maintain a coordinated and unified insurance supervision law system, which further improves the policy governing the market access of foreign insurance institutions in China and reflects the intention of the insurance industry to accelerate the opening-up of the industry.

**9. Issue the supervisory regulations on insurance asset and liability management and roll out industry-wide trial implementation**

For the purposes of preventing the asset-liability mismatch risk in the insurance industry and enhancing the capacity of insurance companies for asset and liability management, the former CIRC published the *Notice on Issuing the Rules for the Regulation of Insurance Asset and Liability Management (No.1-5) and Matters Concerning Launching the Trial Implementation* (hereinafter referred to as the "Notice")on Fed. 28, 2018, which came into force as of the date of issuance.

The rules for regulation of insurance asset and liability management mainly include the rules on capacity assessment, rules on quantitative assessment and rules on management reporting. The rules on capacity assessment outline the regulatory norms in terms of objectives & strategies, organizational structure, personnel responsibilities, workflow, system model and performance evaluation to promote the formation of an effective positive feedback mechanism for asset and liability management. The rules on quantitative assessment are developed to perform an all-round assessment of asset-liability matching from the dimensions of maturity structure matching, cost benefit matching and cash flow matching by creating an assessment model and conducting stress testing. The rules on management reporting provide standard requirements on the contents and submission of quarterly and annual reports on asset and liability management as well as the requirements of independent third-party audit.

The rules for regulation of insurance asset and liability management have three characteristics: Firstly, quantitative evaluation indicators have been designed based on the industry's reality and in consideration of the characteristics of China's insurance market and key risks, which help effectively identify the reinvestment risk and cash flow mismatch risk faced by insurance companies. Secondly, company-level comparison has been realized. A set of qualitative and quantitative measures and standards have been developed to objectively evaluate the asset-liability matching level and management capability of insurance companies. achieve company comparability by taking into account different characteristics such as the company type, development stage and risk preference. Thirdly, the linkage between assets and liabilities is emphasized. The asset-liability linkage and coordination are maintained through the whole process of the insurance companies' decision-making and operation, and the companies are guided to establish a continuous and two-way communication and coordination mechanism, encouraged to carry out organizational and technological innovation, and urged to enhance the ability of asset-liability management.

These rules for regulation of insurance assets and liability management shall be put into

operation on a trial basis from the date of issuance. During the trial operation period, we will continue to seek relevant opinions for timely evaluation and improvement, and will not take regulatory measures against the rating results of insurance companies for the time being. After these rules are officially put into service, the CIRC will classify insurance companies into four categories A, B, C and C based on their management capacity and asset-liability matching level. For Class-A insurance companies with robust management capacity and high level of asset-liability matching, the CIRC will give policy support; while for Class-C and Class-D insurance companies with poor management capacity and low level of asset-liability matching, the CIRC will impose targeted supervision, so as to build a long-term mechanism featuring linking of service supervision, fund application supervision and solvency supervision.

The rules for regulation of asset and liability management are another important regulatory tool developed by CIRC following the launch of the Next Generation Solvency Regulation Framework. It is also an essential means to support the improvement of the solvency regulatory effectiveness. It is conducive to directing the sound and prudent allocation of insurance funds, driving the industry back to its basics, giving full play to the long-term robust risk management and security functions, and shoring up the development of the real economy.

**10. Remedy market disorder, prevent risks and improve weak links to implement penetrating supervision over shareholders' equity in insurance companies**

Standardized and effective corporate governance is the most important foundation for the healthy and sustainable development of the insurance industry. For the purpose of remedying the market disorders such as complicated ownership structure, actual controllers overriding corporate governance, fraudulent registered capital, diversion of insurance funds for contribution, recycling, false capital increase, illegal holding on a commission basis, excessive shareholding and alienation of insurance companies into financing platforms, effectively strengthening equity supervision, improving the weak links of supervision, and preventing and resolving risks, the former CIRC issued a revised version of the *Measures for the Administration of Equities of Insurance Companies* (hereinafter referred to as the "Measures") in 2018.

The Measures are composed mainly of rules in three aspects. (1) The rules governing the acts before investing in an insurance company, including the qualifications of shareholders, acquisition of equities, and funds for making contributions. (2) The rules governing the acts after becoming shareholders of an insurance company, including the acts of shareholders and management rules of equity matters. (3) The rules of stock ownership supervision and management, including the key points, measures and accountability mechanism of stock ownership supervision. The Measures provide a problem-oriented penetrating supervision

over insurance companies based on the principle of substance over form to address the following problems: shareholders make false capital contributions, hold any equity of the insurance company on a commission basis, evade regulation by increasing equity tranches; and substantially identify shareholders of insurance companies as well as their actual controllers, affiliated parties and persons acting in concert. These measures further define the basic principles of equity management and enrich equity supervision tools. With regard to the acts of shareholders, the Measures stipulate that shareholders of an insurance company shall establish an effective risk isolation mechanism; and shareholders may not: conduct any illicit related transaction with the insurance company; hold, by pledge of equity, any equity of the insurance company on a commission basis, conduct affiliated shareholding or transfer equity in a disguised manner; utilize their controlling status to impair the lawful rights and interests of the insurance company, tunnel illicit interests or take the insurance company as a "cash machine". By introducing a series of regulatory means such as ex ante disclosure, in-process investigation, and post-event accountability, the CIRC has established a whole-chain review and accountability mechanism for equity management to increase the efforts in ascertaining the liabilities for violations.

This revision is a fundamental work to heighten the supervision of insurance companies and also an essential move to carry forward with "the insistence of the insurance industry on insurance". It indicates that the CIRC will continue to cement the supervision of insurance companies' equities, improve the weak links of supervision, strictly regulate market access supervision, regulate the behaviors of insurance companies' shareholders, severely crack down on misconducts and violations, and effectively prevent and resolve risks.

**11. Regulate product development and promote the sound development of the pilot program of individual tax-deferred commercial pensions**

For the purposes of acting on the guidelines of the 19th CPC National Congress, furthering the sound development of the pilot program of individual tax-deferred commercial pensions, and regulating the development and design of individual tax-deferred commercial pension products by insurance companies, the former CBIRC, in cooperation with the Ministry of Finance, the Ministry of Human Resources and Social Security and the State Administration of Taxation, developed the *Guidelines on Developing Individual Tax-Deferred Commercial Pension Products* (hereinafter referred to as the "Product Development Guidelines"), in accordance with the relevant provisions of the *Notice of the Ministry of Finance, the State Administration of Taxation, the Ministry of Human Resources and Social Security, the China Banking and Insurance Regulatory Commission, and the China Securities Regulatory Commission on Launching the Pilot*

*Program of Individual Tax-Deferred Commercial Pensions.*

These Product Development Guidelines are the basic requirements and unified standards for the development and design of tax-deferred pensions by insurance companies, containing four parts - Principles for Design, Product Elements, Product Management, and Definitions. The major contents are summarized below:

(1) Insurance companies shall develop and design tax-deferred pensions by the principles of "sound returns, long-term preservation, lifetime benefits, and actuarial balance". It reflects the advantages of insurance in terms of risk guarantee and long-term capital management, not only helping the insured guard against investment risks at work during the accumulation period of pension to get long-dated and robust returns on investment while guaranteeing the security of pension principal but also aiding the insured in effectively mitigating the longevity risk to get lifetime or long-term benefits.

(2) The returns on the funds of a tax-deferred pension during its accumulation period may be return-determinate, return-guaranteed, or return-floating, corresponding to four product varieties of three types. "Class-A Product", namely, return-determinate product, means a product with a determinate yield (annual interest rate) during the accumulation period; "Class-B Product", namely, return-guaranteed product, means a product with a guaranteed bottom-line yield (annual interest rate) during the accumulation period, producing additional returns based on the circumstances of investment, and with returns settled on a monthly ("Class-B1 Product") or quarterly basis ("Class-B2 Product"); "Class-C Product", namely, return-floating product, means a product with settlement made according to the actual circumstances of investment during the accumulation period.

(3) A tax-deferred pension may provide pension annuity payment, total disability coverage and death coverage. Pension accounts are opened for management purpose, which offer a range of product options. The premiums paid, collection of charges, returns on funds, total investment and withdrawal of the insured are clearly recorded on the accounts for query at any time.

The issuance and enforcement of these Product Development Guidelines will contribute to promoting regulated, unified and transparent development and design of tax-deferred pension products and protecting the interests of the insured to the greatest extent.

**12. Strengthen business management and specify operational requirements to promote the healthy development of the pilot program of individual tax-deferred commercial pensions**

For the purposes of regulating the use of individual tax-deferred commercial pension insurance funds, realizing safe and robust operation and long-term preservation and

appreciation of pension insurance funds, protecting the legitimate rights and interests of the insured and promoting the sound and sustainable development of the pilot program of individual tax-deferred commercial pensions to better serve the construction of China's Third Pillar Pension System, the CBIRC enacted and issued the *Interim Measures for the Administration of the Individual Tax-Deferred Commercial Pension Insurance Business* (hereinafter referred to as the "Measures").

The Measures, composed of 58 articles of 12 chapters together with 1 annex, specify the requirements for insurance companies conducting tax-deferred pension insurance business from the aspects of business requirements, product management, sales management, investment management, financial management, information platform management, service management and information disclosure. The annex lists the model clauses of tax-deferred pension products.

The Measures set out the business requirements for insurance companies to carry out the tax-deferred pension insurance business to ensure the insurance companies have strong expertise and sustainable operation ability; and an insurance company which develops and designs tax-deferred pension insurance products shall be governed by the principles of "sound returns, long-term preservation, lifelong benefits, and actuarial balance" so as to help the insured prevent investment risk and longevity risk. The Measures impose stricter requirements on sales management of tax-deferred pension products, setting a ceiling illustrative interest rate for return-guaranteed products (Class B), requiring an insurance company to assess the risk tolerance of the insured who purchase return-floating products (Class C), and specifying the limits of age (under 55) and percentage of contributions (not more than 50%) for the insured who purchase Class-C products.

Subject to the Measures, an insurance company shall conduct separate accounting of the tax-deferred pension insurance business, truthfully disburse and allocate the business management expenses and improve the expense management level; separate investment accounts shall be set for different tax-deferred pension insurance products to ensure safe and robust operation of insurance funds; the use of tax-deferred pension insurance funds shall follow the principles of security, prudence and long-term stability, asset-liability management and comprehensive risk management shall be conducted according to the nature of funds, and asset allocation proportions, investment strategies and risk profiles shall be assessed on a regular basis to guarantee the security, profitability and liquidity of funds and pursue long-term value maintenance and appreciation.

The tax-deferred pension insurance business shall be subject to external supervision by the local governmental authorities and the public in addition to the supervision by the CBIRC

and its local offices to ensure transparent operation; China Insurance Information Technology Management Co., Ltd. ("CIITC") shall make public the list of insurance companies engaging in the tax-deferred pension insurance business and their products, business processes, consultation methods and other information; insurance companies shall request their head offices to prepare the materials for management information disclosure and post the information relating to tax-deferred pension products and services at notable positions of their official websites.

The promulgation and implementation of the Measures will help guide insurance institutions to enhance the security function of tax-deferred pension insurance products, provide convenient and efficient services, strengthen the management of fund utilization, intensify information disclosure, guarantee safety, stability, openness and transparency, and provide institutional guarantee for the healthy development of tax-deferred pension insurance business.

**13. Regulate the participation of insurance funds in the long-term rental market and promote the construction of a long-term mechanism for real estate regulation and control**

For the purposes of acting on the guidelines of the 19th CPC National Congress and the Central Economic Working Conference 2017, speeding up the establishment of a housing system featuring multi-stakeholder supply, multi-channel security and simultaneous rent and purchase, the China Banking and Insurance Regulatory Commission issued the *Notice on the Participation of Insurance Funds in the Long-term Rental Market* (hereinafter referred to as the "Notice") on May 28, 2018.

The Notice specifies the requirements on participation of insurance funds in the long-rent market from the following aspects: (1) define the ways of participation and the location restrictions. When insurance companies and insurance asset management institutions indirectly participate in the long-term rental market through direct investment and initiating the establishment of debt investment plan, equity investment plan, asset support plan and insurance private equity respectively, the long-term rental projects invested should be located in large and medium-sized pilot cities with net population inflow and meet the requirements of returns, ownership, land use nature and approval procedures. (2) Establish the conditions for product establishment. Debt investment plans and equity investment plans for long-term rental projects should meet the establishment requirements set out in the Notice. If an insurance company accesses to the long-term rental market by establishing a debt investment plan, the proportion of the self-owned cash flow of the financing entity to the principal and interests of all debts payable shall be 100% or more; if an insurance company accesses to the long-term rental market by establishing an equity investment plan or insurance private equity fund, the project company may not have the equities pledged in favor of any third party. (3) Standardize the

management of funds. Insurance institutions are required to urge all participants to standardize project construction management and fund allocation, implement fund-specific account management and the whole-process monitoring of fund entry and exit, and ensure the closed operation of insurance funds and use of funds as ear-marked. (4) Specify the requirements on investment risk management. Insurance institutions should set up a specific post responsible for post-investment management of projects and establish a whole-process management system to prevent risks at key nodes. (5) Optimize the product registration mechanism. Allow the insurance asset management products investing in rental and housing projects to apply for registration of the green channel.

The issuance of the Notice is conducive to expanding the applications of insurance funds, optimizing the allocation of insurance assets and effectively serving the development of main businesses; it helps to give full play to the advantages of insurance funds in long-term and stable investment, accelerate the construction of the national long-term mechanism of real estate regulation and control, speed up the supply-side structural reform of the real estate market; and it contributes to expediting the new urbanization in China and fueling the construction of a well-off society.

**14. Prevent financial risks and further strengthening liability supervision**

With a view to executing the plan of the CPC Central Committee on "preventing and controlling financial risks", deepening the reform of insurance supervision, comprehensively strengthening supervision, effectively preventing and controlling risks, and firmly holding the bottom line of zero systemic risks, the China Banking and Insurance Regulatory Commission issued the *Circular on Issuing the Rules for the Presentation of the Actuarial Report by Life Insurance Companies* (hereinafter referred to as the "revised Actuarial Report") on Jun. 4, 2018. This revision is a second amendment of the rules for presentation of Actuarial Report by life insurance companies following the first amendment in 2009.

The revised Actuarial Report is composed of a general statement and eight sub-reports, including liability reserve and policy-specific liability report, business statistics report, dividend-based life insurance business report, universal life insurance business report, investment-linked insurance business report, asset-liability matching management report, cash flow stress testing report and embedded value report. It presents a comprehensive analysis of an insurance company's liabilities and major risk exposures in terms of liability reserve, business development, asset-liability management, cash flow stress testing and embedded value.

The main contents of the revised Actuarial Report include: (1) Improve the liability reserve reporting system and strengthen the supervision of liabilities. The revised Actuarial Report

further optimizes the reporting framework for the assessment of liability reserve, highlights the key contents in accordance with relevant actuarial provisions and the reform of life insurance premium rates, enhances practicability and operability, and further consolidates the foundation for prevention of liability reserve risk. (2) Establish an asset-liability matching reporting system to promote effective linkage between liabilities and assets. Duration matching, cost-benefit matching and liquidity matching should be analyzed to guide insurance companies to take effective measures to reduce the cost of liabilities. (3) Improve the cash flow stress testing system and firmly hold the bottom line of zero liquidity risk. Emphasis should be laid on strengthening the liability-side cash flow stress testing system to facilitate rational planning of asset liquidity by insurance companies and prevent the asset-liability mismatch risk and the spread loss risk.

The revised Actuarial Report embodies the core principle of prudent supervision and reflects the conditions of the life insurance industry in a more scientific, comprehensive, objective and accurate way, thereby boosting the long-term and stable operation of the industry, guarding against potential risks, driving the industry back to its root of security, and further tightening the supervision of life insurance liabilities.

**15. Effectively play the role of independent directors, improve the corporate governance structure and enhance the effectiveness of corporate governance**

In recent years, the CPC Central Committee has attached great importance to the corporate governance of financial institutions. The independent director system is instrumental in driving a company to improve its governance structure and enhance its governance ability, promoting effective checks and balances, and making scientific decisions. With the development of the insurance industry, the problem that the independent director system does not match the development of the insurance industry has become increasingly apparent. The insurance institutions enforce laws and regulations to varying extents, and there is still a gap between institution implementation and regulatory requirements. Thus, immediate adjustment and improvement are needed. In such context, the CBIRC revised the *Interim Measures for the Administration of Independent Directors of Insurance Companies* issued in 2007 and published the *Measures for the Administration of Independent Directors of Insurance Companies* (hereinafter referred to as the "Measures") on Jun. 30, 2018.

The amendments mainly include: (1) Improve the application of the Measures, providing that the Measures are applicable to insurance group (holding) companies, insurance companies, insurance asset management companies and mutual insurance organizations, and foreign-funded insurance companies shall be governed, mutatis mutandis to, these Measures. (2) Establish detailed rules on the number and proportion of independent directors, adding that

where an insurance institution has a controlling shareholder whose shareholding accounts for 50% or more of the registered capital, the proportion of its independent directors shall reach 1/2 or more. (3) Optimize the independent director nomination and appointment mechanism. (4) Define the rights and obligations of independent directors, referring as the rights of independent directors to examine the fairness of major related transactions, request the board of directors to convene a temporary shareholders' meeting, propose to convene a meeting of the board of directors as special functions and powers. (5) Improve the guarantee for independent directors' performance of their duties and develop the measures to guarantee independent directors' rights to know, requiring that an insurance institution shall establish a director-oriented information reporting system. (6) Establish an evaluation mechanism for performance of duties by independent directors. (7) Establish a performance information disclosure and reputation evaluation mechanism for independent directors, requiring that the Insurance Association of China shall establish a talent pool of independent directors of insurance institutions. All incumbent independent directors of an insurance institution shall be included in the talent pool for management. Qualified professionals may apply to the Insurance Association of China for entering the talent pool to further enrich the talent resources of independent directors. An insurance institution shall disclose regulatory evaluation results, company evaluation results, general information of independent directors, rewards and punishments and other information in the talent pool of independent directors to accept public supervision, and shall implement the reputation evaluation system to stimulate independent directors to enhance performance of duties. (8) Improve the supervision and accountability mechanism for independent directors and related subjects.

The promulgation of the Measures will help to solve the problems with independent directors of insurance institutions such as insufficient independence, lack of due diligence, poor expertise and imperfect supporting mechanism of duty performance, further establish and improve the operating mechanism of the independent directors system, define the subjects' responsibilities, standardize their behaviors, strengthen supervision and regulation, and create more favorable internal and external environments for independent directors to play their functions, tighten corporate governance supervision, and effectively improve the effectiveness of corporate governance in the industry.

**16. Determine the credit risk factor for measuring the solvency of business ceded from Chinese mainland insurance organizations to Hong Kong ones, and promote the opening and integration of the insurance markets in mainland China and Hong Kong**

In May 2017, the former CIRC and the former Office of the Commissioner of Insurance

of Hong Kong signed the *Equivalence Assessment Framework Agreement on Solvency Regulatory Regime* (hereinafter referred to as the "Equivalence Agreement"), agreeing that during the transitional period of mutual equivalence recognition, they would recognize the equivalence of solvency regimes of each other and grant each other regulatory preferential treatment based on mutual equivalence recognition. Under this Framework, the CBIRC prepared the *Solvency Regulatory Rules for Insurance Companies - Questions and Answers No. 1: Default Risk Factors of Reinsurance Counterparties in Hong Kong During the Transitional Period of the Equivalence Assessment Framework Agreement on Solvency Regulatory Regime* (hereinafter referred to as the "Questions and Answers") in 2018.

During the transitional period of the Framework Agreement, the default risk factors of reinsurance counterparties for the business ceded from Chinese mainland insurance organizations to Hong Kong ones shall be determined under the following rules:

(I) When a direct insurer from Chinese mainland cedes reinsurance business to a qualified Hong Kong insurer, Article 29 of the *Solvency Regulatory Rules for Insurance Companies No. 8: Credit Risks* shall apply, and the RF0 value of default risk factors of reinsurance counterparties applicable to Hong Kong reinsurers shall be set as 0.087. (II) The aforesaid qualified Hong Kong reinsurer shall meet the following requirements: (1) it is a professional reinsurer authorized by HKIA to operate in Hong Kong; (2) it voluntarily reports, as required, its solvency information calculated under the Hong Kong regulatory standards to HKIA on a quarter basis; (3) it receives A- or higher in its international credit rating; and (4) its solvency ratio meets the regulatory standards. The requirement that its solvency ratio meets the regulatory standards means that: (1) a reinsurer that engages in non-life insurance business has a solvency ratio of 200% or higher; (2) a reinsurer that engages in life insurance business has a solvency ratio of 150% or higher; (3) a general reinsurer that engages in both non-life and life insurance business has a solvency ratio of 200% or higher in its non-life insurance business and 150% or higher in its life insurance business. (III) When Article 29 of the Solvency Regulatory Rules for Insurance Companies No. 8: Credit Risks is applied, the value of Eigenfactor $k_3$, depending on whether there are guarantee measures, shall be set as follows:

$$k_3 = \begin{cases} -0.1 & \text{secured} \\ 0 & \text{unsecured} \end{cases}$$

(IV) When a direct insurer from Chinese mainland cedes its insurance business to a Hong Kong director insurer, the default risk factors of counterparties for the ceded reinsurance business shall be determined in accordance with Article 29 of the *Solvency Regulatory Rules for Insurance Companies No. 8: Credit Risks*, and $k_3$ shall not be applied. (V) When a reinsurer

from Chinese mainland ceded its insurance business to a qualified Hong Kong insurer, the default risk factors of counterparties for the ceded reinsurance business shall be determined in accordance with Article 30 of the *Solvency Regulatory Rules for Insurance Companies No. 8: Credit Risks*. (VI) The China Banking and Insurance Regulatory Commission will, according to the above rules and on a regular basis, notify the industry of the default risk factors of counterparties for the ceded reinsurance business applicable to the qualified Hong Kong reinsurers. (VII) These Questions and Answers shall be effective from the date of issuance for one year of trial implementation. The China Banking and Insurance Regulatory Commission has the authority to adjust the relevant provisions upon expiration of the trial implementation according to market conditions. The China Banking and Insurance Regulatory Commission has the authority to adjust the relevant provisions upon expiration of the trial implementation according to market conditions.

The Questions and Answers are one of the specific measures to implement the Equivalence Agreement, and are also an important action taken by the insurance industry to fulfill the strategic arrangements of the CPC Central Committee on China's further opening up and deepen the international cooperation in financial supervision. With the gradual advancement and implementation of the Equivalence Assessment Framework Agreement on Solvency Regulatory Regime in Chinese mainland and Hong Kong, the mutual trust between the insurance regulators of the two places will be increasingly strengthened, exchanges and cooperation on financial supervision will be deepened, and the insurance markets of the two places will continue to further open up and be integrated.

**17. Strengthen and improve insurance services, safeguard consumers' legitimate rights and interests, and drive high-quality development of the insurance industry**

In recent years, along with swift development of China's insurance industry, a series of prominent problems emerged. For example, sales practices are not well-regulated, claims not properly settled, and disputes not timely solved, which have impaired the legitimate rights and interests of insurance consumers. In 2017, the former CIRC launched a series of documents such as the *Notice on Further Strengthening the Sales Management of Life Insurance Companies* and the *Interim Measures for the Retrospective Administration of Insurance Sales Practices*, which have achieved fruitful results. But the prominent problems in insurance services have not been radically solved. With a view to further improving the quality and level of insurance services and better safeguarding the legitimate rights and interests of insurance consumers, the CBIRC issued the *Notice on Vigorously Strengthening and Improving Insurance Services* (hereinafter referred to as the "Notice") on Jul. 18, 2018.

In view of the prominent problems in insurance services, the Notice imposes four requirements on insurance companies and insurance intermediaries, which mainly involve standardizing sales behaviors, improving claims services, strengthening the management of online insurance business, and resolving contradictions and disputes. (I) Insurance companies and intermediaries shall regulate their insurance sales behaviors. All insurance companies and intermediaries shall intensify efforts in the management of contents for sales publicity and sales behaviors; the insurance sales traceability system shall be implemented to further regulate sales behaviors. (II) Insurance companies and intermediaries shall take solid steps to improve insurance claims services. All insurance companies shall make more investments in claims services, the customer service hotlines shall be upgraded, the personnel for claim settlement services shall be prepared, the formalities for claim settlement shall be streamlined, a post-emergency channel shall be established for fast claim settlement in case of major emergency incidents to provide convenient claims services for consumers. (III) Insurance companies and intermediaries shall vigorously strengthen the administration of online insurance business. All insurance companies and intermediaries shall step up efforts in the administration of online insurance business, regulate the insurance service practices including publicity, sales, claim settlement and dispute resolution, and more efforts shall be taken to manage and control third-party network platforms so as to improve the service quality. (IV) Insurance companies and intermediaries shall take active measures to handle complaints and resolve disputes. All insurance companies and intermediaries shall provide various means for complaint handling, improve the insurance dispute negotiation and settlement mechanism, participate in the mechanism of insurance dispute settlement, sort out and analyze complaints on a regular basis to find out the defects and problems in existing services and rectify them in good time. An accountability system shall be established to properly handle the insurance disputes.

The issuance of the Notice is the concrete implementation of the State's policies on safeguarding the interests of financial consumers in the field of insurance supervision. It is the inevitable requirement for the insurance industry to practice the "people-centered" development idea and serve the real economy. It has three practical implications. Firstly, it is conducive to promoting the high-quality development of insurance services so that the standardization of sales behaviors and claim settlement can be improved, and the quality and credibility of insurance services can be further enhanced. Secondly, it contributes to better safeguarding consumers' rights and interests, securing consumers' right to know and benefit, and further enhancing their sense of acquisition and experience. Thirdly, it helps to effectively enhance the regulatory efficiency and facilitates the regulatory authorities to continuously

improve the regulatory technologies, introduce more regulatory means and enhance the regulatory efficiency in light of the characteristics of insurance service such as long service chain, wide coverage and short innovation cycle, so as to better promote the high-quality development of the insurance industry.

**18. Allow insurance asset management companies to establish special products mainly used for resolving the liquidity risk of listed companies associated with stock pledge**

For the purposes of leveraging the advantages of insurance funds in long-term and robust investment, participating in resolving listed companies' liquidity risk associated with stock pledge, the China Banking and Insurance Regulatory Commission issued the *Notice on the Establishment of Specialized Products by Insurance Asset Management Companies* (hereinafter referred to as the "Notice") on Oct. 24, 2018.

The Notice sets out provisions from five aspects: (1) Set the conditions for product managers, requiring that they should have business qualifications for issuing the portfolio insurance asset management products. (2) Define the investment scope of specialized products, mainly including shares issued by listed companies, bonds publicly offered and convertible bonds privately offered by listed companies and their shareholders. (3) Emphasize the exit arrangements for specialized products, supporting insurance companies in playing their role as institutional investors to maintain long-term robust operations of listed companies, and specifying the products' exit arrangements and methods for smooth exit; (4) Develop risk control measures for specialized products, covering specific requirements for management of special accounts, close period, duration, investment concentration, prior registration, information disclosure, and related-party transaction, among others. (5) State that such products are not included in equity assets held by insurance companies in calculation of their investment proportion.

The issuance of the Notice is an important measure to implement the requirements of "Six Stabilities" of the CPC Central Committee and the State Council, create good market expectations and maintain the stability of financial markets. Firstly, it helps to resolve the liquidity risk of listed companies associated with stock pledge. Insurance funds can provide long-term funding support for premium listed companies and their shareholders by establishing special products. Secondly, it is conducive to effectively supporting the development of premium listed companies and private enterprises. Based on the principle of marketization, special products provide funding support to premium, competitive and promising listed companies and private enterprises temporarily trapped in liquidity difficulties so as to stabilize market expectations. Thirdly, it helps to give full play to the advantages of insurance funds in

long-term and robust investment and make the insurance industry a long-term fund provider for the real economy, so as to better consolidate the foundation of long-term investment.

### (ii) Effects of the Insurance Market Development Polices 2018

In 2018, as the new regulatory framework was established and China's economic growth model transformed from high-speed growth to high-quality growth, the insurance industry has ushered in the stage of upgrading and transformation. On the one hand, it adjusts its business structure and strengthens risk prevention in stable growth; on the other hand, it continues to further its role in serving the development of real economy and livelihood security.

**1. Steady market development**

In 2018, the insurance industry registered an original premium income of RMB 3.8 trillion and a claim payout of RMB 1.23 trillion, increasing by 3.9% and 10% respectively. The amount of risk guarantee provided for economic and social development totaled RMB 6,897 trillion, up 66.2%. The insurance penetration was 4.22%, which was 0.2 percentage points lower than the previous year; and the insurance density was RMB 2729.6 yuan per person, which was RMB 91.1 yuan per person higher than that of the previous year. The balance of insurance funds recorded RMB 16.4 trillion, an increase of 10% over the beginning of the year. The size and service capacity of the insurance industry were on the increase.

At the same time, the insurance industry was actively exploring structural adjustment to further highlight its security function. Analyzing by the types of insurance, the original premium income of property insurance was RMB 1.17 trillion, an increase of 11.5% from the previous year; the original premium income of life insurance was RMB 2.62 trillion, a growth of 0.85% from the previous year. Influenced by the Notice on Regulating the Product Development and Design of Life Insurance Companies promulgated by the former CIRC in 2017, the life insurance business experienced a shift of growth model from extensive growth relying on short and medium-maturity financial products for rapid premium increase to development of long-term savings and security-oriented insurance products. As a result, the ordinary life insurance and dividend-sharing life insurance businesses posted a total original premium income of RMB 2.06 trillion, accounting for 99.5% of the total income of life insurance companies. The insurance industry was adjusting its product mix amid stable growth and continuously raising the values of new businesses.

**2. Continuous improvement of risk prevention capability**

In recent years, the competent regulator has stepped its efforts in enhancing the insurance industry's risk prevention capacity in terms of solvency and capital utilization, leading to a

continuous cementing of the industry's risk resistance foundation.

In terms of solvency, by the end of Q4 2018, the average comprehensive solvency margin ratio of 178 insurance companies approved by the competent regulator was 242%, and the average core solvency margin ratio was 231%. All the indicators were at reasonable high levels, indicating that the industry's overall solvency was adequate and stable. Among them, the average comprehensive solvency margin ratios of property insurance companies, life insurance companies and reinsurance companies were 274%, 235% and 282%, respectively.

In terms of capital utilization, bank deposits and bond assets added up to RMB 2.4 trillion and RMB 5.6 trillion respectively in 2018, and fixed income assets accounted for 49.2% of total assets, an increase of 1.7 percentage points from last year; stock and securities investment funds totaled RMB 1.9 trillion, accounting for 11.7%, suggesting a stable growth; other investments totaled RMB 6.4 trillion, accounting for 39.1%, down 1.1 percentage points from last year.

**3. Significant achievements in serving the real economy**

In 2018, the insurance industry exploited its long-term investment advantages and improved the allocation of financial assets, providing financial support for major national projects such as the "Belt and Road" Initiative, coordinated development of Beijing, Tianjin and Hebei as well as major infrastructure engineering. Meanwhile, the coverage of insurances related to the real economy surged, playing their role as the stabilizer of real economy. Firstly, the insurance industry better served the poverty alleviation program, with the original premium income of agricultural insurance increasing by 19.5%, representing a growth of 4.8 percentage points higher than that of the previous year; secondly, the insurance industry offered funding support for enterprise production and operation, with the original premium income of business property insurance increasing by 7.9%, representing a growth of 5.1 percentage points higher than that of the previous year; thirdly, the insurance industry's ability of serving social governance was improved, with original premium income of liability insurance increasing by 30.9%, representing a growth of 6.4 percentage points higher than that of the previous year.

**4. Prominent effects in enhancing livelihood security**

In 2018, the insurance industry continued to play its role in addressing the challenges of population aging and meeting people's health security needs. Amidst the slowdown in the growth of life insurance premium income, the health insurance business has achieved a rapid growth. The health insurance business registered an original premium income of RMB 544.81 billion, an increase of 24.1% over the previous year, accounting for 20% of the aggregate original premium income of life insurance business, representing an increase of 3.6 percentage points over the previous year. Annuity products maintained a stable growth,

with the enterprise annuity contribution amounting to RMB 1.4 trillion, an increase of 26.8% over the previous year. Finally, on May 1, 2018, the pilot programs of tax-deferred pension insurance were launched in Shanghai, Fujian and Suzhou Industrial Park. The relevant interim regulations, product development guidelines and interim measures for the use of funds were also promulgated, which provided a guarantee for the healthy operation of the market. A total of 16 insurance companies carried out the individual tax-deferred pension insurance business throughout the year, with an aggregate premium income of RMB 70 million.

### (iii) Outlook and Suggestions for the Insurance Market Development Policies in 2019

2019 is a critical year for China to build a well-off society in an all-round way, and also a critical period for the insurance industry to realize a shift from high-speed growth to high-quality growth. 2018 witnessed the first victory in the battles of guarding against major risks, targeted poverty alleviation and pollution prevention and control. In 2019, we should start with the core issues of the national economy, society and insurance industry itself to establish the focal tasks of supervision and development, cement the fence against financial risks, double the efforts in serving the real economy, and vigorously promote the insurance reform.

Firstly, continue to exercise strict supervision. We should continue the work done at the beginning of 2018: improve the regulatory system, optimize regulatory means and intensify enforcement to further regulate the corporate governance and business behaviors of insurance companies, enhance market compliance awareness and risk control, protect consumers' rights and interests, drive the industry back to its basics and optimize the transformation of business structure.

Secondly, beef up the support to the real economy by combining insurance security with capital allocation. At the security level, we should, in line with the major national strategies such as the Healthy China and the "Belt and Road" Initiative, substantially raise the people's security level in healthcare, health, endowment and long-term care, so as to provide a solid guarantee for major projects such as supply-side reform, poverty alleviation and environmental protection. At the funding level, we should expand the allocation space of insurance funds to provide more long-term funds for the real economy and improve the efficiency of insurance funds in serving the real economy.

Thirdly, speed up insurance reform. We should effectively raise the total factor productivity of the insurance industry and continue to deepen insurance reform by doubling the efforts in opening-up, accelerating the innovation of the insurance industry and regulating the market order.

## Appendix

**Summary of China's Insurance Market Development Policies 2018**

| Date issued | Policies | Issued by | Document No. |
|---|---|---|---|
| Dec. 27, 2017 | *Notice of CIRC on Matters Concerning the Establishment of Equity Investment Plans with Insurance Funds* | CIRC | B.J.Z.J. No.282 [2017] |
| Dec. 29, 2017 | *Administrative Measures for Insurance Standardization Work* | CIRC | B.J.F. No.94 [2017] |
| Jan. 8, 2018 | *Guiding Opinions on Tightening Administration of Use of Insurance Funds and Supporting Prevention and Resolution of Local Government Debt Risks* | CIRC, MOF | B.J.F. No.6 [2018] |
| Jan. 24, 2018 | *Administrative Measures for the Utilization of Insurance Funds* | CIRC | CIRC Decree No.1 [2018] |
| Feb. 1, 2018 | *Provisions on the Supervision and Administration of Insurance Loss Adjusters* | CIRC | CIRC Decree No.2 [2018] |
| Feb. 1, 2018 | *Provisions on Supervision and Administration of Insurance Brokers* | CIRC | CIRC Decree No.3 [2018] |
| Feb. 1, 2018 | *The Notice of CIRC and SAFE on the Matters Relating to Regulation of Offshore Financing Against Domestic Guarantee Activities of Insurance Companies* | CIRC, SAFE | B.J.F. No.5 [2018] |
| Feb. 13, 2018 | *Decision of the China Insurance Regulatory Commission to Amend Four Sets of Rules Including the Detailed Rules for the Implementation of the Regulation of the People's Republic of China on the Administration of Foreign-Funded Insurance Companies* | CIRC | CIRC Decree No.4 [2018] |
| Feb. 28, 2018 | *Rules for the Regulation of Insurance Asset and Liability Management (No.1-5)* | CIRC | B.J.F. No.27 [2018] |
| Mar. 2, 2018 | *Measures for the Administration of Equities of Insurance Companies* | CIRC | CIRC Decree No.5 [2018] |
| Apr. 2, 2018 | Four Supporting Rules of the *Regulation on the Supervision and Administration of Financing Guarantee Companies* | CBIRC together with other six ministries and commissions | Y.B.J.F. No.1 [2018] |
| Apr. 25, 2018 | *Guidelines on Developing Individual Tax-Deferred Commercial Pension Products* | CBIRC, MOF, MOHRSS, SAT | Y.B.J.F. No.20 [2018] |
| May. 28, 2018 | *Notice on the Participation of Insurance Funds in the Long-term Rental Market* | CBIRC | Y.B.J.F. No.26 [2018] |
| Jun. 4, 2018 | Actuarial Report | CBIRC | Y.B.J.B.F. No.45 [2018] |

Continued

| Date issued | Policies | Issued by | Document No. |
|---|---|---|---|
| June. 22, 2018 | *Interim Measures for the Administration of the Individual Tax-Deferred Commercial Pension Insurance Business* | CBIRC | Y.B.J.F. No.23 [2018] |
| Jun. 30, 2018 | *Measures for the Administration of Independent Directors of Insurance Companies* | CBIRC | Y.B.J.F. No.35 [2018] |
| Jul. 2, 2018 | *Solvency Regulatory Rules for Insurance Companies - Questions and Answers No. 1: Default Risk Factors of Reinsurance Counterparties in Hong Kong During the Transitional Period of the Equivalence Assessment Framework Agreement on Solvency Regulatory Regime* | CBIRC | Y.B.J.F. No.34 [2018] |
| Jul. 18, 2018 | *Notice on Vigorously Strengthening and Improving Insurance Services* | CBIRC | Y.B.J.F. No.40 [2018] |
| Oct. 24, 2018 | Notice on the Establishment of Specialized Products by Insurance Asset Management Companies | CBIRC | Y.B.J.F. No.65 [2018] |

## Article 9

### Frequent Issuance of New Policies Further Widens the Opening-up①

At the Boao Forum for Asia in 2018, the Chinese government proposed to substantially relax the control over market access, especially in the insurance industry. According to the detailed rules promulgated by the relevant departments, the opening-up of the insurance industry is mainly reflected in four aspects: firstly, the upper limit of the proportion of foreign ownership of life insurance companies will be increased to 51%, which means the foreign investors can now hold the life insurance companies, and eventually to 100% after three years, which means the foreign investors can set up wholly-owned life insurance companies; secondly, qualified and eligible foreign investors are allowed to operate insurance agency business and insurance appraisal business in China; thirdly, the scope of business of foreign-invested insurance brokerage companies is expanded and consistent with that of Chinese-funded institutions; and fourthly, the provision which requires an office to be set up at least two years before the establishment of the foreign-invested insurance company is removed entirely.

Some foreign-invested insurance companies with acute market sensitivity have went into

① Author: Kurt Tan Liang, Insurance Industry Risk Advisory lead Partnet, Deloitte China.

action without delay and begun to exploit this favorable opportunity: the FWD Life Insurance Company invested by FWD Life Insurance Company (Bermuda) Limited, the ICBC-AXA Assets Management Compony invested by ICBC and AXA Group jointly and the wholly-owned AXA Tianping P&C Insurance Co., Ltd., and the French Education Health Mutual Insurance Company have been approved to setup representative offices in Beijing, the Korean Reinsurance Company has been approved to prepare for and set up a branch office, and the Willis Insurance Brokers Co., Ltd. controlled by Willis Group has been approved to expand its scope of business to "provide services to all companies and individual customers in mainland China." On November 25, 2018, the China Banking and Insurance Regulatory Commission (CBIRC) released a statement, saying that a number of applications for market access filed by foreign banks and insurance institutions have been approved, including the Allianz (China) Insurance Holding Co., Ltd. invested by Allianz Insurance Group, which will become the first foreign-invested insurance holding company in China. On March 27, 2019, the CBIRC announced that it has recently approved three applications for market access and geographical expansion of foreign-funded financial institutions, including the application filed by Sino-British joint venture Heng An Standard Life Insurance Co., Ltd. to establish Heng An Standard Pension Insurance Limited Liability Company, the first foreign-funded pension insurance company. All of these show that the opening-up of China's entire insurance sector has been obviously accelerated, covering various sub-sectors like property reinsurance, life reinsurance, asset management insurance and insurance brokerage.

At the same time, the regulatory authorities have further simplified the documentation requirements for relevant administrative approvals. On February 13, 2018, the CIRC issued the *Decision of the China Insurance Regulatory Commission to Amend Four Sets of Rules Including the Detailed Rules for the Implementation of the Regulation of the People's Republic of China on the Administration of Foreign-Funded Insurance Companies* (BJF [2018] No. 4), and the original *Regulation of the People's Republic of China on the Administration of Foreign-Funded Insurance Companies* promulgated on May 13, 2004, the original *Measures for the Administration of Foreign Insurance Institutions' Representative Offices in China* (BJF [2006] No. 5) promulgated on July 12, 2006 and the original *Provisions on the Administration of the Office Qualifications for the Directors, Supervisors and Senior Executives of Insurance Companies* (BJF [2014] No. 1) promulgated on January 23, 2014 and other regulations were amended as follows: 1) the provision which requires the documents and materials provided by foreign insurance companies to be notarized by the notary organizations of the country or region where the foreign applicant is located or certified by Chinese embassy or consulate in the country or region has been cancelled; 2) the requirements on materials for the application addressed

to the Chairman of the China Insurance Regulation Commission assigned by the president or general manager of foreign insurance institution have been cancelled; and 3) the provision which requires the attached translation of the material for examination of officer qualifications and other documents and materials submitted by an insurance institution with its original text written in foreign languages to be notarized by a Chinese notary organization has been cancelled.

We believe that the overall opening-up of the insurance sector reflects our confidence and inclusiveness in China's insurance sector and insurance brokerage industry, and the desire to further enhance the professionalism of China's insurance sector and insurance brokerage industry and is conducive to the introduction and cultivation insurance talents.

## IV. Bond Market Development Policies①

China's bond market worked well in 2018, as evidenced by an increasing issue size, a higher level of market activity, accelerated pace and doubled efforts in opening-up, enhanced product and mechanism innovation and intensified standardized management, all of which have driven the bond market's ability to serve the real economy to a new level.

### (i) Overview of Market Development

Firstly, bond yields declined amid fluctuations, while price indices notched up in fluctuations. In 2018, the bond market experienced an upturn, with yields going down amid fluctuations; and the overall yield curve was steepening, with the short-term yield curve showing a sharper slide than the long-term yield curve. When analyzing bond yields by stages, the yields descended slowly in Q1, moved steadily in Q2 and Q3 while bouncing around and rolled back all the way in Q4. As to the interbank bond market, the yield on 1-year Treasury bonds fell 119 basis points (bps) from the previous year, and the return on 10-year Treasury bonds decreased 65 bps from the previous year. Yields on exchange bonds slid more sharply, with the average yield of corporate bonds with 1, 3 and 5-year critical maturities traded on the Shanghai Stock Exchange ("SSE") declining by 140 bps. The yields of 5-year and 1-year Treasury bonds traded on Shenzhen Stock Exchange ("SZSE") fell 76 bps and 99 bps respectively.

① Author: Rong Yihua, Deputy Director of the Financial Market Department, Shanghai Headquarters of the People's Bank of China

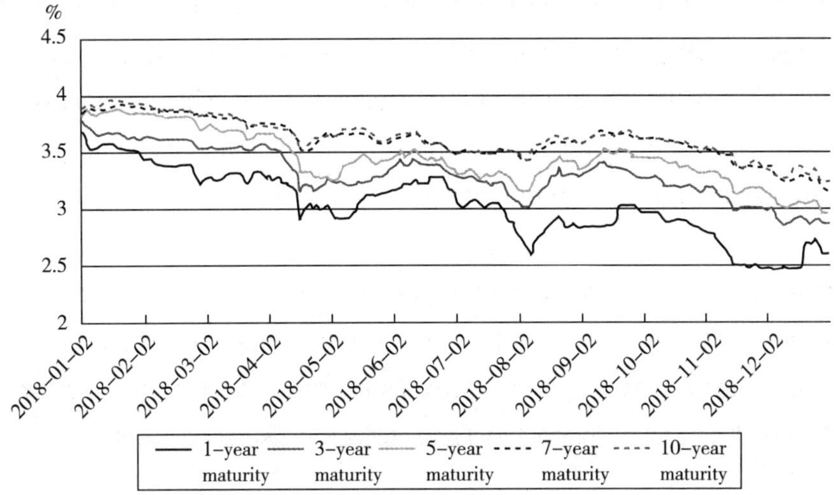


Source: China Central Depository & Clearing Co., Ltd. (CCDC).

**Figure 4-1 Treasury Bond Yield Curve**

Bond price indices climbed amid fluctuations. ChinaBond Total Return index (total value) rose from 167.96 at the start of the year to 183.98 at the year-end, up 9.5%; Credit Bond Composite Index of Shanghai Clearing House ("SHCH") climbed from 102.94 at the beginning of the year to 110.89 at the year-end, up 7.8%. SSE Corporate Bond Index (full price) was 182.04 at the beginning of the year and rose to 192.36 at the year-end, an increase of 5.7%.

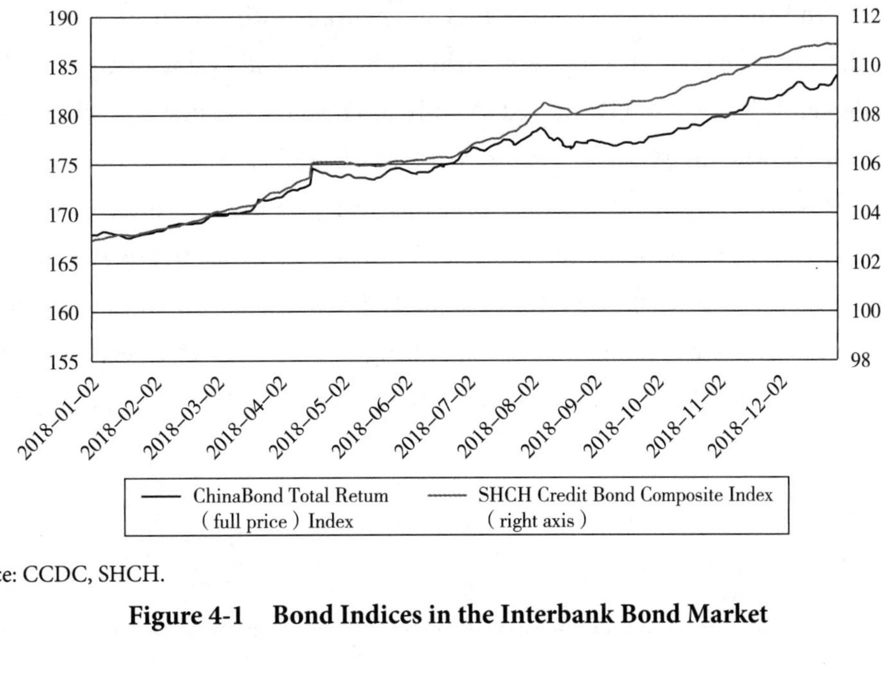


Source: CCDC, SHCH.

**Figure 4-1 Bond Indices in the Interbank Bond Market**

Secondly, new-issue supply continued to grow. In 2018, new issues in the bond market totaled RMB 43.59 trillion, with an increase of RMB 2.77 trillion over the previous year and up by 6.8%. Among them, the interbank bond issues amounted to RMB 37.79 trillion, an increase of 2.9% over the previous year, accounting for 86.7% of the total bond market issues; the exchange bond issues totaled RMB 5.81 trillion, accounting for 13.3% of the total bond market issues. Negotiable certificate of deposit (NCD), corporate credit bond and local Treasury bond were the three types of bonds with largest issue sizes, reaching RMB 21.08 trillion, RMB 7.30 trillion and RMB 4.20 trillion respectively.

Thirdly, the trading volume increased materially. In 2018, spot transactions of bonds totaled RMB 156.67 trillion, increasing by 44.6% from last year. Among them, the interbank bond market posted a total turnover of RMB 150.74 trillion, up 46.6% compared with last year, accounting for 96.2% of the bond market. The top three types of bond measured by trading volume rank were NCDs, policy-based financial bonds and Treasury bonds, accounting for 37.6%, 33.5% and 12.5% of total bond market respectively. Spot transactions of exchange bonds totaled RMB 5.93 trillion, an increase of 6.6% over the previous year, taking up 3.8% of total bond market.

Fourthly, defaults in the bond market were on the increase. In 2018, 130 bonds of 46 enterprises went into default, involving RMB 124.3 billion, accounting for 0.8% of the total market size. Among them, 40 private enterprises were in default, totaling RMB 113.6 billion; 6 state-owned enterprises were in default, totaling RMB 10.7 billion. The industries in which the defaulting issuers operated were relatively scattered, including coal, energy, agriculture, the Internet, information services, textiles, etc.

### (ii) Major Policies Launched

#### 1. Market innovation

(1) Introduce bond financing instruments for private businesses. On Oct. 22, the Executive Meeting of the State Council approved the introduction of bond financing instruments for private businesses. Based on the principles of marketization and legalization, the People's Bank of China will utilize reloans to provide some initial funding for competitive and promising private businesses temporarily trapped in liquidity difficulties and entrust professional institutions to render credit risk mitigation, guarantee-based credit enhancement and other services by selling credit risk mitigation instruments.

(2) Revitalize special bonds for small and micro businesses. In June, the PBOC, CBIRC, CSRC, NDRC and MOF jointly issued the *Opinions on Further Deepening the Financial Services*

*for Small and Micro Enterprises*, abrogating the "three not less than" preconditions and relaxing the restrictions for issuing bonds to encourage banking financial institutions to issue financial bonds for small and micro enterprises, and strengthening post-issuance supervision to ensure that funds are specially used for funding small and micro enterprises.

(3) Enrich the varieties of local Treasury bonds. The MOF and MOHURD jointly issued the *Regulations on Pilot Program for Issuing Local Treasury Special Bonds on Shanty Town Renovation*, specifying the limit management, budgeting, final settlement and execution for issuance of local Treasury special bonds on shanty town renovation. The MOF released the *Opinions on the Issuance of Local Treasury Bonds in 2018*, encouraging all market participants to take an active part in issuance of local Treasury bonds and introducing special bonds for shanty town renovation, the first healthcare bonds, the first public offering local Treasury bond ETF and the first Treasury bonds of Xiong'an New Area.

(4) Launch innovative asset securitization products for small and micro businesses. The National Association of Financial Market Institutional Investors (NAFMII) issued the *Guidelines on Information Disclosure of Asset-backed Securities for Small and Micro Business Loans (Rev. 2018)*, which prescribed the types of loans for small and micro businesses, broadened the scope of eligible assets and created flexible compliance indicators for information disclosure.

(5) Introduce innovative supplementary capital instruments for commercial banks. In March, the CBRC, PBOC, CSRC, CIRC and SAFE jointly issued the *Opinions on Further Supporting Commercial Banks in the Innovation of Capital Instruments* to support the launch of capital supplemental instruments of multiple varieties and sources in a creative fashion.

**2. Optimize the bond issuance mechanism**

(1) Introduce flexible tender issuance. In August, the PBOC released the *Notice on Implementing the Pilot Program of Flexible Tender Issuance of Financial Bonds*, and meanwhile the MOF promulgated the *Work Instructions for Flexible Tender Issuance of Local Treasury Bonds*.

(2) Public underwritten offering of local Treasury bonds. The MOF enacted the *Work Instructions for Public Underwritten Offering of Local Treasury Bonds* which specified the applications of public undertaking, facilitating issuers to assist in bond issuance through bookrunners.

(3) Unveil a performance guarantee system for Treasury bond pre-issuance. In December, the *Notice on Matters Concerning Performance Guarantee for Treasury Bond Pre-issuance in the Interbank Market* was issued, stipulating a performance guarantee system for Treasury bond pre-issuance. In pursuant to the Notice, the counterparties may either choose bilateral performance guarantee or engage a third-party to provide centralized management service

of performance guarantee. Pre-issuance of Treasury bonds helps to reduce the underwriting risk that the underwriters of treasury bonds are exposed to and improve the price discovery function of the Treasury bond market.

(4) Optimize the private placement mechanism. The NAFMII issued the *Rules for Selection of Special Institutional Investors for Private Placement Financing Instruments* and published the *List of Special Institutional Investors for Private Placement Financing Instruments in 2018* to mobilize and spur various market participants and improve the efficiency of market operation.

(5) Introduce the well-known seasoned issuers (WKSI) system. In August, the Shanghai Stock Exchange introduced the WKSI system to open up a green channel for quality issuers meeting the requirements of the "8+1" model, which has shortened the average issuance approval cycle to 5 working days and improved the issuance efficiency.

**3. Improve the bond trading efficiency**

(1) Launch the tri-party repo business. In April, the PBOC issued the Announcement No.18 [2018] that specified the matters related to the tri-party repo business in the interbank market. The Shanghai Stock Exchange and Shenzhen Stock Exchange issued the *Interim Measures of SSE and CSDC for Pledge Tri-party Repo Transaction and Settlement* and the *Interim Measures of SZSE and CSDC for Bond Pledge Tri-party Repo Transaction and Settlement* respectively in a row, which have enriched and improved the pledge repo trading mechanism of exchange bonds.

(2) Introduce the transfer mechanism of matured and defaulted bonds. China Foreign Exchange Trading System, in cooperation with Beijing Financial Assets Exchange, has launched a pilot project on the transfer of matured and defaulted bonds, allowing provision of the transfer service of matured and defaulted bonds through one-to-one inquiry, anonymous auction and real-time quotation.

(3) Develop bond collateral business. The Shanghai Stock Exchange issued the *Service Guidelines for the SSE Bond Collateral Disposal Platform*, launching the bond collateral disposal business and improving the default disposal mechanism of the bond repurchase market. The Shenzhen Stock Exchange promulgated the *Interim Measures for Bond Pledge Tri-party Repo Transaction and Settlement*, whereby private placement bonds and asset-backed securities were included in the scope of collaterals.

**4. Reinforce market discipline**

(1) Standardize information disclosure. The NAFMII released the *Guidelines on Information Disclosure of Asset-backed Securities for Small and Micro Business Loans (Rev. 2018)*, and the Shanghai Stock Exchange issued the *SSE Guidelines on the Contents and Formats*

*of Periodic Reports on Asset-backed Securities*, which have further improved the information disclosure mechanism of the bond market.

(2) Carry forward with the construction of credit rating system. In March, the NAFMII published the *Self-disciplinary Convention on the Credit Rating Agencies for Debt Financing Instruments Offered by Non-financial Enterprises* and the *Work Instructions for Investigative Interviews Conducted for the Credit Rating Business of Debt Financing Instruments Offered by Non-financial Enterprises*, which have established an investor-oriented and market-based rating system and improved the self-discipline management system of the credit rating sector. Meanwhile, the NAFMII also promulgated the *Rules for Registration and Rating of Credit Rating Agencies in the Interbank Bond Market* to establish an investor-oriented and market-based rating system.

(3) Heighten the bond duration management. The SSE and SZSE issued the *Listing Rules for Corporate Bonds* and the *Interim Administrative Measures for Corporate Bonds under Private Placement* respectively, specifying the market behaviors of market participants such as listing, information disclosure, transaction and transfer. Additionally, the SSE published the *Guidelines on the Contents and Formats of Periodic Reports on Asset-backed Securities* and the *Guidelines on Lifecycle Credit Risk Management of Asset-backed Securities*, for the purpose of improving the quality of information disclosure of asset-backed securities and strengthening the lifecycle management of credit risk. China Foreign Exchange Trading System revised the *Guidelines of the National Interbank Funding Center on Bond Trading and Circulation* to regulate the process of changes in the bond lifecycle.

**5. Stepping up the efforts in market opening-up**

(1) Publish the Administrative Measures for Bond Issuance by Overseas Institutions in the Interbank Bond Market. In September, the PBOC and the MOF promulgated the *Interim Measures for the Administration of Bond Issuance by Overseas Institutions in the National Interbank Bond Market* for the purpose of specifying the conditions that overseas institutions shall meet when issuing bonds in the interbank bond market, the procedures for applying for registration, information disclosure, issuance, registration, custody, settlement, opening of RMB capital account, fund exchange and investor protection.

(2) Simplify the registration of overseas investors. In June, the PBOC Shanghai Headquarters published the Announcement No.2 [2018], which simplified the information collection and reporting requirements for foreign investors to enter the Chinese interbank bond market and facilitated the entry of foreign investors into the market.

(3) Enforce tax incentives for overseas institutional investors. The MOF issued the *Notice*

*on Corporate Income Tax and Value Added Tax Policy for Overseas Institutions Investing in Chinese Bond Market*, stipulating that from Nov. 7, 2018 to Nov. 6, 2021, the bond interest incomes earned by overseas institutions from investing in China's bond market shall be temporarily exempted from corporate income tax and value added tax, provided that the scope of such temporary exemption of corporate income tax shall exclude the bond interest incomes earned by organizations and establishments set up within the territory of China by overseas institutions.

**6. Bond market supervision and coordination**

(1) Intensify the unified management of credit rating. In September, the PBOC and CSRC jointly released the Announcement No.14 [2018] specifying the standard qualifications for bond market rating service with a view to intensifying supervision of and information sharing among credit rating agencies and accelerating the improvement of the credit rating agency system. Moreover, the PBOC, CSRC and NAFMII will work together to examine and register the service qualifications of rating agencies in the bond market, and to open up a green channel for qualification ratification specific to the organizations providing rating services in the two markets.

(2) Establish a unified law enforcement mechanism in the bond market. In December, the PBOC, CSRC and NDRC jointly released the *Opinions on Further Strengthening Law Enforcement in the Bond Market*, which made it clear that the CSRC should carry out unified law enforcement on illegal acts in the bond market according to law, and identify and punish illegal acts of information disclosure, insider trading and other violations of the Securities Law in accordance with the relevant provisions of the Securities Law.

**(iii) Policy Assessment**

(1) The bond market grew steadily. In the context of policy call for optimizing and regulating the bond issuance mechanism, the bond issues increased steadily and the bond market size expanded further. By the end of 2018, the custody account balance of the national bond market totaled RMB 86.39 trillion, up 15.0% over the previous year, accounting for 96.0% of China's GDP.

(2) The bond market made greater contributions to the real economy. In 2018, the issues of corporate credit bonds soared, amounting to RMB 7.55 trillion, up 32.7% over last year, and representing an increase of 65.6 percentage points over last year. The net proceeds from corporate credit bonds recorded RMB 2.49 trillion, accounting for 12.9% of the total amount of social financing in the year, and representing an increase of 10.9 percentage points over the

previous year. Among them, the funding for private businesses and small and micro businesses has been significantly built up. By the end of 2018, the interbank market had produced credit risk mitigation warrants valuing RMB 6.32 billion, aiding 35 private businesses to issue 50 bonds and raise RMB 22.9 billion. The exchange bond market had generated credit risk mitigation warrants valuing RMB 260 million, supporting 6 private businesses to issue RMB 1,220 million bonds. 5 banks registered asset-backed securities totaling RMB 15 billion for small and micro business loan; and the securities issued added up to RMB 10.8 billion, which was approximately 15.4 times as much as in 2017.

(3) Market attractiveness increased. In 2018, 4,172 new investors entered the interbank bond market, raising the total number of investors to 25,674. Among them, the number of domestic legal person institutions increased by 216, and the number of unincorporated products increased by 3,576; and the number of overseas institutions increased by 380 to 1,186. Bond holdings by overseas institutions posted a gain of RMB 0.55 trillion over the previous year, representing a significant increase of 46.7%, totaling RMB 1.73 trillion, accounting for 2.3% of the total holdings by institutional investors.

(4) The market was further opened up. In 2018, 380 foreign institutional investors entered the bond market. The total amount of bond custody held by overseas institutions in the interbank bond market was RMB 1.73 trillion, a growth of 46.7% over the previous year. By the end of 2018, the issuance of Panda Bonds in the bond market had achieved remarkable results. Overseas issuers have included foreign government agencies, international development agencies, financial institutions and non-financial enterprises, with 175 new issues in aggregate, a total amount of RMB 321.53 billion and a custody balance of RMB 274.45 billion.

### (iv) Policy Outlook

In 2019, in response to the guidelines of the Nineteenth National Congress of the Communist Party of China and the decisions and plans of the Central Economic Working Conference, we will place the emphasis of bond market operation on serving the real economy, preventing and controlling financial risks and deepening financial reform, adhering to the principles of marketization, legalization and internationalization, promoting innovation in financial market, continuing to step up efforts in funding small and micro businesses, Three Rural undertaking, green industry, mass entrepreneurship and innovation, poverty alleviation, strategic emerging industries and other fields, developing asset securitization, and promoting innovative bond products such as perpetual bonds. We will further improve the construction of trading and settlement mechanism and technical system, and beef up the overall supervision

of financial infrastructure; push ahead with the long-term mechanism for market-oriented and law-based disposal of bond default risk; continuously raise the level of bond market opening-up, attracting more overseas institutions to invest in the bond market and expanding the market size of Panda Bonds; develop the credit derivatives market steadily and further improve the basic institutions and infrastructure service level of the bond market and enhance the bond market's capability and level in serving the real economy.

## Article 10

### Developing Shanghai's Soft Power as an International Finance Centre①

The *Proposal on Establishing the Shanghai Financial Court* was adopted by the Reform Deepening Committee of the CPC Central Committee on March 28, 2018 and the *Decision on Establishing the Shanghai Financial Court* was adopted by the 2nd Session of the 13th National People's Congress on April, 27. The Shanghai Financial Court, the first court in China dedicated to hearing finance-related cases, was established on August 20, 2018. The establishment of the Shanghai Financial Court is a major decision and arrangement made by the CPC Central Committee, an important part of the national overall financial strategy and a considerable achievement in the reform of Shanghai's judicial system.

The *Provisions of the Supreme People's Court on the Jurisdiction of the Shanghai Financial Court* promulgated on August 10, 2018 clarifies the cases to be heard by the Shanghai Financial Court. Firstly, the Shanghai Financial Court mainly hears the finance-related civil and commercial litigation cases of first instance which were previously heard by the intermediate people's courts within the jurisdiction of Shanghai Municipality. Secondly, the Shanghai Financial Court handles the finance-related administrative cases of first instance which were previously heard by the intermediate people's courts within the jurisdiction of Shanghai Municipality where a financial regulator is listed as the defendant. Thirdly, the Shanghai Financial Court has jurisdiction in the finance-related civil and commercial litigation cases and the finance-related administrative cases of first instance in connection with duty performance where a financial market infrastructure entity, with the domicile located in Shanghai, is listed as the defendant or third party.

The establishment of the Shanghai Financial Court has great realistic significance and profound historical significance in that it further opens the financial sector to the outside world,

---

① This article is compiled by He Haifeng based on the article with same title from the China Finance (Issue 17, 2018) and has not been reviewed by Zheng Yang, the original author.

improves the international influence of China's financial justice system, prevents against financial risks, and facilitates the international financial center construction of Shanghai.

Next, the Shanghai Financial Court will establish itself as the name card of China's financial justice system by integrating the practical situation of the international financial center construction of Shanghai, aligning with the standards set by major international financial centers in the world and improving the professionalization of trial of financial cases. Specifically, the Shanghai Financial Court will focus on the innovation in terms of judicial adjudication in key financial sectors and provide the financial development with more comprehensive judiciary protection, improve the link between litigation mechanism and non-lawsuit mechanism and perfect the diversified dispute settlement mechanism, utilize modern information tools wisely and enhance the trial quality of financial cases effectively, strengthen the research of financial laws and promote the construction of financial justice think tanks, and optimize the interagency coordination between the Shanghai Financial Court, the financial administrative authorities, the financial market and the financial institutions.

## V. Fund Market Development Policies[①]

### (i) Overview of the Fund Market Development

2018 is the first year that the unified regulatory provisions governing asset management service were enforced, and it is also the 20th anniversary of the development of China's securities investment fund industry. According to the statistics reported by the Asset Management Association of China (AMAC), by the end of 2018, the aggregate assets under management (AUM) by fund management companies and their subsidiaries, securities companies, futures companies and private fund management agencies added up to RMB 50.36 trillion[②], down 5.99% from the end of 2017.

Mutual funds continued to develop steadily and fleetly, with assets under management (AUM) totaling RMB 13.03 trillion, up 12.33%; and the number of products reaching 5,626, an increase of 16.22%; of which, the total number of social security fund, basic pension, enterprise annuity and occupational annuity products managed by fund management companies was 1,252, with total assets of RMB 1.67 trillion, representing an increase of 14.18%. In 2018, the construction of China Individual Pension System moved forward from theoretical research to

---

① Author: Li Yan, Board Secretary of Guotai Junan Securities Asset Management Co., Ltd.

② The aggregate AUM size is exclusive of the overlapping between private fund advisory management product and private asset management plan.

policy practice. By the end of the year, 28 fund companies obtained issuance approval for 40 pension fund products, of which 12 funds have been incepted, totaling about RMB 4 billion. Public funds have offered inclusive investment and financial planning services for hundreds of millions of households, opening 600 million active accounts for individual investors. At the same time, as the main entrusted investment asset manager of the national social security fund, public fund management companies managed more than 40% of the national social security fund assets, accounting for 80% of the total entrusted management units of the social security fund, which have harvested satisfactory returns on investment, thus contributing to stable accumulation of the social security fund. In 2019, public fund is expected to be included in the investment scope of individual retirement accounts.

### (ii) Analysis of Fund Market Policies

The essence of asset management service is that the asset manager accepts the client's commission and fulfills its responsibility of trusteeship and due diligence through investment and operation of the client's assets as agreed in the contract, and the client receives return from the investment and meanwhile bears investment risks as prescribed in the contract. In 2018, focusing on the core objective of the fund industry regulatory policy to protect the interests of investors, China introduced a unified regulatory framework for asset management service. While further standardizing the investment operation, internal control, risk management, sales behavior, information disclosure and other key operations of asset management agencies, we paid more attention to the principle of "seller is to duly fulfill its responsibilities and buyer is to himself bear the liability" and financial risk prevention, and encouraged specialized and differentiated management of asset management agencies to foster a high-quality and long-term sustainable ecology.

#### 1. Improve the governance of the private fund industry by adopting the multi-subject governance model to better shore up the formation of Innovation Capital of private funds

In 2018, the AMAC continued to improve and optimize the "7+2" self-discipline system by combining the mandatory norms of judicial administration with the industrial self-discipline and practicing a multi-subject governance model to build a modern industry governance system, thereby fueling the high-quality development of private fund services and creating an ecological environment for sustainable development of the private equity sector. In terms of registration and filing, the AMAC made constant efforts in updating the instructions for registering as a private fund manager, substantially forming registration-based management with well-defined standards, clear rules, strict examination and transparent procedures. On Jan.

12, 2018, the AMAC released the *Instructions for the Registration of Private Funds*, listing three types of business activities that do not fall into the scope of private funds; on Aug. 29, 2018, the AMAC issued the *Questions and Answers Regarding the Registration and Filing of Private Funds (XV)*, specifying the conditions for private funds to apply for asset allocation manager and the relevant requirements for the issuance of private equity asset allocation funds; and on Dec. 7, 2018, the AMAC unveiled the updated version of the *Instructions for Registering as a Private Fund Manager*, which further prescribed the requirements on shareholders' authenticity and stability, defined the boundary for registration as a private fund manager, strengthened the qualifications and responsibilities of group organizations, implemented internal control guidelines, enhanced the compliance and expertise management for senior officers and employees, and added the circumstances resulting in suspension and rejection of registration. In terms of sustained credit management, the AMAC introduced the member credit information reporting system to deliver credit accumulation and display services for member private fund managers. In Jan. 2018, the *Work Rules for Credit Information Reports on Private Securities Investment Fund Manager Members (Trial)* were promulgated, stating that members' credit information reports shall be updated on a quarterly basis, the reporting shall be evaluated from four dimensions, and fund managers are obliged to display credit information from four aspects including compliance management, stable survival, professional operation and transparent information disclosure, in order to accumulate credit profiles of private securities investment fund manager members in a continuous and real-time manner, thereby facilitating the industry to establish itself on credit, realizing industry credit self-governance and aiding private securities investment fund managers in enhancing the compliance, stability, transparency and expertise of investment management. With regard to hierarchical and classified self-discipline services, the AMAC defined the membership path for classified notification and disciplinary enforcement. The expected path for private fund manager membership is as follows: registered organ → observer member → regular member → members of specialized committees → members of board of directors/supervisors; and classified notification is adopted for members based on their AUM size, operation compliance and integrity. On Mar. 27, 2018, the AMAC unveiled the *Decision on Further Strengthening the Self-Discipline Management of Private Fund Industry* and the *Notice on the Presentation of Special Legal Opinions by Private Fund Managers under Abnormal Operation*, encouraging institutions to mediate by themselves with the aid of lawyers and requesting private fund managers to present special legal opinions in case of abnormal operation and establish an immediate processing mechanism under the legal framework.

**2. Implement unified supervision standards to promote functional supervision and drive the asset management industry back to basics**

In the process of the rapid development of the asset management industry, the boundary between different sub-industries is getting blurred, and the problems of, among others, regulatory arbitrage, product multilevel nesting and rigid payment not only distort the ecology of the asset management industry but also agglomerate certain financial risks. The prevailing mode of assets management products and services depending on institutional supervision calls for an immediate shift to regulation by institutional types in parallel with regulation by functions. On Apr. 27, 2018, the PBOC, CIRC, CSRC and SAFE jointly promulgated the *Guiding Opinions on Regulating the Asset Management Business of Financial Institutions* (hereinafter referred to as the "Guiding Opinions") for the purpose of making a top-level design for the unified supervision of the asset management industry, driving the asset management business back to basics and earnestly fulfilling the active management responsibilities to serve the real economy and prevent financial risks. The Guiding Opinions specify that since the asset management business belongs to a Financial Institution's off-balance sheet business, no guarantee can be given to investors for principals or returns; asset management products are classified by the fundraising method into public funds and private funds, for which unified regulatory requirements on investment scope, leverage ceiling and information disclosure are prescribed respectively; the multilevel nesting phenomenon shall be eradicated, prohibiting financial institutions from providing "channel" services such as evading investment scope, leverage ceiling and other regulatory requirements for the asset management products of other financial institutions; strict requirements on investing in non-standard credit assets are clearly defined, prohibiting fund pooling and preventing shadow banking and liquidity risks; the thresholds to become a qualified investor are established to strengthen the suitability management of investors; a unified reporting system is developed to intensify information disclosure; and financial institutions are required to strengthen product maturity management, reduce the risk of maturity mismatch and put in place liquidity risk management rules. At the same time, the Guiding Opinions highlight the combination of risk prevention with orderly regulation, and set up a reasonable transition period to give financial institutions more ample time for adjustment and transition, so as to ease unreasonable volatility in the market.

With a view to boosting the regulated and healthy development of banking financial services and private asset management business of securities and futures operators, promoting the unified supervision of asset management products and effectively preventing financial risks, the CIRC and CSRC issued and enforced regulations and implementation rules for banking

financial services and private asset management business of securities and futures operators as important measures for the implementation of the Guiding Opinions. In view of the problems of non-standard operation of banking financial products and services, insufficient management of investor suitability and inadequate information disclosure, the CIRC enacted the *Regulations for the Supervision and Administration of the Financial Services of Commercial Banks* on Sept. 26, 2018 and the *Administrative Measures for Financial Management Subsidiaries* on Dec. 2, 2018, speeding up the standardized transformation of banking financial services, driving the banking financial services back to basics and breaking the rigid payment. In order to address a series of problems such as deviation of some securities and futures companies from the basics of asset management business, inadequate active management and weak risk control, the CSRC issued the *Administrative Measures for Private Asset Management of Securities and Futures Institutions* and the *Provisions on the Administration of Operation of Privately Offered Asset Management Plans of Securities and Futures Business Institutions* on Oct. 22, 2018 as well as the *Operational Guidelines on the Application of the Guiding Opinions on Regulating the Asset Management Business of Financial Institutions to the Massive Collective Asset Management Business of Securities Companies* on Nov. 28, 2018 to develop uniform regulatory rules, promote fair competition and intensify risk prevention and control.

### (iii) Industry Outlook

The Guiding Opinions, as a unified regulatory framework for the asset management industry, are expected to have a far-reaching impact on the asset management industry. The core objective of the Guiding Opinions is to break rigid payment and eradicate regulatory arbitrage. Rigid payment is the core issue of asset management business. For a long time, the problem of rigid payment with the asset management business not only essentially distorts the risk-return relationship serving as the cornerstone of healthy operation of the capital market and largely impairs the resource allocation function of capital market but also transfers the investment risk that should have been borne by investors to financial institutions and governments, resulting in the accumulation of financial systemic risk. Under the background of rigid payment and separated financial supervision, regulatory arbitrage among financial institutions leads to non-benign swift expansion of AUM size featured by asymmetric risk-return relationship and rapid accumulation of financial systemic risk. The Guiding Opinions will, beyond doubt, significantly drive the healthy development of asset management industry on the basis of systematic regulation and contribute to preventing pooling of financial risks. In order to uproot rigid payment and regulatory arbitrage of asset management business, we must thoroughly break the rigid payment of bonds and create a capital market culture advocating "seller is to duly fulfill its

responsibilities and buyer is to himself bear the liability"; deal with the problems brought by separated supervision, and solve the contradiction between supervision by institutional types and supervision by functions; and develop a better understanding on the relationship between market supervision and economic regulation and control, refraining from adjusting the macroeconomic cycle at the expense of fairness, transparency, orderliness and efficiency of the market.

## Appendix

**Main Regulatory Policies for the Fund Market since 2018**

| Date | Main policies | Issued by |
|---|---|---|
| Jan. 12, 2018 | *Instructions for the Registration of Private Funds* | AMAC |
| Jan. 12, 2018 | *Work Rules for Credit Information Reports on Private Securities Investment Fund Manager Members (Trial)* | AMAC |
| Jan. 25, 2018 | *China Fund Valuation Guidebook 2017* | AMAC |
| Feb. 11, 2018 | *Guidelines for Pension Target Securities Investment Funds (Trial)* | CSRC Announcement No.2 [2018] |
| Mar. 1, 2018 | *Special Provisions on Shareholding Reduction by Venture Capital Fund Shareholders of Listed Companies* | CSRC Announcement No.4 [2018] |
| Mar. 12, 2018 | *Notice on Matters Concerning Registration of Pension Target Securities Investment Fund Managers* | AMAC |
| Mar. 27, 2018 | *Decision on Further Strengthening the Self-Discipline Management of Private Fund Industry* | AMAC |
| Mar. 30, 2018 | *Guidelines for the Valuation of Unlisted Equity Investment of Privately Offered Investment Funds (Trial)* | AMAC |
| Apr. 27, 2018 | *Guiding Opinions on Regulating the Asset Management Business of Financial Institutions* | PBOC, CIRC, CSRC, SAFE |
| May 30, 2018 | *Guiding Opinions on Further Regulating the Services Relating to the Internet Sales and Redemption of Money Market Funds* | CSRC Announcement No.10 [2018] |
| Jun. 27, 2018 | *Interim Provisions on Securities and Fund Operators' Use of Securities Investment Consulting Services Provided by Hong Kong Institutions* | CSRC Announcement No.23 [2018] |
| Jun. 27, 2018 | *Provisions on the Professional Integrity of Securities and Futures Business Institutions and Their Employees* | CSRC Decree No.145 |
| Aug. 29, 2018 | *Questions and Answers Regarding the Registration and Filing of Private Funds (XV)* (concerning private asset allocation fund manager) | AMAC |
| Sept. 25, 2018 | *Measures for the Administration of the Formation, Acquisition and Purchase of Non-Controlling Shares of Overseas Business Institutions by Securities Companies and Securities Investment Fund Management Companies* | CSRC Decree No.150 |
| Sept. 26, 2018 | *Regulations for the Supervision and Administration of the Financial Services of Commercial Banks* | CSRC Decree No.6 [2018] |

Continued

| Date | Main policies | Issued by |
| --- | --- | --- |
| Oct. 22, 2018 | *Provisions on the Administration of Operation of Privately Offered Asset Management Plans of Securities and Futures Business Institutions* | CSRC Announcement No.31 [2018] |
| Oct. 22, 2018 | *Measures for the Administration of Privately Offered Asset Management Business of Securities and Futures Business Institutions* | CSRC Decree No.151 |
| Nov. 10, 2018 | *Guidelines for Green Investment (Trial)* | AMAC |
| Nov. 21, 2018 | *Guidelines on the Naming of Private Investment Funds* | AMAC |
| Nov. 23, 2018 | *Operational Guidelines of Shenzhen Stock Exchange on Securities Investment Fund Liquidity Service* | SZSE |
| Nov. 28, 2018 | *Operational Guidelines on the Application of the Guiding Opinions on Regulating the Asset Management Business of Financial Institutions to the Massive Collective Asset Management Business of Securities Companies* | CSRC Announcement No.39 [2018] |
| Dec. 2, 2018 | *Measures for the Administration of the Financial Service Subsidiaries of Commercial Banks* | CSRC Decree No.7 [2018] |
| Dec. 7, 2018 | *Instructions for Registering as a Private Fund Manager* (revised) | AMAC |
| Dec. 11, 2018 | *China Fund Valuation Guidebook 2018* | AMAC |
| Dec. 14, 2018 | *Operational Guidelines of Shanghai Stock Exchange on Exchange Traded Fund Liquidity Service 2018* | SSE Document No.112 [2018] |
| Dec. 19, 2018 | *Measures for the Administration of Information Technology Management of Securities and Fund Operators* | CSRC Decree No.152 |
| Dec. 25, 2018 | *Guidelines for Internal Control over Bond Investment Trading Business of Securities and Fund Operators* | AMAC |
| Dec. 27, 2018 | *Master Agreement on Derivatives Trading in China's Securities and Futures Market* | SAC, CFA, AMAC, SSE, SZSE |
| Jan. 12, 2019 | *Guidelines for the Investment of Publicly Offered Securities Investment Funds in Credit Derivatives* | CSRC Announcement No.1 [2019] |
| Jan. 18, 2019 | *Guidelines for the Valuation of Credit Derivatives Invested with Securities Investment Funds (Trial)* | AMAC |

## Article 11

### The Guidelines for Pension Target Securities Investment Funds (for Trial Implementation) Has Been Issued①

In order to support the publicly-offered funds to serve for individual investors to carry

① Authors: Wu Pingping & Zhang Yiwei, CGS Research Institute, Financial Analyst.

out pension investment and better utilize publicly-offered funds' ability to make professional investment in the market-oriented pension reform, the China Securities Regulatory Commission (CSRC) officially issued the *Guidelines for Pension Target Securities Investment Funds (for Trial Implementation)* (hereinafter referred to as the "Guidelines") in February 2018.

The Guidelines regulate the operation and management of pension target securities investment funds from various aspects, such as operation form, investment strategy, operation mode, holding period, investment varieties and proportion, sub-funds and fund managers. From the Guidelines and the information disclosed by the CSRC, the pension target fund is mainly operated in the form of fund-in-the-fund (FOF) at initial stage. Specifically, the asset allocation adopts a mature and steady strategy, pursuing long-term benefits and rationally control of downside risks. As for the holding period, a closed operation period for the periodical opening and the shortest holding period by an investor are set to avoid short-term frequent purchase and redemption affecting the fund's investment strategy and performance. From the perspective of the rate, the fund managers are encouraged to set favorable rates and differentiated rates to support the investors to make long-term pension investments.

Compared with other pension systems and products, the pension target fund provides relatively flexible asset allocation option besides its emphasis of controlling downside risks, aiming to increase revenue and meet the individual needs of investors. The product design takes the differences between investors in risk preferences and liquidity requirements into account and divides the products into funds adopting the target date strategies and funds adopting the target risk strategies. These two types of funds adjust the ratio of equity to non-equity assets according to the set target date and specific risk preferences, and take effective measures to control the portfolio risk.

According to the statistics from Wind, the application for issuance of a total of 103 pension target fund products have been submitted in the period from the beginning of 2018 to March 18, 2019. Among them, only 17 were successfully issued, and the scale of the fundraising was 5.603 billion yuan, which needs to be further expanded. These funds are all FOF funds. The management fee rate ranges from 0.50% to 1%. As for the holding period, the three-year period products hold the dominant position. Judging from the fund's rate of return, all 17 pension funds have achieved positive net growth since the establishment date, and some of them even witnessed a rate of return up to 7%-8%. The sound performance of the products was mainly contributed by the recovery of the capital market driven by the release of favorable policies and the improvement of the Sino-US trade situation since October 2018.

The establishment of the pension target investment funds is conducive to enriching China's

pension system. It is an effective tool for residents to live out their life in retirement, and it is an important supplement to the three pillars of social security, enterprise annuity and personal commercial pension. The pension target securities investment fund adopts the market-oriented operation mode of publicly-offered funds, and has many advantages in terms of profitability, liquidity and information transparency. Although the current pension target investment fund is in its infancy and the investment scale is still small, there is tremendous room for growth in the future. In April 2018, the finance departments, local taxation authorities and the human resources and social security departments of Shanghai Municipality, Jiangsu Province, Fujian Province and Xiamen City, the CBRC, the CSRC, the CIRC and other departments and agencies jointly issued the *Notice on Launching Pilot Individual Tax-Deferred Commercial Pension*, which clarifies that after the one-year trial operation of the pilot individual tax-deferred commercial pension, the products such as publicly-offered funds will be included in the investment scope of the individual commercial pension account. If the scope of investment is expanded, the scale of the pension target securities investment funds may be promoted.

## Appendix

**Summary of Established Pension Target Funds**

| | Date of Establishment | Management Fee Rate (%) | Scale (in 100 million yuan) | Growth Rate of Adjusted NAV Since Establishment (%) |
|---|---|---|---|---|
| Fuguo Xinwang Steady Pension Fund (one-year) | 2018-12-13 | 1.00 | 8.83 | 1.30 |
| ICBC Pension Fund 2035 (three-year) | 2018-10-31 | 0.90 | 2.32 | 2.28 |
| Guangfa Steady Pension Target Fund (one-year) | 2018-12-25 | 0.60 | 5.20 | 2.42 |
| Huaxia Pension Fund 2040(three-year) | 2018-09-13 | 0.90 | 3.27 | 2.33 |
| Huitianfu Pension Fund (three-year) (FOF) | 2018-12-27 | 0.80 | 2.52 | 1.60 |
| Harvest Pension Fund 2040 (five-year) | 2019-03-06 | 0.80 | 0.26 | 0.00 |
| CCB Principal Asset Management Optimal Steady Pension Fund (one-year) | 2019-01-31 | 0.60 | 8.11 | 0.81 |
| Southern AMC Pension Fund 2035(three-year) A | 2018-11-06 | 0.90 | 3.48 | 4.05 |

| | Date of Establishment | Management Fee Rate (%) | Scale (in 100 million yuan) | Growth Rate of Adjusted NAV Since Establishment (%) |
|---|---|---|---|---|
| Southern AMC Pension Fund 2035 (three-year) C | 2018-11-06 | 0.90 | 0.53 | 3.91 |
| Penghua Pension Fund 2035(three-year) | 2018-12-05 | 0.60 | 2.61 | 0.82 |
| MANULIFE TEDA Taihe Pension Fund (FOF) | 2018-10-25 | 1.00 | 2.30 | 3.95 |
| Wanjia Asset Steady Pension Fund (FOF) | 2018-12-13 | 0.90 | 2.20 | 1.14 |
| AEGON-INDUSTRIAL Antai Balanced Pension Fund (FOF) | 2019-01-25 | 0.50 | 6.58 | 8.37 |
| E FUND Huicheng Pension Fund (three-year) (FOF) | 2018-12-26 | 0.90 | 2.30 | 2.15 |
| Yinhua Pension Fund 2035 (three-year) | 2018-12-13 | 0.90 | 2.11 | 2.17 |
| Zhong Ou Yujian Pension Fund 2035 (three-year) A | 2018-10-10 | 0.60 | 3.07 | 7.81 |
| Zhong Ou Yujian Pension Fund 2035 (three-year) C | 2018-10-10 | 0.60 | 0.35 | 7.62 |

*Source: Wind, organized and complied by CGS Research Institute.*

## Article 12

### Privately-offered Fund Becomes the Mainstay of Capital Market①

**I. The privately-offered funds have been subject to standardized development and stable operation after a rapid growth period.**

Benefiting from the introduction of the registration and filing system of private placement in 2014 and the growth of the population of high-net-worth individuals, China's privately-offered funds have developed rapidly in recent years, and both the number of managers and the scale of management have grown by leaps and bounds. As of December 2018, there were 24,448 registered mangers of privately-offered funds. In terms of the number of managers and scale of management, 74,629 privately-offered funds have been filed and registered and the assets under management amounted to 12.70 trillion yuan, indicating a compound annual growth rate since

① Authors: Wu Pingping & Zhang Yiwei. CGS Research Institute. Financial Analyst.

2014 of 76.64% and 70.76% respectively.

With the rapid development of the privately-offered fund industry, the number of violations of relevant laws and regulations have also gradually increased. The problems associated with information distortion of filing materials, illegal fundraising, misappropriation of fund's property, etc. have become prominent, and even bred illegal activities such as market manipulation, transfer of interests, and utilizing undisclosed information in transactions. All of these disrupt the market order and damage the legitimate rights and interests of investors. In order to effectively put a stop to these violations in the field of privately-offered fund, the Asset Management Association of China (AMAC) has introduced a series of measures and guidelines to regulate a series of outstanding problems in 2016, including guiding the privately-offered fund managers to strengthen internal control and regulating information disclosure activities, business operations and fundraising activities of privately-offered funds. In addition, the CSRC launched special enforcement campaigns in December 2017 to strictly crack down on illegal activities in privately-offered fund industry, including violations of regulations, transfer of interests, manipulation of market, and corruptive practices. Since then, the regulation of privately-offered funds has been strengthened continuously, the growth rate of the scale of industry has been stabilized, and the development of privately-offered fund industry has been standardized.

**II. The privately-offered funds have become important participants in multi-level capital market, supporting the development of the real economy**

The rapid growth of privately-offered funds is conducive to promoting the development of direct financing and improving the efficiency of serving the real economy, making the privately-offered funds an important participant in the development of multi-level capital market in China. By the end of the third quarter of 2018, the market value of the stocks held by privately-offered funds reached 221.485 billion yuan, second only to publicly-offered funds and insurance funds and far more than the market value of the stocks held by securities companies. At the same time, privately-offered funds also actively support the development of innovation-based companies. Wind's data shows that in 2017, the top five sectors receiving the most private equity and venture capital investments from the privately-offered funds were the Internet sector, the automotive sector, the IT sector in general terms, the biotechnology/medical health sector and the financial sector, and the investment amount of these five sectors was equivalent to 176.214 billion yuan, 80.131 billion yuan, 63.819 billion yuan, 57.314 billion yuan and 57.293 billion yuan, respectively, most of which went into to the strategic emerging industries. The privately-offered funds actively make arrangement in strategic emerging areas, and promote the rapid development of emerging industries, optimize economic structure, and facilitate industrial upgrading by funding the

innovation-based enterprises.

**III. China's current scale of privately-offered funds is much smaller than developed countries in Europe and America, indicating tremendous room for growth in the future.**

There is still a big gap between the privately-offered fund industry of China and that of developed countries in Europe and America. According to the AMAC's latest overseas private placement materials, namely the *Private Funds Statistics of Fourth Calendar Quarter 2017* issued by U.S. Securities and Exchange Commission (SEC), the number of private fund managers in the United States in 2017 was 2,997, and the size of assets under management was about USD 12.54 trillion. The per capita value of assets under management was equivalent to about 28.185 billion yuan based on current exchange rate. In contrast, although the number of private fund managers in China in 2018 was more than eight times that of the United States, the total size and per capita size of assets under management were only 12.70 trillion yuan and 519 million yuan, indicating relatively tremendous room for future development in terms of scale, quality and form. With the transformation and upgrading of the national economic structure, the kinetic energy of economic growth and the capital market ecology will change, and the proportion of direct financing will expand. At the same time, the establishment of the science and technology innovation board will provide a new exit channel for private equity investment, leaving China's privately-offered funds with enormous room for growth in the future.

## VI. Monetary Market Development and Policies①

### (i) Overview of Monetary Market Operation

In 2018, the monetary market was operating stably on the whole, with transactions in the interbank market skyrocketing, trading volumes in the bond repurchase market and negotiable certificate of deposit (NCD) market continuing to grow, bill acceptance transactions scoring a steady rise, and bill discounting transactions shooting up. Market interest rates slid amid slightly higher fluctuations, and the maturity structure was optimized.

**1. Interbank market**

In 2018, the interbank market maintained a stable growth as evidenced by skyrocketing transactions. The trading volume added up to RMB 139.30 trillion, an increase of 76.37% over the previous year; and the average daily turnover reported RMB 552.778 billion. Terminal

① Zeng Ziliang, Deputy Director of Financial Market Management Department, Shanghai Headquarters of the People's Bank of China.

interest rates declined amid slightly higher fluctuations. The weighted average annual interest rate of interbank loans stood at 2.59%, down by 18 basis points from last year. The market participant group continued to expand, with institutional members in the interbank market reaching 2,123 at the year end, an increase of 165 over the previous year. Market participants were increasingly diversified, enriched by overseas RMB clearing banks. By the end of the year, 11 overseas RMB clearing banks had entered the interbank market. A majority of interbank loans were for short-term maturities, among which, transactions with a maturity up to 7 days totaled RMB 135.84 trillion, taking up 97.52% of total transactions, up by 1.25 percentage points from last year.

**2. Bond repurchase market**

In 2018, the bond repurchase market reported a turnover of RMB 954.06 trillion, a growth of 11.69% over the previous year. Among them, the interbank bond repurchase market reported a total turnover of RMB 722.68 trillion, up by 17.2% from last year; and the exchange bond repurchase market reported a total turnover of RMB 231.38 trillion, down by 12.72% from last year. In terms of the interbank bond repurchase market, pledge repo transactions totaled RMB 708.67 trillion, with an increase of 20.5% compared with last year. The weighted average interest rate of pledge repo transactions recorded 2.66%, which was 26 basis points lower than that of the previous year. Outright repo transactions totaled RMB 14.00 trillion, down 50.2% from last year. The weighted average interest rate of outright repo transactions recorded 3.00%, which was 32 basis points lower than that of the previous year.

**3. Deposit receipt market**

NCDs issued in the interbank market amounted to RMB 21.12 trillion, an increase of 4.58% over last year. By the end of the year, the balance of interbank NCDs had accumulated to RMB 9.23 trillion, with a growth of 23.56% compared with last year. Most NCDs issued were for maturities of 3 months, 6 months and 1 year, with the issue amount accounting for 37.44%, 17.32% and 20.36% of the total issue size, respectively. The percentages of 1-month, 3-month and 6-month NCDs decreased by 9.46, 3.29 and 3.88 percentage points respectively, while the proportions of 9-month and 1-year NCDs increased by 8.41 and 8.22 percentage points respectively. NCDs from secondary markets reported a turnover of RMB 149.85 trillion, an increase of 32.76% over the previous year.

**4. Bill market**

Bill acceptance business grew steadily, and bill discounting transactions increased substantially, with interest rates descending as a whole. In 2018, the acceptance of commercial drafts added up to RMB 18.27 trillion, rising by RMB 3.63 trillion compared with last year, with

an increase of 24.84%; and the acceptance balance at the end of the year was RMB 11.96 trillion, climbing by RMB 2.18 trillion compared with last year, with a growth of 22.25%. In 2018, the discounting of commercial drafts amounted to RMB 9.94 trillion, up 38.83% over the previous year. At the end of the year, the discounting balance was RMB 6.68 trillion, an increase of 45.3% over the beginning of the year. In 2018, bill transactions totaled RMB 41.75 trillion, down 19.98% from last year. Among them, rediscount transaction volume was RMB 34.63 trillion, a fall of 22.35% from last year.

### (ii) Major Policies and Effects

1. Launch bond pledge tri-party repo transactions. On Apr. 24, Shanghai Stock Exchange ("SSE") and China Securities Depository and Clearing Corporation Ltd. ("CSDC") jointly issued the *Interim Measures of SSE and CSDC for Pledge Tri-party Repo Transaction and Settlement* (S.Z.F. No.22 [2018]) to launch bond pledge tri-party repo transactions. On Jul. 13, Shenzhen Stock Exchange ("SZSE") and CSDC worked together to officially promulgate the *Interim Measures of SZSE and CSDC for Bond Pledge Tri-party Repo Transaction and Settlement* (S.Z.S. No.323 [2018]) which came into effect as of Jul. 30, 2018. On Oct. 9, the People's Bank of China ("PBOC") issued a bulletin (No.18 [2018]) allowing tri-party repo operations in the interbank market.

First of all, the introduction of the tri-party repo transaction policy makes it easier for market participants to conduct repo business, mitigates the risk of settlement failure and other relevant risks, and guarantees that the risk exposure in the duration of repos is effectively covered, and enhances the risk prevention and control capabilities. Secondly, this policy makes pledge repo transactions more convenient. To be specific, the transaction elements are less complex and the operating procedures have been simplified. As a consequence, transactions can be conducted more efficiently at a lower cost. Thirdly, the third-party collateral management mechanism has been improved, given full play to the advantage of clearing and trusteeship integration. Third-party institutions provide collateral management services integrating automatic calculation, selection, pledge and release, which contributes to further improvement of the third-party collateral management mechanism. Fourthly, this policy is conducive to the effective use of fractional bonds and the improvement of secondary market liquidity.

2. Introduce night trading services of interbank lending On Apr. 27, with the PBOC's approval, the National Interbank Funding Center ("NIBFC") published the *Notice on Providing Night Trading Services of Interbank Lending* (No.150 [2018]), whereby the NIBFC began to provide night trading services of interbank lending from May 1, 2018. The introduction of night

trading services accommodates the liquidity management needs of direct participants of the RMB cross-border payment system (CIPS), prolongs the trading hours of the interbank market and covers more trading time zones, and further shores up RMB internationalization and globalization of the financial market.

3. Strengthen the liquidity risk management of commercial banks. On May 23, China Banking and Insurance Regulatory Commission ("CBIRC") enacted the *Measures for Liquidity Risk Management of Commercial Banks* (CBIRC Decree No.3 [2018]) which came into force as of Jul. 1. These Measures specified liquidity risk regulatory indicators such as liquidity coverage ratio ("LCR"), net stable funding ratio ("NSFR"), liquidity ratio, liquidity matching ratio, and adequacy ratio of HQLA as well as minimum supervisory standards.

The effects of this policy on the monetary market are summarized as follows: firstly, it intensifies the liquidity risk management of commercial banks and guarantees the safe and robust operation of the banking system. In the context of prudent monetary policy in 2018, the banking system sustained a rational and adequate liquidity, and interest rates of the monetary market dropped steadily. Secondly, it aids commercial banks to reinforce the liquidity risk management of interbank business and improve the diversification and stability of interbank liabilities. There has been a tendency for transfer of off-line business into on-line business, especially in the interbank market. Interbank transactions grew at a rate of 76.37%, which was much higher than that of other monetary market instruments. Interbank transactions were taking up an increasing share of the monetary market, and the trading structure of the monetary market was continuously optimized.

4. On May 30, the CSRC and the PBOC jointly issued the *Guiding Opinions on Further Regulating the Services Relating to the Internet Sales and Redemption of Money Market Funds* (CSRC Announcement No.10 [2018]), requiring that the licensed operation for Internet sales of money market funds be strictly enforced, misappropriating of proceeds from fund sales and settlement be strictly forbidden, quota management be enforced for the "T+0 redemption and cash withdrawal" business, and providing advances be strictly prohibited. This policy is conductive to improving compliance risk control, protecting the interests of investors, promoting fair and orderly market competition, and boosting the stable, healthy and regulated development of money market funds.

5. Improve the bill market system. On Jun. 4, the PBOC issued the Circular on *Revising Four Rules Including the Measures for the Administration of the Electronic Commercial Draft System* (Y.F. No.152 [2018]), whereby the *Measures for the Administration of the Electronic Commercial Draft System*, *Measures for the Administration of Operation of the Electronic*

*Commercial Draft System*, *Measures for the Administration of the Digital Certificates for the Electronic Commercial Draft System* and the *Crisis Management Plan for the Electronic Commercial Draft System* were revised and improved. The former *Measures for the Administration of the Electronic Commercial Draft System* and other three rules (Y.F. No.328 [2009]) and the Circular of the General Office of the People's Bank of China on Simplifying the Procedures for the Review of the Access to the Electronic Commercial Draft System (Y.B.F. No.90 [2015] were repealed concurrently. On Aug. 12, Shanghai Commercial Paper Exchange Corporation Ltd. issued the *Operational Procedures of Shanghai Commercial Paper Exchange for the Non-Trading Transfer of Commercial Papers*, which provides an institutional basis for market participants to standardize the registration of changes to ownership of commercial papers due to court decisions, gifts and other non-transactional reasons, and further improves the business rule system.

These revised rules help to develop a more clear-cut framework for the supervision and management of the electronic commercial draft system (ECDS), further standardize the ECDS operation, and stipulate that the registration, circulation, settlement and clearing of electronic commercial drafts should be carried out via the ECDS. It is an important move of Shanghai Commercial Paper Exchange to further clearly define its roles and responsibilities in ECDS development and operation after the PBOC handed over the ECDS to Shanghai Commercial Paper Exchange in Oct. 2017. It also indicates that a unified bill market has taken shape.

6. Enhance the rediscount support to small and micro businesses and private businesses. On Jun. 28, the PBOC issued the *Circular of the General Office of the People's Bank of China on Enhancing Re-lending and Rediscount Support and Guiding Financial Institutions to Increase Credit Supply for Small and Micro Businesses* (Y.B.F. No.110 [2018]), further improving the credit policy to support re-lending and rediscount management and offering additional re-lending commitments and line of rediscount that amounted to RMB 150 billion. On Oct. 26, the PBOC issued the *Circular on Enhancing Re-lending and Rediscount Support for Small and Micro Businesses and Guiding Financial Institutions to Increase Credit Supply for Small and Micro Businesses and Private Businesses* (Y.F. No.259 [2018]), whereby additional re-lending commitments and line of rediscount amounting to RMB 150 billion were offered to allow financial institutions to increase credit supply for small and micro businesses and private businesses.

The effects of the rediscount policy: firstly, it further leverages the advantages of bills in supporting the financing efforts of small and micro businesses and private businesses, thus facilitating the bill market to better serve the real economy. The PBOC has increased its line

of rediscount by RMB 200 billion in 2018, which is earmarked for supporting the financing activities of small and micro businesses and private businesses. At the end of Dec. 2018, the rediscount balance reached RMB 329 billion, an increase of 81.2% over the previous year. The amount of discount in 2018 totaled RMB 9.94 trillion, increasing by RMB 2.78 trillion compared with last year, representing a growth of 38.8%, of which the discounted bills from small and micro businesses and private businesses accounted for 80% or more of total discount amount. Secondly, it helps to cut down financing costs for small and micro businesses and private businesses. Rediscount is instrumental in providing targeted support to small and micro businesses and private businesses, and commercial banks are guided to offer preferential interest rates for bill financing by virtue of a lower cost of capital. At the end of Dec. 2018, the weighted average discount rate of rediscounted bills undue was 3.93%, the weighted average discount rate of undue bills discounted was 4.39%, and the weighted average discount rate of rediscounted bills was 46 basis points lower.

### (iii) Prospects for the Monetary Market Development

In 2019, the monetary market is expected to sustain a steady growth, and its function will further build up. Specifically, as to the interbank market, macro prudent management will be implemented and market risk prevention enhanced to ensure the smooth and healthy development of the market. The market efficiency and service quality will be further improved, the degree of bidirectional opening of the market further elevated and market participants further diversified, constantly adapting to the process of RMB internationalization.

The bond repurchase market will continue to maintain a good momentum of growth, with the transactions piling up steadily, the types of investors enriching, and the pricing mechanism becoming more well-suited and rational. The structure of collateralizable bonds is expected to be further optimized. Bond repos will continue to play an important role in serving the real economy, reducing the financing costs of enterprises and facilitating liquidity management of non-banking financial institutions.

The NCD market is anticipated to sustain a steady and orderly development. The PBOC has included NCDs issued by financial institutions with total assets of RMB 500 billion or less in calculating the measure of interbank liability proportion for MPA assessment since the first quarter of 2019. The interest rates of NCDs are expected to fluctuate in a stable range and become significantly correlated with Shibor, and trading will remain brisk on the NCD market.

The innovation in the bill market will be fruitful, making it an important means for supporting the development of small and micro businesses, private businesses and real economy.

## Article 13

### Tianjin is Working to Create a High–level Financial Innovation and Operation Demonstration Zone①

In recent years, with the guidance of Xi Jinping Thought on Socialism with Chinese Characteristics for a New Era, Tianjin has comprehensively implemented the decisions and arrangements of the Party Central Committee and the State Council, deepened the structural reform of the financial supply side, accelerated the construction of a modern financial system, and provided all-round services for high-quality development and effective prevention and elimination of financial risks, resolutely built itself as the Political Moat of Capital, and strived to create a high-level financial innovation and operation demonstration zone. By the end of 2018, the city's balance of various deposits was 3.1 trillion yuan and that of various loans was 3.4 trillion yuan. In addition, the added value of the financial industry was 196.7 billion yuan, accounting for 10.5% of Tianjin's GDP. Tianjin High-level Financial Innovation Operation Demonstration Zone has made remarkable progress in the construction of the three major systems, namely the financial service system, the reform and opening-up system and the risk prevention and control system.

**I. Focus on building an unblocked and efficient financial service system**

Focus on promoting real economy, providing service for the people's life, strengthening financial service functions, identifying financial services priorities, and optimizing financial business environment. The *2018 Report on the Urban Business Environment in China* released in December 2018 states that Tianjin ranked as 4th among all the cities in China in the financial service elevation.

The first step is to integrate into and serve for the major strategies. Tianjin has promoted the coordinated development of Beijing-Tianjin-Hebei as its political duty and development priority, and signed a trillion-yuan cooperation agreement with 10 large financial institution headquarters such as ICBC and CCB. Tianjin will carry out the structural reform of the service supply side, vigorously develop science and technology finance, green finance and inclusive finance, create a new generation of funds and project clusters for the 100-million-yuan-scale artificial intelligence technology industry and 30-billion-yuan-scale cluster of mother funds of the bioengineering and pharmaceutical industry with a value of 30 billion yuan, and take new steps in the fight for better

---

① This article is prepared by He Haifeng according to relevant materials.

quality, efficiency, structure and greenness.

The second step is to effectively reduce the difficulty in and the cost of financing for private enterprises. With thorough implementation of the spirit of the important speech delivered by General Secretary Xi Jinping at the symposium for private enterprises, the Tianjin issued a number of pragmatic policies with high value such as the *Several Opinions on Further Accelerating the Development of Private Economy* and the *Several Opinions on Further Improving and Optimizing the Business Environment for Credit Financing*, implemented the assessment system of banking institutions with regard to their provision of service for real economy, promoted the establishment of the 5-billion-yuan-scale financing guarantee development fund, the 10-billion-yuan-scale private enterprise development fund and the 10-billion-yuan-scale private enterprise bailout fund, and helped to lighten the burden of financing cost on private enterprises. As of the end of 2018, the city's balance of all-inclusive type loans to small and micro enterprises increased by 31.4% year-on-year, and the number of households receiving a loan increased by 149%.

The third step is to focus on serving the real economy and innovating financial products. Tianjin launched 138 innovative financial products designed for serving the real economy. These products cover the areas of supply chain logistics, FinTech big data, knowledge value, financing and credit enhancement, recycling financing, services for "agriculture, rural areas and farmers", and free trade zone innovation, and include innovative financial products such as the Dongjiang Warehouse Receipt System, which is the nation's first innovative logistics finance product, and the first medium- and long-term bond financing support instrument for private enterprises in China. The Tianjin Municipal Bureau of Finance and the Tianjin Customs launched the *Tianjin Port SME Import Tax Revenue Consortium Member Mutual Protection and Credit Enhancement Agreement* to promote financial institutions to provide bundled guarantee financial products for foreign trade and import and export enterprises; the Tianjin Municipal Bureau of Copyright, the Tianjin Municipal Bureau of Finance, the Tianjin Branch of the People's Bank of China and the Tianjin Banking Regulatory Commission launched the *Guiding Opinions on the Implementation of Tianjin Copyright Pledge Loans* to promote copyright pledge financing products. In addition, Tianjin also promoted the application of asset securitization financing products. In 2018, Tianjin ranked sixth in the country in terms of the issuing scale of asset securitization financing instruments.

The fourth step is to use the industrial fund to promote the real economy revitalization. Since the establishment of Tianjin Haihe Industry Fund in April 2017, 29 mothor fund establishment plans have been approved, of which 13 mother funds have had their capital contribution been paid in full in the first phase, forming a cluster of mother funds with strong investment capacity

and obvious driving effect, improving the attraction of capital investment, professional investment and special investment, and directing social funds to Tianjin's pillar industries and emerging industries. A total of 37 projects, including Tsinghua Unigroup's "Unicloud" project, have been implemented in Tianjin, involving cloud computing, artificial intelligence, new energy vehicles, biomedicine and other key areas.

**II. Focus on building a high-level financial reform and opening-up system**

Deepen financial reform and expand opening-up, create characteristic financial development advantages, establish more and stronger financial brands, and effectively enhance the demonstration and leading effect of financial innovation and operation demonstration zones.

The first step is to optimize the financial institution system. At the end of 2018, Tianjin issued the *Notice on Policies and Measures Supporting the Development of Financial Institutions and Financial Talents in Tianjin*, including measures like granting a maximum subsidy of 50 million yuan to newly established and relocated corporate financial institutions and a maximum subsidy of 10 million yuan to newly purchased (built) self-use office buildings, granting subsidies for renting of self-use office buildings for five consecutive years, and granting a one-time R&D subsidy of up to 2 million yuan to the team in innovative case of making finance serve real economy, to further provide a platform for gathering and innovative development of various high-quality financial resources in Tianjin.

The second step is to create a highland for financial innovation and opening-up of free trade zone. Since its listing in April 2015, the Tianjin Free-Trade Zone has adhered to the requirements of bold trials and independent reforms, improved the utilization rate of account balance, facilitated the movement of funds and reduced bureaucracy with institutional innovation as the core to ultimately "improve the activity of subject". 11 measures set out in the *Guiding Opinions of the People's Bank of China on Financial Support for the Construction of China (Tianjin) Pilot Free-Trade Zone* were replicated and promoted nationwide, and a total of 62 financial innovation cases were issued in 8 batches, involving cross-border financial services, financial services trade, investment and financing facilitation, financial leasing, financial support for the development of Beijing-Tianjin-Hebei region, service improvement of the government and the regulatory authorities, and use of Renminbi in cross-border transactions, and obtaining a number of important achievements that can be replicated and promoted.

The third step is to maintain its status as the national top player in terms of financial leasing. The acceleration of the construction of national leasing innovation demonstration zones and the breakthrough system innovations such as taking the lead to establish leased property registration system in the country, will play an important role in the development of the national

leasing industry. By the end of 2018, there were 2,018 financial leasing companies in the city, of which 12 financial leasing companies accounted for about a quarter of the country's assets, and the proportion of Tianjin's business volume to the national business volume reached more than 80% in terms of cross-border aircraft leasing, international shipping vessel leasing and offshore platform leasing. A lot of leading enterprises such as ICBC Leasing, Minsheng Financial Leasing, IBF Leasing, and China Aircraft Leasing Company have emerged, producing a pattern of overall development of energy facilities, rail transit, high-end equipment, energy conservation and environmental protection, medical service and infrastructure which is characterized by aviation, shipping and marine engineering.

**III. Focus on building a safe and effective financial risk prevention and control system**

Do a good job to "stabilize finance", exert demonstrative effect in terms of reform and innovation as well as safe operation, strive to prevent and eliminate financial risks with determination, and have zero tolerance to systemic financial risks.

The first step is to strengthen local financial supervision. To promote local financial regulation legislation, the *Tianjin Local Financial Regulation Rules* has been adopted by the first deliberation of the Seventh Session of the Standing Committee of the 17th Tianjin Municipal People's Congress. Tianjin has established the Tianjin Local Financial Supervision Administration, completed the institutional transfer of financial leasing, commercial factoring, and pawnshops, established and improved seven types of institutional regulation systems, interacted with the central financial regulatory authorities, set up an early warning system for financial regultaion and illegal financial activities by using big data, cloud computing, and intelligence, resolutely implemented regulatory responsibilities of local financial authorities, and strived to achieve the same regulation effect as the police.

The second step is to focus on the precise risk elimination in key areas. Tianjin has established three lines of defense against debt default risk, actively and steadily resolved debt risks, and effectively maintained a good credit environment in Tianjin. In addition, Tianjin has vigorously rectified illegal financial activities, innovated and implemented the five-step work method of risk resolution (clue investigation, making judgment through consultation and study, one case, one policy, appropriate treatment and dynamic specific report), steadily promoted the specific rectification of internet financial risks, formed a long-term mechanism of illegal fundraising risk investigation and resolution and held the bottom line to prevent systemic financial risks

## VII. Development Policies for Trust and Wealth Management Market[①]

### (i) Main Policies in 2018

In 2018, several important policies were promulgated and issued, which have set up a more perfect policy framework for the development of the trust and wealth management market.

**1. *Guiding Opinions on Regulating the Asset Management Business of Financial Institutions***

On Apr. 27, 2018, the *Guiding Opinions on Regulating the Asset Management Business of Financial Institutions* (hereinafter referred to as "the Guiding Opinions") were jointly issued by the People's Bank of China, China Banking and Insurance Regulatory Commission, China Securities Regulatory Commission, and the State Administration of Foreign Exchange. In the Guiding Opinions, the asset management business is clearly defined: "asset management business refers to the financial services that a banking, trust, securities, fund, futures, or insurance asset management institution, financial asset investment company, or any other financial institution, as commissioned by an investor, invests and manages the commissioned property of the investor. " The Guiding Opinions encompass thirty-one articles, which clearly provide for the principles, definition, classification and main operating procedures of asset management business. As mentioned above, the Guiding Opinions cover several financial sub-industries. This chapter will only introduce the contents which are closely related to the trust industry.

(1) Channel and nesting

Transaction management trusts often have obvious channel characteristics and feature multi-layer nesting. In this regard, the Guiding Opinions clearly stipulate: "a financial institution shall not provide channel services for the asset management products of any other financial institution so as to circumvent the regulatory requirements on investment scope, leverage constraints, etc. An asset management product may invest in one layer of asset management products, provided that the asset management products so invested may not again invest in other asset management products, except for publicly-offered securities investment funds." This provides for the constraints for the channel business and further defines the upper limit of nesting layers of trust products as two layers. As a result, multi-layer nesting of the previous trust products will be void.

① Author: Li Qingyun, the President of Shanghai Tongsheng Asset Management Co., Ltd.

(2) Qualified investors

Trust products are for qualified investors. The Guiding Opinions clearly define "qualified investors", and provides for the qualification requirements for qualified natural person investors: "having at least 2 years' investment experience and satisfying any of the following conditions: household financial net assets not below RMB 3 million; household financial assets not below RMB 5 million; average annual income in the recent 3 years not below RMB 400 thousand". Compared with the *Measures for the Administration of Trust Plans of Assembled Funds*, the Guiding Opinions raise the accreditation criteria for qualified investors.

(3) Abstaining from rigid repayments

Abstaining from rigid repayments is a core concept of the Guiding Opinions, which has aroused general concern in the market. Article 19 of the Guiding Opinions gives a clear definition to "rigid repayments" and emphasize the prohibition on rigid repayments of asset management products. For a long time, trust products have more or less involved rigid repayments. Hence, this provision has a certain impact on the operation of trust products.

(4) Debt ratio

Asset management products may operate in debt. Hence, the Guiding Opinions clearly specify the upper limit of the debt ratio. With regard to trust-based privately offered products, the Guiding Opinions stipulate: "for each privately offered product, the total assets shall not exceed 200% of the net assets", and "the total assets of an asset management product should be calculated by combining the total assets of all asset management products invested by this product, under the penetration principle."

(5) Share grading

Senior/equity tranche classification (share grading) is also a common concept of trust products, to which the Guiding Opinions give special stipulations. The Guiding Opinions prohibit share grading of publicly offered products and open-end privately offered products, and further sets the grading ratio of gradable privately offered products according to investment targets: "the grading ratio of "fixed-income products shall not exceed 3 : 1, and that of equity-based products shall not exceed 1 : 1". In addition, the Guiding Opinions require mezzanine tranche to be deemed as senior tranche.

(6) Net asset value management

The Guiding Opinions put forward clear requirements for the net value management of asset management products: "a financial institution shall manage its asset management products by net asset value". For the products that cannot be measured by the fair market value, the Guiding Opinions further clarify that they can be measured by the amortized cost method. As

a lots of trust products are invested in non-standard assets, this provision puts forward higher requirements for the daily management of trust products.

**2. *Notice of the Trust Management Department on Strengthening and Standardizing the Trust Supervision during the Transitional Period of Asset Management Business***

On Aug. 17, 2018, the Trust Management Department of China Insurance Regulatory Commission issued the *Notice on Strengthening and Standardizing the Trust Supervision during the Transitional Period of Asset Management Business* (X.T.H. No. 37 [2018]) (hereinafter referred to as "the Notice").

The Notice is comprised of five parts which make detailed provisions on the overall arrangement and strict implementation of the Guiding Opinions, in particular:

(1) Treating transaction management trusts differently

The Notice presents supplementary provisions on large-scale transaction management trusts: "transaction management trusts shall be treated in a different way. It is required to strictly control their purpose, the source of their assets and the compliance of their use, and it is forbidden to engage in the transaction management trusts which provide convenience for trustors to supervise arbitrages and violations of laws and rules. Trust companies are encouraged to engage in the transaction management trusts which meet regulatory requirements and invest funds into the real economy."

(2) Clarifying that the Guiding Opinions are not applicable to charitable trusts and family trusts

The Notice explicitly indicates that the Guiding Opinions are not applicable to charitable trusts and family trusts. In order to prevent abuse of family trusts, the Notice gives a clear definition to family trusts, which is the first definition of family trusts given by regulators. According to the Notice, a family trust refers to the trust business in which a trust company is entrusted by a person or family to provide customized transaction management services and financial services such as property planning, risk isolation, asset allocation, children's education, family governance and public welfare (charity), for the purpose of protecting, inheriting and managing family fortunes. In addition, the Notice also defines the scope of beneficiaries: "beneficiaries shall include all family members (including the trustor), provided that the trustor must not be the sole beneficiary." This definition is an innovation based on scope of beneficiaries in the *Trust Law* and is highly specific to prevent abuse of family trusts.

(3) Further refining the standards for identification of nesting

In order to prevent the multi-layer nesting achieved by transferring the beneficial right of a trust, the Notice expands the scope of product nesting. It stipulates that "a transferee's accepting

a trust product or any other asset management product as the beneficiary right of a trust shall be deemed as nesting of the product"; however, the investments in ABS products to support the development of ABS should not be regarded as product nesting.

(4) Transitional arrangements for undue stock assets

In order to maintain a stable market and ensure the continuity of undue assets, the Notice allows trust companies "to issue old products in stock, or new assets of old products which shall be due not later than the end of 2020" during the transitional period, provided that the size of old products should not exceed that value on Apr. 30, 2018.

**3. *Guidelines on Due Diligence of Trust Companies in Fiduciary Duties***

On Sept. 19, 2018, China Trustee Association issued the *Guidelines on Due Diligence of Trust Companies in Fiduciary Duties* (hereinafter referred to as "the Guidelines"), which further clarify the fiduciary duties in each link of trust business on the basis of the current policy environment. Its main contents are as follows:

(1) Coverage of full-process fiduciary duties

The Guidelines cover all fiduciary duties in each link in the whole process of trust implementation. According to the trust business process, the Guidelines put forward detailed requirements for such main links as due diligence and approval administration, product marketing and trust establishment, operations management, contract specification, termination and liquidation, information disclosure, business innovation and self-discipline management.

(2) Pre-use specification of trust property

According to the Guidelines, trust companies are required to provide a due diligence report, and in principle the feasibility study report of related projects before managing or using a trust property. On this basis, trust companies are further required to establish a project approval system according to the business type and actual needs of trust projects.

(3) Sales specification for trust products

The Guidelines put forward several specific requirements for the fiduciary duties in sales of trust products: strengthen investor education, and convey the concept that "sellers fulfill duties, and buyers bear risks" to investors; further improve risk tolerance assessment, and require the validity period of risk tolerance assessment to be not more than 2 years; stipulate that trust products can be promoted by trust companies or their agents, but not public media; require recording the whole process of signing of trust documents and properly keeping the documents within the specified period.

(4) Net value management

The operation of trust products mainly covers such links as operations management,

contract specification, termination & liquidation and information disclosure. According to trust practices, the Guidelines provide for the fiduciary duties in these links. Among them, net value management is noticeably emphasized. The Guidelines stipulate: "trust companies shall manage trust products by net value in accordance with the laws, administrative regulations, departmental rules and other normative documents".

(5) Business innovation and fiduciary duties

The Guidelines also put forward the requirements for fiduciary duties in business innovation of trust companies. First of all, the Guidelines emphasize compliance. They prohibit trust companies from breaching laws, administrative regulations, departmental rules or other normative documents, or escaping regulation on the grounds of business innovation. Secondly, they also put forwards requirements for procedures. For business innovation, trust companies should provide feasibility study reports and establish reliable rules and procedures.

**4. *Detailed Rules of China Trust Registration Co., Ltd. for Administration of Trust Registration***

On Aug. 7, 2018, China Trust Registration Co., Ltd. issued the *Detailed Rules for Administration of Trust Registration* (hereinafter referred to as "the Rules") which put forward standard requirements for each link of trust registration, detailed below:

(1) Detailed operations of five registration types

The Rules classify trust registration into five types: pre-registration, initial registration, modification registration, termination registration and correction registration, and defines the contents and procedures of each type in detail.

(2) Trust registrar system

To guarantee the continuity and stability of trust registration, the Rules put forward the requirements for staffing. They stipulate: "a trust institution shall establish its trust registrar system, assign relevant personnel to deal with trust registration and clarify its internal management requirements".

(3) Special provisions on special matters

In addition to unified regulations on general matters, the Rules also present special requirements for special matters such as: registration of installment trust products, advance report of new affiliated transactions, trust registration information protection, and self-discipline management of trust registration.

**5. *Guidelines for the Management of Conduct of Practitioners in Banking Financial Institutions***

On Mar. 21, 2018, China Banking Regulatory Commission issued the *Guidelines for the*

*Management of Conduct of Practitioners in Banking Financial Institutions* (hereinafter referred to as "the Behavioral Guidelines").

The Behavioral Guidelines contain 28 articles in five chapters, which put forward systematic requirements for relevant financial institutions from the perspective of regulating practitioners' behaviors, detailed below:

(1) Institutions' principal responsibility

The Behavioral Guidelines first define "practitioners" as: "in-service employees who have signed labor contracts with banking financial institutions in accordance with the *Labor Contract Law of the People's Republic of China*; members of the boards of directors (council members) and the boards of supervisors, and senior executives of banking financial institutions; and other personnel who are employed by banking financial institutions or have signed agreements with labor dispatch agencies to engage in auxiliary financial services." In addition, the Behavioral Guidelines stipulate that a banking financial institution should assume the principal responsibility for managing and supervising the behaviors of its practitioners.

(2) Governance framework for behavior management

The Behavioral Guidelines clearly specify the responsibilities of the board of directors, the board of supervisors, senior executives and relevant functional departments. Specifically, the board of directors should assume the ultimate responsibility for management of practitioners' behaviors; the board of supervisors should supervise and evaluate the performance of the board of directors and senior executives in management of practitioners' behaviors; and senior executives should take in charge of actual management of practitioners' behaviors.

(3) Institutional construction for behavior management

The Behavioral Guidelines set forth requirements for the institutional construction for practitioners' behavior management from the following aspects: formulation of codes and rules of conduct, daily education and management of practitioners' behaviors, requirements for behaviors in recruitment and promotion, and reporting and handling of misconducts.

(4) Regulation on behavior management

The Behavioral Guidelines put forward clear requirements for regulation report, daily supervision and information reporting, and requires giving full play to the punishment information system for practitioners of banking financial institutions in practitioner management.

### (ii) Effect Evaluation for Policies in 2018

#### 1. Prevent and control financial risks and support the real economy

As an important financing channel, the trust industry has maintained a rapid growth and

increasingly raised its position in the past few years. By the end of 2017, trust products reached a total size of RMB 26 trillion, becoming the second largest asset management product category following wealth management products. As economic growth slows down, the probability of financial risks should not be overlooked if the macro leverage ratio cannot be controlled. The Guiding Opinions fully restrict the leverage ratio of trust products by stipulating the upper limit of debt ratio of asset management products and setting the grading ratio for privately offered products, and effectively prevent and control financial risks by reducing the product size.

Meanwhile, the Guiding Opinions strictly restrict the channel business and nesting layers, which is conductive to effective control of regulatory arbitrage. As transaction management trusts play the role of product channels in many occasions and can achieve some special purposes by multi-layer nesting, the requirements for eliminating channels and restricting nesting are for the trust industry to a great extent. These requirements are beneficial for reducing fund idling in the financial system, raising fund utilization efficiency and lead funds to the real economy.

Under the comprehensive influence of the above policies, the trust industry has saw a decline in the size of trust assets, which was rare in the past many years. It can be seen that the results of financial risk prevention and control have been achieved. According to China Trustee Association, the trust assets of 68 trust companies in China had decreased to RMB 22.70 trillion by the end of 2018, with a decline of 13.50% over the end of 2017.

**2. Achieve deleveraging steadily and stabilize market expectations**

For the sake of stable and steady advancement, the Guiding Opinions specifically stipulate the arrangements for the transitional period. They require the transitional period to be set in the principle of "non-retroactivity", and the product transition to be completed by the end of 2020. During the transitional period, financial institutions can issue old products in order to guarantee the continuity of undue assets invested by stock products and maintain necessary liquidity and market stability. This arrangement can help trust institutions to reduce their business scale in an orderly manner and prevent cliff effect at the end of the transitional period.

The Notice issued by the Trust Management Department of China Insurance Regulatory Commission details the requirements for each work during the transitional period. On one hand, it classifies the channel business and encourages trust companies to engage in the transaction management trusts that meet regulatory requirements and invest funds into the real economy, thus avoiding imposing uniformity on all transaction management trusts. On the other hand, it specifically indicates that the Guiding Opinions are not applicable to charitable trusts and family trusts. These provisions have better stabilized market expectations and avoided huge fluctuations in business scale. Data shows that the size of trust assets in the trust industry

in Q1-Q4 of 2018 decreased by 2.41%, 5.25%, 4.65% and 1.89% on a quarter-on-quarter basis, equivalent to RMB 632.235 billion, 1,344.617 billion, 1,129.233 billion and 437.947 billion, respectively. Obviously, the decline slew down in Q4.

**3. Drive trusts to return to their origin from many aspects**

Firstly, the Notice shows a certain regulatory incentive effect. It not only precludes charitable trusts and family trusts from the scope of application of the Guiding Opinions, but clearly defines family trusts for the first time, which provides a reliable operational basis for trust institutions to engage in family trusts. These provisions have an obvious regulatory incentive effect and are of positive significance to encourage trust institutions to deeply engage in relevant business.

Secondly, the Guidelines help trust companies to improve their original businesses. From the view of concrete contents, the Guidelines are only detailed specifications based on the current situation and the process of trust business, with few innovations. However, these detailed specifications can help trust institutions to achieve rigorous, robust and sustainable operations, and increase trustors' confident. Hence, the Guidelines are of great fundamental significance.

Thirdly, the Rules are conductive to further giving full play to the function of trust registration. Formulated in accordance with the *Administrative Measures for Trust Registration*, the Rules specify the requirements for trust registration in all aspects. They can help trustees to accomplish specific tasks, protect beneficiary interests and help regulators to monitor industry trends in time. Hence, the Rules are also of great fundamental significance.

Finally, the Behavioral Guidelines are conductive to further standardizing the behaviors of trust practitioners. On one hand, they can help trust institutions to form sound governance frameworks for practitioners' behavior management, and establish perfect practitioners' behavior management systems. On the other hand, they are useful for supervising the compliance of trust institution practitioners in business development, and have a positive impact on the risk prevention and control of the trust industry, especially operational risks. As we all know, the competence and moral level of practitioners have particular significance to trust products which feature property isolation. Hence, the Behavioral Guidelines are also of fundamental significance in driving trusts to return to their origin.

### (iii) Policy Outlook

With the continuous in-depth adjustment of the consumer goods structure and industrial structure, the follow-up adjustment of the financing structure has begun simultaneously.

The financing structure dominated by credit financing is expected to decline from the peak. Accordingly, the equity financing in the financing structure will rise. Preventing financial risks and supporting the development of real economy will still be an important task in 2019. In this context, the policies of the trust and wealth management market are expected to be deepened in the following aspects:

**1. Strictly regulate the business form based on credit financing**

Under the background of economic downturn and pressure rising, we still need to prevent non-performing credit assets. In terms of trust products, the products based on credit financing have always occupied the dominant position, with a certain probability of default risks. In this regard, the regulatory policies will continue to be stringent to steadily reduce the level of leverage, actively deal with potential default risks, and strictly prevent systematic risks.

**2. Advocate the business form based on capital market**

Affected by many factors, there are not many kinds of trust products based on capital market. Among them, most are in secondary markets and few in primary markets. In fact, the trust industry, relying on its unique product mechanism, has unique value and tremendous ability to promote the development of capital market. The policies that encourage and promote the trust industry to participate in capital market are expected to be further improved, which is conductive to deepening the financial support to the real economy.

**3. Further encourage trust institutions to strengthen their proactive management capabilities**

With consistent implementation of the Guiding Opinions and continuous development of charitable trusts and family trusts, the proactive management capabilities of trust institutions will be a key factor for business development. Hence, regulators will further encourage trust institutions to strengthen their proactive management capability building and enhance their capabilities in developing original businesses.

## Appendix

**Main Policies for Development of China's Trust Market in 2018**

| Date | Name | Issued by |
|---|---|---|
| Mar. 21 | *Guidelines for the Management of Conduct of Practitioners in Banking Financial Institutions* | China Banking Regulatory Commission |
| Apr. 27 | *Guiding Opinions on Regulating the Asset Management Business of Financial Institutions* | The People's Bank of China, China Banking and Insurance Regulatory Commission, China Securities Regulatory Commission, and the State Administration of Foreign Exchange |

Continued

| Date | Name | Issued by |
|---|---|---|
| Aug. 7 | *Detailed Rules of China Trust Registration Co., Ltd. on Administration of Trust Registration* | China Trust Registration Co., Ltd. |
| Aug. 17 | *Notice of the Trust Management Department on Strengthening and Standardizing the Trust Supervision during the Transitional Period of Asset Management Business* (X.T.H. No. 37 [2018]) | Trust Management Department of China Insurance Regulatory Commission |
| Sept. 19 | *Guidelines on Due Diligence of Trust Companies in Fiduciary Duties* | China Trustee Association |

## VIII. Development Policies for Financial Derivatives Market①

### (i) A Summary of Relevant Policies and Regulations in 2018

**Announcement on New Policies, Regulations and Systems of the Financial Derivatives Market in 2018**

| Date | Main content | Issued by |
|---|---|---|
| Jan. 4 | Notice of the China Banking Regulatory Commission on Issuing the Rules for the Measurement of Default Risk Assets of Counterparties in the Trading of Derivatives (Y.J.F. No. 1 [2018]) | CBRC |
| Jan. 24 | Notice on Launching the Currency Swaps of Foreign Currency Pairs and CNY/AUD Currency Swaps (Z.H.J.F. No. 33 [2018]) | CFETS |
| Jan. 29 | Notice on Providing the Services for the Trading of Credit Default Swaps under Centralized Clearing (Z.H.J.F. No. 44 [2018]) | CFETS |
| Jan. 29 | Notice on Revising the Guidelines of the National Interbank Funding Center for the Trading of Credit Risk Mitigation Instruments (Z.H.J.F. No. 45 [2018]) | CFETS |
| Apr. 28 | Notice on Launching the Foreign Currency Interest Rate Swap Transaction Business (Z.H.J.F. No. 151 [2018]) | CFETS |
| Jun. 15 | Notice on Launching the Trade Confirmation Service for the Currency Swaps of Foreign Currency Paris (Z.H.J.F. No. 208 [2018]) | CFETS |
| Jun. 26 | Notice on Adjusting the Participating Dealers of Interest Rate Swap Fixing (Closing) Curves (Z.H.J.F. No. 219 [2018]) | CFETS |
| Aug. 2 | Notice on Improving the Confirmation Business of Currency Swap Transactions (Z.H.J.F. No. 276 [2018]) | CFETS |

① Authors: Zhang Shengju (Head of the Research Department of China Foreign Exchange Trade System; Zheng Lingyun (Head of the Research and Development Department of China Financial Futures Exchange).

Continued

| Date | Main content | Issued by |
| --- | --- | --- |
| Aug. 6 | Notice on Issuing the Two-year Treasury Bond Futures Contracts and Relevant Business Rules | CFFEX |
| Aug. 7 | Notice on Matters Related to Listing Transactions of Two-year Treasury Bond Futures Contracts | CFFEX |
| Nov. 23 | Notice on Revising the Measures of the China Financial Futures Exchange for Dealing with Violations of Rules and Contracts | CFFEX |
| Nov. 23 | Notice on Revising the Administrative Measures of the China Financial Futures Exchange for Risk Control | CFFEX |
| Dec. 2 | Notice on Adjusting the Transaction Fees for Stock Index Futures | CFFEX |
| Dec. 2 | Notice on Adjusting the Trading Margin for CSI 300, SSE 50 and CSI Smallcap 500 Stock Index Futures | CFFEX |
| Dec. 10 | Notice on Adjusting the Scheme for Calculating the Foreign Exchange Swap Curves of Trading Centers | CFETS |
| Dec. 20 | Notice on Launching the Function of Negotiated Trading in the Interbank FX Derivatives Market (Z.H.J.F. No. 481 [2018]) | CFETS |
| Dec. 28 | Notice on Revising the Trading Rules of the China Financial Futures Exchange and Relevant Detailed Implementation Rules | CFFEX |
| Dec. 28 | Notice on the Matters Related to the Exchange for Physicals (EFPs) of Treasury Bond Futures | CFFEX |
| Dec. 28 | Notice on Issuing the Measures of the China Financial Futures Exchange for Administration of Market Makers | CFFEX |

Source: Research Group.

### (ii) Relevant Hotspot Policy Effects

#### 1. Exchange financial derivatives market

(i) Listing of two-year treasury bond futures. On Aug. 17, 2018, two-year treasury bond futures were officially listed, which marked the initial formation of a risk management system covering key short-, medium- and long-term treasury bonds. It is of great significance to raise the price discovery efficiency of the bond market, promote interest rate liberalization and improve the yield curve of treasury bonds.

From its listing to the end of 2018, 34,100 lots of two-year treasury bond futures have been traded, with an average daily turnover of 380 lots and an average daily position of 2,500 lots, similar to the status of five-year and ten-year treasury bond futures at the initial stage. Two-year treasury bond futures are characterized by stable operation, highly correlated futures and spot prices, good fitting and orderly investor participation. Its first initial delivery was completely successfully.

(2) Adjustments to trading arrangements in the stock index futures market. On the premise of comprehensively assessing the market risks and actively improving the regulatory system, China Financial Futures Exchange ("CFFEX"), on Dec. 3, 2018, further adjusted the trading arrangements of stock index futures in a steady and orderly manner, in order to reduce the economic costs of market transactions and give full play to market functions: firstly, adjusting the trading margin of CSI 300 and SSE 50 stock index futures to 10% and that of CSI Smallcap 500 stock index futures to 15%, since the daily settlement of that day; secondly, adjusting the regulatory threshold for day overtrading of stock index futures to 50 lots per contract. However, this adjustment is not binding upon the positions of hedging trades; thirdly, adjusting the intraday commissions for stock index futures to 0.046%.

One week after the adjustments, the daily turnover of stock index futures reached 104,100 lots with an increase of 29,000 lots; the daily position of stock index futures reached 160,500 lots with an increase of 14,900 lots. In addition, the market saw a decrease in spot-futures basis, an improvement in the market liquidity, a significant increase in the use efficiency of market funds, rational investor participation and positive coverage and public reaction.

(3) Issuing and implementing the revised administrative measures for risk control and management. The revised *Administrative Measures of the China Financial Futures Exchange for Risk Control* was issued on Nov. 23, 2018 and put into effect on Nov. 26, 2018. Based on repeated demonstration and full investigation, the revised Measures clearly provides for the upper limit for the supplementary payment of clearing deposits by clearing members.

The clearing deposit system is an international risk management measure adopted by exchanges as center counterparties to deal with extreme market conditions. Drawing lessons from mature overseas markets, CFFEX has set an upper limit for the supplementary payment of clearing deposits and specified the responsibility of clearing members for the supplementary payment of clearing deposits. Hence, this move is beneficial to improve the risk management system of the financial futures market and adapt to the needs of opening to the outside world.

(4) Issuing and implementing the revised measures for dealing with violations of rules and contracts. The revised *Measures of the China Financial Futures Exchange for Dealing with Violations of Rules and Contracts* was issued on Nov. 23, 2018 and put into effect on Nov. 26, 2018. This revision is reflected in three aspects: 1) perfect the types of violations, add members' violations of the investor eligibility system and the management system of accounts involving actual control relationship, members' failure to perform their duties of transaction behavior management and other violations, and further improve the factors affecting the trade order; 2) optimize the regulations related to treatment measures, including introducing the measures

such as confiscation of illegal incomes, and further clarify the application conditions and scope of temporary treatment measures and prohibitions on market access; 3) further define the rules for investigation of violations. The revised Measures strengthens the members' responsibility for management of customer transaction behaviors and consolidates the rules for self-regulation of exchanges.

(5) Issuing and implementing the measures for administration of market makers. The *Measures of the China Financial Futures Exchange for Administration of Market Makers* was officially issued and put into effect on Dec. 28, 2018. These measures clearly provide for the qualifications, trading, rights & obligations and regulation of market makers, laying a solid institutional foundation for introducing market makers to relevant financial futures market.

The market maker system is an important basic institutional arrangement for the OTC derivatives market, and also a significant move to improve the market liquidity and efficiency. It is conductive to preventing great instantaneous price fluctuations, promoting reasonable pricing of relevant varieties, and advancing the healthy and stable development of the financial futures market.

**2. OTC financial derivatives market**

(1) Increasingly diversified instruments for management of foreign currency interest rate and foreign exchange rate risks. In 2018, the interbank foreign exchange market launched several foreign currency interest rate derivatives in succession, further enriching the instruments for management of foreign currency interest rate and foreign exchange rate risks. On Feb. 5, it launched currency swaps of five foreign currency pairs, including AUD/USD, EUR/USD, GBP/USD, USD/HKD and USD/JPY; on May 2, it launched foreign exchange interest rate swaps, including USD, EUR, GBP, JPY, HKD and AUD.

(2) Continuously optimized X-Swap and steadily rising market shares. X-Swap is the first anonymous matchmaking trading type based on bilateral credit in the interbank market. Since its launching in February 2014, X-Swap has seized increasingly rising market shares, attracted steadily increasing participators and been widely recognized by the market. In 2018, X-Swap was optimized in both system matchmaking mechanism and system matchmaking efficiency, and its interface traffic increased greatly. Specifically, its average daily order volume rose by 40%, its average daily turnover increased from RMB 680 million at the initial stage to RMB 33 billion in 2018, and its shares in the interest rate swap market also rose from less than 5% to more than 55%.

(3) Steadily developed derivatives offset business in the interbank market. Since 2018, the interbank market has continuously enriched derivatives computing services, launched

management services of interest rate swap risks, and optimized interest rate swap and foreign exchange swap compression. The compression business has achieved remarkable success in releasing the credit lines of derivatives market players and preventing and eliminating the overall risks of the financial market, thus having been widely praised by market players. In 2018, the interbank market saw 17 multilateral compression and 52 bilateral compression of interest rate swaps, involving a total of 29,000 interest rate swap contracts and a notional principal of RMB 1.86 trillion, and saw 3 multilateral compression and 5 bilateral compression of foreign exchange swaps, involving an compression amount of USD 10,566 million.

### (iii) Development Prospect of Financial Derivatives Market

The report of the 19th CPC National Congress proposes that China's economy has already begun the transition from a phase of rapid growth to a phase of high-quality development, which lays an important macro foundation for building a financial derivatives market that matches the economic size and adapts to economic growth. In the future, we will, guided by Xi Jinping Thought on Socialism with Chinese Characteristics for a New Era, continue to promote reform and development steadily, build a standardized, transparent, open, vibrant and resilient capital market by improving the efficiency, transparency and security of the financial market, actively serve the financial supply-side structural reform and achieve benign interaction between the financial system and the real economy.

Firstly, further promote product and service innovations and enrich financial derivatives. With the deepening of market-oriented exchange rate and interest rate reforms, financial institutions have an urgent demand for management of exchange rate and interest rate risks. Hence, we will adapt to and serve the needs of real economy, steadily advance product supply, including speeding up the listing of other key treasury bond futures beside two-year, five-year and ten-year treasury bond futures, and further perfect the yield curve of treasury bonds; accelerate the preparatory work for listing of stock index options and treasury bond options; actively carry out research and development of new products such as other types of stock index futures and foreign exchange futures; explore the pricing and trading of RMB interest rate options and improve interbank derivatives series; study the scheme for optimizing the liquidity of the foreign currency interest rate swap market; realize negotiated trading of foreign exchange derivatives step by step, and support the connection with currency brokerage services through instant communication tools.

Secondly, improve the market trading and settlement mechanisms, rules and regulations, promote the functions of financial derivatives and raise the market efficiency.

In terms of trading and settlement mechanisms, RMB interest rate swap, as an overriding interest rate risk management tool for market players, has been hindered from development by obstacles in bilateral credit. In this regard, market trading and clearing institutions will cooperate to launch real-time clearing services of interest rate swaps, in order to further enhance the efficiency of trading and clearing and alleviate the obstacles in bilateral credit. In addition, the the physical delivery function of standard bond forward to be launched will further optimize the spot and forward price convergence mechanism. In terms of rules & regulations and market services, we will introduce market makers to stock index options and treasury bond futures, study the methods to improve the membership structure, further optimize the trading codes, strengthen the management of arbitrage and hedging services, perfect the self-regulation rules, define the boundary of self-regulation, improve the transparency of rules and clarify the expectations of market players.

Thirdly, optimize the investor structure of the financial futures market. Institutional investors are the core force for the long-term stable development of the capital market. Therefore, we should improve the market mechanism, encourage institutions to enter the market, attract bank and insurance funds to treasury bond futures, introduce bank financial products to the financial futures market, cause long-term funds such as social security funds and pensions to be invested in derivatives for value preserving and appreciation, and promote institutions to participate in the financial futures market deeper and better, thus optimizing the investor structure.

Fourthly, deepen the international exchange and cooperation and promote the opening of the financial derivatives market. At present, the interbank exchange rate derivatives market has been open to foreign central banks, overseas clearing banks and the banks engaged in overseas procurement and sales, and the interbank interest rate derivatives market has been unconditionally open to foreign central banks. Overseas financial institutions, investment products and long- and medium-term institutional investors can participate in the trading of interest rate derivatives based on the demand for hedging. Under Bond Connect, however, overseas institutions can only participate in cash bond trading, but not derivatives trading. In the future, we will adhere to the policy of both "going out" and "bringing in", perfect the existing overseas cooperative projects and serve "the Belt and Road" Initiative; follow the opening-up trend of the spot market, Advance the opening of the financial derivatives market, and meet the demands of overseas investors for risk management in their investments in Chinese financial assets.

## IX. Development Policies of Commodity Futures Market[①]

### (i) Main information of 2018 policies of commodity futures market

#### 1. Serving the national strategy and steadily advancing the pilot project of "insurance + futures"

In January 2018, the Central Committee of the Communist Party of China and the State Council proposed in the Opinions on Implementation of Rural Revitalization Strategy (Z.F.[2018] No. 1) to further advance the construction of agricultural futures and options market, steadily expand the pilot project of "insurance + futures" and explore the pilot project of "contractual farming+ insurance + futures (options)". On June 15, 2018, the Central Committee of the Communist Party of China (CPC) and the State Council issued the Guidance on Winning the Three-year Campaign against Poverty (Z.F. [2018] No. 16), which clearly stated that: we will explore and develop new types of insurance, including price insurance, production insurance and "insurance+ futures". On Sept. 26, 2018, the Central Committee of the Communist Party of China and the State Council issued Strategic Planning for Rural Revitalization (2018-2022) (Z.F. [2018] No. 18), once again explicitly proposed to improve the agricultural support and protection system, develop the agricultural options and futures market, expand the pilot project of "insurance + futures", explore the pilot project of "contractual farming + insurance + futures", and improve the capacity of agricultural risks toleration. The "insurance + futures" mode is not only an innovative mode explored by the financial market to support the development of agriculture, rural areas and farmers and serve the supply-side reform of agriculture, but also an important way for the futures industry to serve the national strategy and the real economy. "Insurance + futures" has been included in the No .1 Central Document for three consecutive years, fully demonstrating the important role of "insurance + futures" mode in poverty alleviation strategy and rural revitalization strategy. The China Securities Regulatory Commission (CSRC) attaches great importance to the pilot program of "insurance + futures" and takes it as an important starting point for the futures industry to help alleviate poverty and implement the strategy of rural revitalization. Firstly, the CSRC will guide futures exchanges and futures companies to intensify work, expand the scope of pilot projects, explore and improve business models, and standardize operations.Secondly, it will increase communication and coordination with the China Banking Regulatory Commission, Ministry of Agriculture and Rural Affairs, Ministry of Finance and other state ministries and commissions, and

① Author: Gan Zhengzai, the President of Yingda Futures Co., Ltd.

will constantly improve the agricultural support and protection policies to help alleviate poverty.

**2. Expanding the commodity futures market and completing the product classes**

In recent years, China's commodity futures product classes have been continuously enriched, covering basic industrial products such as nonferrous metals, ferrous metals, energy, chemicals and agricultural products. In 2018, China's commodity futures market ushered in a new product listing boom. On March 26, China crude oil futures were officially listed on Shanghai International Energy Exchange Co., Ltd.(INE), a subsidiary of the Shanghai Futures Exchange. The INE crude oil futures are different from current futures varieties in terms of platform construction, market participants, pricing methods, etc., and their characteristics are summarized as "international platform, clean price transaction, bonded delivery, Renminbi denomination". Crude oil futures are fully introduced to foreign traders and foreign brokerage institutions. The quoted price is the clean price without tax, and foreign currencies such as US dollars can be used as futures margin. On July 16, the bonded 380 fuel oil futures went public, and the wire futures contract revised on October 16 was re-listed; on November 27, the pulp futures were successfully listed on the Shanghai Futures Exchange; on December 10, ethylene glycol futures were listed and traded on Dalian Commodity Exchange; on September 21, the copper option was listed as the first domestic industrial futures option. With the new commodity futures and options varieties listed in succession, China's commodity futures varieties continue to be enriched and improved.

**3. Advancing internationalization of China's commodity futures market**

First, the internationalization of commodity futures. The INE crude oil futures became China's first futures product open to the world. The listing of crude oil futures will help establish a price benchmark that reflects the oil supply and demand relationship in the Asia-Pacific region, which will help domestic oil-related enterprises to effectively manage market risks. In addition, as the Renminbi-denominated and settled crude oil futures market matures and gains more liquidity, it will benefit the internationalization of Renminbi. On May 4, iron ore futures was officially introduced to overseas traders, becoming the first type of existing futures internationalization in China and providing experience for the internationalization of listed varieties in the futures market. On November 30, PTA futures also successfully introduced foreign traders. Different from crude oil futures, iron ore futures and PTA futures are mature instruments that have been in operation for many years, with large trading volume, high market recognition and great industrial influence. The introduction of these two instruments into overseas traders is based on the Renminbi denomination and settlement while maintaining the original contract and the basic system. Foreign traders could participate in the market through

domestic futures companies. Second, the implementation of futures industry opening policy. On August 24, the China Securities Regulatory Commission (CSRC) issued the Administrative Measures on Foreign-invested Futures Companies (Z.J.H.L.(No. 149)), to further opening the futures industry to foreign investors. Qualified foreign investors can submit an application to CSRC according to relevant regulations, holding no more than 51% of the shares of domestic futures companies, which will not be restricted after 3 years. Third, the international business of Chinese futures exchanges. In 2018, domestic futures exchanges vigorously promote overseas registration and establishment of overseas institutions to coordinate with market opening. Currently, Shanghai Futures Exchange, Zhengzhou Commodity Exchange and Dalian Commodity Exchange have set up offices in Singapore. Shanghai International Energy Exchange Co., Ltd. and Dalian Commodity Exchange have been registered with Securities and Futures Commission (SFC) as automated trading services (ATS) providers, providing electronic platform trading services to local market participants.

**4. Integrated development of in-exchange market and OTC market**

In 2018, the domestic futures industry made substantial progress in promoting integration and development of the in-exchange market and the OTC market. At the end of March, Zhengzhou Commodity Exchange successfully launched its comprehensive business platform and smoothly launched warehouse receipt trading and basis trading business. On May 28, the Shanghai Futures Exchange launched its standard warehouse receipt trading platform. The listed products include non-ferrous varieties such as copper, aluminum, lead, zinc, nickel and tin. In 2018, a total of 178,000 warehouse receipts were traded, totaling 4,108,800 metric tons, and the accumulated transaction volume exceeded 80 billion yuan. On December 19, the commodity swap trading platform of Dalian Commodity Exchange was officially launched, and the futures market served as a powerful tool for the real economy. The commodity swap business will introduce banks, securities companies and risk management companies as traders, and functioned as a centralized clearing platform for OTC business, which will help solve the credit risk problem of OTC market.

**5. Completing business rule system and deepening and refining listed products**

In 2018, Zhengzhou Commodity Exchange issued the Administrative Measures for Abnormal Trading Behavior of Zhengzhou Commodity Exchange and the Administrative Measures for Actual Control Relationship Account of Zhengzhou Commodity Exchange, and revised and improved the Administrative Measures for Risk Control of Futures Trading in Zhengzhou Commodity Exchange, the Detailed Rules of Futures Trading in Zhengzhou Commodity Exchange and other business rules, improved the rules and business rules involved

in the introduction of PTA to overseas traders, revised the contract rules of white sugar, apples, etc., optimized the delivery warehouse layout and premiums and discounts of white sugar, rapeseed oil and other varieties, and adjusted the expiration date and listing method of the sugar option contract. According to the structure of "Business method–product details", Dalian Commodity Exchange has optimized the rules system of the DCH, and revised 53 clauses of the 6 systems including the risk management method, through improving the delivery standards, innovative delivery methods, and optimizing delivery layout. And other measures to further optimize the contract rules of multiple listed varieties, unified the new and old varieties to force the lightening mode, canceled the relevant regulations of "stock reduction in case of three consecutive limit-ups", relaxed the limit of 8 varieties of eggs, soybean meal options, iron ore, etc. to meet the needs of industrial customers, promoted market function, and released the "Administrative Measures for Actual Control Relationship Accounts of Dalian Commodity Exchange" to accelerate the reform of the hedging management measures and risk warning system. Shanghai Futures Exchange has improved the market maker management system, expanded the scope of market-making varieties, and effectively improved price continuity; revised 13 varieties of futures contracts such as rebar, hot rolled coil, copper, aluminum, zinc, lead, nickel, tin, wire, gold, silver rubber and asphalt, improved delivery rules, comprehensively optimized existing varieties from contract rules, brand registration and warehouse layout, and steadily promoted the formation of existing international pricing centers.

### (ii) Policy effect of commodity futures market in 2018

#### 1. Smooth operation of commodity futures market

In 2018, the overall trading volume of China's futures market showed an up trend. The cumulative trading volume of the national futures market was 3.029 billion contracts, with the year-on-year decrease of 1.54%. The cumulative trading volume was 210.82 trillion yuan, with the year-on-year increase of 12.20%. Among them, the trading volume of commodity futures was 3.002 billion contracts, accounting for 99.10% of the total transaction volume, and the trading volume was 184.70 trillion yuan, accounting for 87.61% of the total trading volume. Since the crude oil futures were listed in late March, it featured stable transaction, smooth settlement and delivery, risk control in place and with the function initially appearing. In 2018, the cumulative trading volume was 26.5094 million contracts and the accumulated trading volume was 12.74 trillion yuan, accounting for 6.04% of the total trading volume of the national futures market, which is the main contributor to the growth of domestic market trading volume this year.

In 2018, the domestic options market was active, witnessing continuous growing trading volume of options. The average daily trading volume of soybean meal options was 105,000 board lots, with the average daily position of 460,000 board lots; the average daily trading volume of white sugar options was 38,000 lots, with the average daily position of 233,000 board lots; the average daily trading volume of copper options since the listing was 29,000 lots, with the daily average position of 35,000 board lots. In general, the options market transactions and positions grew rapidly, and the market size gradually expanded.

**2. Remarkable achievement in the pilot project of "insurance + futures"**

The pilot project of "insurance + futures" of Zhengzhou Commodity Exchange has expanded from 20 pilot projects in 2017 to 41 pilot projects including cotton, sugar and apple, covering 9 provinces including Xinjiang, Yunnan, Guangxi and Gansu. This pilot project has also seen great development in all aspects. In the number of pilot varieties and projects, from the 32 projects of corn and soybean in 2017 to the three varieties of corn, soybeans and eggs in 2018, it covers 99 pilot projects in 16 provinces and autonomous regions. In terms of financial support, from 2016 to 2018, Dalian Commodity Exchange's investment in "insurance + futures" projects have been increasing, from 20 million yuan in 2016 to 70 million yuan in 2017, and the project budget in 2018 is about 300 million yuan. In 2018, the pilot project of "insurance + futures" of Shanghai Futures Exchange for natural rubber expanded the scope to 32 items, amounts to 80,000 metric tons of natural rubber, an increase of 122% over the same period of last year, covering 20 poverty-stricken counties in Hainan Province and Yunnan Province, 16 of which are national poverty counties.

### (iii) Policy outlook of commodity futures market in 2019

**1. Accelerated progress of futures legislation**

At present, China's futures market has formed a futures market regulation system with the Regulation and Administration of Futures Trading as the core, the regulations and normative documents of the China Securities Regulatory Commission as the main body, and the self-discipline rules of exchanges and associations as important supplements. With rapid development of the futures market and acceleration of the internationalization process, the relevant futures legal norms need to be further improved. According to the 2019 legislative plan of the China Securities Regulatory Commission, the legislative process of the futures market is speeding up, and strives to it is planned to complete the revision of the Administrative Methods for Futures Exchanges, the Supervision and Administrative Measures for Futures Companies, and the legislative process for the Administrative Measures for Subsidies of Futures Companies.

In order to implement the central government's policy on financial support for the real economy, the NPC Financial and Economic Committee is solidly advancing the revision of the securities law and the drafting of the futures law, therefore, the formulation of the Futures Law is expected to accelerate.

**2. Continuously increasing supply of commodity futures varieties**

In 2019, the futures market will continue to increase futures product supply to meet the needs of the real economy for risk management. Shanghai Futures Exchange will develop futures varieties such as stainless steel and aluminium oxide; Zhengzhou Commodity Exchange will promote the research and development of red dates, urea, soda ash, staple fiber, peanuts, coffee and other varieties; Dalian Commodity Exchange will promote the development of pepper, pig, benzene, ethylene and other varieties and advance the listing of glutinous rice, styrene and gas coal futures. In 2019, the options market is expected to continue to expand. Zhengzhou Commodity Exchange will launch options on cotton, methanol, rapeseed oil, rapeseed meal, thermal coal and other varieties; Dalian Commodity Exchange will promote options listing of corn, iron ore, corn starch, soybean oil, polypropylene, palm oil; Shanghai Futures Exchange will promote listing of the options of natural rubber and the options with strong market demand such as gold, silver, nickel, zinc and aluminum.

**3. Facilitating internationalization of commodity futures**

In 2019, commodity exchanges in China will continue to deepen existing international varieties, optimize trading systems, attach importance to international rules research, further improve the applicability and scientificity of rules, enhance the participation of foreign investors, and promote the function of existing international varieties such as crude oil, iron ore, and PTA, and increase the supply of the varieties open to the world. In 2019, Dalian Commodity Exchange will focus on multi-currency margin, profit-for-foreign currency programs, direct integration of special foreign participants, and international market cultivation, and accelerate the construction of iron ore international pricing centers; Realize the opening up of varieties such as No. 1 yellow soybean, palm oil, soybean meal and soybean oil, accelerate the internationalization of No. 2 yellow soybean, carry out international research on plastic varieties, and promote the participation of QFII and RQFII in Dalian futures market. Shanghai Futures Exchange will speed up the preparation of listing of the No. 20 rubber futures, take copper and zinc futures as a pilot to study appropriate models to promote the internationalization of existing varieties; promote overseas layout, add overseas offices, and explore the establishment of delivery warehouses and add registered brands in the countries along with the "Belt and Road Initiative".

## Appendix

**Attachment: Main policies of commodity futures market in 2018**

| Date of release | Name of the policy | Issuer |
|---|---|---|
| Jan. 2 | Opinions on Implementation of Rural Revitalization Strategy | The Central Committee of the Communist Party of China and the State Council |
| Mar. 13 | Notice on Matters Related to Listing of Crude Oil Futures in Shanghai International Energy Exchange Co., Ltd. | Shanghai Futures Exchange |
| Mar. 27 | Announcement on Release of Two Business Guidelines for Warehouse Receipt Trading and Basis Trading | Zhengzhou Commodity Exchange |
| Mar. 27 | Announcement on Trial Operation of Warehouse Receipt Trading and Basis Trading | Zhengzhou Commodity Exchange |
| Mar. 27 | Notice on Release of Relevant Rules for Introduction of Iron Ore Futures to Overseas Traders | Dalian Commodity Exchange |
| Apr. 12 | Notice on Continued Support for Relevant Financial Institutions to Launch OTC Options Pilots in 2018 | Dalian Commodity Exchange |
| Apr. 12 | Notice on Continued Support to Futures Companies to Launch Pilots on Basis Trading in 2018 | Dalian Commodity Exchange |
| Apr. 12 | Notice on Launching the Pilot of "Farmer Income Protection Plan" in 2018 | Dalian Commodity Exchange |
| Apr. 16 | Notice on Implementation of Matters Related to Introduction of Overseas Traders' Business in Iron Ore Futures | Dalian Commodity Exchange |
| May 2 | Announcement on the Amendment to the Settlement Rules of Shanghai Futures Exchange | Shanghai Futures Exchange |
| May 21 | Notice on Matters Related to Listing of Standard Warehouse Receipt Trading in the Previous Period | Shanghai Futures Exchange |
| Jun. 15 | Guidance on Winning the Three-year Campaign against Poverty | The Central Committee of the Communist Party of China and the State Council |
| Jun. 26 | Announcement on Release of Shanghai Futures Exchange Fuel Oil Futures Contract and the Amendments to the relevant Implementing Regulations | Shanghai Futures Exchange |
| Jul. 25 | Notice on County Coverage Construction of Pilots of the "Insurance and Futures" | Zhengzhou Commodity Exchange |
| Aug. 30 | Notice on Matters Concerning Termination of Trading and Re-listing of Wire Futures Contracts | Shanghai Futures Exchange |

Continued

| Date of release | Name of the policy | Issuer |
|---|---|---|
| Aug. 30 | Announcement on Release of the "Wire Futures Contract of Shanghai Futures Exchange" and the "Delivery Rules of Shanghai Futures Exchange" | Shanghai Futures Exchange |
| Sept. 6 | Notice on Matters Related to the Trading of Copper Options | Shanghai Futures Exchange |
| Sept. 26 | Strategic Planning for Rural Revitalization (2018-2022) | The Central Committee of the Communist Party of China and the State Council |
| Oct. 16 | Administrative Measures for Market Makers of Shanghai Futures Exchange | Shanghai Futures Exchange |
| Nov. 9 | Announcement on Introduction of Relevant Business Rules for Foreign Traders in PTA Futures | Zhengzhou Commodity Exchange |
| Nov. 7 | Notice on Matters Relating to Listing and Trading of Bleached Sulfate Coniferous Wood Pulp Futures | Shanghai Futures Exchange |
| Nov. 16 | Notice on Matters Relating to Introduction of Foreign Trader Business in PTA Futures | Zhengzhou Commodity Exchange |
| Dec. 6 | Notice on Matters Relating to Listing and Trading of Glycol Futures Contracts | Dalian Commodity Exchange |
| Dec. 14 | Notice on Matters Relating to Launching of Commodity Swap Business | Dalian Commodity Exchange |
| Dec. 14 | Notice on Modification of No. 1 Yellow Soybean Contract and Related Rules | Dalian Commodity Exchange |

## X. Development Policies of Foreign Exchange Market

### (i) List of policies

| Date | Issuer | Name of the policy | Document No. |
|---|---|---|---|
| Jan. 2 | China Foreign Exchange Trade System | Notice on the Issuance of the Measures for the Evaluation of the Inter-Bank Foreign Exchange Market and the Rules for Implementation of the Measures for The Evaluation of the Inter-Bank Foreign Exchange Market | Z.H.J.F.(2018) No. 1 |

Continued

| Date | Issuer | Name of the policy | Document No. |
|---|---|---|---|
| Jan. 5 | China Foreign Exchange Trade System | Announcement on Relevant Matters Concerning Overseas Banks' Participation in Regional Transactions in Inter-bank Foreign Exchange Market | Z.H.J. Announcement (2018) No. 1 |
| Jan. 12 | China Foreign Exchange Trade System | Notice on the introduction of confirmation of foreign currency lending transactions | Z.H.J.F.(2018) No. 21 |
| Jan. 18 | Ministry of Commerce<br>People's Bank of China<br>State-owned Assets Supervision and Administration Commission<br>China Banking Regulatory Commission<br>China Securities Regulatory Commission<br>China Insurance Regulatory Commission<br>State Administration of Foreign Exchange | Notice on the Issuance of Interim Measures on Filing (Approval) Reports on Foreign Investment | S.H.F.(2018) No. 24 |
| Jan. 18 | China Banking Regulatory Commission<br>People's Bank of China<br>China Securities Regulatory Commission<br>China Insurance Regulatory Commission<br>State Administration of Foreign Exchange | Opinions on Further Supporting the Innovation of Commercial Banks' Capital Instruments | Y.J.F.(2018) No. 5 |
| Jan. 24 | China Foreign Exchange Trade System | Notice on Launch of Instant Messaging Tools on New Generation of Foreign Exchange Trading Platforms | Z.H.J.F.(2018) No. 31 |
| Feb. 1 | China Insurance Regulatory Commission<br>State Administration of Foreign Exchange | Notice on Matters Related to Regulating the Development of Internal and External Loan Business of Insurance Institutions | B.J.F.(2018) No. 5 |
| Feb. 2 | China Foreign Exchange Trade System | Announcement on Development of Direct Trading of Renminbi against Thai Baht | Z.H.J. Announcement (2018) No. 6 |
| Feb. 12 | State Administration of Foreign Exchange | Notice on Improving Foreign Exchange Management of Forward Settlement and Sales of Foreign Exchange | H.F.(2018) No. 3 |
| Feb. 28 | State Administration of Foreign Exchange | Assessment Contents and Scoring Standards for Implementation of Foreign Exchange Management Regulations by Banks (2018) | H.Z.F.(2018) No. 39 |

Continued

| Date | Issuer | Name of the policy | Document No. |
|---|---|---|---|
| Mar. 12 | Ministry of Commerce<br>Ministry of Finance<br>State Taxation Administration<br>General Administration of Quality Supervision<br>National Bureau of Statistics<br>State Administration of Foreign Exchange | Notice on Launching Joint Annual Investment and Operation Information Report of Foreign-invested Enterprises in 2018 | S.Z.H.(2018) No. 92 |
| Mar. 23 | State Administration of Foreign Exchange | Notice on Foreign Exchange Management of Financial Leasing Business | H.F.(2017) No. 21 |
| Apr. 27 | China Banking Regulatory Commission | Notice on Further Relaxing Market Access for Foreign Banks | Y.B.J.B.F.(2018) No. 16 |
| Jun. 10 | State Administration of Foreign Exchange | Administrative Provisions of Foreign Exchange for Qualified Foreign Institutional Investors to Invest in Domestic Securities | No. 1 Announcement of State Administration of Foreign Exchange in 2018 |
| Jun. 11 | People's Bank of China<br>State Administration of Foreign Exchange | Notice on Matters Concerning the Management of Domestic Securities Investment by Renminbi Qualified Foreign Institutional Investors | Y.F.(2018) No. 157 |
| Jun. 20 | State Administration of Foreign Exchange | Notice on Publication of Trade Credit Survey System | H.F.(2018) No. 8 |
| Jun. 27 | China Foreign Exchange Trade System | Notice on Release oF Sentiment Index of Inter-bank Dollar Borrowing Funds | Z.H.J.F.(2018) No. 222 |
| Jul. 11 | State Administration of Foreign Exchange | Notice on Issuance of Guidelines for Business of Trade Credit Surveys (2018) | H.Z.F.(2018) No. 68 |
| Jul. 19 | China Foreign Exchange Trade System | Notice on Introduction of Foreign Currency Borrowing with Foreign Currency Bods as Collateral | Z.H.J.F.(2018) No. 252 |
| Aug. 2 | China Foreign Exchange Trade System | Notice on Improving Foreign Currency Trading Mechanism and Business Function | Z.H.J.F.(2018) No. 281 |
| Aug. 29 | China Foreign Exchange Trade System | Notice on Launch of Foreign Currency Borrowing Quoting Bank Business | Z.H.J.F.(2018) No. 331 |

Continued

| Date | Issuer | Name of the policy | Document No. |
|---|---|---|---|
| Sep. 8 | People's Bank of China<br>Ministry of Finance | Interim Administrative Measures for Bond Insurance by Overseas Institutions in National Inter-bank Bond Market | Announcement of People's Bank of China and Ministry of Finance (2018) No. 16 |
| Sep. 12 | China Foreign Exchange Trade System | Notice on Matters Concerning Improvement of the Access of Overseas Participating Banks and Overseas Clearing Banks to Inter-bank Foreign Exchange Market for Renminbi Purchasing and Selling Business | Z.H.J. Announcement (2018) No. 42 |
| Oct. 10 | State Administration of Foreign Exchange | Notice on Promulgation of Invalidation of Some Normative Documents on Foreign Exchange Management and Related Provisions | H.F.(2018) No. 17 |
| Oct. 23 | State Administration of Foreign Exchange | Notice on Issuance of the Statistical System for Foreign Financial Assets and Liabilities and Transactions | H.F.(2018) No. 24 |

### (ii) Effects of policies

On January 2, 2018, China Foreign Exchange Trade System issued the Measures for the Evaluation of the Inter-Bank Foreign Exchange Market and Rules for Implementation of the Measures for The Evaluation of the Inter-Bank Foreign Exchange Market (Z.H.J.F.(2018) No. 1, hereinafter referred to as the "Measures" and the "Rules"). The promulgation of the Measures and the Rules will better promote the healthy development of the inter-bank foreign exchange market, encourage and commend institutions and individuals with outstanding performance in the inter-bank foreign exchange market, strengthen the market-making ability of market-making institutions and the normative assessment of transactions of member institutions, and make them more comprehensive, scientific and fair.

On January 12, 2018, China Foreign Exchange Trade System issued Notice on the introduction of confirmation of foreign currency lending transactions (Z.H.J.F.(2018) No. 21, hereinafter referred to as the "Notice"). The issuance of the Notice meets the market demand and standardizes the confirmation of foreign currency lending transactions.

On January 18, 2018, China Banking Regulatory Commission, People's Bank of China,

China Securities Regulatory Commission, China Insurance Regulatory Commission and State Administration of Foreign Exchange jointly issued Opinions on Further Supporting the Innovation of Commercial Banks' Capital Instruments (Y.J.F.[2018] No. 5, hereinafter referred to as the "Opinions"). The Opinions support commercial banks in expanding capital supplement channels, effectively easing the refinancing pressure of banks, and creating favorable conditions for banks to issue all kinds of innovative capital tools. The publication of the Opinions involves almost all departments of financial market regulation, covering all key nodes from tool innovation to issuance approval, from issuance channels to investor introduction, providing supportive policies for bank capital tool innovation from multiple dimensions, and effectively guiding and promoting commercial bank capital tool innovation. The issuance of the Opinions help improve our country commercial banks' core capital of higher status quo, through the optimization of capital structure management capital formation, with a more reasonable cost to maintain and enhance the level of commercial bank capital adequacy and meet increasingly stringent regulatory standards at home and abroad to provide conditions, thus forming a strong support for sustainable development of the business.

On January 18, 2018, Ministry of Commerce, People's Bank of China, State-owned Assets Supervision and Administration Commission, China Banking Regulatory Commission, China Securities Regulatory Commission and State Administration of Foreign Exchange jointly issued the Interim Measures on Filing (Approval) Reports on Foreign Investment (S.H.F.[2018] No. 24, hereinafter referred to as the "Measures"). The "Measures" as an important basic system of the new age of foreign investment management, unify and summarize the filing (approval) report of the information and launch a series of innovative things afterwards regulation reform measures, aim to realize the management of the whole process of foreign investment before, during and after the event, promote the healthy, standardized and sustainable development of foreign investment, and better serve the overall situation of the "Belt and Road" construction and opening up.

On January 24, 2018, China Foreign Exchange Trade System issued Notice on Launch of Instant Messaging Tools on New Generation of Foreign Exchange Trading Platforms (Z.H.J.F.[2018] No. 31, hereinafter referred to as the "Notice"). The issuance of the Notice further standardizes and facilitates market transactions and improves transaction efficiency.

On February 1, 2018, China Insurance Regulatory Commission and the State Administration of Foreign Exchange issued the Notice on Matters Related to Regulating the Development of Internal and External Loan Business of Insurance Institutions by China Insurance Regulatory Commission and (B.J.F.(2018) No. 5, hereinafter referred to as the

"Notice"). The main contents of the Notice include the following points: first, clarify the form of internal and external loan business of insurance institutions; second, standardize the form of counter-guarantee subject and collateral; third, clarify the proportion and purpose of financing; fourth, implement supervision according to the principle of penetration; fifth, specify the behaviors to be prohibited. The issuance of the Notice helps improve the supervision system for overseas investment of insurance funds, make up for shortcomings in supervision, and enhance the scientific and effective supervision of overseas investment; helps improve the safety and standardization of domestic and foreign loan business of insurance institutions, strictly follows the national policy guidance on overseas investment, and effectively prevents and controlling overseas investment and financing risks; guides insurance funds to serve the real economy and serve the national strategy of "Belt and Road".

On February 2, 2018, China Foreign Exchange Trade System issued Announcement on Development of Direct Trading of Renminbi against Thai Baht (Z.H.J. Announcement (2018) No. 6, hereinafter referred to as the "Announcement"). The announcement promotes bilateral trade and investment between China and Thailand, facilitates the use of Renminbi and Thai Baht in trade and investment settlement, and meets the need of economic entities to reduce exchange costs.

On February 13, 2018, State Administration of Foreign Exchange issued the Notice on Improving Foreign Exchange Management of Forward Settlement and Sales of Foreign Exchange (H.F.(2018) No. 3, hereinafter referred to as the "Notice"). The forward settlement and sales of foreign exchange is the most basic and major derivative product in the domestic foreign exchange market at present. The Notice starts from the key link of enriching the trading mechanism, and after the release of the settlement of difference in forward settlement and settlement in 2016, it allows the settlement of difference or full settlement according to the actual demand. Thus, the forward settlement and sales of foreign exchange is completely market-oriented in terms of market pricing, settlement and risk management.

On March 23, 2018, the State Administration of Foreign Exchange issued the Notice on Foreign Exchange Management of Financial Leasing Business (H.F.[2017] No. 21, hereinafter referred to as the "Notice") to regulate the foreign exchange management of financial leasing business. The financial leasing companies mentioned in the Notice include financial leasing companies approved by the banking supervision department, foreign-invested financial leasing companies approved by the competent commercial departments, and Chinese-funded financial leasing companies jointly confirmed by the Ministry of Commerce and the State Administration of Taxation. At the same time, when a finance

leasing company conducts financial lease business, if more than 50% of the capital used to purchase the lease item comes from its own domestic foreign exchange loans or foreign currency foreign debts, it can collect rent in the form of foreign currency in China. Under the finance lease business that meets the above conditions, the lessee can go to the bank to handle the procedures of purchasing and paying foreign exchange for the rent of the lessor of the finance lease company. In addition, the foreign currency rental income collected by financial leasing companies can be entered into the foreign exchange accounts opened in Banks according to regulations. The amount in excess of what is required to repay foreign currency debts may be settled directly at the bank.

On April 27, 2018, the General Office of China Banking Regulatory Commission issued the Notice of Further Relaxing Market Access for Foreign Banks (Y.B.J.B.F.[2018] No. 16, hereinafter referred to as the "Notice"). The Notice explicitly allows foreign banks to carry out distribution, agency business, exchange, underwriting government bonds to allow management bank of a qualified foreign bank in China to authorize other branches in China to conduct Renminbi business and derivative trading business, and calculate the working capital of several branches of a foreign bank in China on a consolidated basis. The issuance of the Notice further improves the investment and business environment of the banking and insurance industries, stimulates the vitality of foreign investment in the development of China's financial industry, enriches the financial service and product system, and improves the quality and efficiency of financial services in serving the real economy.

On June 11, 2018, People's Bank of China and the State Administration of Foreign Exchange issued the Notice on Matters Concerning the Management of Domestic Securities Investment by Renminbi Qualified Foreign Institutional Investors (Y.F.[2018] No. 157, hereinafter referred to as the "Notice"). The main policy measures include: first, abolish the 20% foreign exchange requirement for QFII funds. QFII can entrust custodians to handle relevant foreign exchange funds. Second, cancel the lock-in requirements for QFII and RQFII principal. Third, allow QFII and RQFII to carry out foreign exchange hedging to hedge exchange rate risks of domestic investment. The issuance of the Provisions and the Notice has improved the management of domestic securities investment under the qualified foreign institutional investor (QFII/RQFII) program, further facilitated cross-border securities investment and opened up the capital market.

On June 27, 2018, the China Foreign Exchange Trade System issued the Notice on Release oF Sentiment Index of Inter-bank Dollar Borrowing Funds (Z.H.J.F.[2018] No. 222, hereinafter referred to as the "Notice"). The issuance of the Notice further enriched the interbank foreign currency lending market and directly reflected the situation of dollar lending market.

On July 19, 2018, China Foreign Exchange Trade System issued the Notice on Introduction of Foreign Currency Borrowing with Foreign Currency Bods as Collateral (Z.H.J.F.[2018] No. 252, hereinafter referred to as the "Notice"). The issuance of the Notice enriched foreign currency financing instruments and further satisfied the management needs of foreign currency assets and liabilities of domestic foreign currency borrowing institutions.

On August 8, 2018, China Foreign Exchange Trade System issued Notice on Improving Foreign Currency Trading Mechanism and Business Function (Z.H.J.F.[2018] No. 281, hereinafter referred to as the "Notice"). The issuance of the Notice meets the market demand and promotes the development of foreign currency market among Banks.

On August 29, 2018, China Foreign Exchange Trade System issued the Notice on Launch of Foreign Currency Borrowing Quoting Bank Business (Z.H.J.F.[2018] No. 331, hereinafter referred to as the "Notice"). The issuance of the Notice further promotes the development of the domestic foreign currency lending market, provides fair and unified domestic foreign currency lending rate to the market, and provides more convenience for financial institutions to trade and price.

On September 8, 2018, People's Bank of China and the Ministry of Finance jointly issued the Interim Administrative Measures for Bond Insurance by Overseas Institutions in National Inter-bank Bond Market (Announcement of People's Bank of China and Ministry of Finance [2018] No. 16). At the same time, the Interim Administrative Measures for Renminbi Bond Issuance by International Development Institutions (Announcement of People's Republic of China, Ministry of Finance, National Development and Reform Commission and China Securities Regulatory Commission [2010] No. 10) was officially abolished. On the basis of summarizing previous pilot experience and drawing lessons from international experience, the Announcement further clarifies the conditions for overseas institutions to issue bonds in the inter-bank bond market, application for registration procedures, and also standardizes information disclosure, issuance registration, custody settlement, Renminbi capital account opening, capital exchange, investor protection and other matters. The Announcement improves the institutional arrangement for overseas institutions to issue bonds in the inter-bank bond market, standardizes the issuance of bonds by overseas institutions, promotes the integration of relevant rules and regulations with international standards, and further improves the internationalization level of China's bond market, which is of great significance for the reform and opening up of China's bond market.

### (iii) Development outlook of foreign exchange market

In 2019, China's foreign exchange management will adhere to the overall tone of seek

improvement in stability work, the concept of new development, the promotion of high-quality development, the supply-side structural reform as the main line and the deepening of market-oriented reform, expand high-level opening, continue to play a good three major battle, implement the "six stable aspects" requirements, deepen the reform of "power delegation, supervision and compliance", improve the efficiency and quality of foreign exchange management services for the real economy. The work of foreign exchange management in 2019 will focus on the following aspects: first, continue to give top priority to political development of the party, thoroughly study and implement President Xi Jinping's thoughts on socialism with Chinese characteristics for a new era and the spirit of the 19th CPC national congress, fully implement the centralized and unified leadership of the CPC central committee over financial and foreign exchange work, step up supervision and discipline, resolutely implement the spirit of the "eight regulations" of the CPC central committee, constantly correct the "four trends", and build a high-quality and professional foreign exchange management team that is loyal, clean and responsible. Second, advance reform and opening-up in the foreign exchange sector. Steadily and orderly open up the capital account, further improve the qualified foreign institutional investor system, and study the foreign exchange management framework for foreign-invested enterprises under the pre-establishment national treatment plus negative list management system. Further open up the foreign exchange market in both directions, enrich trading tools, increase the number of trading entities, and build an open and competitive foreign exchange market. Third, deepen the reform of foreign exchange management. Improve foreign exchange management services, promote trade and investment liberalization and facilitation at a higher level, further support the comprehensive deepening of reforms in the pilot free trade zones, Guangdong-Hong Kong-Macao Greater Bay Area and Hainan, and foster a business environment that is convenient, efficient, stable, transparent and fair in competition. Fourth, improve the management framework for cross-border capital flows that combines macro-prudential and micro-regulatory approaches. Make counter-cyclical adjustments to market fluctuations in the foreign exchange market, maintain the stability, consistency and predictability of micro-regulation of foreign exchange across cycles, crack down on illegal and irregular activities in foreign exchange, promote the development of "digital external control" and "safe external control", and maintain a sound order in the foreign exchange market. Fifth, improve the management of foreign exchange reserves. Deepen capacity building in operation, actively serve the program and the national strategy of the "Belt and road", and ensure the safety, liquidity, value preservation and appreciation of foreign exchange reserves.

## Article 14

### China–Singapore (Chongqing) Demonstration Initiative on Strategic Connectivity Financial Summit①

The inaugural China (Chongqing)-Singapore Connectivity Initiative Financial Summit (the "Summit") was launched by Chinese government and Singapore governments jointly and co-organized by the Ministry of Commerce of People's Republic of China, the People's Bank of China, the China Banking Regulatory Commission, the China Securities Regulatory Commission, the State Administration of Foreign Exchange, the Ministry of Trade and Industry of Singapore, the Monetary Authority of Singapore and the Chongqing Municipal People's Government on Nov. 2, 2018.

The theme of the Summit was "Open-Innovative-Connected-Mutual". There were three panels and two roundtables, namely the International Financial Cooperation as New Impetus for Economic Development under the BRI (Panel 1), the Innovative Cross-Border Financial Services as Catalyst to High-Quality Economic Development (Panel 2), the Profound Impact of FinTech on Global Financial Services (Panel 3), the Financial Cooperation under the BRI and CCI Multi-modal Transport Trade Corridor (Roundtable 1) and the China-Singapore Cooperation Prospects in Inclusive Finance (Roundtable 2).

Tang Liangzhi, Deputy Secretary of Chongqing Municipal Committee and Mayor of Chongqing Municipality, addressed and made the keynote speech at the opening ceremony and one of the panel meeting. He said, "Chongqing is currently striving to turn Chongqing into an "Highland for Opening-up in Inland China" and a "Beautiful Land of Green Mountains and Clear Waters" as instructed by President Xi based on its role as the important stronghold for the western development strategy and the vital link between the "Belt and Road" and the Yangtze River Economic Belt. The Chongqing Connectivity Initiative (CCI) project has been in operation for three years, during which period, both parties focused on making pragmatic cooperation in four priority areas, namely financial service, aviation, transport and logistics, and information and communications technology, and strived to develop demonstrative innovation-based projects with high starting point and high quality within the framework of the Belt and Road. We are hoping to take this summit as an opportunity and devote ourselves to promote innovation in terms of policy, service, platform and mechanism, further deepen the financial cooperation between China and

① This article is compiled by He Haifeng based on relevant materials.

Singapore, provide financial institutions and enterprises from countries and regions along the Belt and Road with high-quality services and strive for mutual benefit and common development."

In addition, Ravi Menon, MAS Managing Director, Huang Hong, Vice-chairman of China Banking and Insurance Regulatory Commission, Fang Xinghai, Vice-chairman of China Securities Regulatory Commission, Zhang Xin, Deputy Administrator of the State Administration of Foreign Exchange, Luo Xiaomei, counsellor of the Ministry of Commerce of People's Republic of China, Yi Huiman, Chairman of Industrial and Commercial Bank of China, Wang Zuji, Head of China Construction Bank, Jin Qi, Chairwoman of the Silk Road Fund, Hong Qi, Head of China Minsheng Banking Corp.Ltd. and Miao Jianmin, Chairman of PICC Group, addressed or made keynote speeches respectively.

Several MOUs relating to major projects, including the one to establish the China-Singapore FinTech Cooperation Demonstration Area in Chongqing under the push of China and Singapore governments, the one to form an alliance between the Chongqing authorities and the Singapore FinTech Association to develop the FinTech industry in Chongqing, the respective cooperation agreements entered between Chongqing Municipal Government and Agricultural Development Bank of China, Industrial and Commercial Bank of China, China Construction Bank, and Surbana Jurong, etc., were signed upon completion of the opening ceremony. Centering on areas like financial technology, international logistics, and smart city construction, the contracting parties will strengthen the cooperation in terms of promoting innovation of financial policy, creating cluster of FinTech enterprises, building a new sea-land transportation corridor between China and Singapore to match the Belt and Road, constructing the ecosystem of cross-border logistics, finance and commerce and trade, and facilitating rural revitalization and poverty alleviation within the framework of CCI project.

During the Summit, officials from relevant ministries and commissions of the State and government authorities in western China, persons in charge of China's large financial institutions and logistics enterprises, and foreign guests from Singapore, Malaysia, Myanmar and other countries exchanged information and thoughts and made valuable contributions as well as profound suggestions.

## XI. Development Strategies of Gold Market[①]

In 2018, China's gold market has developed healthily, witnessing its position in the

① Author: Luo Jiang, Deputy General Manager of R&D Department of Shanghai Gold Exchange.

global gold market steadily enhanced. The gold market construction is progressing steadily, and Shanghai Gold Exchange continues to implement the market-oriented and international development strategy steadily. The market is running smoothly and the various businesses have achieved remarkable results. The gold trading volume ranks second in the global exchange market.

**(i) Development overview of gold market**

In 2018, the price of gold fluctuated sideways, the international gold price closed down slightly, and the domestic gold price closed slightly higher. The spot price of London spot gold at the end of the year was $1,281.65 per ounce, down $14.85 from the end of 2017, a decrease of 1.15%. Shanghai Gold Exchange (hereinafter referred to as "SGE") Au 99.99 gold contract opened at 274.00 yuan / gram, with the highest price of 284.90 yuan / gram year, the lowest 260.75 yuan / gram, the closing price of 284.60 yuan / gram at the end of the year, and increase by 4.25% compared with that at the end of 2017.

The total transaction volume of SGE in 2018 reached a record high, with a total transaction volume of 21.32 trillion yuan, with the year-on-year increase of 9.20%. Among them, 67,500 tons of gold were traded, with the year-on-year of 24.35%, ranking No. 1 of the gold spot trading volume in the world. Shanghai Futures Exchange clinched a deal of 32,200 tons of gold. The total amount of physical gold delivered from the SGE was 2,293.02 tons, with the year-on-year increase of 5.48%.

The number of SGE members and clients continues to grow steadily. By the end of 2018, the number of domestic and international members has increased to 186 and 74 respectively, with the total number of institutional and individual customers reaching 12,272 and 9.93 million respectively. SGE keeps promoting its market internationalization, and the size of the international market is growing rapidly. By the end of 2018, transactions in international market reached 1.84 trillion yuan, with the year-on-year growth of 37.77%.

**(ii) Development policies of industrial market**

In 2018, China's gold market adhered to the new development concept to promote high-quality development, and the People's Bank of China released three administrative measures on gold asset management business, Internet gold business and gold deposit business. The SGE has comprehensively revised the trading system and issued the Implementation Measures of Anti-money Laundering and Anti-terrorist financing for SGE Members (trial), which helps further optimize the infrastructure construction of the gold market.

**1. Notice on Matters Concerning Gold Asset Management promulgated by People's Bank of China**

In recent years, the rapid development of China's asset management business has played a positive role in meeting the investment and financing needs of residents and enterprises and improving the social financing structure, but there are also some problems such as non-standard development of some businesses, multi-layer nesting, rigid payment, evading financial regulation and macro-control. In April 2018, the People's Bank of China, China Banking Regulatory Commission, China Securities Regulatory Commission and State Administration of Foreign Exchange jointly issued the Guidance on Regulating the Asset Management Business of Financial Institutions (Y.F. [2018] No. 106) to regulate the financial institutions in the asset management business, unify regulatory standards of similar asset management products, effectively prevent and control financial risks, and guide the social capital flow to the entity economy to better support economic restructuring and transformation and upgrading.

The gold market is an important part of the financial market. To implement the Guidance on Regulating the Asset Management Business of Financial Institutions, the General Office of the People's Bank of China issued the Notice on Matters Concerning Gold Asset Management Business (Y.B.F. [2018] No. 215) in December 2018, aiming to strengthen the supervision and management of the gold market, regulate the asset management business of gold, prevent the risk of the gold market, maintain the market order and protect the rights and interests of investors. The Notice clearly stipulates the scope and types of gold asset management business and gold products. Gold asset management products are only established and initiated by financial institutions and are off-balance sheet businesses of financial institutions. The Notice requires other financial institutions and Internet institutions that sell gold asset management products on their behalf to comply with the regulations of financial supervision departments. For gold asset management products, in addition to complying with the regulations of the financial regulatory authorities, the initiating and establishing institutions should also be filed with the People's Bank of China. The Notice should register and keep custody of the physical gold invested in gold asset management products, and the registration and custody service should only be provided by financial institutions, Shanghai Gold Exchange and other gold trading places approved by the State Council and financial supervision departments. A financial institution should open a general account at the Shanghai Gold Exchange to register the physical gold under its custody. The initiating and establishing institutions and sales agents of gold asset management products should disclose information in accordance with financial regulations and investor protection requirements, fully inform investors of risks, and do a good

job in investor information security protection.

**2. Interim Administrative Measures for Internet Gold Business of Financial Institutions promulgated by People's Bank of China**

In 2018, China's Internet business shifted from rapid development to standardized development. The Internet gold business needs to be standardized to prevent financial risks, maintain market order and protect investors' rights and interests. The people's Bank of China issued the Interim Administrative Measures for Internet Gold Business of Financial Institutions (Y.F.B. [2018] No. 221) in December 2018. The Measures stipulate that the qualification of gold products should only be provided to the market by financial institutions and the gold trading venues approved by the State Council and financial supervision departments, and no other institutions or individuals should provide gold products to the market. The gold of Internet financial institutions can be sold through their official websites, mobile terminals or agents of Internet institutions, but Internet institutions are not allowed to provide any form of gold account services. The Measures stipulate that financial institutions selling gold products through Internet agencies should be qualified as market makers of inter-bank of the SGE in the gold inquiry market (including trial market makers). The Internet institutions that sell gold products on behalf of financial institutions should meet the requirements of staff who are familiar with gold business, the registered capital should be not less than 30 million yuan in paid-in currency capital, should have the license issued by the competent authority of the Internet industry or complete the website filing in the competent authority of the Internet industry, and the website access place should be within the territory of the People's Republic of China. At the same time, Internet institutions sell the gold products of financial institutions as agents, and the financial institutions that develop the gold products should file with the people's bank of China. The Measures stipulate the obligations or responsibilities that financial institutions should undertake for gold products, as well as the specific contents of sales and publicity on behalf of Internet institutions. The Measures emphasize that when introducing gold products to investors, financial institutions and Internet institutions should explain the characteristics of gold products to investors, and remind them of the relevant risks of gold products, and take protective measures for investors, such as proper management of investors.

**3. Interim Administrative Measures for Gold Accumulative Program promulgated by People's Bank of China**

In recent years, the gold accumulative program started by commercial banks in China is growing, and some non-financial institutions, including Internet companies, are eager to try their gold accumulative program. In December 2018, the General Office of the People's

Bank of China issued the Interim Administrative Measures for Gold Accumulative Program (Y.B.F.[2018] No. 222) to regulate the gold accumulative program, prevent gold market risks, maintain market order, and protect investor rights. The Measures strictly define the gold accumulation business, and clearly stated that the gold accumulation business is limited to banking deposit-type financial institutions, and should support customers to extract physical gold or sell gold to obtain corresponding monetary funds. Banking deposit-type financial institutions should establish a physical gold reserve management system for gold accumulative program according to their own gold business conditions, strengthen the management of physical gold liquidity, and satisfy customers' demand for physical gold. At the same time, banking deposit-type financial institutions should incorporate gold accumulation business into their balance sheet management. Banking deposit-type financial institutions may sell gold-storage products through other financial institutions (collectively the "financial institutions that sell gold deposit products") or Internet agencies. Banking deposit-type financial institutions that carry out gold accumulation business and the financial institutions that sell gold deposit products should be filed in accordance with the "Notice of the General Office of the People's Bank of China on Strengthening the Management of Gold Accumulative Program of Banking Financial Institutions" (Y.B.F. [2012] No. 238) requires filing. The filing of sales of gold deposit products through Internet agencies should also comply with the interim measures on the management of Internet gold business of financial institutions. In addition, the Measures also put forward clear requirements for the flat-panel method, publicity, risk warning and customer information protection of the gold accumulative program.

**4. SGE has comprehensively revised the trading rule system**

In 2018, SGE comprehensively revised and improved the trading rules and supporting systems, issued a total of 29 business rules, operation systems and trading processes including the "Trading Rules of Shanghai Gold Exchange" and the corresponding rules and systems of the international board to further improve the management rules for bulk trading, procedural trading and market maker management, and formulated and revised a number of supporting rules for settlement, delivery, lease and pledge, and established and improved the market access, member assessment, rewards and other systems. The trading rule system of Shanghai Gold Exchange has reached a new stage after the comprehensive revision.

**5. SGE issued the Implementation Measures of Anti-money Laundering and Anti-terrorist financing for SGE Members (trial)**

In April 2018, to effectively prevent money laundering and terrorist financing risks in the precious metal market and to promote members to perform anti-money laundering

and terrorist financing business, SGE issued the Implementation Measures of Anti-money Laundering and Anti-terrorist financing for SGE Members (trial) (S.J.J.F.[2018] No. 59). In November 2017, People's Bank of China issued the Notice on Strengthening Anti-money Laundering and Anti-terrorist Financing in Precious Metals Trading Venues, which proposed to attach great importance to the money laundering and terrorist financing risks in the precious metals trading field. Trading venues and dealers should fulfill their duties of anti-money laundering and anti-terrorist financing, and strengthen the supervision and administration of anti-money laundering and anti-terrorist financing of trading venues and dealers. The Measures are the results of implementing the Notice of the People's Bank of China, preventing risks, focusing on practical results of anti-money laundering by SGE.

The Measures require members to fulfill anti-money laundering obligations in accordance with laws and regulations and anti-money laundering provisions, consciously maintain the order of the gold industry, and realize the institutionalization, standardization and procedural anti-money laundering work. The members should implement anti-money laundering requirements into the internal control system and daily business operations, and report the precious metal related internal control system to SGE. The heads of the members and their branches are ultimately responsible for the effective implementation of the internal control system against money laundering, and should set up special institutions or appoint internal institutions to be responsible for anti-money laundering compliance management, appoint senior management personnel to be responsible for anti-money laundering of precious metals, and set up anti-money laundering compliance specialists; be diligent and responsible, follow the principle of "know your customers", take corresponding customer identification measures, understand the customers and the purpose and nature of the transaction, understand the source and nature of the customer's funds, and understand the natural person who actually controls the customer and the actual beneficiary of the transaction. The members should not provide services for unidentified clients, open anonymous or pseudonymous accounts for clients, or allow clients to use others' accounts for business transactions. The Measures clearly state that the the members find or have reasons to believe that the customer, customer funds or other assets, customer transactions or trying to deal with money laundering and terrorist financing and other related crime, no matter the amount of money involved, or value of the asset size, should submit the report suspicious transactions to China Anti-money Laundering Monitoring and Analysis Center, and copy them to Shanghai Gold Exchange after the suspicious transaction is confirmed. At the same time, the Measures put forward clear requirements on members' anti-money laundering

training and publicity, inspection and supervision.

**6. Optimizing infrastructure construction of gold market**

In 2018, SGE will continue to optimize infrastructure construction in gold market. First, continue to deepen the price benchmark construction; officially launch the long-term price curve construction of the silver inquiry market, the gold forward price fixing curve in the whole market, promote option asset management and derivative application to "Shanghai Gold" market, derivative application to "Shanghai gold" market accumulation based on the implied volatility curve construction of the inquiry option, and make inquiry derived benchmark the new element to deepen construction of "Shanghai gold" brand. Second, facilitate concentration of all kinds of market elements. Give greater support to small and medium-sized financial institutions and international institutions in their services, implement classified and quantitative management of banks, non-banks and special banks, and promote the institutionalization and standardization of institutions in the inter-bank market. The Administrative Measures for Market Makers in Inter-bank Gold Inquiry Market (revised) and the Rules for Inquiry Business of Shanghai Gold Exchange are officially issued to the market upon the filing and approval of the People's Bank of China, further improving the market infrastructure level. Third, introduce a new generation of trading system. In June 2018, the construction of the Shanghai Gold Exchange's third generation system (GEMS-3) was completed. GEMS-3 has met 56 important business requirements such as margin, further improved and strengthened technical framework, and comprehensively improved the service system for the majority of members. The third generation trading system covers nearly 100 types of architecture requirements, involving the core business, international business, Internet business and other three sectors. Fourth, promote Chinese standards for gold bars and ingots. As the core content of the quality standard system of Shanghai Gold Exchange, SGEB1-2002 Gold Ingot standard covers the specifications of 1Kg, 3Kg and 12.5kg gold ingots currently popular in the international mainstream, and is a relatively complete standard for gold ingots in the global gold market.

**7. Introducing market-maker system for gold futures**

In October 2018, the Shanghai Futures Exchange issued the Regulations on Market-Makers of Shanghai Futures Exchange to recruit the first batch of market-makers for gold and nickel futures. The introduction of market-maker system for gold futures will improve the activity and continuity of gold futures' non-dominant contracts.

**(iii)** Evaluation and outlook of policies

The year 2018 is an important period for China's gold market to transform from high-speed development to high-quality development. China's gold market has made some achievements

in perfecting the legal system and trading system, strengthening the infrastructure construction and protecting investors, laying a good foundation for the continuous and stable development of the market in the next step.

To maintain healthy and stable development of gold market, protect the legal rights and interests of investors, after communicating with market participants and fully absorbing the opinions of the industry, the People's Bank of China issued the Notice on Matters Concerning Gold Asset Management promulgated by People's Bank of China (Y.B.F.[2018] No. 215), the Interim Administrative Measures for Internet Gold Business of Financial Institutions (Y.B.F.[2018] No. 221) and the Interim Administrative Measures for Gold Deposit Business (Y.B.F.[2018] No. 222) in December 2018. The introduction of the "three measures" has made up for the lack of supervision in the gold market and managed the chaos behind the rapid development of the gold business, which is conducive to defusing potential market risks and avoiding business innovation from the real to the virtual. On the one hand, the introduction of the "three measures" strengthens market supervision and prevent financial risks in the gold market. On the other hand, through the protection of investors' rights and interests, inclusive finance is implemented and the private gold reserves are increased.

After the comprehensive revision and improvement of trading rules and supporting systems, SGE has further improved the level of market management and risk prevention and control, which has laid an institutional guarantee for the high-quality development of the gold market. In 2018, the total transaction volume reached 21.32 trillion yuan, with the year-on-year growth of 9.20%, transforming from previous years' high-speed growth to high-quality growth. The SGE has increased its support for small and medium-sized financial institutions and international institutions. The number of participating institutions in the inter-bank market has increased by 10%, forming a market pattern of full inter-bank, bank-enterprise and international board inquiry. The Administrative Measures for Market Makers in Inter-bank Gold Inquiry Market (revised) and the Rules for Inquiry Business of Shanghai Gold Exchange are officially issued to the market upon the record and approval of the People's Bank of China, further improving the market infrastructure level. The Master Agreement of Shanghai Gold Exchange of Gold Lease Business covers the main participating institutions in the market, and the market institutions have put on record 295 agreements with the SGE. As a service provider for international members and oriented by market demand, SGE started margin payment business for its international member in December 2018 and launched the payment business of policy financial debt margin to promote the effective use of international member funds. In 2018, the gold market infrastructure construction of SGE has been enhanced, and the market

capacity, transaction efficiency, risk identification and prevention and control level have been significantly improved, providing support for the sustainable and stable development of the market.

The SGE issued the Implementation Measures of Anti-money Laundering and Anti-terrorist financing for SGE Members (trial), which initially completed the establishment of organization and management system for anti-money laundering, and made progress in the anti-money laundering. The SGE has improved its internal workflow and cooperation mechanism, carried out investigation and monitoring and analysis of money laundering risks, effectively identified suspicious transactions, and established a reporting mechanism with the anti-money laundering monitoring center of the People's Bank of China; independently developed anti-money laundering technical system and successfully launched the first phase function; vigorously carry out staff and member training, and anti-money laundering publicity activities; fully cooperate with the fourth round of FATF mutual assessment work arrangement; and lay a good foundation for the follow-up anti-money laundering work of the SGE.

Looking ahead to the future of the gold market, China's gold market in 2018 has completed a lot of basic work at the policy and institutional level, laying a good foundation for the high-quality development of the market in the future. With the strategic goal of building a world-class comprehensive gold exchange, SGE promotes the development of China's gold market through the two directions of marketization and internationalization. There are three orientations for the future policies of China's gold market: first, the efforts to regulate the healthy development of the market will be further strengthened. The People's Bank of China, as the regulator of the gold market, will further regulate the market, including the supervision of the intersection of the gold market and other financial markets, and formulate policies to regulate the development of fintech in the gold market. Second, market infrastructure will be further promoted. SGE will continue to improve the basic system of the gold market, prevent market risks, further improve the risk prevention and control system and system functions, and continue to strengthen the monitoring and post-event management of various transactions in the market to ensure that market risks are controllable. Third, the legal system of China's gold market will be further integrated with the international financial market. The internationalized market legal system will strongly advance the internationalization of China's gold market and accelerate the integration of China's gold market into the global gold market.

# Major Financial Regulatory Policies

## I. Major Regulatory Policies of the People's Bank of China[①]

### (i) Review of the major regulatory policies of the People's Bank of China in 2018

In 2018, the People's Bank of China implemented the decisions and arrangements of the Party Central Committee and the State Council, adhered to the general keynote of steady progress, and soundly fulfilled the duties of the Office of the Financial Stability and Development Council of the State Council, carried out stable and neutral monetary policies, supported the development of private enterprises and small and micro businesses, attached importance to prevention and resolution of major risks, and kept deepening financial reform and opening-up. The major regulatory policies are summarized as follows:

The first is the policy for supporting the development of private enterprises and small and micro businesses. It has timely issued supportive policies for bond and credit financing. In accordance with the idea of "multi-way cooperation", it has taken the lead in formulating 23 specific measures and launching the innovative supporting tools for the bond financing of private enterprises. It provided active financial support in other fields and weak links, and vigorously promoted market-oriented legalization of debt-to-equity swaps. It implemented the deployment of the national poverty alleviation and intensified the financial targeted poverty alleviation. It has comprehensively provided financial services in revitalizing rural areas and steadily promoted the pilot project of mortgage loans by "two rights".

The second is the policy for preventing and resolving major financial risks. It led the formulation of relevant action plans, division of tasks and development of supporting measures. It sped up to offset the shortcomings of the financial supervision system, took the lead in formulating the *Guiding Opinions on Regulating the Asset Management Business of Financial Institutions*, the *Guiding Opinions on Improving Regulation of Systemically Important Financial Institutions*, etc., and included financial holding companies in the regulatory framework, to securely handle the risks of key financial holding groups and deepen the special rectification of

① Author: Zhu Xiaochuan, researcher at the CEIBS Lujiazui Institute of International Finance. The content of this chapter is mainly from the website of the People's Bank of China. For details of monetary policies, please refer to the previous chapter.

online financial risks.

The third policy is for promoting the reform and opening-up of the financial industry. It led the development of a road map and timetable for deepening the opening-up of the financial industry, promoted the expansion of foreign ownership of financial institutions in the industries of banking, securities and insurance, and the expansion of the business scope of foreign institutions, and approved or accepted foreign institutions' applications for market access or filing in such fields as payment, liquidation, credit information and credit rating within China. It promoted financial institutions' overseas fund business based on RMB, and further deepened the multilateral and bilateral financial cooperation, as well as the financial cooperation with Hong Kong, Macao and Taiwan regions.

The fourth policy is for the regulation and innovative development of the financial market. It took measures to alleviate the risks in the bond market and to stabilize market financing functions. It has improved the construction of the bond market system, launched the counter business of local government bonds, the flexible tendering mechanism for financial bonds, and the tri-party repo business in the interbank market, to drive the interconnection and intercommunication of the central depository institutions of bonds. It introduced innovative capital replenishment tools such as non-fixed term bonds. It clarified the institutional framework of domestic bond issuance for overseas institutions and improved the settlement arrangements for "bond connect" transactions. It promoted mutual recognition of the qualifications of bond rating agencies, achieved unified law enforcement in the bond market, and standardized online gold, gold accumulation and gold asset management businesses.

The fifth policy is related to foreign exchange management and RMB internationalization. It has eliminated the proportion restrictions on the fund remittance of qualified foreign institutional investors (QFII), relaxed the principal management requirements for qualified foreign institutional investors and RMB qualified foreign institutional investors (RQFII), permitted hedging, and expanded the quota of qualified domestic institutional investors (QDII). It improved the management of key areas such as overseas loan under domestic guarantee, outward foreign direct investment, foreign currency banknote, personal foreign exchange business, and franchised exchange of local and foreign currencies, and severely cracked down on foreign exchange violations such as illegal private banks. It has well managed the foreign exchange reserves and expanded the diversified use of the foreign exchange reserves. It improved individual current account and cross-border investment and financing policies, and achieved full coverage of the policy for RMB cross-border use.

The sixth policy is for financial services and financial management. It has implemented the

institutional reform plan of the State Council and completed the responsibility handover for "the planned drafts of key laws and regulations of the banking industry and the insurance industry and the basic system of prudential supervision". It established a comprehensive statistical system for asset management products. It led the formulation and issuance of the Plan for a Modern Financial Framework in the 13th Five-Year Plan Period. It provided financial support for the pilot free trade zone and the green financial reform pilots and has made new progress. It strengthened the construction of robust mechanisms for the central bank's balance sheets. It has made significant progress in the pilot project of canceling the opening permit of the corporate bank account, and in the "breaking direct connection" of non-bank payment institutions. Strengthening the protection of critical information infrastructure, it has initially established a national cash statistics system for the purpose of rectifying cash rejection. The first personal credit information license was issued, which formed a pattern of personal credit information market with misplaced development and complementary functions. It took the lead in the fourth round of mutual assessment of the Financial Action Task Force (FATF) and implemented anti-money laundering penetration monitoring. It has formulated and published statistical classification standards for complaints from banking financial institutions, and continued to improve the working mechanism for protecting financial consumer rights.

### (ii) The main regulatory policy evaluation Second, in 2018 the People's Bank

In 2018, various regulatory policies launched by the People's Bank of China were committed to strengthening the finance's role of catering to the real economy, maintaining financial stability, and improving the effect of financial management and financial services, so as to play an important role in supporting the smooth and efficient operation of finance. Those policies have maintained the overall stability of the monetary and financial environment, intensified targeted regulation and control and accurate drop irrigation, and kept promoting market-oriented reforms in interest and exchange rates.

The most important task of the regulation in 2018 was to prevent and resolve major risks. By taking multiple measures and centralized management, it has been dealing with the exposed risks in an orderly manner, and effectively containing radical risky behaviors and various financial chaos, so that the financial operations were generally stable and the risks were generally under control. The specific performance is as follows: Firstly, the reform of the financial regulatory system was promoted. The functions of the People's Bank of China were further strengthened. It has been endowed with the necessary coordination means, and the allocation of regulatory resources was further optimized. Secondly, the macro leverage ratio

was stabilized. At the end of 2018, the total level of China's macro leverage ratio recorded 249.4%, down by 1.5 percentage points from the end of 2017. Thirdly, the shadow banking was regulated. New regulations on asset management and supporting implementation rules were introduced to rectify the financial market chaos and the disorderly development of shadow banking was under control. Fourthly, the macro-prudential management was improved. The supervision of systemically important financial institutions was upgraded, and the macro-prudential management of cross-border capital flows was improved, to effectively respond to the impact from cross-border capital flows. In addition, important progress has been made in the smooth and orderly disposal of high-risk financial institutions and the rectification of the financial order.

In 2018, the role of the People's Bank of China was highlighted as the Office of the Financial Stability and Development Council of the State Council. By carefully organized analysis of domestic and international financial situations, it has studied on the major policies for the prevention and disposal of systematic financial risks and the maintenance of financial stability. After the establishment of the new Financial Stability and Development Council of the State Council, three regular meetings and several special meetings and symposiums have been convened to collect various opinions and suggestions, and to enhance the overall research and priority coordination on the matters related to the financial sector. What's more, in response to the difficulty in financing of private enterprises, especially small and micro businesses, a supervision team has been sent to conduct on-the-spot supervision to drive financial institutions in favor of the real economy.[①]

### (iii) Outlook of regulatory policies of the People's Bank of China in the future

In 2019, the regulatory policies of the People's Bank of China will continue the adherence to Xi Jinping's socialism with Chinese characteristics for the new era, comprehensively implement the spirits of the 19th National Congress of CPC, the Second and Third Plenary Sessions of the 19th Central Committee of CPC and the Central Economic Working Conference, stick to the overall keynote of seeking stable progress and the ideology of new development, keep driving high-quality development, and adhere to the supply-side structural reform as the main line. The coverage of the policies includes the implementation of a prudent monetary policy, strengthening the guidance of market expectations, continuing

---

① See the article "The Central Bank Made Three Announcements in a Week inscribed with FSDC showing greater roles of FADC", in Sina Finance, http://finance.sina.com.cn/roll/2018-12-27/doc-ihqhqcis0634074.shtml.

to prevent and resolve major risks, deepening financial reform and opening-up, further stabilizing employment, finance, foreign trade, foreign capital, investment and expectations, and making overall plans to promote steady growth, promote reform, adjust structures, benefit people's livelihood, prevent risks, and promote sustainable and robust economic and financial development. The details are as follows:

Firstly, it will further implement the various policies and measures of the finance in favor of the real economy. It will pay close attention to the changes in the operation of financial markets and the operation of financial institutions. It will strengthen the construction of financial infrastructure in the fields of financial markets, payment and settlement, credit system, financial technology, and foreign exchange management, and comprehensively enhance the capacity and actual effects of the finance in favor of the real economy. In accordance with the principle of market orientation and legalization, it will continue to use a variety of policy tools to guide financial institutions from the aspects of bonds, credit and loans, equity among others to provide more support for private enterprises and small and micro businesses. It will actively promote supportive tools for the bond financing of private enterprises, encourage local governments to set up supportive funds for their financing, and drive the implementation of supportive tools for their equity financing. It will further enhance the ability and level of service provision of payment and credit information industries and commercial banks for private enterprises and small and micro businesses. It will guide financial institutions in further providing excellent financial services in key fields and other weak links, and offer more support for the transformation and upgrading of high-tech enterprises, emerging industries and manufacturing industry. By actively revitalizing the rural areas from the aspect of the finance, it will focus on highly poverty-stricken areas, and improve the linkage mechanism of the financial support for various industries to drive poverty alleviation, thus to fully support the fight against poverty. It will coordinate the handover of the pilot project of the mortgage loans by "two rights" upon the expiration, and further enhance the financial services for deepening the reform and opening-up in Xiong'an New Area.

Secondly, it will effectively prevent and resolve financial risks in key fields. The robust development of the real economy is the basis for the risk prevention and resolution, so it will resolutely keep preventing and resolving major risks, accurately dispose and mitigate various risks and hidden dangers, and firmly hold the bottom line of no systemic financial risks. It will stabilize the macro leverage ratio, introduce regulatory measures for financial holding companies, orderly resolve the risks of shadow banking, and continue to carry out special rectification of online financial risks. In addition to taking full advantage of deposit

insurance, it will improve the mechanism for monitoring, evaluation and disposal of financial risks. While properly handling the risks in local government debts, it will also continue to promote the clearing of production capacity, debts and "zombie enterprises". It will improve the "six stabilizations" and enrich the "toolbox" for dealing with external shocks. In addition to continuously cracking down on illegal financial institutions and illegal financial activities, it will drive to release regulations against illegal fund-raising.

Thirdly, it will steadily promote the reform and opening-up, and continue the management of RMB internationalization and foreign exchanges. Subject to the model of pre-establishment national treatment plus negative lists, it will promote and expand the opening-up of the financial industry to the global market, and implement the deployed financial reform and opening-up tasks. At the same time, according to the changes in the international economic and financial development and the needs of China's development strategy, it will study and promote new reform and opening-up measures, and continue to carry out profound investment and financing cooperation for the "Belt and Road" Initiative. It will support enterprises in making real and compliance foreign investment. The policy for the cross-border use of RMB will be further improved to cater to the real economy and facilitate trade and investment. It will optimize the monetary cooperation framework between central banks, and improve the liquidity service framework for the offshore RMB market. It will support the free trade zone and the free trade port in pilot trial of the reform of foreign exchange management. It will promote pilot projects for facilitating the settlement of exchanges and payment of for capital projects. It will also keep intensified strikes against illegal private banks. It will improve the "macro prudential + micro regulatory" management framework of cross-border capital flows, and continuously improve the diversified use of foreign exchange reserves.

Fourthly, it will accelerate the innovative development of financial markets and the reform of financial institutions. It will continue to drive product innovation and standard development of the bond market, and keep improving the depth and breadth of the bond market. By enhancing the financial infrastructure regulation system, and strengthening the overall regulation and interconnection, it will perform well in the implementation of unified law enforcement in the bond market. It will strengthen the market-oriented restraint mechanism and promote the improvement of the credit rating system for the bond market. Besides, it will improve the default handling mechanism in the bond market, and soundly conduct marketization and legalization of default risks. It is going to support overseas entities to issue new bonds for financing within China's territory and encourage foreign investors to invest in

the Chinese bond market. It will further implement the reform plan for developmental financial institutions and policy banks. It will coordinate and study how to deepen the reform of rural financial institutions, maintain the long-term stability of the status of county-level legal person institutions, and guide them to define their positioning in institution and service provision.

Fifthly, it will comprehensively enhance the level of financial services and financial management. In addition to continuously deepening the financial legal construction, efforts will be made to improve the capabilities of payment service and supervision, and to completely cancel the opening permit of corporate accounts. It will formulate development plans and regulatory rules for financial technology, and strengthen the application and management of financial technology. Besides continuously improving the level of financial statistics, it will also drive the cash statistics system, and intensify cash management reform and monetary supply regulation. It will comprehensively enhance the national treasury management of the central bank. What's more, it will improve the development model of credit reporting, and strictly control the conduct of illegal credit reporting. It will comprehensively strengthen the institutional mechanisms for anti-money laundering and anti-terrorist financing, and actively promote the regulation on anti-money laundering of specific non-financial institutions. It will promote the establishment of basic systems and legal systems for the protection of financial consumer rights, and improve the coordination mechanism for the protection of financial consumer rights.

## Appendix

**The Main Regulatory Policies of the People's Bank of China in 2018**

| Date of publication | Name of the policy file | Issued by | File number |
|---|---|---|---|
| January 4 | Notice on Regulating the Bond Transactions of Bond Market Participants | People's Bank of China, China Banking Regulatory Commission, China Securities Regulatory Commission, and China Insurance Regulatory Commission | Y.F. [2017] No. 302 |
| January 5 | Notice on Further Improving Cross-Border RMB Service Policies to Promote Trade and Investment Facilitation | People's Bank of China | Y.F. [2018] No. 3 |
| January 12 | Notice on Issues concerning the Categorized Management of Individual Bank Accounts | People's Bank of China | Y.F. [2018] No. 16 |

Continued

| Date of publication | Name of the policy file | Issued by | File number |
|---|---|---|---|
| January 25 | Guidance on Improving and Strengthening Financial Services for the Development of the Marine Economy | People's Bank of China, State Oceanic Administration, Development and Reform Commission, Ministry of Industry and Information Technology, Ministry of Finance, China Banking Regulatory Commission, China Securities Regulatory Commission, and China Insurance Regulatory Commission | Y.F. [2018] No. 7 |
| February 27 | In the content of cleaning up the regulations and rules released prior to December 31, 2017 | People's Bank of China | PBOC Order [2018] No. 1 |
| February 27 | In the content of cleaning up the normative documents released prior to December 31, 2017 | People's Bank of China | PBOC Announcement [2018] No. 2 |
| March 1 | Notice on Issues Concerning Strengthening the Supervision and Administration of Green Financial Bonds in the Duration | People's Bank of China | Y.F. [2018] No. 29 |
| March 21 | Notice of the People's Bank of China on the Pilot Program of Verifying Invalid Residents' Identity Card Information and Non-Residents' Identity Certificate Information | People's Bank of China | Y.F. [2018] No. 60 |
| March 23 | Notice of the People's Bank of China on Issuing the Rules for Business Conducted through the Cross-Border Interbank Payment System | People's Bank of China | Y.F. [2018] No. 72 |
| March 23 | In the content of the matters related to foreign investment payment institutions | People's Bank of China | PBOC Announcement [2018] No. 7 |
| April 27 | Guiding Opinions on Regulating the Asset Management Business of Financial Institutions | People's Bank of China, China Banking and Insurance Regulatory Commission, China Securities Regulatory Commission, and State Administration of Foreign Exchange | Y.F. [2018] No. 106 |
| May 2 | Notice on Further Strengthening the Management of Credit Information Security | People's Bank of China | Y.F. [2018] No. 102 |

Continued

| Date of publication | Name of the policy file | Issued by | File number |
|---|---|---|---|
| May 2 | Guidance Opinions on Tightening Regulation of the Investment of Non-financial Enterprises in Financial Institutions | People's Bank of China, China Banking and Insurance Regulatory Commission, and China Securities Regulatory Commission | Y.F. [2018] No. 107 |
| May 3 | Notice of the General Office of the People's Bank of China on Further Clarifying Matters concerning the Administration of the Overseas Securities Investment of RMB Qualified Domestic Institutional Investors | People's Bank of China | Y.B.F. [2018] No. 81 |
| May 18 | Notice of the General Office of the People's Bank of China on Matters concerning Further Improving the Management of Cross-Border Capital Flow and Supporting the Opening-up of the Financial Market | People's Bank of China | Y.B.F. [2018] No. 96 |
| May 20 | Notice of the General Office of the People's Bank of China on Printing and Distributing the Public Administrative Work Focus in 2018 | People's Bank of China | Y.B.F. [2018] No. 95 |
| May 23 | Notice of the People's Bank of China on the Pilot Program of Canceling the Issuance of the License for Opening Enterprises' Bank Accounts | People's Bank of China | Y.F. [2018] No. 125 |
| June 1 | Guiding Opinions on Further Regulating the Services Relating to the Internet Sales and Redemption of Money Market Funds | China Securities Regulatory Commission and People's Bank of China | CSRC Announcement [2018] No. 10 |
| June 12 | Notice on Issues Concerning the Administration of Securities Investment in China by RMB Qualified Foreign Institutional Investors | People's Bank of China and State Administration of Foreign Exchange | Y.F. [2018] No. 157 |
| June 13 | Circular on Revising Four Rules Including the Measures for the Administration of the Electronic Commercial Draft System | People's Bank of China | Y.F. [2018] No. 152 |

Continued

| Date of publication | Name of the policy file | Issued by | File number |
|---|---|---|---|
| June 15 | Notice on Issues Concerning the Improvement of the Management of the RMB Purchase and Sale Business | People's Bank of China | Y.F. [2018] No. 159 |
| June 25 | Opinions on Further Deepening the Financial Services for Micro and Small-Sized Enterprises | People's Bank of China, China Banking and Insurance Regulatory Commission, China Securities Regulatory Commission, National Development and Reform Commission, and Ministry of Finance | Y.F. [2018] No. 162 |
| June 29 | Notice of the General Office of the People's Bank of China on Matters Concerning Complete Centralized Deposit of the Funds of Pending Payments of Clients of Payment Institutions | People's Bank of China | Y.B.F. [2018] No. 114 |
| July 10 | Notice on Relevant Requirements for Non-banking Payment Institutions to Report High-value Transactions | People's Bank of China | Y.F. [2018] No. 163 |
| July 20 | Notice on Pilot Program of Innovative Construction of Financial Standards in Chongqing Municipality and Zhejiang Province | People's Bank of China, China Banking and Insurance Regulatory Commission, China Securities Regulatory Commission, and Standardization Administration of the People's Republic of China | Y.F. [2018] No. 171 |
| July 27 | Notice of the People's Bank of China on Strengthening the Management of Cross-Border Financial Network and Information Services | People's Bank of China | Y.F. [2018] No. 176 |
| July 27 | Notice of the People's Bank of China on Conducting Green Credit Performance Evaluation of Banking Depository Financial Institutions | People's Bank of China | Y.F. [2018] No. 180 |
| September 25 | In the content of the matters concerning credit rating agencies' engagement in bond rating business in the interbank bond market and the exchange bond market | People's Bank of China and China Securities Regulatory Commission | PBOC Announcement [2018] No. 14 |

Continued

| Date of publication | Name of the policy file | Issued by | File number |
|---|---|---|---|
| September 25 | In the content of including the international development institutions' RMB bond issuance into the framework of foreign institutions' bond issuance within the territory of China for uniform management | People's Bank of China, Ministry of Finance, Development and Reform Commission, and China Securities Regulatory Commission | PBOC Announcement [2018] No. 15 |
| September 25 | Interim Measures for the Administration of Bond Issuance by Overseas Institutions in the National Inter-bank Bond Market | People's Bank of China and Ministry of Finance | Announcement of People's Bank of China and Ministry of Finance [2018] No. 16 |
| October 12 | Procedures for the Formulation of Rules of the People's Bank of China and Provisions on the Management of the Rules | People's Bank of China | PBOC Order [2018] No. 3 |
| October 24 | Notice by the People's Bank of China Concerning Issuing the Industry Standards for the Technical Specifications for Rural Inclusive Finance Service Outlets and Payment Service Outlets | People's Bank of China | Y.F. [2018] No.237 |
| November 1 | Notice on Implementing the Industry Standards for Statistical Classification and Coding of Complaints Filed by Financial Consumers of Banking Financial Institutions | People's Bank of China and China Banking and Insurance Regulatory Commission | Y.F. [2018] No. 243 |
| November 27 | Guiding Opinions on Improving Regulation of Systemically Important Financial Institutions | People's Bank of China, China Banking and Insurance Regulatory Commission, and China Securities Regulatory Commission | Y.F. [2018] No. 301 |
| December 3 | Opinions on Further Strengthening the Law Enforcement of the Bond Market | People's Bank of China, China Securities Regulatory Commission, and National Development and Reform Commission | Y.F. [2018] No. 296 |
| December 14 | Notice of the General Office of the People's Bank of China on Matters concerning the Gold Asset Management Business | People's Bank of China | Y.B.F. [2018] No. 215 |

Continued

| Date of publication | Name of the policy file | Issued by | File number |
|---|---|---|---|
| December 14 | Notice of the General Office of the People's Bank of China on Issuing the Interim Measures for the Management of Gold Accumulation Operations | People's Bank of China | Y.B.F. [2018] No. 222 |
| December 14 | Notice of the General Office of the People's Bank of China on Issuing the Interim Measures for the Administration of the Internet Gold Business of Financial Institutions | People's Bank of China | Y.B.F. [2018] No. 221 |
| December 18 | Notice by the People's Bank of China of Issuing the Industrial Standard of Specification for Commercial Bank Collateral Basic Information | People's Bank of China | Y.F. [2018] No. 310 |
| December 20 | Notice of the People's Bank of China on the Matters about the Strengthening of the Administration of Deposit Reserves | People's Bank of China | Y.F. [2018] No. 297 |

Data source: The website of the People's Bank of China; the dates of publication are subject to those shown in the "publication of government affairs" section of the website.

## Article 15

### Six Major Trends and Three Major Characteristics of FinTech Development[①]

Financial technology (the "FinTech") refers to the business models, technology applications, processes and products which are created as a result of financial innovation made through technological means and have a significant impact on the financial market, institutions and services. According to current practice, the FinTech mainly covers four major areas: payment and settlement, deposit and loan and capital raising, investment management, and market infrastructure. China's FinTech development presents six major trends and three major characteristics.

① Author: Wu Xuchuan, Deputy Direct and Researcher of the Internet Finance Research Center, People's Bank of China (PBOC) Financial Research Institute.

Six Major Trends:

Firstly, the players on FinTech market is more and more diversified. Driven by the regulation reinforcement and the market development, financial institutions such as banks and insurance companies will expedite the overall arrangement of financial technology, the situation of Internet-led financial technology development will change, the FinTech participants in the future will become more and more diversified, and licensed financial institutions are expected to play the leading role.

Secondly, the acceleration of financial technology development and the stabilization of investment will co-exist. Financial technology is still undergoing rapid development, and the market investment enthusiasm continues to rise. Although the investment will slow down in 2019 under the impact of the macro economy, the investment in the financial technology sector will be accelerated once the winter of capital market has gone.

Thirdly, the application of financial technology is integrated, comprehensive and in-depth. The application of financial technology is getting more and more integrated, the technological boundaries are continuously infiltrated, and future innovations will focus on the area of technology overlapping and fusion. The cloud computing and blockchain technologies will be fully applied, and the application of artificial intelligence and big data will be further deepened.

Fourthly, the normalization of strict financial regulation and the technology of financial regulation will be the new trigger points. In the era of financial technology, the strict regulation will become a normal practice due to complex and ever-changing financial risks. Given that the traditional regulatory paradigm can no longer meet the regulatory needs, the regulatory technology will become an important part of financial technology and new market players, new models and new products will emerge gradually.

Fifthly, the competition in the FinTech area will escalate and the competitive landscape will be continuously reshaped. Given that the financial technology has stepped into the stage of heated competition, the cluster effect will be witnessed constantly, the M&A and the transformation and exit will coexist, and the breakthroughs in new technologies will help to create new unicorn enterprises in the field of financial technology.

Last but not least, the service model of financial technology is shifting from being individual business-oriented to being corporate business-oriented. Given that the demand from Internet individual client-side tends to be saturated, large Internet companies are rushing to make arrangement on the corporate client-side market. The significant achievements made by the application of technologies in the financial sector and the in-depth integration of the emerging technologies and financial enterprise business promote the shift of service model from being

individual business-oriented to being corporate business-oriented.

Three Major Characteristics:

First of all, the financial sector has been fully infiltrated by the financial technologies. The financial technology industry is positioned as a comprehensive, mainstream and popular industry which covers the payment, lending, retail banking, insurance, wealth management, transaction settlement and many other businesses and involves various fields, players and elements to achieve comprehensive coverage and full infiltration.

Secondly, the financial technologies have outstanding innovation capacity and apparent scale effect. The development of financial technology is derived from the application of Internet technology in the financial field. The great innovation and the scale effect of China's Internet at the application level are extending to the field of financial technology and the large-scale and market-oriented application of innovative financial products and services is easy to be made.

The last characteristics is that the demand for financial technologies continues to grow. Population, economy and technology are the three major factors contributing to the growing demand for financial technology in China. China's demographic characteristics, consuming ability and consumption structure, and technological advancement have provided the human resources support, economic support and technical support to drive the growing demand for financial technology.

## II. Major Regulatory Policies of China's Banking Industry①

### (i) Main content of the regulatory policies of China's banking industry in 2018

In 2018, the China Banking and Insurance Regulatory Commission (CBIRC) resolutely implemented the decisions and arrangements of the Party Central Committee and the State Council, adopted a series of policies and measures and spared no effort to resolve outstanding risks, maintained the stability of the financial system, continuously deepened reform and expanded opening-up, soundly organized and implemented institutional reform, and improved the capability of the banking industry for catering to the real economy.

**1. Preventing and resolving financial risks and maintaining stability of the financial system**

The first is to rectify chaos in the financial market and curb illegal and noncompliance business operations. In 2018, the CBIRC further promoted financial risk prevention and control

① Author: Song Yanwei, Senior Analyst of Strategic Development Department of Shanghai Pudong Development Bank.

from various aspects. On January 12, the China Banking Regulatory Commission (CBRC) issued the *Notice on Further Rectifying the Market Chaos in the Banking Industry*, which called for the establishment of long-acting mechanisms to address market chaos and optimize the ecology of the banking industry. On April 16, the four ministries and commissions, including the CBIRC, jointly issued the *Notice on Matters Concerning Regulating Private Lending and Maintaining the Economic and Financial Order*, which clarified the rules on non-governmental credit, strictly prohibited illegal activities, and cracked down on illegal and criminal financial activities. On August 7, the CBIRC released the *Notice on Relevant Work Concerning the Special Criminal Syndicate Combat in the Banking and Insurance Industries*, to focus on the precise prevention of illegal housing mortgage business and strengthen the governance of high-risk fields. On December 29, the CBIRC issued the *Guiding Opinions on Regulating Out-of-Area Non-Licensed Institutions of Banking Financial Institutions*, to clean out-of-area non-licensed financial institutions and avoid blind expansion.

The second is to strengthen risk management and strengthen compliance management. In 2018, the CBIRC further established and improved a long-acting mechanism for compliance management. On January 4, the People's Bank of China worked with three ministries and commissions, including the Banking Regulatory Commission, to jointly issue the *Notice on Regulating the Bond Transactions of Bond Market Participants*, which called for strengthening internal control and risk management and improving the compliance system for bond transactions. On June 8, the CBIRC and the People's Bank of China issued the *Notice on Matters Concerning Strengthening the Administration of Deposit Deviation Degree of Commercial Banks*, to establish a system to strengthen the management of deposit deviation degree of commercial banks, and supervise commercial banks to develop in compliance and effectively prevent and control risks. On October 25, the CBIRC issued the *Measures for the Administration of Combating Money Laundering and Financing of Terrorism by Banking Financial Institutions (Exposure Draft)*, which stipulates anti-money laundering and anti-terrorism financing business, supervision and management measures and legal responsibilities of banking financial institutions.

The third is to strengthen the control of shadow banking and cross-financial risks. In 2018, the CBIRC introduced a number of relevant policies and continued to prevent and control cross-financial risks. The *Measures for the Administration of Entrusted Loans of Commercial Banks* launched by the CBRC on January 5, the *Guiding Opinions on Regulating the Asset Management Business of Financial Institutions* released by the People's Bank of China together with other three ministries and commissions, including the CBIRC, on April 27, and

the *Measures for the Supervision and Administration of the Wealth Management Business of Commercial Banks* issued by the CBIRC on September 28 respectively regulate the businesses of entrusted loans, asset management and wealth management of financial institutions, to effectively prevent and control financial risks. The *Measures for the Administration of the Large Exposures of Commercial Banks* by the CBIRC on May 4, the *Measures for Liquidity Risk Management of Commercial Banks* by the CBIRC on May 23, and the *Guidelines for the Management of Interest Rate Risk in the Banking Book of Commercial Banks (Revision)* by the CBIRC on May 30 regulate the administration framework and risk management policies and procedures of large exposures, liquidity risk and interest rate risk in the banking book, to guide banks to strengthen supervision and assessment, and hold the bottom line of no systemic risks.

**2. Expanding effective financial supply and continuously improving the quality and efficiency of serving the real economy**

The first is to support and promote the rapid and steady development of the private economy. In 2018, the CBIRC introduced a number of regulatory policies, focusing on solving the problem of "difficult and expensive financing" of private, small and micro businesses, to improve the financial service capability. On February 11, the CBRC issued the *Notice on Promoting the High-Quality Development of Banking Financial Services for Micro and Small-Sized Enterprises in 2018*, which proposed specific requirements from such aspects as perfecting institutional system, improving loan payment and vitalizing credit resources, to enhance the quality of financial services for small and micro businesses. On June 25, the People's Bank of China and other four ministries and commissions, including the CBIRC, issued the *Opinions on Further Deepening the Financial Services for Micro and Small-Sized Enterprises*, where they proposed 23 specific measures for short-term accurate development and long-term treatment of both the symptoms and the root causes, and urged and guided financial institutions to increase their support for small and micro businesses to effectively reduce the corporate cost. On August 18th, the CBIRC released the *Notice on Further Effectively Completing the Credit Work and Enhancing the Quality and Efficiency of Serving the Real Economy*, to strengthen financial services in the fields of small and micro businesses, "agriculture, rural areas and farmers" and private enterprises.

The second is to improve financial services for key fields and ensuring people's livelihood. In 2018, the CBIRC guided banking financial institutions to focus on major strategies, support major projects and key projects, and develop technological, green and inclusive finance. On January 9, the CBRC released the *Notice on Launching the Pilot Program of Investment Management Banks and "Cross-County" Village Banks*, to promote the development of inclusive

finance, make efforts to strengthen financial services catering to "agriculture, rural areas and farmers", remote areas and small and micro businesses and increase the effective supply of financial services. On February 14, the CBRC issued the *Notice on Banks' Effective Provision of Financial Services for Agriculture, Rural Areas, and Farmers and Poverty Alleviation in 2018* to further promote the construction of specialized institutional mechanisms of financial services catering to "agriculture, rural areas and farmers" and poverty alleviation and requiring support for better quality and efficiency of agricultural development focusing on key fields.

The third is to serve the structural reform on the supply side of the real economy. In 2018, CBIRC supported the structural reform on the supply side with a number of initiatives, to comprehensively enhance the capability of financial services for serving the real economy. On May 22, the CBIRC issued the *Measures for the Administration of Joint Credit Granting by Banking Financial Institutions* to curb financing from multiple parties and excessive financing. It is required to strengthen organization and coordination, select proper pilot enterprises, continuously monitor and track, and effectively control corporate leverage ratio. On August 8, the National Development and Reform Commission (NDRC) and other four ministries and commissions, including CBIRC, issued the *Key Points for Work to Reduce Corporate Leverage Ratios in 2018*, to deploy various tasks for reducing corporate leverage ratios and promote sound development of the real economy from six major aspects, that is, the establishment and construction of corporate debt risk control mechanisms, further promoting market-based debt-to-equity swap, accelerating debt disposal of "zombie companies", coordinating and promoting mergers and acquisitions, improving supporting policies for reducing leverage, and sound organization, coordination and service supervision for the work of reducing leverage.

**3. Accelerating institutional reform and adjustment, and making up for the weakness of regulatory systems**

The first is to improve the special system and enhance the efficiency of supervision. In 2018, the CBIRC continued to establish and improve relevant rules, regulations and work processes, to improve and make up for the institutional weakness. In terms of the regulation of financial instruments and products, the CBRC published the *Notice on Issuing the Rules for the Measurement of Default Risk Assets of Counterparties in the Trading of Derivatives* on January 3 to strengthen commercial banks' capabilities for the management and measurement of derivatives, to adapt to the changes in the international regulatory standards and the development trends of derivatives business; on January 18, five ministries and commissions including CBRC launched the Opinions on Further Supporting Innovation on Capital Instruments of Commercial Banks, to broaden the capital replenishment channels of commercial banks and enhance the capability

of the banking industry for coping with external shocks; on November 26, the People's Bank of China and other three ministries and commissions, including CBIRC, published the *Notice on Issuing the Statistical System for Financial Institutions' Asset Management Products and the Statistical Template for Financial Institutions' Asset Management Products*, to provide statistical system and template for asset management products, and further standardize the business activities in the asset management industry. In terms of business regulation, on May 2, CBIRC published the *Notice on Regulating the Trans-Provincial Draft Business of Banking Financial Institutions*, which, for the first time, defined the trans-provincial draft business, and proposed regulatory requirements for trans-provincial draft and credit extension businesses; on June 15, the China Securities Regulatory Commission (CSRC) and CBIRC launched the *Provisions on Matters concerning Commercial Banks Serving as the Depositary in the Pilot Program of Depositary Receipts*, to support innovative pilot enterprises to issue shares or depository receipts, and improve the quality and efficiency of serving the real economy; on August 10, CBIRC released the *Notice on the Matters Concerning Commercial Banks' Consignment Sales of Local Governmental Bonds*, to further improve the issuance mechanism of local bonds and ensure the successful progress of issuance of local governmental bonds; on November 15, the People's Bank of China and other two ministries and commissions, including CBIRC, issued the *Notice on Carrying out Over-the-Counter Business of Local Government Bonds on the National Interbank Bond Market*, to actively promote the development of multi-level bond markets.

The second is to strengthen regulation of financial institutions and upgrade regulatory cooperation. In 2018, CBIRC improved institutional regulation by multiple initiatives and maintained the sound operation of the financial system. On April 2, CBRC and other six ministries and commissions jointly issued the Four Supporting Rules of the *Regulation on the Supervision and Administration of Financing Guarantee Companies*, to regulate the operations of financing guarantee companies. On June 29, CBIRC launched the *Measures for the Administration of Financial Asset Investment Companies (for Trial Implementation)*, to further improve the capital supervision framework for financial asset management companies and regulate diversified operations. On August 17, CBIRC released the *Notice on Strengthening the Regulation of Trust Supervision in the Asset Management Business during the Transition Period*, to specify the requirements for the standardization, rectification and risk prevention and control of trust companies, and guide trust companies to return to their original sources and develop steadily. On November 27, the People's Bank of China, together with two ministries and commissions including CBIRC, issued the *Guiding Opinions on Improving Regulation of Systemically Important Financial Institutions*, to specify the definition, scope, evaluation process

and overall approach of domestic systemically important financial institutions, in line with international regulatory standards. On December 2, CBIRC launched the *Measures for the Administration of Wealth Management Subsidiary Companies of Commercial Banks*, to set up the relevant institutional frameworks of financial subsidiaries and propose regulatory requirements.

**4. Deepening reform of the banking industry and further expanding opening-up**

The first is to focus on improving corporate governance mechanisms and standardizing the robust development of banking financial institutions. In 2018, CBIRC further promoted the optimization of the institutional organization and system in the banking industry to achieve high-quality development of the banking industry. On February 2 and 28, CBRC respectively issued the *Notice on Effectively Completing the Work Concerning the Implementation of the Interim Measures for the Equity Management of Commercial Banks* and the *Notice on Regulating the Matters Concerning the Reporting by Shareholders of Commercial Banks*, to further standardize and improve banking financial institutions' equity management structure, and resolve the possible financial risks from the root causes. On March 20, CBRC published the *Notice on Issuing the Guidelines for the Management of Conduct of Practitioners of Banking Financial Institutions*, which is designed to build and improve the administration structure, system construction and supervision for the behavior management of practitioners. On May 21, China Banking and Insurance Regulatory Commission issued the *Notice on Issuing the Guidelines for the Data Management of Banking Financial Institutions*, which required banking financial institutions to formulate and implement systematic rules, processes and approaches to ensure unified management and efficient operation of data and enhance the management capacity.

The second is to actively and continuously promote the opening-up of the banking industry. In 2018, on the basis of legal compliance and strict adherence to the bottom line of risks, CBIRC continued to promote the implementation of various opening measures in the banking industry, accepted and approved a number of applications for market access, and further supported the wider participation of foreign capital in the development of China's financial market. On February 13, CBRC released the *Notice on the Matters Concerning the Revision and Implementation of the Implementation Measures of the China Banking Regulatory Commission for the Administrative Licensing Matters concerning Foreign-Funded Banks*, to specify the licensing conditions and procedures for foreign-funded banks' contribution to China's banking financial institutions and unify the market access standards for Chinese and foreign-funded banks. On August 23, CBIRC issued the *Decision on Repealing and Amending Some Rules*, to standardize and improve the legal system and regulatory requirements for the

investment of foreign capital in Chinese-funded financial institutions. On November 28, CBIRC released the *Decision on Amending the Detailed Rules for the Implementation of the Regulation of the People's Republic of China on the Administration of Foreign-Funded Banks (Exposure Draft)*, which is aimed to further open up the banking industry and enhance the competitiveness of the banking industry.

**(ii) Effect of the regulatory policies in China's banking industry in 2018**

In 2018, CBIRC's regulatory capacity continued to improve, and all the work achieved solid progress and positive results.

The first is the significantly enhanced capacity of the banking industry for controlling and withstanding risks. In response to new features of risks such as cross-industry, cross-regional and cross-market risks, CBIRC urged banking financial institutions to put the prevention of systemic financial risks in a more important position, strictly carry out the rectification of market chaos, and continue to converge on shadow banking and cross-financial risks. The tendency of blind expansion of banking financial institutions has been curbed, and the concept of compliance management and rational development of institutional entities has been significantly enhanced. At the end of the fourth quarter of 2018, the non-performing loan ratio of commercial banks recorded 1.83%. In recent years, it has been maintained at a low international level of around 2%. The loan loss reserve balance is 3.77 trillion yuan, the provision coverage ratio is 186.31%, and the capital adequacy ratio is 14.20%. The quality of capital is at a good level in the international industry.

The second is that the banking industry has formed a strong support for the development of the national economy. Banking financial institutions are constantly optimizing their credit structure based on the needs of the real economy. The support for key fields in the national economy has been increased. By the end of 2018, the balances of the manufacturing and infrastructure industries was respectively 17.1 trillion yuan and 26.46 trillion yuan, and the micro-credit balance of poverty alleviation recorded 248.89 billion yuan. The poverty-stricken households available for filing and account opening reached 6,410,100 households. Efforts were made to alleviate the financing difficulties of small and micro businesses, and implement differentiated policies for non-performing tolerance. The loan balance of small and micro businesses was 33.5 trillion yuan. Among them, the balance of inclusive loans for small and micro businesses with the total single-client credit of 10 million yuan and lower recorded 9.4 trillion yuan, up 21.8% than the beginning of the year. It has promoted the reduction of social financing costs, given play to the "leading wild goose" effect of large and medium-sized

commercial banks, so that the loan interest rate has dropped significantly. By actively service the innovation-driven strategy, the loan balance of strategic emerging industries of 21 major banking institutions was 3 trillion yuan.

The third is that the banking industry has achieved important results in reform and opening-up. In 2018, the corporate governance mechanism in the banking industry continued to improve, and state-owned banking institutions integrated party leadership into all aspects of corporate governance. Shareholders' penetrative supervision has been strengthened, and violations such as invisible shareholders and share-holding entrustment have been curbed. Shareholders' connected transactions, benefit transfer and improper interventions have been strictly restricted. Private capital was introduced to the banking industry in an orderly manner. By the end of 2018, 17 private banks were approved for establishment. Private capital accounted for more than 40% and 80% respectively in joint-stock banks and rural small and medium-sized banking institutions. The banking industry kept expanding its opening-up, the admittance for foreign-funded institutions and business has been further relaxed, the scope of business of foreign-funded institutions has been expanded, and the regulatory rules for foreign-funded institutions have been continuously improved.

At present, under the complicated and severe domestic and international economic conditions, while seeing progress and achievements, we must also realize that there are still fields to be improved in the process of regulation, which are mainly shown in the following: The development of the financial industry is not balanced, coordinated and sufficient, and it has not fully met the people's demand for high-quality financial services; financial risks cannot be ignored; the corporate governance of banking financial institutions needs to be strengthened; banking financial institutions are also confronted with new problems and challenges in their operations both at home and abroad; the development of new financial technologies has brought pressure to the transformation and innovation of the banking industry.

### (iii) Prospect for the regulatory policies of China's banking industry in 2019

In 2019, CBIRC will adhere to the general keynote of steady progress and strive to deepen the structural reform on the financial supply side, resolutely prevent and resolve financial risks, balance the relationship between stable growth and risk prevention, and accurately and effectively deal with risks in key fields. Efforts will be made to enhance the capability of finance for serving the real economy, promote the transformation of the banking industry towards high-quality development, and provide stronger financial support for the comprehensive construction of a well-off society.

First of all, it will continue to prevent and resolve financial risks. In the future, CBIRC will pay more attention to the prevention of risks based on steady growth and promote high-quality development to ensure that the economy operates within a reasonable range. It will continue to manage chaos in the financial market, vigorously rectify illegal and non-compliance businesses, adhere to the principle of prevention first and treating both the symptoms and the root causes in an orderly manner, and balance the relationship between risk prevention, steady growth and structural adjustment. It will severely crack down on illegal financial activities, orderly handle high-risk institutions, and steadily promote special rectification of the risks in internet finance and online lending. It will strengthen the supervision and administration of principals and senior and middle-level executives of Banking institutions, and consolidate the institutional firewall. It will enhance policy coordination to prevent abnormal fluctuations and resonance in financial markets.

Secondly, it will continue to improve the quality and efficiency of serving the real economy. CBIRC will continue to implement the new development concept, enhance the financial service function, and identify the key points of financial services, being oriented to serving the real economy and the people's livelihood. Guided by the market demand, it will encourage the banking industry to actively support the implementation of major national strategies, solidly promote inclusive finance, and continue to increase financial support for weak fields, such as private, small and micro businesses and "agriculture, rural areas and farmers", to help win the battles against poverty and pollution. It will orderly displace "zombie enterprises", squeeze out inefficiently and invalidly occupied credit funds, and make room for the development of emerging industries.

Thirdly, it will accelerate the establishment of a modern financial corporate system with Chinese characteristics. CBIRC will speed up institutional and systematic reforms and innovation in organizational systems, focus on promoting the continuous improvement of corporate governance mechanisms in banking institutions, and achieve high-quality development of the banking industry. It will encourage banking institutions to make strategic planning and transformation, strengthen innovation orientation and technological support, and improve the accuracy and refinement of service and management. It will give full play to the decisive role of the market in resource allocation, and promote the high-quality development of the banking industry in accordance with the general idea of driving optimization and prosperity through competition.

Finally, it will further propel the financial reform and expand the financial opening-up. CBIRC will keep optimizing the system of financial institutions, enrich the system of

financial products and services, and enhance the overall management efficiency and innovation capability of the industry. It will deepen the reform of the financial system, increase the number of small and medium-sized financial institutions and their proportion of business, steadily develop private banks, and gradually promote the business of urban and rural commercial banks and rural credit cooperatives to return to their original sources. According to the changes in the financial development at home and abroad, it will study and promote new opening-up measures, improve the capabilities of risk prevention, control and supervision of the banking industry under open conditions, focus on improving the global competitiveness of the banking industry, and accelerate the formation of a new all-round, multi-level and wide-ranging open layout of high level.

## Appendix

**The major regulatory policies of China's banking industry in 2018**

| Issued on | Name of the policy | Issued by |
|---|---|---|
| January 3 | Rules for the Measurement of Default Risk Assets of Counterparties in the Trading of Derivatives (Y.J.F. [2018] No. 1) | China Banking Regulatory Commission |
| January 4 | Notice on Regulating the Bond Transactions of Bond Market Participants (Y.F. [2017] No. 302) | People's Bank of China, China Banking Regulatory Commission, China Securities Regulatory Commission, and China Insurance Regulatory Commission |
| January 5 | Measures for the Administration of Entrusted Loans of Commercial Banks (Y.J.F. [2018] No. 2) | China Banking Regulatory Commission |
| January 9 | Notice on Launching the Pilot Program of Investment Management Banks and "Cross-County" Village Banks (Y.J.F. [2018] No. 3) | China Banking Regulatory Commission |
| January 12 | Notice on Further Rectifying the Market Chaos in the Banking Industry (Y.J.F. [2018] No. 4) | China Banking Regulatory Commission |
| January 18 | Opinions on Further Supporting Innovation on Capital Instruments of Commercial Banks (Y.J.F. [2018] No. 5) | China Banking Regulatory Commission, People's Bank of China, Securities Regulatory Commission, China Insurance Regulatory Commission, and State Administration of Foreign Exchange |
| February 2 | Notice on Effectively Completing the Work Concerning the Implementation of the Interim Measures for the Equity Management of Commercial Banks (Y.J.B.F. [2018] No. 48) | China Banking Regulatory Commission |

Continued

| Issued on | Name of the policy | Issued by |
|---|---|---|
| February 11 | Notice on Promoting the High-Quality Development of Banking Financial Services for Micro and Small-Sized Enterprises in 2018 (Y.J.B.F. [2018] No. 29) | China Banking Regulatory Commission |
| February 13 | Notice on the Matters Concerning the Revision and Implementation of the Implementation Measures of the China Banking Regulatory Commission for the Administrative Licensing Matters concerning Foreign-Funded Banks | China Banking Regulatory Commission |
| February 14 | Notice on Banks' Effective Provision of Financial Services for Agriculture, Rural Areas, and Farmers and Poverty Alleviation in 2018 (Y.J.B.F. [2018] No. 46) | China Banking Regulatory Commission |
| February 28 | Notice on Regulating the Matters Concerning the Reporting by Shareholders of Commercial Banks (Y.J.B.F. [2018] No. 49) | China Banking Regulatory Commission |
| March 20 | Guidelines for the Management of Practitioners in Banking Financial Institutions (Y.J.F. [2018] No. 9) | China Banking Regulatory Commission |
| April 2 | Notice on Issuing the Four Supporting Rules of the Regulation on the Supervision and Administration of Financing Guarantee Companies Notice on Issuing the four supporting system of "financing guarantee company supervision and management regulations" (Y.B.J.F. [2018] No. 1) | China Banking Regulatory Commission |
| April 16 | Notice on Matters Concerning Regulating Private Lending and Maintaining the Economic and Financial Order (Y.B.J.F. [2018] No. 10) | China Banking and Insurance Regulatory Commission |
| April 27 | Guiding Opinions on Regulating the Asset Management Business of Financial Institutions (Y.F. [2018] No. 106) | People's Bank of China, China Banking and Insurance Regulatory Commission, China Securities Regulatory Commission, and State Administration of Foreign Exchange |
| May 2 | Notice on Regulating the Trans-Provincial Draft Business of Banking Financial Institutions (Y.B.J.B.F. [2018] No. 21) | China Banking and Insurance Regulatory Commission |
| May 4 | Measures for the Administration of the Large Exposures of Commercial Banks (CBIRC Order [2018] No. 1) | China Banking and Insurance Regulatory Commission |
| May 21 | Notice on Issuing the Guidelines for the Data Management of Banking Financial Institutions (Y.B.J.F. [2018] No. 22) | China Banking and Insurance Regulatory Commission |

Continued

| Issued on | Name of the policy | Issued by |
|---|---|---|
| May 22 | Measures for the Administration of Joint Credit Granting by Banking Financial Institutions (Y.B.J.F. [2018] No. 24) | China Banking and Insurance Regulatory Commission |
| May 23 | Measures for Liquidity Risk Management of Commercial Banks (CBIRC Order [2018] No. 3) | China Banking and Insurance Regulatory Commission |
| May 30 | Guidelines for the Management of Interest Rate Risk in the Banking Book of Commercial Banks (Revision) | China Banking and Insurance Regulatory Commission |
| June 8 | Notice on Matters Concerning Strengthening the Administration of Deposit Deviation Degree of Commercial Banks (Y.B.J.B.F. [2018] No. 48) | China Banking and Insurance Regulatory Commission, and People's Bank of China |
| June 15 | Provisions on Matters concerning Commercial Banks Serving as the Depositary in the Pilot Program of Depositary Receipts (CSRC Announcement [2018] No. 21) | China Banking and Insurance Regulatory Commission, and China Securities Regulatory Commission |
| June 25 | Opinions on Further Deepening the Financial Services for Micro and Small-Sized Enterprises (Y.F. [2018] No. 162) | People's Bank of China, China Banking and Insurance Regulatory Commission, China Securities Regulatory Commission, National Development and Reform Commission, and Ministry of Finance |
| June 29 | Measures for the Administration of Financial Asset Investment Companies (for Trial Implementation) (CBIRC Order [2018] No. 4) | China Banking and Insurance Regulatory Commission |
| August 7 | Notice on Relevant Work Concerning the Special Criminal Syndicate Combat in the Banking and Insurance Industries (Y.B.J.F. [2018] No. 45) | China Banking and Insurance Regulatory Commission |
| August 8 | Key Points for Work to Reduce Corporate Leverage Ratios in 2018 (F.G.C.J. [2018] No. 1135) | National Development and Reform Commission, People's Bank of China, Ministry of Finance, China Banking and Insurance Regulatory Commission, and State-owned Assets Supervision and Administration Commission |
| August 10 | Notice on the Matters Concerning Commercial Banks' Consignment Sales of Local Governmental Bonds (CBIRC Office Memorandum [2018] No. 1234) | China Banking and Insurance Regulatory Commission |
| August 17 | Notice on Strengthening the Regulation of Trust Supervision in the Asset Management Business during the Transition Period (Trust Letter [2018] No. 37) | China Banking and Insurance Regulatory Commission |

Continued

| Issued on | Name of the policy | Issued by |
|---|---|---|
| August 18 | Notice on Further Effectively Completing the Credit Work and Enhancing the Quality and Efficiency of Serving the Real Economy (Y.B.J.B.F. [2018] No. 76) | China Banking and Insurance Regulatory Commission |
| August 23 | Decision of China Banking and Insurance Regulatory Commission on Repealing and Amending Some Rules (CBIRC Order [2018] No. 5) | China Banking and Insurance Regulatory Commission |
| September 28 | Measures for the Supervision and Administration of the Wealth Management Business of Commercial Banks (CBIRC Order [2018] No. 6) | China Banking and Insurance Regulatory Commission |
| October 25 | Measures for the Administration of Anti-Money Laundering and Anti-Terrorism Financing of Banking Financial Institutions (Draft for Comment) | China Banking and Insurance Regulatory Commission |
| November 15 | Notice on Carrying out Over-the-Counter Business of Local Government Bonds on the National Interbank Bond Market (Y.F. [2018] No. 283) | People's Bank of China, Ministry of Finance, and China Banking and Insurance Regulatory Commission |
| November 26 | Notice on Issuing the Statistical System for Financial Institutions' Asset Management Products and the Statistical Template for Financial Institutions' Asset Management Products (Y.F. [2018] No. 299) | People's Bank of China, China Banking and Insurance Regulatory Commission, China Securities Regulatory Commission, and State Administration of Foreign Exchange |
| November 27 | Guiding Opinions on Improving Regulation of Systemically Important Financial Institutions (Y.F. [2018] No. 301) | People's Bank of China, China Banking and Insurance Regulatory Commission, and China Securities Regulatory Commission |
| November 28 | Decision of China Banking and Insurance Regulatory Commission on Amending the Detailed Rules for the Implementation of the Regulation of the People's Republic of China on the Administration of Foreign-Funded Banks (Exposure Draft) | China Banking and Insurance Regulatory Commission |
| December 2 | Measures for the Administration of Wealth Management Subsidiary Companies of Commercial Banks (CBIRC Order [2018] No. 7) | China Banking and Insurance Regulatory Commission |
| December 29 | Guiding Opinions on Regulating Out-of-Area Non-Licensed Institutions of Banking Financial Institutions (Y.B.J.F. [2018] No. 71) | China Banking and Insurance Regulatory Commission |

Data source: Collection by the research team.

## III. Major Regulatory Policies of the China's Securities Industry ①

### (i) Main content regulatory policies of China's Securities Industry in 2018

In 2018, the China Securities Regulatory Commission (CSRC) further improved the construction of laws and regulations, and provided a strong policy support for deepening the reform of the capital market, expanding the opening-up of the capital market, and maintaining stable and sound market development.

**1. Deepening the reform of the capital market and improving the capability of serving the real economy**

(1) Strengthening the institutional innovation, and boosting the national innovation-driven strategy. At the overall level: The General Office of the State Council forwarded the China Securities Regulatory Commission's Several Opinions on Launching the Pilot Program of Innovative Enterprises Domestically Issuing Stocks or Depository Receipts to support innovative enterprises to issue stocks or depositary receipts in China, which is conducive to the capital market to boost the national innovation-driven strategy and foster new economic kinetic energy. Main content: Firstly, it is clear that overseas registered red chip companies can issue stocks in China. Secondly, the new securities of depositary receipts were launched and arrangements have been made for the basic system for issuing depositary receipts. Thirdly, the conditions for issuing securities were further optimized and it has been solved that some innovative enterprises of sustainable profitability may be undergoing the situation of not yet making profit or covering the deficit. Fourthly, it has fully considered the special corporate governance issues in some innovative enterprises, such as the Variable Interest Entities (VIE) architecture and the difference in voting rights, and made targeted arrangements.

At the detailed level: CSRC has intensively improved the supporting systems and regulatory rules to ensure that the pilot program may be carried out in compliance with laws and regulations.

It has revised the Measures for the Administration of Initial Public Offering and Listing of Stocks, and the Administrative Measures for Initial Public Offerings and Listing on the Second Board. In view of the characteristics of rapid growth, high investment and long-term profitability of innovative enterprises in specific development stages, the pilot enterprises recognized by CSRC are allowed to be listed in China in compliance with the *Several Opinions*

---

① Author: Zhao Xianghuai, General Manager of Strategic Development Department of Everbright Securities.

*of the China Securities Regulatory Commission on Launching the Pilot Program of Innovative Enterprises Domestically Issuing Stocks or Depository Receipts* and other provisions, for which the relevant requirements for the profitability indicator may not be applicable.

It has revised the Measures for the Administration of Securities Issuance and Underwriting. The main content includes: Firstly, the issuance and underwriting of pilot enterprises' depositary receipts in China shall comply with the relevant provisions for the stock issuance and underwriting as set forth in the *Measures*. Secondly, pricing methods should be more flexible. The rigid rule that the enterprise with a size of less than 20 million shares shall directly price and issue the stock has been abolished, and instead, enterprises are allowed to choose their own pricing methods. Thirdly, it is specified that the calculation of market value of newly purchased shares or depositary receipts includes that of the depositary receipts. Fourthly, it is stipulated that the offline shares (or depositary receipts) set up with a lockup period shall not get involved in the online claw back, and at the same time, it is allowed that strategic allotment may be conducted and the over-allotment option may be used as needed to issue the depositary receipts, so as to form a rational distribution structure between the online and the offline online and a proper tempo of offering new shares (or depositary receipts) to stabilize the market and restrict the speculation. Fifthly, the requirements for information disclosure have been improved, which specify that unprofitable enterprises should disclose the valuation indicators such as the price-to-sales ratio and the price-to-book ratio that reflect the characteristics of the issuer's industry.

It has refined the requirements in the Several Opinions of the China Securities Regulatory Commission on Launching the Pilot Program of Innovative Enterprises Domestically Issuing Stocks or Depository Receipts, formulated the Measures for the Administration of Offering and Trading of Depositary Receipts, and stipulated the regulatory requirements for the issuance and transaction of depositary receipts and the basic rights and obligations of the participating entities. The main content includes: Firstly, it has confirmed the applicable law and basic regulatory principles for depositary receipts as a kind of securities recognized by the State Council by forwarding the Several Opinions of the China Securities Regulatory Commission on Launching the Pilot Program of Innovative Enterprises Domestically Issuing Stocks or Depository Receipts. Secondly, arrangements have been made for the issuance, listing and transaction of depositary receipts. Thirdly, the requirements for information disclosure of depositary receipts have been specified. Fourthly, a depository and custody system for depositary receipts should be established. Fifthly, investor protection is strengthened. In view of the particularity of the investor structure in China's securities market, investor protection

measures have been established, such as separate voting for depositary receipt holders and delisting and repurchase arrangements for depositary receipts. Sixthly, supervision and law enforcement is enhanced. The regulatory means and measures of CSRC on violations of laws and regulations have been specified. The formulation of the above-mentioned measures not only lays the institutional foundation for the innovative enterprises to return to the domestic capital market through the issuance of depositary receipts, but also reserves the institutional space and makes preparation in rules for the opening of the Stock Connect Scheme between Shanghai Stock Exchange and London Stock Exchange in the future.

It has formulated the Measures for the Implementation of Regulation of Pilot Innovative Enterprises' Offering of Stocks or Depository Receipts and Listing within China, refined the selection criteria for pilot enterprises, and clarified the audit procedures for pilot enterprises. It is further required that red-chip enterprises with different arrangement of voting rights clearly define the preconditions for maintaining special voting rights. Special voting rights are not transferred with the transfer of relevant shares, and the proportion of special voting rights cannot be increased by various means after the company is listed, which reflects the protection of the legitimate rights and interests of investors. In addition, in terms of continuous supervision, the *Measures for the Implementation of Continuous Supervision after Listing of Innovative Enterprises by Offering Stocks or Depository Receipts in China (for Trial Implementation)* was formulated to provide relevant requirements on regulating the behavior of relevant parties after listing and improving corporate governance mechanisms.

Considering that the current Work Rules for Sponsor Due Diligence does not cover red chip companies and depositary receipts issuance, it has formulated the Provisions on the Implementation of Due Diligence for Sponsoring Innovative Enterprises' Offering of Stocks or Depository Receipts within China, to take into account the actual situation of innovative enterprises and increase due diligence requirements for specific circumstances and risks associated with innovative enterprises, and simplify part of the due diligence requirements that are inapplicable and unnecessary for innovative enterprises. At the same time, it has improved due diligence methods for some innovative enterprises.

It has formulated the Working Rules of the Scientific and Technological Innovation Advisory Committee of the China Securities Regulatory Commission (for Trial Implementation) and introduced the arrangement of advisory committees for the first time, which fully embodies the market-oriented supervision of CSRC. Adopting the third-party advisory opinions as useful supplements to the administrative review will help CSRC improve the capacity and level of scientific decision-making.

In order to standardize the information disclosure behavior of pilot red-chip enterprises, a number of information disclosure regulations have also been formulated. For example: The *Preparation Rules for Information Disclosure by Companies Offering Securities to the Public No. 22-Special Provisions on the Financial Report Information of Red Chip Enterprises Covered by the Pilot Program of Innovation (for Trial Implementation)*, the *Preparation Rules for Information Disclosure by Companies Offering Securities to the Public No. 23—Guidelines for the Contents and Formats of the Prospectus of Pilot Red Chip Enterprises for Public Offering of Depository Receipts*, and the *Standards for the Contents and Formats of Information Disclosure by Companies Offering Securities to the Public No. 40—Application Documents of Pilot Red Chip Enterprises for Public Offering of Depository Receipts and Listing.*

(2) The policy for reducing the holding of differentiated venture capital fund to guide the venture capital fund to support entrepreneurship and innovation. It has enacted the Special Provisions on Shareholding Reduction by Venture Capital Fund Shareholders of Listed Companies, to mobilize the enthusiasm of long-term investment and value investment of venture capital funds, and promote the formation of capital for early SMEs and high-tech enterprises. Main content: Firstly, in order to guide the fund to accurately support entrepreneurship and innovation, only when the early SMEs or high-tech enterprises that are invested by venture capital funds finish their initial public offerings can the venture capital funds enjoy the policy privilege. Secondly, to encourage venture capital funds to better support entrepreneurship and innovation, only when the early SMEs or high-tech enterprises that are invested by venture capital funds have the investment accounting for more than 50% can the venture capital funds enjoy the policy privilege. According to the actual situation, different qualification conditions are adopted for venture capital funds established before and after the release of the policy. Thirdly, to advocate the concept of long-term investment and value investment, the investment for 36 months is used as the dividing line to truly achieve the reverse linkage. Fourthly, in order to facilitate the withdrawal of venture capital funds and avoid the impact on the market, on the one hand, the reverse linkage policy is implemented by adjusting the pace of reduction of centralized bidding transactions and block trades, and on the other hand, the requirements for reduction ratio, transferees of block traders and holding period are not changed, in case of a large proportion of concentrated reduction of holdings.

(3) It revised the information disclosure rules for mergers and acquisitions, to boost the upgrade of the industrial structure. It amended the Standards for the Contents and Formats of Information Disclosure by Companies Offering Securities to the Public No. 26—Material Asset Restructurings of Listed Companies (2018 Revision), to further support mergers and

acquisitions of listed companies. The main revised content includes: The first is to focus on the disclosure of the core elements of the main counterparty and the subject matter of the transaction. It is no longer required to disclose the business development status, major financial indicators and subordinate business names of the counterparty; it allows to simplify or suspend the disclosure of relevant information of overseas mergers and acquisitions, auctions and other transactions. The second is to increase the flexibility of verification requirements for intermediaries. Intermediaries are allowed to disclose verification opinions in conjunction with the actual progress of due diligence. Thirdly, under the premise that the subject matter of the transaction has been clearly defined, it is no longer mandatory to disclose the estimate or the proposed price of the subject matter, so that the parties to the transaction can negotiate and interact more sufficiently. Fourthly, on the premise of fully exposing the relevant risks, it is no longer required to disclose the matters of approval such as ownership defects and project environmental protection, the expected impact of the transaction on the company's horizontal competition and related party transactions, and the relevant entities' self-inspection of stock transactions.

**2. "Bringing in and going global" to further promote the two-way opening of the securities industry**

(1) In terms of "bringing in". In order to implement the decisions and arrangements by the Party Central Committee and the State Council on further expanding the opening-up of the financial sector, and fulfill the promise made in the meeting between the heads of state of China and the US about the opening-up of China's securities industry, CSRC re-released the Measures for the Administration of Foreign-Funded Securities Companies based on the Rules for the Establishment of Foreign-shared Securities Companies, and formulated the Measures for the Administration of Foreign-Funded Futures Companies.

The re-released Measures for the Administration of Foreign-Funded Securities Companies has combined the external environment changes in China's securities industry and the experience of opening to Hong Kong and Macao-funded institutions under the previous Mainland and Hong Kong Closer Economic Partnership Arrangement (CEPA), appropriately adjusted and optimized the establishment conditions for joint venture securities companies, orderly expanded the business scope of joint venture securities companies, and maintained the continuity, progressivity and foresight of the opening-up policy of the securities industry. The first is to permit foreign-controlled joint venture securities companies, to reflect the transition of foreign investment from participation to control. The second is to gradually liberalize the business scope of joint venture securities companies. Newly established joint venture

securities companies are allowed to apply for the securities business license in an orderly and legal manner according to their own situations. The initial business scope needs to match the securities business experience of the controlling shareholder and the largest shareholder. The third is to improve the regulations for foreign shares holding in listed securities companies. It unified the equity proportions of foreign holdings in listed and unlisted securities companies[①] and appropriately relaxed the proportion limit of shares held by individual foreign investors in listed securities companies. The fourth is to include those Chinese securities companies with changes in the corporate nature due to the changes in the status of the actual controller of the domestic shareholder into the scope of foreign-invested securities companies, and to clarify relevant regulatory requirements. The fifth is to improve the conditions of overseas shareholders. Overseas shareholders should all be financial institutions and have a good international reputation and business performance. Their business size, income and profit over the past three years should be among the highest in the world, and the long-term credit has remained at a high level in the past three years.

It formulated the Measures for the Administration of Foreign-Funded Futures Companies, and introduced high-quality overseas financial institutions to invest in futures companies in an orderly manner, to enhance the capability of China's futures industry for serving the real economy. As a regulation specifically regulating foreign-invested futures companies, the above-mentioned measures consist of a total of 19 articles in the following main content: The first is to clearly define the scope of application. A foreign-invested futures company is defined as a futures company that directly or indirectly controls more than 5% of the company's equity by a single foreign shareholder or a number of associated foreign shareholders. The second is to further refine the conditions of overseas shareholders. Overseas shareholders should continue to operate for more than 5 years and have a good international reputation and business performance. Their business size, income and profit over the past three years should be among the highest in the world, and the long-term credit has remained at a high level in the past three years. The third is to regulate indirect shareholding. The foreign investors that actually control more than 5% of the futures company's equity through investment relations, agreements or other arrangements should be changed to direct shareholding, but it is exempted if they indirectly hold the equity of the futures company via securities companies within China and in the case of other situations as stipulated by the China Securities Regulatory Commission.

① Not exceeding the commitment made by China in the opening-up of the securities industry, which is currently 51%.

The fourth is to clarify the performance requirements of senior executives. The fifth is to put forward requirements for regulating text languages and strengthening the supervision of information technology.

It revised the Measures for the Administration of Securities Registration and Clearing and the Measures for the Administration of Equity Incentives of Listed Companies, to further authorize qualified foreigners in opening A-share securities accounts, enrich the capital market investors, and broaden the capital market channels. The first is to amend the stipulation in the *Measures for the Administration of Securities Registration and Clearing*, to add "qualified foreigners" as a category of investors in addition to the original investor scope of Chinese citizens, Chinese legal persons and Chinese partnership enterprises, and provides the specific measures for foreigners to apply for opening a securities account, which should be formulated by the securities registration and settlement institution and reported to the China Securities Regulatory Commission for approval. According to that amendment, foreign natural person investors working within China will be allowed to open A-share securities accounts. The second is to amend the *Measures for the Administration of Equity Incentives of Listed Companies*, to expand the range of foreign employees of listed companies in China who may become targets of equity incentives from foreign employees working in China to all the foreign employees.

(2) In terms of "going global". For the problems of foreign operating institutions of the securities industry, such as many subsidiary bodies, multi-layer hierarchy, undefined internal structure, and improper business operation scope, CSRC enacted the Measures for the Administration of the Formation, Acquisition and Purchase of Non-Controlling Shares of Overseas Business Institutions by Securities Companies and Securities Investment Fund Management Companies, to orderly promote operating institutions of securities funds to go global and provide an institutional basis for effectively strengthening the management of overseas institutions. Main content: The first is to maintain appropriate thresholds and support institutions to "go global". A summary of the "going global" conditions of two types of institutions reveals that the institutions should be honest and trustworthy, operate in compliance, have good financial status and asset liquidity, have a sound corporate governance structure, and be effective in risk management and internal control. The second is to standardize the scope of business and improve the organizational structure. Foreign subsidiaries are required to highlight their main business, standardize the organizational structure and limit return investment. The existing institutions are granted with a transition period of 36 months to meet the relevant requirements. The third is to urge the parent company to strengthen control and improve the management of overseas institutions. The parent company

is required to participate in the legal management of overseas subsidiaries in accordance with the law, strengthen the management of major matters of overseas subsidiaries, and improve the compliance management, risk management and internal control systems covering overseas institutions. The fourth is to strengthen continuous regulation and enhance cross-border regulatory cooperation. It improved the requirements for information reporting of securities fund operating institutions, and clarified the legal responsibilities of securities fund operating institutions and related personnel. They should improve cross-border regulatory cooperation, strengthen information exchange with overseas regulatory agencies, timely learn the relevant situation of overseas institutions, and effectively prevent and handle cross-border financial risks.

(3) In terms of "interconnection". It formulated the Provisions on the Supervision and Administration of Depositary Receipts under the Stock Connect Scheme between Shanghai Stock Exchange and London Stock Exchange (for Trial Implementation), to regulate the listing, trading, cross-border conversion, information disclosure and other behaviors of the depositary receipts under the Stock Connect Scheme between Shanghai Stock Exchange and London Stock Exchange. Main content: The first is to specify the issuance review system for China Depositary Receipts (CDR) under the Stock Connect Scheme between Shanghai Stock Exchange and London Stock Exchange. Provisions are made for the relevant approval procedures, the list of declaration documents, recommendation and guarantee, due diligence reports, the accounting audit arrangement and the upper limit of authorized CDR number. The second is to clarify the institutional arrangements for cross-border conversion of CDR. Provisions are made for the conditions for the participation of domestic securities companies in cross-border conversion and related assets and investment behaviors. The third is to clarify the ongoing regulatory requirements for CDR. Differentiated arrangements are made for quarterly report, major asset restructuring and other matters. The fourth is to specify the regulatory arrangements for the issuance of global depositary receipts (GDR) by domestic listed companies. Provisions are made for GDR issuance conditions, offering price, period of restricted redemption, and overseas brokers and depositors involved in GDR cross-border conversion. The fifth is to strengthen regulatory law enforcement and clarify the legal responsibilities of the relevant market participants.

It enacted the Interim Provisions on Securities Fund Business Institutions' Use of Securities Investment Consulting Services Provided by Hong Kong Institutions, to meet the growing demand of mainland investors for research and investment services, and deepen the mutually beneficial cooperation between two securities fund industries. In terms of business model: Mainland securities companies or their subsidiaries with relevant business qualifications

are allowed to forward securities research reports issued by Hong Kong institutions on investment analysis opinions for the Southbound Hong Kong Trading Link stocks; mainland securities fund operating institutions are allowed to entrust Hong Kong institutions to provide investment recommendation services about the Southbound Hong Kong Trading Link for the securities investment funds participating in the Southbound Hong Kong Trading Link under the management of the securities fund operating institutions. Regarding the qualifications of participating institutions and the responsibilities that should be assumed: The qualifications of participating institutions are clearly defined in terms of business licenses and experience, and their obligations and responsibilities are stipulated accordingly. In terms of regulatory mechanisms: For mainland institutions in breach of the *Interim Provisions*, CSRC will take regulatory measures or administrative penalties for the relevant institutions and the responsible personnel; for Hong Kong institutions in breach of the *Interim Provisions*, CSRC and SFC will investigate and deal with relevant institutions and responsible personnel according to law through cross-border regulatory cooperation mechanisms.

**3. Comprehensive and strict regulation to maintain the sound and stable development of the capital market**

(1) Completing the regulatory system of listed companies, and promoting the quality of listed companies. It revised the Code of Corporate Governance of Listed Companies, to drive listed companies to implement new development concepts, enhance their governance structure, and update their governance level. Amendment: The first is to closely relate to the theme of the new era. Listed companies are required to implement the innovative, coordinating, green, open and sharing development concepts in corporate governance, add the requirement for the Party construction of listed companies, and strengthen the leading role of listed companies in environmental protection and social responsibility. Secondly, in view of the structural characteristics of China's capital market investors, it further strengthens the constraints on controlling shareholders, actual controllers and their related parties, pay more attention to the protection of small and medium investors, and play the role of protection institutions for small and medium investors. Thirdly, they should actively learn from international experience, promote institutional investors to participate in corporate governance, strengthen the role of the audit committee of the board of directors, and establish the basic framework for information disclosure of environmental, social and governance (ESG). Fourthly, to respond to the concerns of all parties, new requirements are proposed for different matters of listed companies in their corporate governance, including the stability of control rights, the performance of independent directors, the evaluation and incentive mechanism of listed companies' directors, supervisors

and senior executives, and the strengthening of information disclosure.

It worked with Ministry of Finance and the State-owned Assets Supervision and Administration Commission in issuing the Opinions on Supporting the Repurchase of Shares by Listed Companies to encourage listed companies to implement equity incentives or employee stock ownership plans, to promote the company's valuation basis and enhance risk management capabilities. Main content: Firstly, it legally supports all types of listed companies to repurchase shares for the implementation of equity incentives and employee stock ownership plans. Secondly, it encourages the use of other market instruments to provide financing and other supports for share repurchase. It continues to support listed companies to raise funds for the repurchase of the company's shares through various methods such as issuing preferred stocks and convertible bonds. It supports listed companies that implement share repurchase to refinance in simple and quick manners according to the law. Thirdly, it has simplified the repurchase process. Fourthly, it guides listed companies to improve the repurchase mechanism in the company's articles of association, and make sound arrangements related to corporate governance. The *Opinions* draws on foreign beneficial practices to optimize the repurchase mechanism. On the one hand, it will directly promote listed companies to strengthen the valuation basis, improve the overall quality and investment value, and on the other hand, it will help improve the function of the capital market and complete the endogenous stability mechanism of the capital market.

It revised the Several Opinions on Reforming, Improving and Strictly Implementing the Delisting System of Listed Companies, to specify the details of compulsory delisting due to significant illegal activities and the implement procedures, and intensify regulation on delisting, which is conducive to the formation of a market ecology featuring both listing and delisting, and survival of the fittest. Main revisions: Firstly, it improved the major situation of compulsory delisting due to significant illegal activities, clarified the basic institutional requirements that for listed companies that have fraudulent issuance, significant violations in information disclosure or other significant illegal activities involving national security, public safety, ecological security, production safety and public health and safety, the stock exchanges shall make the decision to suspend or terminate the listing of the company's shares in strict accordance with the law. Secondly, it strengthened the subject responsibility of the delisting system of the stock exchange, and clearly stipulated that the stock exchanges should formulate the implementation rules for suspending and terminating listing of listed companies due to significant illegal behaviors. Thirdly, it clarified the relevant responsibilities of such subjects as controlling shareholders, actual controllers, directors, supervisors and senior executives in the compulsorily delisted

companies due to significant illegal behaviors, and emphasized that they should cooperate with relevant parties in delisting related work and fulfilling relevant duties.

For the "chronic problem" of suspension in A-share market, it enacted the Guiding Opinions on Improving the Rules for the Suspension and Resumption of Trading of Stocks of Listed Companies, to optimize transaction supervision and enhance market liquidity. Main content: The first is to establish the basic principle of the listed company's suspension and resumption of trading, to maximize the protection of trading opportunities. The second is to compress the stock suspension period and enhance market liquidity. The third is to strengthen the information disclosure requirements for stock suspension and resumption of trading, and clarify market expectations. The fourth is to make institutional improvement and specify the corresponding supporting work arrangements.

(2) Soundly strengthening the management of securities institutions, and preventing and resolving financial risks. In response to the unified regulation of the financial institution's asset management business, it worked with the People's Bank of China, the China Banking and Insurance Regulatory Commission, and the State Administration of Foreign Exchange to officially issue the Guiding Opinions on Regulating the Asset Management Business of Financial Institutions (hereinafter referred to as "New Regulations on Asset Management"). Subject to the type of asset management products, it will establish uniform regulatory standards, make consistency requirements for similar asset management businesses, implement fair market access and supervision, and minimize the possibility of regulatory arbitrage. Compared with the exposure draft released in November 2017, the officially released New Regulations on Asset Management remains unchanged in the main idea of "breaking rigid payment and eliminating nesting" and becomes slightly loose in some of the terms. Firstly, the transition period is extended from the end of June 2019 to the end of 2020, which will help to avoid the problem of unexpired stock assets without renewal of debt-side products and slow down the impact on financial markets. Secondly, in terms of net worth management, some non-standard assets are allowed to be valued using the method of amortized cost. Thirdly, the definition of non-standard assets has been further clarified.

It formulated the Measures for the Administration of the Privately Offered Asset Management Business of Securities and Futures Business Institutions and the Provisions on the Administration of Operation of Privately Offered Asset Management Plans of Securities and Futures Business Institutions (collectively referred to as "the Rules for Asset Management"), to promote the unified supervision standards for asset management products, and drive sound compliance development of the private asset management business of the securities and futures

operating institutions. Main content: The first is to unify the legal relationship and clarify the basic principles. It specified that all kinds of private asset management products should be established according to the legal relationship of trust, and on this basis, the basic principle is defined that sellers fulfil their responsibilities while buyers assume their sole responsibilities. The second is to define the business form and clarify the asset classes. It unified the "terminology system" of the existing rules, to systematically define business forms, product types, and standardized and non-standardized assets. The third is to basically unify the regulatory standards. Such aspects are covered as the qualification for business operation of institutions, the responsibilities of the managers, the operation specifications and the requirements of the internal control mechanism. The fourth is to properly draw on the experience of public offerings and improve the system of investment operations. The requirements cover portfolio investment, compulsory custody, full disclosure, independent operation and other aspects. The fifth is to compact the entity responsibility of the operating institution. It systematically stipulated the requirements for the risk management and internal control mechanism of the securities and futures operating institutions to carry out the private asset management business. The sixth is to strengthen the prevention and control of key risks and fill in the shortcomings of the system. It focuses on strengthening the prevention and control of liquidity risk and the risk of using connected transactions to transfer benefits to the controlling shareholder or actual controller of the manager or custodian. The seventh is to strengthen front-line regulation and strengthen the cooperation between regulation and self-discipline. It improved the mechanism for information reporting and information sharing, strengthened the front-line regulation of dispatched agencies, and improved accountability.

As for how to make the New Regulations on Asset Management applicable to massive collective products, which draws the wide concerns of the institutions of the industry, it enacted the Operating Guidelines on the Application of the Guiding Opinions on Regulating the Asset Management Business of Financial Institutions to the Massive Collective Asset Management Business of Securities Companies to respond to the industrial appeal. It further refines the standards and procedures for benchmarking public offering funds and the standardization development of massive collective products, and provided a reasonable standard transition period, and there is no uniform requirement for the standardization progress. After standardization, the massive collective products will be converted into public offering funds or private asset management plans, and will continue to operate in accordance with relevant laws and regulations.

For the management and control of investment banking business of securities companies,

it formulated the Guidelines for the Internal Controls of the Investment Banking Business of Securities Companies, trying to change the phenomena in the industry such as "emphasis on development instead of quality", "stress on size instead of risks", "focusing on front-end undertaking instead of subsequent supervision", etc. Main content: Firstly, it focuses on the main contradictions and outstanding problems in the operation and management of investment banking business. By specifying the requirements to implement centralized and unified management of business undertaking, improve the business system and standardize salary incentive mechanisms, it strives to solve the root causes for the risks of investment banking business, including lack of control over business activities, excessive incentives, etc. The second is to unify the internal control standards of investment banking business. Based on the full consideration of the current standards of internal control of different companies and various investment banking businesses, unified requirements should be summarized and refined applicable to the whole industry. The third is to improve the basic structure of the "three defense lines" based on project teams and business departments, quality control, and core and compliance risk control, and to build an internal control system for investment banking services with reasonable division of labor, clear rights and responsibilities, mutual checks and balances, and effective supervision. The fourth is to emphasize the effectiveness of internal control of investment banking business, refine the specific performance forms of each defense line, and strengthen the specification and guidance at the implementation level of launching, quality control and core of investment banking business.

In response to the potential risks in the internet sales and redemption services of money market funds, CSRC enacted Guiding Opinions on Further Regulating the Services Relating to the Internet Sales and Redemption of Money Market Funds. Main content: Firstly, in the process of internet marketing of money market funds, the principle requirements of "three updates and six prohibitions" should be strictly implemented. The second is to implement limit management on "T+0 redemption withdrawal". Thirdly, except the commercial banks that have obtained the qualifications for the fund sales business, other institutions or individuals are prohibited from providing advances for the "T+0 redemption withdrawal" business in any way. The fourth is to standardize the promotion and information disclosure activities of fund managers and fund sales institutions' "T+0 redemption withdrawal" business, to strengthen risk disclosure and strictly prohibit them from misleading investors. Fifthly, non-bank payment institutions are required not to provide value-added services that are directly paid by money market fund shares, and may not engage in or disguise themselves in money market fund sales business, and may not provide advances for "T+0 redemption withdrawal" business.

For preventing and controlling risks in professional integrity, CSRC formulated the Provisions on the Professional Integrity of Securities and Futures Business Institutions and Their Employees, and the Opinions on Strengthening the Prevention and Control of Professional Integrity Risk of Third Parties Retained by Securities Companies in the Investment Banking Business. Among them, the *Provisions on the Professional Integrity of Securities and Futures Business Institutions and Their Employees* was issued in the form of departmental regulations. It is an overall regulatory requirement for the integrity of the securities and futures industries, and regulates the integrity of services operations in various businesses, with the purpose of rectifying the chaos of the practice, maintaining market order, and creating a fair, open and impartial market context. Main content: The first is to clearly define the scope of application and the supervising subject, and put forward the overall requirements for professional integrity. The second is to urge the operating institutions to strengthen the internal control of professional integrity, and emphasize the main responsibility of the operating institutions. The third is to highlight the professional integrity requirements for no benefit transfer to regulators and for the investment banking business, and propose seven "bans" for investment banking business. The fourth is to enhance accountability and set specific penalties for violations of the rules of professional integrity, including self-discipline, administrative supervision, administrative punishment, transfer to the discipline inspection and transfer to the administration of justice.

The *Opinions on Strengthening the Prevention and Control of Professional Integrity Risk of Third Parties Retained by Securities Companies in the Investment Banking Business* was issued in the form of an announcement, which mainly provides special rules for the high-risk links with benefit transfer in investment banking business. Firstly, securities companies are required to improve their internal control system, increase their control, conduct compliance checks on the behaviors of hired third-party agencies or individuals, and effectively prevent the violation risk of benefit transfer through third-party agencies or individuals. Secondly, the information disclosure requirements are defined for the employment behavior of securities companies, and securities companies are required to continuously disclose the key elements, such as agency types, service content and cost standards. Thirdly, securities companies are required to verify and express their opinions on the relevant employment and the legal compliance of the employment of the clients of their investment banking projects.

For the information technology regulation in the securities industry, CSRC developed the Measures for the Administration of Information Technology Management of Securities Fund Trading Institutions, to guide the securities fund operating institutions to continuously strengthen the supporting role of modern information technology on securities fund

business activities, under the premise of compliance with laws and regulations and effective risk prevention. Main content: The first is to comprehensive cover all types of subjects. It specified the regulatory arrangements of information technology to promote more investment in information technology in the industry for higher competitiveness. The second is to define three main lines of governance, security and compliance. On the basis of traditional information security supervision, it puts forward regulatory requirements for information technology governance, data governance, and business compliance. It specified that the operating institutions should establish an information technology governance committee and the post of chief information officer to promote in-depth integration of information technology with business, risk control and compliance management. The third is to strengthen the main responsibility of information technology management. In accordance with the concept that those who operate and use should take the responsibility, it supervises the operating and service institutions to maintain the bottom line of information security, return to their own roles, and jointly maintain the stable operation of the securities market. The fourth is to support the operating institutions in the application of information technology to improve service efficiency, and to clarify regulatory requirements for new situations and problems in the application of information technology. The fifth is to urge all types of market players to effectively fulfill their information technology management responsibilities and clarify the corresponding penalties.

(3) Issuing a programmatic document for the field of pension funds, to promote the standardized operation of pension funds. In order to meet the financial needs of pension funds, and standardize the operation of pension target securities investment funds, CSRC formulated the Guidelines for Pension Target Securities Investment Funds, marking that China's pension fund products entered the stage of standardized operation. According to the *Guidelines*, pension target funds should adopt the Fund of Funds (FOF) form or other operation forms approved by the China Securities Regulatory Commission. That is to say, such funds should be mainly operated in the FOF form. In terms of investment strategy, pension target funds should adopt a mature and stable asset allocation strategy to control the downside risks of the funds and pursue long-term stable appreciation of the funds. The investment strategy includes the target date strategy, the target risk strategy and other strategies approved by the China Securities Regulatory Commission. In terms of fund managers and fund brokers, specific and quantitative requirements were put forward. In addition, it stipulates the appropriateness requirements that fund managers and fund sales institutions should follow to introduce the pension target funds to investors.

(4) Improving regulatory mechanisms of market integrity as an important complement to

traditional regulatory means. In order to implementing the relevant policies and requirements of the Party Central Committee and the State Council on credit construction in recent years, and to realize "full coverage" of credit supervision in new areas, subjects and activities of the capital market, CSRC revised the Measures for the Supervision and Administration of Integrity in the Securities and Futures Markets, where the mechanisms, measures and means of integrity regulation were strengthened as "supplementary" and "reinforcing" measures to traditional regulatory means. Main revisions: The first is to expand the subject scope of the coverage of integrity information. Such parties are included as subjects of integrity information as the investors in securities and futures markets, the listed enterprises on the national SME share transfer system and the regional equity market, fund service institutions, and securities and futures media institutions. The second is to expand the content coverage of integrity information. The results of the integrity assessment and the information of various breach of contract and dishonest behaviors of the organizations in the securities and futures industries are included in the collection scope of integrity information to comprehensively cover the regulatory enforcement and market trading activities. The third is to establish a system of integrity degree for the market access. When applying for an administrative license to the China Securities Regulatory Commission and its dispatched offices, the applicant and the relevant parties involved in the application shall submit a written integrity-based commitment. The fourth is to establish an integrity credit management system for the market players, and implement classified supervision and management for various market players based on integrity credits. The fifth is to establish a "green channel" system for administrative licensing, and implement a priority review system for applicants of administrative licensing with good integrity, and strengthen incentives for the trustworthy. The sixth is to enhance the integrity constraint requirements in the subsequent regulation, and to make integrity file checking a necessary link for conducting routine regulatory work such as administrative penalties, market bans, taking regulatory measures, and conducting supervision and inspection. The seventh is to improve the integrity constraints in market trading activities, and it is specified that the applicant's integrity file should be checked when opening a securities and futures account and handling relevant business. It also copes with the checking of the integrity files for all kinds of market players when hiring senior executives and employees. The eighth is to establish an information announcement system for serious violations of law and trustworthiness in the securities and futures markets.

(5) Attaching importance to investor education, to standardize the regulation on investor education bases. CSRC formulated the Guidelines for the Supervision and Administration of

the Securities and Futures Investor Education Bases, to give full play to the role of investor education bases, and improve the level of investor education services. According to the *Guidelines*, the investor education bases are divided into physical and online investor education bases. The investor education bases should regularly report to the regulatory authorities the situations of the investor service, the investment and education products, and the investment education activities. Changes to the name, address, website or telephone number of the base should be disclosed to the public in an appropriate form. Securities and futures companies and their branches should report the naming and assessment of the investor education bases, which will be included in the classified regulation of securities and futures companies as a point bonus or deduction for evaluating investor protection related indicators.

**4. Resolutely safeguarding the market order and cracking down on illegal activities**

In 2018, CSRC put the prevention and resolution of financial risks in a prominent position, adhered to the principle of comprehensive and strict regulation, and continued to maintain the high-pressure situation of auditing and law enforcement in compliance with the principle of "targeted filing, investigation and strike", severely investigated and treated various market chaos that eroded the market operation, accumulated significant market risks and are fiercely reported by the masses, and resolutely safeguarded the market order and effectively protected the legitimate rights and interests of investors. It focused on investigating four major types of serious violations:

The first are the cases that seriously damage the interests of listed companies and damage the legitimate rights and interests of minority shareholders. The cases include false information disclosure, whitewashing performance through fictitious transactions, or illegal profit-making by "fudged" reorganization; the cases where major shareholders, actual controllers and directors, supervisors and senior executives of listed companies empty the listed companies maliciously by means of illegal guarantees, capital occupation, connected transactions and so on; serious violation of the rules of the cash dividend system, and the cases with long-term "stingy" occupation of dividends despite qualified conditions of dividend and that are suspected of violating the law.

The second are illegal acts that seriously accumulate market risks and jeopardize the smooth operation of the market. These include cases of collecting market funds by violations, abusing leveraged transactions, and amplifying market risks; the illegal transactions using new financial instruments, abusing fintech, or by crossing markets.

The third are the cases that seriously undermine the principle of fair trade and affect the function of the market. The cases include using reorganization for speculation, taking advantage

of insider information obtained by multi-level transmission to purchase or avoid losses in advance; taking the opportunity to manipulate the stock price through multi-account multi-point layout, internal and external collusion, and virtual and real combination.

The fourth are the cases that seriously disrupt the order of information dissemination and maliciously create panic in the market. The cases include publishing unreasonable remarks against individual stocks, sectors, market trends and regulatory policies via the internet and we media; acting as "illegal manipulators" in the stock market, to induce investors who do not know the truth to participate in the transaction and thus make profit.

In the whole year of 2018, CSRC made 310 administrative punishment decisions for the investigated cases, an increase of 38.39% over the same period of the last year. The amount of fines and confiscations reached 10.641 billion yuan, a year-on-year increase of 42.28%. The market banned 50 individuals, a year-on-year increase of 13.64%. Among the punished cases, the illegal information disclosure reached 56 cases, the market manipulation reached 38 cases, the insider trading reached 87 cases, the illegal cases of intermediaries are 13 cases, the illegal cases in the private equity field are 10 cases, the short-term trading reached 13 cases, and the illegal and noncompliance cases of practitioners are 24 cases. In addition, more than 50 administrative penalties were imposed on other types of cases, such as the dissemination of false information, the undisclosed over proportion of shareholding, the illegal use of other people's accounts by legal persons, and the illegal cases in the futures market. Through continuous improvement of regulation and law enforcement, and severe repression of various illegal activities in securities and futures, it effectively warned the wrongdoers, and guided market players to act in veneration with clear bottom lines, so that the market ecology can be purified, the market has a better legal basis, and the prevention of systemic risks may be further consolidated.

### (ii) Effect of China's securities industry regulatory policies in 2018

In 2018, CSRC adhered to the general keynote of steady progress, upheld the new development concept, kept the structural reform on the service supply side, and further strengthened the establishment of basic market systems and completing the legal implementation system for securities and futures regulation by focusing on the three tasks of "serving the real economy, preventing financial risks, and deepening market reform", providing legal guarantee for the stable and robust development of the capital market.

In the whole year of 2018, CSRC issued regulatory policies totaling 55 items, of which 15 items were issued in the form of decree and 40 items were issued in the form of announcement.

In terms of deepening the reform and servicing the real economy, it issued the *Several Opinions of the China Securities Regulatory Commission on Launching the Pilot Program of Innovative Enterprises Domestically Issuing Stocks or Depository Receipts* and improved the supporting systems and regulatory rules to fully support the direct financing of innovative enterprises and boost the national innovation-driven strategy. By virtue of the policies for reducing the holding of differentiated venture capital funds, it mobilized the enthusiasm of venture capital funds for long-term and value investment, and guided venture capital funds to support high-tech and small and medium-sized enterprises. It further encouraged mergers and acquisitions of listed companies to help upgrade the industrial structure. In terms of expanding two-way opening-up and stimulating the market viability, it formulated such policies as the *Measures for the Administration of Foreign-Funded Securities Companies*, the *Measures for the Administration of Foreign-Funded Futures Companies*, the *Measures for the Administration of the Formation, Acquisition and Purchase of Non-Controlling Shares of Overseas Business Institutions by Securities Companies and Securities Investment Fund Management Companies*, and the *Provisions on the Supervision and Administration of Depositary Receipts under the Stock Connect Scheme between Shanghai Stock Exchange and London Stock Exchange (for Trial Implementation)*, to relax the control over the proportion of foreign financial holdings, expand the scope of foreign investment, optimize the interconnection mechanism, and effectively promote the two-way opening-up of the domestic capital markets. In terms of strict regulation and prevention of financial risks, it revised the *Code of Corporate Governance of Listed Companies*, and the *Several Opinions on Reforming, Improving and Strictly Implementing the Delisting System of Listed Companies;* enacted the *New Regulations on Asset Management*, the *Rules for Asset Management*, the *Guidelines for the Internal Controls of the Investment Banking Business of Securities Companies*, and the *Measures for the Administration of Information Technology Management of Securities Fund Trading Institutions*; and published the *Opinions on Supporting the Repurchase of Shares by Listed Companies*, and the *Guiding Opinions on Improving the Rules for the Suspension and Resumption of Trading of Stocks of Listed Companies*, to have effectively strengthened the regulation and management of listed companies and operating institutions and effectively prevented financial risks. It paid attention to improving the market integrity regulatory mechanism as a useful supplement to traditional regulatory means. In addition, it further standardized the supervision of investor education bases and improved the level of investor education services.

While improving legislation, CSRC continued to intensify inspection and law enforcement. In the whole year of 2018, 310 administrative penalty decisions were made, a year-on-year

increase of 38.39%. The amount of fines and penalties was 10.641 billion yuan, a year-on-year increase of 42.28%. The market banned 50 individuals, a year-on-year increase of 13.64%. A total of 20 typical illegal cases were announced, to crack down on the typical illegal behaviors in the market such as financial fraud, market manipulation, insider trading, and private equity chaos.

In conclusion of the performance in 2018, the basic system of China's securities market has been continuously improved, the function of serving the real economy was further enhanced, the two-way opening-up was under orderly progress, the capacity for preventing financial risks were tested, the capacity for investor protection was further enhanced, and the market moved toward a robust and stable development. The development of the securities and futures industries has taken on a new look, and the capacity of market communication and expectation management has been developed to a new level.

### (iii) Prospect of China's securities industry regulatory policies in 2019

Looking forward to 2019, CSRC will continue to implement the major reform task of setting up a science and technology innovation board with pilot registration system to better serve technological innovation and high-quality economic development; continue to focus on "preventing financial risks" and "serving the real economy" to promote the implementation of regulatory policies, strengthen the regulation of various market participants, vigorously crack down on capital market behaviors that violate laws and regulations, and achieve full coverage of financial risk regulation; continue to promote the opening-up of financial markets, expand the two-way opening-up of the capital market, and keep strengthening financial regulation that matches with the financial openness.

First of all, it will ensure the establishment of the science and technology innovation board with pilot registration system on the Shanghai Stock Exchange as soon as possible, and drive the basic system reforms such as issuance, listing, information disclosure, trading, delisting, and investor appropriateness management to better serve technological innovation and high-quality economic development.

On March 1, 2019, CSRC issued the *Measures for the Administration of the Registration of IPO Stocks on the Science and Technology Innovation Board (for Trial Implementation)*, and the *Measures for the Continuous Supervision of Companies Listed on the Science and Technology Innovation Board (for Trial Implementation)*, which are implemented from the date of promulgation. With the approval of CSRC, the relevant business rules of the Shanghai Stock Exchange and China Securities Depository and Clearing Co., Ltd. were issued accordingly.

The *Measures for the Administration of the Registration of IPO Stocks on the Science and Technology Innovation Board (for Trial Implementation)*, consisting of 8 chapters and 81 articles, have systematically regulated the reform of the pilot registration system of the science and technology innovation board:

1. The general principle for the pilot registration system of the science and technology innovation board has been defined, and it is stipulated that the registration system should apply to stock issuance.

2. The current conditions of issuance are streamlined centered on information disclosure, to highlight the major principles and emphasize the risk prevention and control.

3. Institutional arrangements have been made for processes of stock issuing, listing and reviewing on the science and technology innovation board, to achieve computerized acceptance and review and publicize the important nodes along the whole processes, so as to improve review efficiency and reduce the burden on enterprises.

4. It has strengthened the requirements for information disclosure, compacted the responsibility for the market players, strictly implemented the responsibility of the issuer and other relevant subjects in information disclosure, and developed differentiated information disclosure rules in accordance with the characteristics of the enterprises listed on the science and technology innovation board.

5. It specified that the IPO price of the enterprises listed on the science and technology innovation board should be determined by enquiry to eligible off-market investors.

6. A whole-process regulatory system has been established, to enhance the accountability of those issuers that are responsible for the illegal acts and their controlling shareholders, actual controllers, sponsors and securities service institutions as well as relevant responsible personnel.

The *Measures for the Continuous Supervision of Companies Listed on the Science and Technology Innovation Board (for Trial Implementation)*, consisting of 9 chapters and 36 articles, provided stipulations for the science and technology innovation board from aspects of applicable principles, corporate governance, information disclosure, shareholding reduction, major asset restructuring, equity incentives, delisting system, and spin-off listing, use of raised funds, and equity pledge and legal liability of controlling shareholders.

In 2019, CSRC will continue to implement the establishment of the science and technology innovation board and the reform of the pilot registration system reform, implement the innovation-driven development strategy, and enhance the service level of the capital market to improve the capabilities of key core technology innovation. The regulatory authorities will continue to adhere to the market-oriented and legalized reform, focus on the issuance, listing

and review, improve continuous regulatory capacity, optimize the trading system, strictly upgrade delisting rules, complete risk response plans, strengthen press publicity and other reform priorities, strengthen supervision throughout the process, firmly hold the bottom line of integrity and implement this major reform soundly and prudently.

Secondly, it will keep highlighting the prevention and resolution of financial risks, focus on risk prevention and disposal in key fields such as stock pledge, bond default, and private equity, and firmly hold the bottom line of no systemic financial risks.

The first is to balance the relationship between stable growth and risk prevention. It will improve the basic system of the capital market, vigorously develop direct financing, promote the improvement of the financing structure, and provide higher quality and more efficient financial services for the development of the real economy to meet the needs of the people. It will keep preventing risks and resolving conflicts in the reform and development, and continue to enhance the resilience of the capital market to resist risks.

The second is to strengthen the prevention of financial risks and enhance the internal control. It will effectively enhance the sense of urgency, adhere to the historical view and dialectics, stick to targeted policies, and perform well and accurately in risk handling for pledge of stock rights, bond defaults, private equity, over-the-counter allocations, various asset management services of regulatory targets, local trading floors and other key fields, with the purpose of winning the battle against major financial risks.

The third is to effectively improve the construction of a law-based government and deepen law-based administration. It will accelerate the legal construction of the market, strengthen the comprehensive strict regulation in accordance with the law, severely crack down on all kinds of violations of laws and regulations, and effectively protect the legitimate rights and interests of investors.

The last is to create a standardized, transparent, open, dynamic, and resilient capital market by continuously deepening the reform, to improve the quality of listed companies, improve the trading system, and guide the investment of more medium- and long-term funds.

The first is to improve the multi-level market system and support enterprises to expand direct financing channels. It will deepen the reform of the ChiNext Listing and the NEEQ, accelerate the development of private equity investment funds, develop and improve the corporate asset securitization business, drive the innovation of bond varieties, and better support the development of the private economy. It will optimize the refinancing system, deepen the reform of market-oriented mergers and acquisitions, encourage state-owned holding companies and financial enterprises to implement employee stock ownership and

equity incentives, and continuously improve the quality of listed companies.

The second is to improve the trading system and promote more medium- and long-term funds to enter the market. It will optimize the regulation on transaction, enrich futures and derivatives tools, and stimulate market vitality. It will encourage insurance funds and national social security funds to expand their size in the market. It will improve the QFII and RQFII systems and carry out pilot programs for the investment of the personal tax deferred commercial pension insurance in the public funds.

The third is to accelerate the deepening of financial reform and opening-up, and build a new opening-up pattern of the capital market. According to the changes in the international economic and financial development and the needs of China's development strategy, it will study and promote new measures for the reform and opening-up of the capital market, promote the all-round and high-level opening-up of the capital market, and promote reform and development with the opening-up. It will further improve the level of opening-up of the capital market, accelerate the construction of a comprehensive investment bank with international competitiveness, optimize the Shanghai-Hong Kong and Shenzhen-Hong Kong Stock Connect mechanisms, and expand the opening-up scope of specific varieties of futures in an orderly manner.

## Appendix

**List of CSRC's Major Regulatory Policies in 2018**

| Date of publication | Name of the policy file | Issued by |
|---|---|---|
| January 18 | OTC Trading System Interface for Securities and Futures Markets | China Securities Regulatory Commission |
| February 11 | Guidelines for Pension Target Securities Investment Funds (for Trial Implementation) | China Securities Regulatory Commission |
| February 12 | Guidelines for the Submission of Information on Regional Equity Markets (for Trial Implementation) | China Securities Regulatory Commission |
| March 1 | Special Provisions on Shareholding Reduction by Venture Capital Fund Shareholders of Listed Companies | China Securities Regulatory Commission |
| March 8 | Decision to Amend the Provisions of the China Securities Regulatory Commission on the Procedures for the Implementation of Administrative Licensing | China Securities Regulatory Commission |
| March 14 | Guidelines for the Supervision and Administration of the Securities and Futures Investor Education Bases | China Securities Regulatory Commission |
| March 23 | Guidelines for the Internal Controls of the Investment Banking Business of Securities Companies | China Securities Regulatory Commission |
| March 28 | Measures for the Supervision and Administration of Integrity in the Securities and Futures Markets | China Securities Regulatory Commission |

Continued

| Date of publication | Name of the policy file | Issued by |
|---|---|---|
| April 19 | Preparation Rules for Information Disclosure by Companies Offering Securities to the Public No. 14—Non-Standard Audit Opinion and the Handling of the Matters Involved (2018 Revision) | China Securities Regulatory Commission |
| April 24 | Standards for the Contents and Formats of Information Disclosure by Companies Offering Securities to the Public No. 19—Correction of Financial Information and Relevant Disclosure | China Securities Regulatory Commission |
| April 28 | Measures for the Administration of Foreign-Funded Securities Companies | China Securities Regulatory Commission |
| May 14 | Detailed Implementation Rules on Appropriately Restricting Particular Seriously Dishonest Persons from Taking the Train and Civil Aircraft within a Certain Period | China Securities Regulatory Commission |
| May 30 | Guiding Opinions on Further Regulating the Services Relating to the Internet Sales and Redemption of Money Market Funds | China Securities Regulatory Commission |
| June 6 | Decision to Amend the Measures for the Administration of Initial Public Offering and Listing of Stocks | China Securities Regulatory Commission |
| June 6 | Decision to Amend the Administrative Measures for Initial Public Offerings and Listing on the Second Board | China Securities Regulatory Commission |
| June 6 | Measures for the Administration of Offering and Trading of Depositary Receipts (for Trial Implementation) | China Securities Regulatory Commission |
| June 6 | Provisions on the Implementation of Due Diligence for Sponsoring Innovative Enterprises’ Offering of Stocks or Depository Receipts within China | China Securities Regulatory Commission |
| June 6 | Preparation Rules for Information Disclosure by Companies Offering Securities to the Public No. 22—Special Provisions on the Financial Report Information of Red Chip Enterprises Covered by the Pilot Program of Innovation (for Trial Implementation) | China Securities Regulatory Commission |
| June 6 | Measures for the Implementation of Regulation of Pilot Innovative Enterprises’ Offering of Stocks or Depository Receipts and Listing within China | China Securities Regulatory Commission |
| June 6 | [Announcement No. 14]Preparation Rules for Information Disclosure by Companies Offering Securities to the Public No. 23—Guidelines for the Contents and Formats of the Prospectus of Pilot Red Chip Enterprises for Public Offering of Depository Receipts | China Securities Regulatory Commission |

Continued

| Date of publication | Name of the policy file | Issued by |
|---|---|---|
| June 6 | Standards for the Contents and Formats of Information Disclosure by Companies Offering Securities to the Public No. 40—Application Documents of Pilot Red Chip Enterprises for Public Offering of Depository Receipts and Listing | China Securities Regulatory Commission |
| June 6 | Working Rules of the Scientific and Technological Innovation Advisory Committee of the China Securities Regulatory Commission (for Trial Implementation) | China Securities Regulatory Commission |
| June 6 | Guidelines for the Implementation of Employee Stock Ownership Plans and Option Incentives by Pilot Innovative Enterprises | China Securities Regulatory Commission |
| June 6 | Guidelines for the Accumulated Uncovered Loss, Capitalization of Research and Development Expenses, Presentation of Government Subsidies and Other Accounting Treatment Matters before the Modification of Pilot Innovative Enterprises in Their Entirety | China Securities Regulatory Commission |
| June 14 | Measures for the Implementation of Continuous Supervision after Listing of Innovative Enterprises by Offering Stocks or Depository Receipts in China (for Trial Implementation) | China Securities Regulatory Commission |
| June 14 | Guidelines for the Content and Format of Deposit Agreements on Depositary Receipts (for Trial Implementation) | China Securities Regulatory Commission |
| June 15 | Decision on Modifying the Measures for the Administration of Securities Issuance and Underwriting | China Securities Regulatory Commission |
| June 15 | Provisions on Matters concerning Commercial Banks Serving as the Depositary in the Pilot Program of Depositary Receipts | China Securities Regulatory Commission |
| June 27 | Provisions on the Professional Integrity of Securities and Futures Business Institutions and Their Employees | China Securities Regulatory Commission |
| June 27 | Opinions on Strengthening the Prevention and Control of Professional Integrity Risk of Third Parties Retained by Securities Companies in the Investment Banking Business | China Securities Regulatory Commission |
| June 27 | Interim Provisions on Securities Fund Business Institutions' Use of Securities Investment Consulting Services Provided by Hong Kong Institutions | China Securities Regulatory Commission |
| July 3 | Decision to Amend the Working Rules and Procedures of the China Securities Regulatory Commission's Review Board for Mergers, Acquisitions, and Restructurings of Listed Companies | China Securities Regulatory Commission |

Continued

| Date of publication | Name of the policy file | Issued by |
|---|---|---|
| July 10 | Opinions on the Application of Articles 15 and 22 of the Provisions of the China Securities Regulatory Commission on the Procedures for the Implementation of Administrative Licensing - Opinions on the Application of Securities and Futures Laws (No. 13) | China Securities Regulatory Commission |
| July 27 | Decision to Amend the Several Opinions on Reforming, Improving and Strictly Implementing the Rules for the Delisting of Listed Companies | China Securities Regulatory Commission |
| August 10 | Proclamation on the Dismissal of Zhu Xianzhong's Post as the Member of the 17th Issuance Examination Committee | China Securities Regulatory Commission |
| August 15 | Decision to Amend the Measures for the Administration of Securities Registration and Clearing | China Securities Regulatory Commission |
| August 15 | Decision to Amend the Measures for the Administration of the Equity Incentives of Listed Companies | China Securities Regulatory Commission |
| August 24 | Measures for the Administration of Foreign-Funded Futures Companies | China Securities Regulatory Commission |
| September 7 | Announcement on Matters concerning Further Strengthening the Collection of Information from Client Trading Terminals of Futures Trading Institutions | China Securities Regulatory Commission |
| September 25 | Measures for the Administration of the Formation, Acquisition and Purchase of Non-Controlling Shares of Overseas Business Institutions by Securities Companies and Securities Investment Fund Management Companies | China Securities Regulatory Commission |
| September 27 | Data Classification Guidelines for Securities and Futures Industry, Specification for Enterprise Service Bus Implementation in Securities and Futures Industry Internal Institution, Futures Market Account Data Interface, and Corporate Action Content and Format for China Securities | China Securities Regulatory Commission |
| September 30 | Code of Corporate Governance of Listed Companies | China Securities Regulatory Commission |
| October 12 | Provisions on the Supervision and Administration of Depositary Receipts under the Stock Connect Scheme between Shanghai Stock Exchange and London Stock Exchange (for Trial Implementation) | China Securities Regulatory Commission |
| October 22 | Measures for the Administration of the Privately Offered Asset Management Business of Securities and Futures Business Institutions | China Securities Regulatory Commission |
| October 22 | Provisions on the Administration of Operation of Privately Offered Asset Management Plans of Securities and Futures Business Institutions | China Securities Regulatory Commission |
| October 22 | Announcement on the Matters Concerning the Operation of China Securities Regulatory Commission's Service Hotline "12386" | China Securities Regulatory Commission |

| Date of publication | Name of the policy file | Issued by |
|---|---|---|
| October 26 | Opinions on the Application of Relevant Provisions of Articles 18 and 19 of the Measures for the Administration of the Significant Asset Restructurings of Unlisted Public Companies – Opinions No. 14 on the Application of Securities and Futures Laws | China Securities Regulatory Commission |
| November 6 | Guiding Opinions on Improving the Rules for the Suspension and Resumption of Trading of Stocks of Listed Companies | China Securities Regulatory Commission |
| November 9 | Opinions on Supporting the Repurchase of Shares by Listed Companies | China Securities Regulatory Commission |
| November 15 | Standards for the Contents and Formats of Information Disclosure by Companies Offering Securities to the Public No. 26—Material Asset Restructurings of Listed Companies (2018 Revision) | China Securities Regulatory Commission |
| November 20 | Notice of Earnestly Learning and Implementing the Decision of the Standing Committee of the National People's Congress on Amending the Company Law of the People's Republic of China | China Securities Regulatory Commission |
| November 22 | Decision of the China Securities Regulatory Commission on Reviewing Certification Matters and Canceling Relevant Matters | China Securities Regulatory Commission |
| November 28 | Operating Guidelines on the Application of the Guiding Opinions on Regulating the Asset Management Business of Financial Institutions to the Massive Collective Asset Management Business of Securities Companies | China Securities Regulatory Commission |
| December 4 | Application Guidelines for the Third Group of Securities and Futures Investor Education Bases | China Securities Regulatory Commission |
| December 19 | Measures for the Administration of Information Technology Management of Securities Fund Trading Institutions | China Securities Regulatory Commission |

## IV. Major Regulatory Policies of the China's Insurance Industry

### (i) Analysis of main regulatory policies of China's insurance in 2018①

In 2018, China Banking and Insurance Regulatory Commission, under the firm leadership of the CPC Central Committee with President Xi Jinping at the core, comprehensively

① Author: Liu Xueqing, the member of Executive Committee & director of Legal Compliance Department of Shanghai Insurance Exchange. This article does not represent the views of the author's employer.

strengthen the Party's leadership and the Party building, resolutely implement the decisions and plans of the CPC Central Committee and the State Council, spare no effort to defuse prominent risks, maintain the stability of the financial system, enhance the capability of the banking and insurance industry to serve the real economy, constantly deepen reform and open wider to the outside world, and make solid progress in various work with positive results. The main regulatory policies for the whole year are as follows:

**1. Furthering completing the individual tax-deferred commercial pension insurance system**

To ensure smooth operation of the pilot project of individual tax-deferred commercial pension insurance and to standardize development and design of tax-deferred pension insurance products, according to the Notice of Ministry of finance, State Administration of Taxation, Ministry of Human Resources and Social Security, China Banking and Insurance Regulatory Commission and China Securities Regulatory Commission on Piloting Individual Tax-deferred Commercial Pension Insurance (C.S.[2018] No. 22), China Banking and Insurance Regulatory Commission, joining hands with Ministry of Finance, State Administration of Taxation and Ministry of Human Resources and Social Security, formulated and released the Guidelines for Development of Individual Tax-deferred Commercial Pension Insurance Products in May 2018, as the basic requirements and unified norms for insurance companies to develop and design tax-deferred pension insurance products, requiring the insurance companies participating in the tax-deferred pension insurance pilot project to develop and design tax-deferred pension insurance products in accordance with the requirements of the Guidelines and relevant regulations on insurance products. China Banking and Insurance Regulatory Commission also released the Interim Administrative Measures for Individual Tax-deferred Commercial Pension Insurance (Y.B.J.F. [2018] No. 23) at the same time, proposing specific requirements of the business, product management, sales management, investment management, financial management, information platform management, service management and information disclosure on insurance company to carry out the tax-deferred pension insurance business. In July 2018, China Banking and Insurance Regulatory Commission issued the Interim Administrative Measures for Management of the Use of Individual Tax-deferred Commercial Pension Insurance Funds. On the one hand, the Measures make clear that the application of tax-deferred pension funds in investment scope and proportion, investment capacity, investment management, risk management and other aspects should meet the relevant laws, regulations and regulatory requirements on the application of insurance fund. On the other hand, the Measures put forward special requirements on the use of tax-deferred pension

insurance funds from the aspects of business conditions, asset allocation, operational norms, risk management and supervision management.

**2. Continuously advancing reform of pricing mechanism for commercial motor insurance**

Since the reform of commercial motor insurance in June 2015, the phased effect of the reform has been gradually shown, consumers' sense of gain has been continuously improved, their security capability has been gradually expanded, and the social management function has been better played. In 2018, regulators continued to deepen the reform of commercial motor insurance. In March, the General Office of China Banking and Insurance Regulatory Commission issued the Notice on Piloting and Insurance Reform of Independent Pricing of Commercial Motor Insurance (Y.B.J.B.F. [2018] No. 4), and decided to carry out the pilot reform of independent pricing of commercial motor insurance in Guangxi, Shaanxi and Qinghai for 1 year. During the pilot, the property insurance companies, when proposing to formulate business motor insurance rates, can determine the adjustment range of the self-determination coefficient by themselves on the condition that the basic data, actuarial methods, actuarial assumptions and actuarial models used are in line with the general actuarial principles and relevant regulations of the insurance regulatory agency, and the results of commercial motor insurance premium rate determination are reasonable, fair and sufficient. The Notice on Adjusting Independent Pricing Range of Commercial Motor Insurance in Some Region (B.J.C.X. [2018] No. 61) was issued to adjust the independent underwriting rate and self-service channel coefficient in Sichuan, Shanxi, Fujian, Shandong, Henan, Xiamen and Xinjiang, so as to further develop the decisive role of the market in resource allocation. In July 2018, the General Office of China Banking and Insurance Regulatory Commission also issued the Notice on Regulation Requirements of Commercial Motor Insurance Premium Rates, continuously strengthening the regulation of commercial motor insurance premium rates, protecting the legitimate rights and interests of consumers, and ensuring the steady progress of the reform of commercial motor insurance premium rates.

**3. Further completing regulatory system for use of insurance funds, promoting the support of insurance funds in implementation of major national strategies, and improving the insurance industry's ability to serve the real economy**

First, further improve the regulatory system for the use of funds and guard against the risk of the use of insurance funds. In January 2018, the Administrative Measures for the Use of Insurance Funds was revised and released, and the regulatory authorities made precise efforts to improve the quality and efficiency of insurance fund services for the main insurance industry and the real economy. Make clear the application form of insurance funds, including the scope

and mode of the use of funds; standardize the decision-making mechanism and application process of insurance funds; strengthen risk management and control mechanism, require insurance institutions to improve corporate governance and internal control, effectively assume various management responsibilities and prevent related risks; make it clear that the regulatory authorities will be held accountable for the violations of the insurance institutions and related parties. the Administrative Measures for the Use of Insurance Funds reflect the concept of prudent supervision, comply with the practical needs of the use of insurance funds, and provide a solid foundation for promoting the steady development of the use of insurance funds and preventing the risk of the use of insurance funds.

Second, standardize the use of insurance funds to further improve the quality and efficiency of insurance funds for the real economy. In January 2018, the Notice on Matter Concerning the Establishment of Equity Investment Plans for Insurance funds was issued, which regulate the establishment of equity investment plans for insurance asset management institutions, strictly prevent the "real debt with real shares" from driving up the financing costs of real enterprises in disguise, and require that insurance funds should not be used directly or in disguise form for channel business, and not be invested in private equity investment funds nested with other asset management products, so as to guide insurance funds to give play to their own characteristics and better serve the development of the real economy. In January 2018, the Guidelines on Strengthening Use Management of Insurance Funds to Support the Prevention and Resolution of Local Debt Risks were issued to support insurance institutions to serve the real economy more safely and efficiently, and prevent and defuse local debt risks. In February 2018, the Notice on Matters Concerning Regulation of Developing Internal and External Loan Businesses of Insurance Institutions was jointly issued to regulate the internal and external loan business of insurance institutions, strengthen the supervision of overseas financing business, and prevent the risks of overseas financing. In May 2018, the Notice on Matters Concerning the Participation of Insurance Funds in Long-term Lease Market was released to make clear the relevant requirements for insurance funds to participate in the long-term rent market, give full play to the long-term and stable advantages of insurance funds, promote the construction of a long-term mechanism for national real estate regulation, accelerate the supply-side structural reform of the real estate market, promote the construction of a new type of urbanization in China, and accelerate the goal of building a moderately prosperous society in all respects.

Third, encourage insurance funds to participate in resolving the liquidity risk of stock pledge of high-quality listed companies and private enterprises. In October 2018, China Banking and Insurance Regulatory Commission issued the Notice on Matters Concerning

the Establishment of Special Products by Insurance Asset Management Company, allowing insurance asset management companies to set up special products and participate in resolving liquidity risks of stock pledge of high-quality listed companies and private enterprises. On October 29, the "Guoshou asset-phoenix series products" initiated and established by China Life Asset Management Company Limited completed the registration procedures in the insurance asset registration and trading system of Shanghai insurance exchange, with a total target size of 20 billion yuan, becoming the first special product of the insurance industry to resolve the liquidity risk of stock pledge. China Banking and Insurance Regulatory Commission supports insurance institutions to increase the scale of financial and strategic investment in listed companies, and gives policy support to projects that conform to the national strategy and macro policy guidance, which is conducive to improving the quality and efficiency of insurance funds for the real economy.

**4. Promoting and completing the corporate governance and supervision mechanism in insurance industry to prevent risks in corporate governance**

In April 2018, China Banking and Insurance Regulatory Commission held a training seminar on corporate governance of small and medium-sized banks and insurance companies. The meeting affirmed the great progress made in corporate governance of China's banking and insurance industry, and pointed out that there are still obvious deficiencies in corporate governance of China's banking and insurance industry, especially the problems of small and medium-sized banks and insurance institutions are more prominent. It is mainly reflected in the non-transparent and non-standard ownership relationship of some institutions, non-compliance and non-prudence of shareholders' behavior, insufficient effectiveness of the board of directors in performing their duties, deviation in the positioning of the responsibilities of senior management, inadequate supervision by the board of supervisors, unscientific strategic planning and performance appraisal, and urgent need for further strengthening of party leadership and party building. In order to cope with the above challenges, China Banking Regulatory Commission revised and issued the Administrative Measures for Equity of Insurance Companies in a timely manner, which made some major revisions and improvements in terms of the identification of connected transaction, the authenticity of investment funds and the limited regulatory means according to the relevant spiritual requirements of the national financial work conference; adjusted the equity ratio; designed the system of penetrating supervision; added before-event, in event and post-event mechanism to standardize the shareholders' behaviors. In July 2018, China Banking and Insurance Regulatory Commission promulgated the Administrative Measures for Independent Directors of Insurance Institutions,

aiming to further improve the operation mechanism of the independent director system, specify liability subject, regulate the behavior of the main body, strengthen supervision, form the internal and external environment more favorable to independent director's function, strengthen corporate governance regulations, thus enhancing the effectiveness of corporate governance in the industry.

**5. Relaxing conditions for setting up foreign-funded institutions and accelerating the implementation of new opening-up measures of insurance industry**

In April 2018, President Xi Jinping announced at the Boao Forum for Asia that China will ensure that the major financial opening-up measures announced will be implemented as soon as possible, and strive to make the fruits of opening-up benefit businesses and people around the world as early as possible. China Banking and Insurance Regulatory Commission implements the decisions and arrangements of the CPC Central Committee and the State Council, relaxes the conditions for the establishment of foreign-funded institutions, expands the business scope of foreign-funded institutions, and speeds up the implementation of new measures to expand opening up. First, facilitate foreign investment by relaxing the foreign ownership ratio of foreign life and casualty insurance companies to 51%, with no restrictions after three years. Second, relax the conditions for the establishment of foreign-funded insurance institutions, and cancel the requirement of opening representative offices for 2 years before the establishment of foreign-funded insurance institutions nationwide. Third, expand the business scope of foreign-funded insurance agencies, allow eligible foreign investors to come to China and operate insurance agency businesses and insurance valuation businesses, and open up the business scope of foreign-funded insurance brokerage companies, in line with that of Chinese-funded institutions. In November 2018, China Banking and Insurance Regulatory Commission approved Allianz SE to set up Allianz (China) Insurance Holding Co., Ltd. in Shanghai, making Allianz (China) Insurance Holding Co., Ltd. the first foreign-funded insurance holding company in China. In 2018, the China Banking and Insurance Regulatory Commission also accepted and approved market access applications for ICBC AXA Life Insurance Co., Ltd. to establish ICBC AXA Asset Management Co., Ltd. and Korean Reinsurance Co., Ltd. to set up branches.

### (ii) Policy outlook of insurance regulation

In January 2019, China Banking and Insurance Regulatory Commission held the 2019 banking and insurance regulatory work conference to study and implement the spirit of the central economic work conference, review and summarize the work of last year, study and analyze the current situation, and arrange the work of 2019. From the perspective of

meeting spirit, China Banking and Insurance Regulatory Commission will fully implement the spirit of the 19th CPC National Congress, the second and third plenary sessions of the 19th CPC Central Committee and the Central economic work conference in 2019, adhere to the Party's centralized and unified leadership of financial work, adhere to the general tone of seek improvement in stability work, and practice the new development concept; more closely combine prevention of systemic risks with serving the real economy, focus on improving the ability of financial services to serve the real economy, and take effective measures to prevent and defuse financial risks; further promote the insurance industry to bear in mind the overall situation, adhere to the requirements of the "six stable aspects", resolutely carry out structural reform of the service supply side, steadily advance structural deleveraging, properly handle the relationship between risk prevention and structural adjustment of steady growth, and actively support the implementation of the major national strategies; make solid progress in inclusive finance, help fight poverty alleviation and prevent and control pollution, and provide stronger financial support for building a moderately prosperous society in all respects. In terms of specific regulatory work, China Banking and Insurance Regulatory Commission will make unremitting efforts to control financial market chaos, further curb illegal and irregular business activities, and dispose high-risk institutions according to law. Efforts will be made to improve corporate governance mechanisms and open the insurance industry wider to the outside world; further strengthen weak links in regulation, innovate and improve ways and methods of regulation, and constantly improve our regulatory capacity and efficiency.

## Appendix

**List of Main Regulatory Policies of China's Insurance Industry in 2018**

| Date | Name of document | Issuer |
|---|---|---|
| Jan. 8 | Guidelines of China Insurance Regulatory Commission and Ministry of Finance on Strengthening Use Management of Insurance Funds to Support the Prevention and Resolution of Local Debt Risks (B.J.F.[2018] No. 6) | China Insurance Regulatory Commission, Ministry of Finance |
| Jan. 12 | China Insurance Regulatory Commission's Notice on Printing and Issuing Overall Plan for Winning the Insurance Industry's Battle against and Defusing Major Risks (B.J.F.[2018] No. 9) | China Insurance Regulatory Commission |
| Jan. 17 | China Insurance Regulatory Commission's Notice on Frequency Adjustment of Insurance Regulatory Statistical Indicators such as "Insured Amount" and "Quantity of Bill Signing" (B.J.T.X.[2018] No. 7) | China Insurance Regulatory Commission |

| Date | Name of document | Issuer |
|---|---|---|
| Jan. 24 | Administrative Measures for the Use of Insurance Funds (B.J.H.L[2018] No. 1) | China Insurance Regulatory Commission |
| Jan. 24 | Notice of the General Office of China Banking Regulatory Commission on Forwarding the Regulations on Reporting Tax-related Information of Non-residential Financial Accounts (B.J.T.F.[2018] No. 2) | State Administration of Taxation, China Banking Regulatory Commission, China Securities Regulatory Commission, China Insurance Regulatory Commission |
| Feb. 1 | Regulations on Insurance Assessors (B.J.H.L [2018] No. 2) | China Insurance Regulatory Commission |
| Feb. 1 | Regulations on Insurance Broker (B.J.H.L[2018] No. 3) | China Insurance Regulatory Commission |
| Feb. 1 | Notice of China Insurance Regulatory Commission and the State Administration of Foreign Exchange on Matters Concerning Regulation of Developing Internal and External Loan Businesses of Insurance Institutions (B.J.F.[2018] No. 5) | China Insurance Regulatory Commission, State Administration of Foreign Exchange |
| Feb. 11 | Notice of China Insurance Regulatory Commission on Issuance of the Guidelines of Anti-insurance Fraud (B.J.F.[2018] No. 24) | China Insurance Regulatory Commission |
| Feb. 13 | Decision of China Insurance Regulatory Commission on Amending the Four Regulations including the Rules for Implementing the Regulations on Administration of Foreign-funded Insurance Companies of the People's Republic of China (B.J.H.L.[2018] No. 4) | China Insurance Regulatory Commission |
| Feb. 28 | Notice of China Insurance Regulatory Commission on Issuance of the Regulation on Management of Insurance Assets and Liabilities (No. 1-5) and the Matters Concerning the Trial Operation (B.J.F.[2018] No. 27) | China Insurance Regulatory Commission |
| Mar. 2 | Administrative Measures for Equity of Insurance Companies (B.J.H.L[2018] No. 5) | China Insurance Regulatory Commission |
| Mar. 8 | Notice of China Insurance Regulatory Commission on Adjusting Independent Pricing Range of Commercial Motor Insurance in Some Region (B.J.C.X. [2018] No. 61) | China Insurance Regulatory Commission |
| Mar. 13 | Notice of China Insurance Regulatory Commission on Issuance of the "2018 Work Points of Protecting Insurance Consumer Rights and Interests" (B.J.X.B.[2018] No. 64) | China Insurance Regulatory Commission |
| Mar. 30 | Notice of General Office of China Banking and Insurance Regulatory Commission on Piloting Reform of Independent Pricing of Commercial Motor Insurance (Y.B.J.B.F. [2018] No. 4) | China Banking and Insurance Regulatory Commission |
| Apr. 25 | Notice of China Banking and Insurance Regulatory Commission on Issuance of Industry Standard of Application Specification for Insurance Electronic Signature Technology (JR/T0161-2018) (Y.B.J.F.[2018] No. 17) | China Banking and Insurance Regulatory Commission |

| Date | Name of document | Issuer |
|---|---|---|
| Apr. 25 | Notice on Issuance of the Guidelines for Development of Individual Tax-deferred Commercial Pension Insurance Products (Y.B.J.F.[2018] No. 20) | China Banking and Insurance Regulatory Commission, Ministry of Finance, Ministry of Human Resources and Social Security, State Taxation Administration |
| May 2 | Notice of China Banking and Insurance Regulatory Commission on Issuance of the Basic Guidelines for Insurance Valuation (Y.B.J.F.[2018] No. 21) | China Banking and Insurance Regulatory Commission |
| May 8 | Notice of China Banking and Insurance Regulatory Commission on Relevant Requirements on Rate Scheme of Pilot Area for the Reform of Independent Pricing of Commercial Motor Insurance (Y.B.J.B.F.[2018] No. 28) | China Banking and Insurance Regulatory Commission |
| May 16 | Interim Administrative Measures for Individual Tax-deferred Commercial Pension Insurance (Y.B.J.F. [2018] No. 23) | China Banking and Insurance Regulatory Commission |
| May 28 | Notice on Matters Concerning the Participation of Insurance Funds in Long-term Lease Market (Y.B.J.F.[2018] No. 26) | China Banking and Insurance Regulatory Commission |
| Jun. 1 | Notice of China Banking and Insurance Regulatory Commission on Strengthening the Management of "We-media" Insurance Marketing and Publicity (Y.B.J.F.[2018] No. 27) | China Banking and Insurance Regulatory Commission |
| Jun. 4 | Notice of China Banking and Insurance Regulatory Commission on Issuance of Rules for Compilation of Actuarial Report of Life Insurance Companies (Y.B.J.B.F.[2018] No. 45) | China Banking and Insurance Regulatory Commission |
| Jun. 6 | Notice of China Banking and Insurance Regulatory Commission on Issuance of XBRL Classification Standard for Quarterly Insurance Asset and Liability Management Report and the Implementation of Insurance Asset and Liability Management Regulatory Information System Module (Y.B.J.F.[2018] No. 28) | China Banking and Insurance Regulatory Commission |
| Jun. 19 | Notice of China Banking and Insurance Regulatory Commission on Allowing Foreign Investors to Conduct Insurance Public Valuation in China (Y.B.J.F.[2018] No. 29) | China Banking and Insurance Regulatory Commission |
| Jun. 19 | Notice of China Banking and Insurance Regulatory Commission on Allowing Foreign Investors to Operate Insurance Agency Business in China (Y.B.J.F.[2018] No. 30) | China Banking and Insurance Regulatory Commission |
| Jun. 29 | Notice of China Banking and Insurance Regulatory Commission on Regulation Requirements of Commercial Motor Insurance Premium Rates (Y.B.J.B.F.[2018] No. 57) | China Banking and Insurance Regulatory Commission |
| Jun. 30 | Administrative Measures of China Banking and Insurance Regulatory Commission for Independent Directors of Insurance Institutions (Y.B.J.F.[2018] No. 35) | China Banking and Insurance Regulatory Commission |

Continued

| Date | Name of document | Issuer |
|---|---|---|
| Jul. 2 | Notice of China Banking and Insurance Regulatory Commission Concerning the Issuance of the Solvency Regulation for Insurance Companies -Question Answered No. 1: Hong Kong Reinsurance Counterparty Default Risk Factor during Interim Period of the Solvency Regulatory Equivalent Framework Agreement (Y.B.J.F.[2018] No. 34) | China Banking and Insurance Regulatory Commission |
| Jul. 6 | Notice of China Banking and Insurance Regulatory Commission on Issuance of 2018 Work Plan for SARMRQA Evaluation, Corporate Governance Evaluation and Asset and Liability Management Capability Evaluation of Insurance Institutions (Y.BJ.F.[2018] No. 37) | China Banking and Insurance Regulatory Commission |
| Jul. 18 | Notice of China Banking and Insurance Regulatory Commission on Effectively Strengthening and Improving Insurance Services (Y.B.J.F.[2018] No. 40) | China Banking and Insurance Regulatory Commission |
| Jul. 31 | Notice of China Banking and Insurance Regulatory Commission on Expanding the Scope of Elderly Housing Reverse Mortgage Endowment Insurance (Y.B.J.F.[2018] No. 43) | China Banking and Insurance Regulatory Commission |
| Jul. 31 | Notice of China Banking and Insurance Regulatory Commission on Issuance of the Industry Standard of the Basic Data Elements Directory of IOV in Insurance Industry (JR/T0165-2018)" (Y.B.J.F.[2018] No. 44) | China Banking and Insurance Regulatory Commission |
| Oct. 24 | Notice of China Banking and Insurance Regulatory Commission on Matters Concerning the Establishment of Special Products by Insurance Asset Management Company (Y.B.J.F.[2018] No. 65) | China Banking and Insurance Regulatory Commission |

## Article 16

### Characteristics and Countermeasures of International Financial Sanctions against Money Laundering①

In recent years, the connotation and extension of anti-money laundering have been constantly expanded from the early-stage activities focusing on combating the proceeds of drug crimes to the current anti-money laundering, anti-terrorism financing, anti-proliferation financing and other categories, forming the so-called "trinity" pattern. Financial sanction is one of the important measures to ensure the effectiveness of anti-money laundering. Both international

① Authors: Chen Jie, a researcher in Office of Senior Advisers, Head Office of the People's Bank of China; Liu Haiyue, Gao Wei, Qi Jing, staff of Head Office of the People's Bank of China.

organizations and some countries have taken financial sanctions as an important means to maintain international political stability and national economic security

### I. Forms and goals of financial sanctions

Financial sanctions usually refer to a series of punitive measures taken by international organizations or sovereign states according to their own legal provisions against specific countries, organizations, entities and natural persons for the purpose of cutting off the capital flow. The goal of financial sanctions is to restrict the financing activities of the sanctioned party, to force it to stop relevant behaviors and to accept the conditions proposed along with the sanctions.

Financial sanctions are mainly the coercive action taken to force the sanctioned party to change its behaviors by blocking its capital flow. Common financial sanctions include financial sanctions, capital blocking, bans on financial transactions, and sanctions on banking system. Financial sanctions rely on financial strength, and their goals are difficult to be realized. As shown in the previous cases, financial sanctions are often aimed at preventing nuclear proliferation and regime change and combating terrorism. In short, the primary task of financial sanctions is to safeguard national interests.

### II. Main body and characteristics of financial sanction

The main body exercising financial sanctions may be an international organization or a sovereign state. The financial sanctions exercised by international organizations such as the United Nations and the European Union are often referred to as multilateral sanctions. The UN Security Council issues sanctions resolutions in accordance with the relevant provisions of the Charter of the United Nations. However, its sanctions resolutions are more of guiding requirements rather than mandatory requirements, because there is no monitoring mechanism, and the UN member states are required to formulate relevant domestic laws to implement the Security Council resolutions. Otherwise, those financial sanctions will have less effects.

The countries that can initiate financial sanctions are generally those with a relatively complete and developed international financial system and holding the lifeline of global finance. The financial sanctions exercised by those countries are usually called unilateral sanctions. The United States is the most typical example for this type of financial sanctions. The sanctioned party may be a state, an organization, an entity or a natural person.

After the 9/11 terrorist attacks, the United States has established accurate information channels and international cooperation mechanisms in order to cut off terrorists' financial resources and track their capital flow. Treasury Department of United States provided the "Specially Designated Nationals and Blocked Persons List" (SDNS) and other relevant means to impose

financial sanctions on those third-party financial institutions that had financial activities with the sanctioned parties, and obtained the intelligence of capital flow through financial intelligence institutions and financial intelligence network. At the same time, the United States has imposed financial sanctions on institutions that have been identified as terrorist organizations or have business dealings with terrorist organizations by publishing lists of terrorists according to the USA Patriot Act.

It can be said that the United States is currently the country with the most frequent and effective global financial sanctions exercised, because it controls the global currency settlement network and the world's most important payment currency system, and its current status of the financial center is unshakeable. Therefore, the United States will continue to have strongly unilateralist legislation for financial sanctions in the future.

### III. Countermeasures and suggestions

Generally, the abuse of financial sanctions is rooted in the hegemony of the US dollar and has become a factor affecting the financial security of all countries

(I) Firmly establishing financial security awareness

The CPC and state leaders have repeatedly stressed that financial security concerns national security and the overall strategic situation. The latest "Plan of three confirmations" released requires the People's Bank of China to take the lead in coordinating the work of national financial security to safeguard national financial security; to be responsible for the organization, coordination, supervision and administration of the national anti-money laundering and anti-terrorist financing, and to take charge of the fund monitoring of the suspected money laundering and terrorist activities.

(II) Strengthening international reference and international cooperation

According to Article 32 of the Anti-money Laundering Law of the People's Republic of China, the maximum penalty for a single punishment is 5 million yuan, but China seldom makes full use of the law. It is suggested that China should amend relevant provisions of the Anti-money Laundering Law, and formulate unlimited punishment for some certain cases. First, a joint working group should be established to work with Hong Kong anti-money laundering authorities to investigate the departments, personnel and groups involved. Second, responsive punishment should be imposed on the illegal acts of US institutions in China according to relevant laws. Third, China should solicit the support of the UN Security Council.

(III) Enhancing exchanges and cooperation with international financial intelligence units

Financial intelligence system plays an important role in anti-money laundering and anti-terrorist financing. Therefore, it is necessary to study international standards and rules, and

pay close attention to the international exchange of anti-money laundering intelligence and international cooperation in anti-money laundering and anti-terrorist financing.

(IV) Utilizing existing experience in international cooperation and confrontation

China should summarize and utilize its existing experience based on its national conditions. At the same time, China should make full use of UN Security Council resolutions, 6 major international conventions and model laws, as well as the law enforcement and judicial cooperation agreements concluded with other countries, streamline procedures and legal relations, and form a cross-sectoral linkage mechanism to check and balance international financial sanctions and to guarantee financial security.